国家林业局普通高等教育“十三五”规划教材

道路勘测设计

岳　强　路桂华　主　编

赵　曼　张　雁　姜德贵　副主编

中国林业出版社

内 容 简 介

本教材是编者在总结多年教学经验及改革成果的基础上，结合我国道路勘测设计现状及发展方向，吸收国际同类教材和国内现有教材的优点，并结合专业特点，以国家最新颁布的有关规范及技术标准为依据，叙述了道路勘测设计的基本理论和知识，并引入了很多实例，以便理论联系实际，同时介绍了道路勘测设计的发展动态和方向。本书主要内容包括：绪论、平面设计、纵断面设计、横断面设计、选线、定线、道路平面交叉设计、道路立体交叉设计、道路环境保护与景观设计、道路路线计算机辅助设计。

本书可作为高等院校交通工程、土木工程、道路桥梁与渡河工程专业及相关专业道路方向学习的教材，也可作为道路工程技术人员的参考书目。

图书在版编目（CIP）数据

道路勘测设计/岳强，路桂华主编. —北京：中国林业出版社，2017. 8

国家林业局普通高等教育“十三五”规划教材

ISBN 978-7-5038-9061-1

Ⅰ. ①道… Ⅱ. ①岳… ②路… Ⅲ. ①道路测量-高等学校-教材 ②道路工程-设计-高等学校-教材 Ⅳ. ①U412

中国版本图书馆 CIP 数据核字（2017）第 137404 号

国家林业局生态文明教材及林业高校教材建设项目

中国林业出版社·教育出版分社

策划、责任编辑：张东晓　杜　娟

电话：83143553　　**传真：**83143516

出版发行　中国林业出版社（100009　北京市西城区德内大街刘海胡同 7 号）
E-mail：jiaocaipublic@ 163. com　电话：（010）83143500
http：//lycb. forestry. gov. cn

经　　销　新华书店
印　　刷　北京卡乐富印刷有限公司
版　　次　2017 年 8 月第 1 版
印　　次　2017 年 8 月第 1 次印刷
开　　本　787mm×1092mm　1/16
印　　张　18. 5
字　　数　430 千字
定　　价　48. 00 元

《道路勘测设计》编写人员

主　　编： 岳　强　路桂华

副 主 编： 赵　曼　张　雁　姜德贵

编写人员：（以姓氏笔画排序）

史　红（山东交通学院）
张　雁（内蒙古农业大学）
李海军（内蒙古农业大学）
岳　强（山东农业大学）
姜德贵（山东农业大学）
赵　曼（石家庄铁道大学）
郭根胜（内蒙古农业大学）
路桂华（山东农业大学）

前 言

鉴于我国道路工程事业发展迅速，道路设计的工具和方法时有更新，本书以公路为主，采用理论和实践相结合的方法，讲述了道路勘测设计的基本理论、力学基础及设计方法，同时结合大量实例联系工程实际，培养学生的实践能力，又通过引入道路设计的航测技术、计算机辅助设计及环保景观设计等内容让学生了解道路设计的应用现状与发展方向，充分体现了注重理论基础、培养实践能力、思维先进、与时俱进等教学方面的要求。

本书共分为十章，主要讲述了：我国道路的发展历程和道路设计的依据，道路平面、纵断面及横断面设计原理、方法及力学基础，道路选线和定线的概念和方法，道路平面交叉和立体交叉设计，道路环境保护和景观设计，道路计算机辅助设计等内容。

由于本书主要作为学生教材，篇幅有限，不能对每个专题都进行详细的展开论述，有些内容只供学生开拓知识面和提高思维方法，读者可参考相关专题和研究资料。

本书由山东农业大学岳强及路桂华担任主编，石家庄铁道大学赵曼、内蒙古农业大学张雁及山东农业大学姜德贵担任副主编，山东交通学院史红及内蒙古农业大学郭根胜及李海军参与编写。其中，前言和第1章绪论部分由岳强编写；第2~4章由路桂华编写；第5章由赵曼编写；第6章由姜德贵编写；第7章由史红编写；第8章由张雁及郭根胜编写；第9章由郭根胜编写；第10章由李海军编写；岳强负责全书的统稿工作。

由于水平有限，书中难免存在不妥之处，敬请使用本书的广大师生和读者批评指正。

编者

2017年3月

目　录

第1章
绪　论

[本章提要]

道路是我国基础建设的重要组成部分，道路设计是交通土建工程技术人员需要掌握的一项基本技能。本章主要内容包括：我国交通运输系统及道路运输简介；我国道路发展现状及发展规划；公路的分类和分级；道路设计的交通依据；道路设计的阶段与任务；道路建筑限界及用地。要求掌握公路的分级及道路设计的交通依据。了解我国道路发展现状及趋势，道路设计的有关政策及程序。

1.1　道路运输、我国道路建设现状及发展规划

1.1.1　我国交通运输系统及道路运输

我国幅员辽阔，物产丰富，人口众多，为了促进国民经济的发展，提高人民的物质文化生活水平，确保国防安全，就必须有一个四通八达的交通运输网。交通运输是国民经济的大动脉，是联系工业与农业、城市与乡村、生产与消费的纽带，是国民经济的先行官。因此，要实现国民经济的现代化，首先必须实现交通运输的现代化。

我国现已形成了公路、铁路、水路、航空、管道运输并存的立体综合交通运输体系，并且五种交通运输方式既相互补充，又相互竞争。由于特点不同，见表1-1所列，面对不同的运输环境和要求，各种运输方式的比较优势也有较大差异。

总起来说，各种交通运输方式相互交错、合理分工、协调发展，互相衔接，取长补短，形成统一的综合运输体系。

道路运输是以道路为运行基础，以站场为作业基地，以车辆为主要工具，以实现旅客和货物位移为目的的生产活动，是国民经济的基础产业和服务性行业之一，是国家综合运输体系的重要组成部分，是连接其他运输方式的重要纽带。道路运输

具有机动、灵活、快速、经济，可以实现“门对门”直达，运行范围广泛等许多其他运输方式所不能取代的优点。进入新世纪以来，随着我国公路建设的迅速发展，公路网络的不断完善，道路运输业成为服务范围最广、承担运量最大、运输组织最为灵活、运输产品最为多样的运输服务业，客货运输量呈现快速增长。根据《交通运输部公路水路交通运输行业发展统计公报》及《2013 年交通运输行业发展统计公报》，我国客运量由 2001 年的 140.34 亿人上升至 2014 年的 385.19 亿人，年复合增长率达到 8.08%，客运周转量从 2001 年的 7207.57 亿人公里上升至 2014 年的 20986.46 亿人公里，年复合增长率达到 8.57%；货运量从 2001 年的 105.58 亿吨增加至 2014 年的 385.89 亿吨，年复合增长率达到 10.48%，货运周转量从 2001 年的 6332.87 亿吨公里增加至 2014 年的 73624.61 亿吨公里，年复合增长率达到 20.77%。

表 1-1　各种运输方式的优劣及适用情况对比

运输方式	运输能力	运输成本	固定资产投入	单次客流	机动性	地理限制	气候限制	适用类型
公路	适中	适中	低	低	强	较小	中	短、中途
铁路	大	低	高	高	较差	大	小	中、长途
航空	较小	高	适中	中	较差	小	大	中、长途

1.1.2　我国道路发展概况及发展规划

1.1.2.1　道路发展历程

在公元前 2000 年，我国已修建有可供行驶牛车、马车的道路。西周时期道路建设已初具规模，在道路规划方面，《周礼》中有如下记载：“匠人营国，国中九经九纬，经涂九轨，环涂七轨，野涂五轨。”在道路管理方面，《国语》中有如下记载：“司空视涂”“列树以表道，立鄙食以守路”“雨毕而除道，水涸而成梁”。在道路质量方面，《诗经》中有如下记载：“周道如砥，其宜如矢。”秦始皇于公元前 259—210 年统一六国，为巩固政权，便利通商，大修驰道颁布了“车同轨”法令，使道路建设得到了较大的发展。例如，秦“直道”是秦始皇统一六国后所修筑的军事要道，全长近千公里，从其当时的规模和筑路技术来看，是可以与万里长城相媲美的又一巨型工程。

唐代是我国古代道路建设发展的鼎盛时期，初步形成了以城市为中心的道路网。到清代全国已基本形成了层次分明、功能较为完善的道路系统。清代道路已分三级：官马大路、大路、小路。官马大路可达 2000 公里。

20 世纪初，汽车输入我国，公路建设逐步发展起来。1906 年，我国修建了较早的一条汽车公路：广西—友谊关—龙州公路，道路发展的历史本应进入一个良好的建设时期，但旧中国多灾多难，历经清末、北洋军阀、中华民国、抗日战争、解放战争等各个历史时期，社会不稳定，经济落后，道路建设受到很大阻碍，且以军用为主。到 1949 年年底，旧中国只修建公路约 13 万公里，其中能勉强维持通车的公路不过 8 万公里。

中华人民共和国成立以来，为了迅速恢复和发展国民经济、巩固国防，国家对道路建设做出了很大的努力，取得了显著的成效。目前，我国已基本建成了以铁路、公路、水运、空运和管道多种运输方式组成的运输网。

就普通公路建设而言，1978 年年底，公路通车里程达到 88 万公里；1994 年年底，公路通车里程达到 110 万公里，其中等级公路有 84 万公里，97%的乡镇和 78%的村通了汽车，在此期间航测遥感，特别是计算机辅助设计技术逐步发展起来，公路设计开始高科技化。除港、澳、台地区外，到 2001 年年底，我国公路总里程达到 169. 8 万公里，居世界第四位。2009 年公路总里程达到 386 万公里，农村公路 334 万公里；截至 2014 年年末，全国公路总里程 446. 39 万公里，公路密度 46. 50 公里/百平方公里；全国等级公路里程 390. 08 万公里，占公路总里程 87. 4%，二级及以上公路里程 54. 56 万公里，占公路总里程 12. 2%。

高速公路方面，1990 年第一条高速公路(沈大高速公路)建成通车；到 2001 年年底，高速公路总里程达 1. 9 万公里，次于美国(8. 8 万公里)，位居世界第二位；2009 年高速公路总里程 6. 5 万公里。到 2014 年年底，全国高速公路里程 11. 19 万公里，其中国家高速公路 7. 31 万公里。

1. 1. 2. 2 国家发展规划

为发展我国的交通事业，交通部在“七五”期间制订了交通发展长远规划，即在发展以综合运输体系为主的总方针指导下，按照“统筹规划、条块结合、分层负责、联合建网”的方针，从“八五”开始用 30 年左右的时间，建设公路主骨架、水运主通道、港站主枢纽和交通支持系统(简称“三主一支持”)。

“三主一支持”中的公路主骨架是指国道主干线系统，它是国道网中专供汽车行驶的快速车道，由高速公路、汽车专用一、二级公路组成。国道主干线系统，总里程约 3. 5 万公里，由五纵七横共 12 条路线组成，主要连接首都、各省省会、直辖市、中心城市、主要交通枢纽和重要港口。这个系统形成以后，车辆行驶速度可提高 1 倍，将大大缓解目前交通运输能力不足的状况，标志着现代化交通运输网的建成。国道主干线的总体布局见图 1-1。

“五纵”是：①从同江经哈尔滨、长春、沈阳、大连、烟台、青岛、连云港、上海、宁波、福州、深圳、广州、湛江、海口至三亚；②由北京经天津、济南、徐州、合肥、南昌至福州；③由北京经石家庄、郑州、武汉、长沙、广州至珠海；④由二连浩特经集宁、大同、太原、西安、成都、内江、昆明至河口；⑤由重庆经贵阳、南宁至湛江。

“七横”是：①由绥芬河经哈尔滨至满洲里；②由丹东经沈阳、唐山、北京、呼和浩特、银川、兰州、西宁、格尔木至拉萨；③由青岛经济南、石家庄、太原至银川；④由连云港经徐州、郑州、西安、兰州、乌鲁木齐至霍尔果斯；⑤由上海经南宁、合肥、武汉、重庆至成都；⑥由上海经杭州、南昌、长沙、贵阳、昆明至瑞丽；⑦由衡阳经南宁至昆明。

计划到 2020 年全面实现“五纵七横”的国道主干线网，现在已经提前完成。

“7918”高速公路网：《国家高速公路网规划》于 2004 年经国务院审议通过，这是中国历史上第一个"终极"的高速公路骨架布局，同时也是中国公路网中最高层次的公路通道。采用放射线与纵横网格相结合的布局方案，形成由中心城市向外放射以及横贯东西、纵贯南北的大通道，由7条首都放射线、9条南北纵向线和18条东西横向线组成，简称为"7918网"，总规模约8.5万公里，其中主线6.8万公里，地区环线、联络线等其他路线约1.7万公里。

"十一五"规划："十五"期间，是我国公路基础设施建设发展最快的时期。"十一五"规划预计到"十五"末，全国公路总里程将达到190万公里，新增50万公里。其中，高速公路近4万公里，新增2.37万公里，"五纵七横"国道主干线将基本建成，总里程位居世界第二位。"十五"期间，启动了新中国成立以来规模最大的农村道路改善工程。两年来共建成农村公路35.2万公里，其中沥青路和水泥路19.2万公里，超过建国后至2002年53年农村公路建设里程之和。高速公路网和农村公路网的协调发展，使全国路网结构得到了有效改善，道路运输行业运输能力大、运输速度高、通达程度深、覆盖范围广、机动性强的优势得到了越来越充分的发挥，道路运输成为最贴近人民群众生活和社会经济活动的运输方式，促进了城乡经济、区域经济的交融和国内、国际贸易的发展。

"十二五"规划：公路总里程达到450万公里，国家高速公路网基本建成，高速公路总里程达到10.8万公里，覆盖90%以上的20万以上城镇人口城市，二级及以上公路里程达到65万公里，国省道总体技术状况达到良等水平，农村公路总里程达到390万公里。

李克强总理在第十二届全国人民代表大会第四次会议上所做的政府工作报告提出，"十二五"期间我国已完成高速公路通车里程超过12万公里。这一数据已经超过美国，使我国成为世界上高速公路通车里程最长的国家。

在李克强总理所做的《2016年政府工作报告》中，首次以投资额总量明确提出了公路建设的总目标，即"完成公路投资1.65万亿元"。

《中华人民共和国国民经济和社会发展第十三个五年规划纲要》(简称"十三五"纲要)中也提出，"十三五"期间加快推进由7条首都放射线、11条北南纵线、18条东西横线，以及地区环线、并行线、联络线等组成的国家高速公路网，推进高速公路繁忙拥堵路段扩容改造，新建改建高速公路通车里程约3万公里。

1.1.2.3 我国公路发展现状

《国家公路网规划(2013—2030年)》(简称《国网规划》)提出，截至2013年全国还有900多个县没有国道连接，有18个新增的城镇人口在20万以上的城市和29个地级行政中心未实现与国家高速公路相连接。同时，我国路网还存在着运输能力不足，部分国家高速公路通道运能紧张、拥堵严重，不能适应交通量快速增长的需要；网络效率不高，普通国道路线不连续、不完整；国家公路与其他运输方式之间、普通国道和国家高速公路之间的衔接协调不够等诸多问题。可见，我国公路建设任重而道远。

1.2　公路的分类与分级

1.2.1　公路的分类

公路是指连接城市、乡村，主要供汽车行驶的道路。根据公路的作用及使用性质，将公路划分为：国道、省道、县道、乡道及专用道路五类。

①国家干线公路(简称国道)，是指具有全国性政治、经济、文化以及国防意义的公路，包括重要的国际公路、国防公路以及连接各省、直辖市、自治区、重要大中城市、港口枢纽、工农业基地等的主要干线公路。上述的“五纵七横”即属国道。

②省级干线公路(简称省道)，在省公路网中，具有全省性的政治、经济、国防意义并经确定为省级干线的公路。

③县级公路(简称县道)，具有全县性的政治、经济意义，并经确定为县级干线的公路。

④乡级公路(简称乡道)，主要为乡村生产、生活服务，并经确定为乡级的公路。

⑤专用公路，由工矿、农林部门等投资修建，主要供部门使用的公路。

1.2.2　公路的分级及公路等级的选用

1.2.2.1　公路的分级

JTG D20—2006《公路路线设计规范》(以下简称《规范》)规定：公路根据功能和适应的交通量分为以下五个等级：

①高速公路为专供汽车分向、分车道行驶并应全部控制出入的多车道公路。

四车道高速公路应能适应将各种汽车折合成小客车的年平均日交通量25000~55000辆；

六车道高速公路应能适应将各种汽车折合成小客车的年平均日交通量45000~80000辆；

八车道高速公路应能适应将各种汽车折合成小客车的年平均日交通量60000~100000辆。

②一级公路为供汽车分向、分车道行驶，并可根据需要控制出入的多车道公路。

四车道一级公路应能适应将各种汽车折合成小客车的年平均日交通量15000~30000辆；

六车道一级公路应能适应将各种汽车折合成小客车的年平均日交通量25000~55000辆。

③二级公路为供汽车行驶的双车道公路。

双车道二级公路应能适应将各种汽车折合成小客车的年平均日交通量5000~15000辆。

④三级公路为供汽车行驶的双车道公路。

双车道三级公路应能适应将各种车辆折合成小客车的年平均日交通量2000~6000辆。

⑤四级公路为供汽车行驶的双车道或单车道公路。

双车道四级公路应能适应将各种车辆折合成小客车的年平均日交通量2000辆以下；

单车道四级公路应能适应将各种车辆折合成小客车的年平均日交通量400辆以下。

1.2.2.2 公路等级的选用

①公路等级的选用应根据公路功能、路网规划、交通量，并充分考虑项目所在地区的综合运输体系、社会经济等因素，经论证后确定。

②一条公路可分段选用不同的公路等级。同一公路等级可分段选用不同的设计速度。不同公路等级、不同设计速度的路段间的过渡应顺适，衔接应协调。

③拟建公路交通量介于一级公路与高速公路之间时，应从安全、远景发展等方面予以论证确定。拟建公路为干线公路时，宜选用高速公路；拟建公路为集散公路时，宜选用一级公路。

④干线公路宜选用二级及二级以上公路。

⑤干线公路采用二级公路标准时，应采取增大平面交叉间距，采用主路优先交通管理方式，采取渠化平面交叉等措施，以减小横向干扰，其平面交叉间距不应小于500m。

⑥集散公路采用二级公路标准时，非汽车交通量大的路段，可采取设置慢车道，采用主路优先或信号等交通管理方式，采取渠化平面交叉等措施，以减小纵、横向干扰，其平面交叉间距不应小于300m。

⑦支线公路或地方公路可选用三级公路、四级公路，允许各种车辆在车道内混合行驶。

1.3 道路勘测设计的交通依据

影响公路设计的主要因素包括：环境（如地形、公路所处的特定位置、气候）、政策、驾驶员与行人特性、交通条件等。环境、政策等因素每条公路都有不同的特点和性质，不可一概而论。下面讨论影响道路几何尺寸设计的几个重要的交通依据。

1.3.1 设计车辆

公路的主要功能就是满足交通要求，因此车辆是公路设计主要依据之一。设计车辆是指公路设计时采用的代表性的车辆。《规范》规定：公路路线与路线交叉几何设计所采用的设计车辆主要有：小客车、载重汽车、鞍式列车三种，它们的外廓尺寸规定见表1-2。

表1-2 设计车辆外廓尺寸

m

车辆类型	总长	总宽	总高	前悬	轴距	后悬
小客车	6	1.8	2	0.8	3.8	1.4
载重汽车	12	2.5	4	1.5	6.5	4
鞍式列车	16	2.5	4	1.2	4+8.8	2

1.3.2 设计速度

设计速度是指在气候正常、交通密度小的情况下，汽车运行只受道路本身条件的影响时，一般驾驶员能保持安全而舒适地行驶的最大行车速度。

设计速度是确定公路几何形状的基本参数，是用以设计各级公路、最小平曲线半径、最大纵坡等参数的主要依据。《规范》规定各级公路的设计速度见表 1-3。

表 1-3 设计速度

公路等级	高速公路	一级公路	二级公路	三级公路	四级公路
设计车速（km/h）	120　100　80	100　80　60	80　60	40　30	20

各级公路的设计速度应根据公路的功能、等级、交通量，并结合沿线地形、地质等状况，经论证确定。高速公路应根据交通量、地形等情况选用高的设计速度。位于地形、地质等自然条件复杂山区及交通量较小的高速公路，经论证设计速度可采用 60km/h。一级公路作为干线公路，且纵、横向干扰小时，设计速度宜采用 100km/h 或 80km/h。一级公路作为集散公路时，根据混合交通量、平面交叉间距等因素，设计速度宜采用 60km/h 或 80km/h。二级公路作为干线公路时，设计速度宜采用 80km/h。二级公路作为集散公路时，混合交通量较大、平面交叉间距较小的路段，设计速度宜采用 60km/h。二级公路位于地形、地质等自然条件复杂的山区，经论证该路段的设计速度可采用 40km/h。三级公路作为支线公路时，设计速度宜采用 40km/h；地形、地质等自然条件复杂的路段，设计速度可采用 30km/h。地形、地质等自然条件复杂的山区，或交通量很小的路段，可采用设计速度为 20km/h 的四级公路。

1.3.3 交通量

交通量是指单位时间内通过道路某断面的交通量，即单位时间通过道路某断面的车辆数目。其具体数值由具体调查和交通预测来确定。根据单位时间取值的不同，主要有：年平均日交通量、小时交通量、年累计交通量三种。

设计交通量是指欲建公路到达远景设计年限时所能达到的交通量。

1.3.3.1 设计年平均日交通量

设计年平均日交通量是确定道路等级、投资和道路结构设计的重要依据。可根据历年交通观测资料来推算，计算公式如下：

$$AADT = N_0(1+r)^{n-1} \tag{1-1}$$

式中 $AADT$——设计年平均日交通量（远景设计年平均日交通量），辆/d；

N_0——起始年平均日交通量，辆/d，$N_0 = \frac{1}{365}\sum_{i=1}^{365} Q_i$；

Q_i——起始年内的每日交通量，辆/d；

r——年平均增长率,%；

n——远景设计年限。

1.3.3.2　设计小时交通量

小时交通量(辆/小时)是以小时为计算时段的交通量，它是道路几何尺寸设计的重要依据。大量的实际调查表明，在一天以及全年期间，小时交通量的变化是相当大的。如果用一年中最高峰小时交通量作为设计依据，那肯定是浪费的；但如果采用年平均日交通量则不能满足实际需要，将造成交通拥挤，甚至堵塞。为了使设计交通量的取值既保证交通安全畅通，又使工程造价经济合理，《规范》规定公路设计小时交通量宜采用年第30位小时交通量，也可根据当地公路小时交通量的变化特征，采用年第20~40位小时之间最为经济合理时位的交通量。什么是第30位小时交通量，下面做一说明。

将一年中所有小时交通量按其与年平均日交通量的百分数比值的大小顺序排列起来，并画成曲线，如图1-1所示。

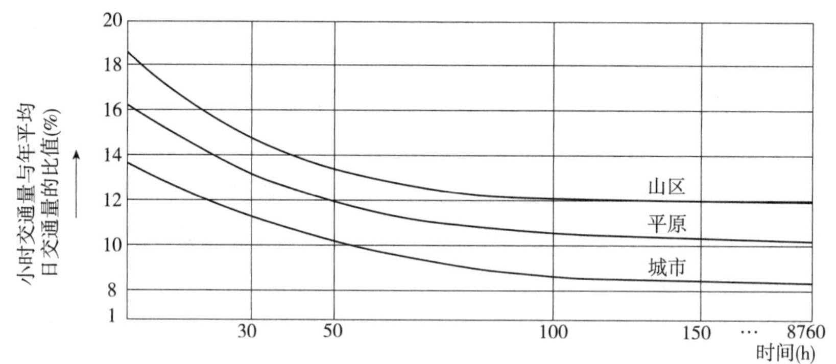

图1-1　一年中小时交通量与年平均日交通量的比值变化曲线

从该图可以看出，在30~50位小时交通量附近，曲线急剧变化，从左向右曲线明显变缓，而在它的左侧，曲线坡度则急剧增大。根据上述曲线变化规律，设计小时交通量的合理取值应在30~50位小时的范围以内。如果以第30个小时的交通量作为设计依据，意味着理论上在一年中有29个小时的交通量将超过设计值，将发生拥挤或堵塞。而29个小时只占全年小时数的0.33%，也就是说，能顺利通过的保证率达99.67%。因此，目前世界上许多国家包括我国均采用第30个小时的交通量作为设计依据。

在确定设计小时交通量时，应首先绘制路线交通量变化图。有平时观测资料的公路，必须使用观测资料；没有观测资料的，可参考性质相似、交通情况相仿的其他道路的观测资料来进行推算。设计小时交通量应按式(1-2)计算：

$$DDHV = AADT \times D \times K \tag{1-2}$$

式中　$DDHV$——单向设计小时交通量，辆/h；

$AADT$——预测年度的年平均日交通量，辆/d；

D——方向不均匀系数,%，宜取 50%～60%，也可根据当地交通量观测资料确定；

K——设计小时交通量系数,%，为选定时位的小时交通量与年平均日交通量的比值。

新建公路的设计小时交通量系数，可参照公路功能、交通量、地区气候、地形等条件相似的公路观测数据确定。缺乏观测数据地区，设计小时交通量系数可参照表 1-4 取值。

表 1-4　各地区的设计小时交通量系数　　%

地区		华北	东北	华东	中南	西南	西北
		京、津、冀、晋、蒙	辽、吉、黑	沪、苏、浙、皖、闽、赣、鲁	豫、湘、鄂、粤、桂、琼	川、滇、黔、藏	陕、甘、青、宁、新
城市近郊	高速公路	8.0	9.5	8.5	8.5	9.0	9.5
	一级公路	9.5	11.0	10.0	10.0	10.5	11.0
	二、三级公路	11.5	13.5	12.0	12.5	13.0	13.5
公路	高速公路	12.0	13.5	12.5	12.5	13.0	13.5
	一级公路	13.5	15.0	14.0	14.0	14.5	15.0
	二、三级公路	15.5	17.5	16.0	16.5	17.0	17.5

1.3.3.3　交通量折算

JTG B01—2014《公路工程技术标准》规定交通量换算采用小客车为标准车型。各汽车代表车型及车辆折算系数规定见表 1-5。

表 1-5　各汽车代表车型及车辆折算系数

汽车代表车型	车辆折算系数	说明
小客车	1.0	座位≤19 座的客车和载质量≤2t 的货车
中型车	1.5	座位>19 座的客车和 2t<载质量≤7t 的货车
大型车	2.5	7t<载质量≤20t 的货车
汽车列车	4.0	载质量>20t 的货车

1.3.4　服务水平和通行能力

《规范》规定：公路规划和设计中，应进行通行能力和服务水平的分析、评价。高速公路、一级公路的路段和互通式立体交叉的匝道及其交织区段必须分别进行通行能力的分析、评价，使全线服务水平保持均衡一致。二级公路、三级公路的路段和一级公路的平面交叉，应进行通行能力与服务水平的分析、评价。二级公路、三级公路的平面交叉，根据其重要程度宜进行通行能力与服务水平的分析、评价。

公路服务水平分为四级，各级公路的服务水平分级规定见表 1-6、表 1-7、表 1-8。

表1-6　高速公路服务水平分级

服务水平	密度 [pcu/(km·ln)]	设计速度(km/h)								
		120			100			80		
		速度(km/h)	V/C	最大服务交通量 [pcu/(h·ln)]	速度(km/h)	V/C	最大服务交通量 [pcu/(h·ln)]	速度(km/h)	V/C	最大服务交通量 [pcu/(h·ln)]
一	≤7	≥109	0.34	750	≥96	0.33	700	≥78	0.30	600
二	≤18	≥90	0.74	1600	≥79	0.67	1400	≥66	0.60	1200
三	≤25	≥78	0.88	1950	≥71	0.86	1800	≥62	0.78	1550
四	≤45	≥48	接近1.0	<2200	≥47	接近1.0	<2100	≥45	接近1.0	<2000
	>45	<48	>1.0	0~2200	<47	>1.0	0~2100	<45	>1.0	0~2000

注：*V/C*是在理想条件下，最大服务交通量与基本通行能力之比。基本通行能力是四级服务水平上半部的最大小时交通量。

表1-7　一级公路服务水平分级

服务水平	密度 [pcu/(km·ln)]	设计速度(km/h)								
		100			80			60		
		速度(km/h)	V/C	最大服务交通量 [pcu/(h·ln)]	速度(km/h)	V/C	最大服务交通量 [pcu/(h·ln)]	速度(km/h)	V/C	最大服务交通量 [pcu/(h·ln)]
一	≤7	≥92	0.32	650	≥75	0.29	500	≥57	0.25	400
二	≤18	≥73	0.65	1300	≥60	0.61	1100	≥50	0.56	900
三	≤25	≥68	0.85	1700	≥56	0.78	1400	≥47	0.72	1150
四	≤40	≥50	接近1.0	<2000	≥46	接近1.0	<1800	≥40	接近1.0	<1600
	>40	<50	>1.0	0~2000	<46	>1.0	0~1800	<40	>1.0	0~1600

表1-8　二级公路、三级公路的服务水平分级

服务水平	延误率(%)	设计速度(km/h)									
		80				60				40		
		速度(km/h)	V/C 不准超车区(%)			速度(km/h)	V/C 不准超车区(%)			V/C 不准超车区(%)		
			<30	30~70	>70		>70	30~70	>70	<30	30~70	>70
一	≤30	≥76	0.15	0.13	0.12	≥57	0.15	0.13	0.11	0.14	0.13	0.10
二	≤60	≥67	0.40	0.34	0.31	≥54	0.38	0.32	0.28	0.37	0.25	0.20
三	≤80	58	0.64	0.60	0.57	≥48	0.58	0.48	0.43	0.54	0.42	0.35
四	<100	≥48	1.0	1.0	1.0	≥40						
		<48				<40	1.0	1.0	1.0	1.0	1.0	1.0

注：①设计速度为80km/h、60km/h、40km/h，路面宽度为9m时，其基本通行能力分别为：2500pcu/h、2300pcu/h、2100pcu/h。②*V/C*是在理想条件下，最大服务交通量与基本通行能力之比。基本通行能力是四级服务水平上半部的最大小时交通量。③延误率为车头时距小于或等于5s的车辆数占总交通量的百分比。

高速公路、一级公路应按二级服务水平设计；二、三级公路按三级服务水平设计；四级公路视需要而定。

道路通行能力是在一定的道路和交通条件下，道路上某一路段单位时间内通过的最大车辆数，单位时间通常以小时计，即辆/h。通行能力有基本通行能力、设计通行能力和实际通行能力之分。

基本通行能力是指在理想条件下，单位时间内一个车道或一条车道某一路段可以通过的小客车最大数，是计算各种通行能力的基础。所谓理想条件包括道路本身和交通两个方面，即：道路本身车道宽、线形、视距和路面均良好；交通上只有小客车行驶，没有其他车型混入且不限制车速。现在所有的道路即便是高速公路，也不具备理想的条件，可能通过的车辆数一般都低于基本通行能力。

设计通行能力是实际道路可能接受的通过能力，可用来作为设计的依据。

实际通行能力是对与实际行驶速度相对应的高速公路路段设计通行能力进行交通组成、驾驶者总体特征、车道数、平交口等不利因素进行修正后的通行能力。

高速公路在二级服务水平、不同行驶速度状态下，一条车道的设计通行能力见表 1-9。

高速公路路段的通行能力受车道数、车道和路侧宽度的影响。高速公路路段的设计通行能力，应根据实际行驶速度对表 1-9 所列的设计通行能力值进行修正。

表 1-9 高速公路一条车道的设计通行能力

实际行驶速度(km/h)	120	100	60
高速公路设计通行能力[pcu/(h · ln)]	1600	1400	1200

高速公路路段的实际行驶速度可根据当地观测资料确定或按式(1-3)计算。

$$V_R = V_D + \Delta V_W + \Delta V_N \tag{1-3}$$

式中 V_R——二级服务水平状态下，高速公路路段的实际行驶速度，km/h；

V_D——设计速度，km/h；

ΔV_W——车道宽度和路侧宽度对设计速度的修正值，km/h，可根据当地观测资料确定或按表 1-10 选取；

ΔV_N——车道数对设计速度的修正值，km/h，按表 1-11 选取。

表 1-10 车道宽度和路侧宽度对设计速度的修正

	宽度(m)	设计速度修正值 ΔV_W(km/h)	
		高速公路	一级公路
车道	3.25	-5.0	-8.0
	3.50	-3.0	-3.0
	3.75	0.0	0.0

（续）

	宽度（m）	设计速度修正值 ΔV_W（km/h）	
		高速公路	一级公路
左侧路缘带	0.25	-3.0	-5.0
	0.50	-1.0	-3.0
	0.75	0.0	0.0
右侧路肩	≤0.75	-5.0	-8.0
	1.00	-3.0	-5.0
	1.50	-1.0	-3.0
	>2.00	0.0	0.0

表 1-11 车道数对设计速度的修正

车道数（单向）	设计速度修正值 ΔV_N（km/h）
≥4	0
3	-4.0
2	-8.0

高速公路路段的实际通行能力应按式（1-4）计算：

$$C_r = C_d \times f_{HV} \times f_N \times f_p \tag{1-4}$$

式中 C_r——高速公路路段的实际通行能力，辆/（h · ln）；

C_d——与实际行驶速度相对应的高速公路路段设计通行能力，pcu/（h · ln）；

f_{HV}——交通组成修正系数，按式（1-5）计算；

$$f_{HV} = \frac{1}{1 + \sum P_i(E_i - 1)} \tag{1-5}$$

P_i——中型车、大型车、拖挂车交通量占总交通量的百分比；

E_i——中型车、大型车、拖挂车车辆折算系数，按表 1-12 选取；

f_N——六车道及其以上高速公路的车道数修正系数，取 0.98~0.99；

f_P——驾驶者总体特征修正系数，通过调查确定，通常在 0.95~1.00 之间。

表 1-12 高速公路、一级公路通行能力分析车辆折算系数

车型	交通量［辆/（h · ln）］	实际行驶速度（km/h）			
		120	100	80	60
中型车	≤500	1.5	2	3	3
	500~1000	2	3	4	5
	1000~1500	3.0	4	5	6
	≥1500	1.5	2	3	4

（续）

车型	交通量［辆/(h·ln)］	实际行驶速度(km/h)			
		120	100	80	60
大型车	≤500	2	2	3	3
	500~1000	4	5	6	7
	1000~1500	5	6	7	8
	≥1500	2	3	4	5
拖挂车（含集装箱车）	≤500	3	4	6	7
	500~1000	5	6	8	10
	1000~1500	6	7	10	12
	≥1500	3	4	5	6

一级公路在二级服务水平、不同行驶速度状态下，一条车道的设计通行能力见表1-13。

表1-13 一级公路一条车道的设计通行能力

实际行驶速度(km/h)	100	80	60
具干线功能的一级公路设计通行能力［pcu/(h·ln)］	1300	1100	900
具集散功能的一级公路设计通行能力［pcu/(h·ln)］	850~1000	700~900	550~700

一级公路路段的实际通行能力按式(1-6)计算：

$$C_r = C_d \times f_{HV} \times f_N \times f_p \times f_j \times f_f \qquad (1\text{-}6)$$

式中 C_r——一级公路路段的实际通行能力，辆/(h·ln)；

C_d——与实际行驶速度相对应的一级公路路段设计通行能力，pcu/(h·ln)，一级公路路段的实际行驶速度可根据当地观测资料确定或按公式(1-3)计算；

f_{HV}——交通组成修正系数，按式(1-5)计算；

f_N——车道数修正系数，取0.95~0.97；

f_p——驾驶者总体特征修正系数，通过调查确定，通常在0.95~1.00之间；

f_j——平面交叉修正系数，一级公路不单独进行平面交叉通行能力分析时，平面交叉的修正系数，可按表1-14选用；

f_f——路侧干扰修正系数，可按表1-15选用。

表 1-14 平面交叉修正系数

平面交叉间距(m)	设计速度(km/h)	平面交叉平均停车延误(s)			
		15	30	40	50
2000	100	0.60	0.53	0.51	0.48
	80	0.68	0.61	0.59	0.57
	60	0.77	0.70	0.68	0.66
1000	100	0.42	0.36	0.34	0.32
	80	0.56	0.48	0.46	0.44
	60	0.63	0.54	0.51	0.48
500	100	0.28	0.23	0.20	0.18
	80	0.35	0.28	0.25	0.22
	60	0.46	0.37	0.33	0.30
300	100	0.18	0.15	0.13	0.12
	80	0.24	0.20	0.18	0.15
	60	0.35	0.26	0.23	0.20

表 1-15 路侧干扰修正系数

路侧干扰等级	1	2	3	4	5
修正系数	0.98	0.95	0.90	0.85	0.80

二级公路、三级公路路段的设计通行能力应根据设计速度、路段中不准超车区比例，按表 1-16 选用。

表 1-16 二级公路、三级公路路段的设计通行能力

公路等级	设计速度(km/h)	基本通行能力(pcu/h)	不准超车区比例(%)	V/C	设计通行能力(pcu/h)
二级公路	80	2500	<30	0.64	550~1600
	60	1400	30~70	0.48	
	40	1300	>70	0.42	
三级公路	40	1300	<30	0.54	400~700
	30	1200	>70	0.35	

二级公路、三级公路路段实际通行能力按式(1-7)计算：

$$C_r = C_d \times f_{HV} \times f_d \times f_w \times f_f \tag{1-7}$$

式中 C_r——实际通行能力，辆/(h·ln)；

C_d——与实际行驶速度相对应的二级公路、三级公路路段的设计通行能力，pcu/(h·ln)；

f_{HV}——交通组成修正系数，按式(1-5)和表1-17计算；

f_d——方向分布修正系数，按表1-18取值；

f_w——车道宽度、路肩宽度修正系数，按表1-19取值；

f_f——路侧干扰修正系数，按表1-20取值。

表1-17 二级公路、三级公路通行能力分析车辆折算系数

车型	交通量(辆/h)	实际行驶速度(km/h)		
		80	60	≤40
中型车	≤600	1.5	1.5	2.0
	600~1400	2.0	2.0	3.5
	1400~2800	2.5	3.0	5.5
	≥2800	1.5	2.5	4.0
大型车	≤500	2.0	2.0	3.0
	500~1200	2.5	3.0	6.0
	1200~2400	3.5	5.0	8.0
	≥2400	3.0	4.0	5.0
拖拉机	≤400	3.0	3.0	5.0
	400~1000	3.5	4.0	7.0
	1000~2000	4.5	6.0	10.0
	≥2000	4.0	5.0	8.0

表1-18 方向分布修正系数

方向分布(%)	50/50	55/45	60/40	65/35	70/30
修正系数	1.00	0.97	0.94	0.91	0.88

表1-19 车道宽度、路肩宽度修正系数

路肩宽度(m)	0	0.5	1.0	1.5	2.5		3.5	≥4.5
车道宽度(m)	3.0	3.25	3.5			3.75		
修正系数	0.52	0.56	0.84	1.00	1.16		1.32	1.48

表1-20 路侧干扰修正系数

路侧干扰等级	1	2	3	4	5
修正系数	0.95	0.85	0.75	0.65	0.55

1.4　道路勘测设计阶段与任务

根据我国《公路工程基本建设管理办法》的规定，公路基本建设程序如下：

①长远规划和项目建设书，进行可行性研究；

②在可行性研究的基础上，编制设计计划任务书；

③根据批准的计划任务书，进行现场勘测，编制初步设计文件和工程概算；

④根据批准的初步设计文件，编制施工图和施工图预算；

⑤列入年度基本建设计划；

⑥进行施工前的各项准备工作；

⑦编制施工组织设计及开工报告，报上级主管部门审批；

⑧施工；

⑨编制竣工图表和工程决算，进行竣工验收。

1.4.1　公路工程可行性研究

“可行性研究”是基本建设前期工作的一项重要内容，是基本建设程序的重要组成部分，是进行项目决策和编制计划任务书的科学依据。公路工程可行性研究的目的是对待建工程的必要性、技术可行性、经济合理性、实施可能性等进行综合研究，推荐最佳方案，进行投资估算，并作出经济评价，为建设项目的决策和审批提供依据。

公路工程的可行性研究一般包括下列内容：

①概述：论述建设任务依据、历史发展背景、建设范围与主要内容，提出可行性研究的主要结论。

②现状及问题：论述建设地区交通运输网的现状和存在的主要问题，拟建公路在区域运输网中的作用，原有公路的技术状况和不适应程度。

③发展预测：进行全面的交通调查和经济调查，论述该地区的经济特征，研究建设项目与经济发展的内在联系，预测交通运输量的发展情况。

④建设规模和标准：论述项目建设规模和采用的等级及其主要技术指标。

⑤建设条件和方案比选：调查建设项目所处地理位置的地形、地质、地震、气候、水文等自然条件和社会条件，主要建筑材料的来源及运输条件，进行方案的比选，并对环境影响作出分析。

⑥投资估算与资金筹措：包括主要工程数量、公路建设用地及拆迁、单价拟定、投资估算和资金筹措等。

⑦工程建设实施计划：包括勘测设计和工程施工的计划和要求、工程管理人员和技术人员的培训等。

⑧经济评价：包括运输成本等经济参数的确定、建设项目直接经济效益分析、建设项目间接效益分析、建设项目费用估算等，对于贷款项目还需要进行项目的财务评价。

根据上述研究成果，通过综合分析评价，提出技术先进、投资少、效益好的最优建设方案。

1.4.2 设计任务书

公路勘测设计工作是根据批准的设计任务书进行的，设计任务书包括以下内容：

①建设的依据和意义；

②路线的建设规模和修建性质；

③路线的基本走向和主要控制点；

④工程技术标准和主要技术指标；

⑤勘测设计的阶段划分及各阶段完成的时间；

⑥建设期限和投资估算，分期修建应提出每期的建设规模和投资估算；

⑦施工力量的原则安排；

⑧附路线示意图，工程数量，钢材、水泥、木材等用量。

计划任务书经上级批准后，如对建设规模、期限、技术等级标准及路线走向等重大问题有变更时，应报原批准机关审批同意。

1.4.3 勘测设计的阶段划分

公路勘测设计可分为一阶段设计、两阶段设计和三阶段设计。

一阶段设计即为施工图设计，适用于技术简单、方案明确的小型公路工程，即进行一次详细的定测，据以编制施工图设计和工程预算。

两阶段设计分为初步设计和施工图设计两个阶段，为公路勘测设计的主要程序，通常是一般公路所采用的测设程序。其步骤为：先进行初测、编制初步设计和工程概算，经上级批准初步设计后，再进行定测、编制施工图和工程预算；也可直接进行定测、编制初步设计，然后根据批准的初步设计，通过补充测量编制施工图和工程预算。

三阶段设计包括初步设计、技术设计和施工图设计三个阶段。对于技术上复杂而又缺乏经验的建设项目，或建设项目中的个别路段、特殊大桥、互通式立体交叉、隧道等，在初步设计后还需要进行单独的技术设计，技术难题解决后，再进行最后的施工图设计。

不论采用哪种方式，在勘测前都要进行实地调查(或称视察)，它是勘测前不可缺少的一个步骤，也可与可行性研究结合在一起，但不作为一个阶段。

1.4.4 设计文件的编制

设计文件是公路勘测设计的最后成果，经审查批准后是公路施工的依据，主要包括：初步设计文件和施工图设计文件。

初步设计文件的主要内容包括：总说明、路线、路基路面、桥涵、隧道、路线交叉、沿线设施及其他工程、环境保护、筑路材料、施工方案、设计概算等内容。其表达形式有：文字说明、设计图纸和表格三种。

施工图设计文件的主要内容包括：总说明、路线、路基路面、桥涵、隧道、路线交叉、沿线设施及其他工程、环境保护、筑路材料、施工方案、设计预算等。

施工图设计是施工单位编制施工组织设计的重要依据，其成果要比初步设计更为详尽和具体，重点反映在施工图纸上，施工单位可依图施工。

1.5　公路建筑限界与公路用地

1.5.1　公路建筑限界

公路建筑限界是为了保证公路上规定的车辆正常运行与安全，在一定宽度和高度范围内，不得有任何障碍物侵入的空间范围。在公路横断面设计中，公路标志、护栏、照明灯柱、电杆、管线、绿化、行道树以及跨线桥的梁底、桥台、桥墩等的任何部分不得侵入公路建筑限界之内。

各级公路的建筑限界规定如下：

①当设置加(减)速车道、爬坡车道、慢车道、紧急停车带、错车道时，建筑限界应包括该部分的宽度。

②八车道及其以上整体式路基的高速公路，设置左侧硬路肩时，建筑限界应包括相应部分的宽度。

③桥梁、隧道设置检修道、人行道时，建筑限界应包括相应部分的宽度。

④检修道、人行道与行车道分开设置时，其净高应为2.50m。

⑤高速公路、一级公路、二级公路的净高应为5.00m；三级公路、四级公路的净高应为4.50m。

各级公路建筑限界尺寸如图1-2所示。

公路建筑限界的边界线划定，如图1-3所示。

建筑限界的上缘边界线：不设超高的路段，上缘边界线应为水平线；设置超高的路段，上缘边界线应与超高横坡平行。

建筑限界的两侧边界线：不设超高的路段，两侧边界线应与水平线垂直；设置超高的路段，两侧边界线应与路面超高横坡垂直。

1.5.2　公路用地范围

公路用地应遵照保护、开发土地资源，合理利用土地，切实保护耕地，促进社会经济可持续发展的原则，合理拟定公路建设规模、技术指标、设计施工方案，确定公路用地范围。公路用地范围的规定是：

①公路路堤两侧排水沟外边缘(无排水沟时为路堤或护坡道坡脚)以外，或路堑坡顶截水沟外边缘(无截水沟为坡顶)以外不小于2m范围内的土地，在有条件的地段，高速公路和一级公路不小于3m、二级公路不小于2m范围内的土地为公路路基用地范围。

②在风沙、雪害等特殊地质地带，需设置防护林，种植固沙植物，安装防沙或防雪栅栏以及设置反压护道等设施时，应根据实际需要确定其用地范围。

③桥梁、隧道、互通式立体交叉、分离式立体交叉、平面交叉、交通安全设

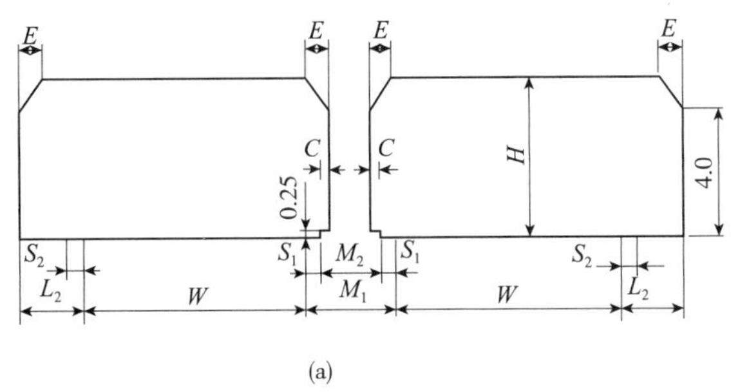

(a)

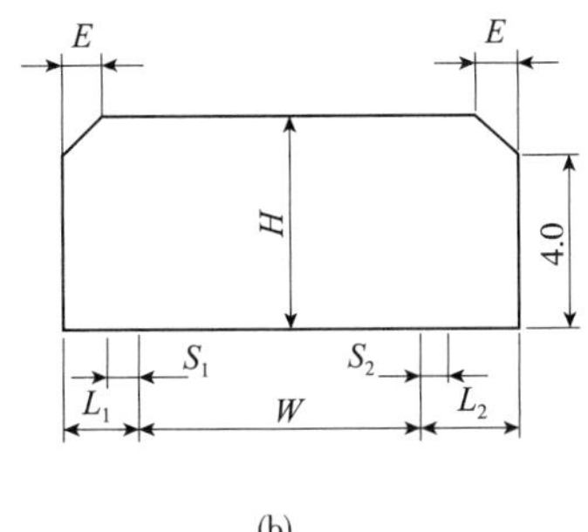

(b)

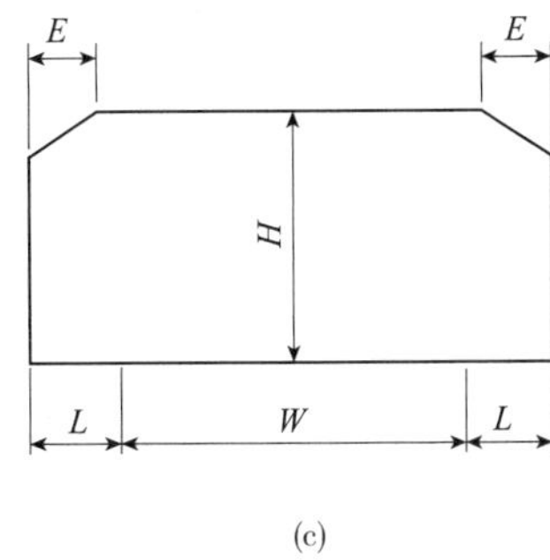

(c)

图 1-2 建筑限界(单位：m)

(a)高速公路、一级公路(整体式) (b)高速公路、一级公路(分离式) (c)二、三、四级公路
W-行车道宽度；L_1-左侧硬路肩宽度；L_2-右侧硬路肩宽度；S_1-左侧路缘带宽度；S_2-右侧路缘带宽度；L-侧向宽度：高速公路、一级公路的侧向宽度为硬路肩宽度(L_1 或 L_2)，二、三、四级公路的侧向宽度为路肩宽度减去 0.25m；C-当设计速度大于 100km/h 时为 0.5m，等于或小于 100km/h 时为 0.25m；M_1-中间带宽度；M_2-中央分隔带宽度；E-建筑限界顶角宽度：当 $L\leqslant 1$m 时，$E=L$，当 $L>1$m 时，$E=1$m；H-净空高度

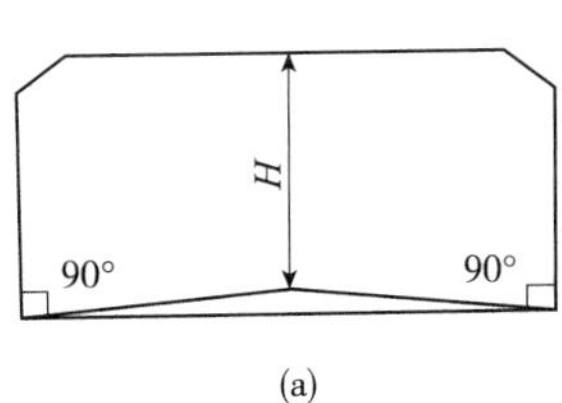

(a)

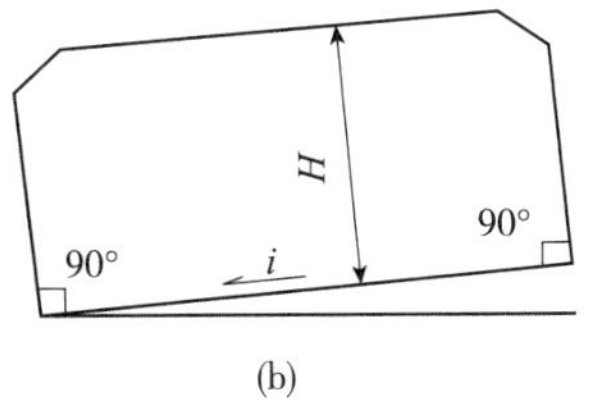

(b)

图 1-3 建筑限界的边界线

(a)一般路拱路段 (b)设超高路段

施、服务设施、管理设施、绿化以及料场、苗圃等，应根据实际需要确定其用地范围。

④有条件或环境保护要求种植多行林带的路段，应根据实际情况确定用地范围。

本章小结

我国交通运输系统主要包括五大类：公路、铁路、水路、航空、管道运输，公路运输地位重要并且发展迅速。改革开放以来我国制定了一系列公路发展规划，从“八五”“十一五”到“十三五”，高速公路也制定了一系列规划，特别是“7918”高速公路网。公路主要分为五个等级：高速、一、二、三、四，高速公路具有区别于其他等级公路的一些特点，分向分车道、控制出入口、立体交叉等。公路设计的主要交通依据包括：设计车辆、设计速度、交通量及通行能力。公路设计阶段分为一阶段设计、两阶段设计和三阶段设计，根据工程复杂程度不同选用不同的设计阶段。公路有其特定的限界和用地范围。

思考题

1. 根据《规范》，公路分为几个等级？请简述高速公路于其他公路的区别和特点？
2. 什么是设计速度？设计速度的取值应考虑哪些因素？
3. 什么是交通量？什么是第 30 位小时交通量？为什么采用第 30 位小时交通量？
4. 什么是“7918”高速公路网？

第 2 章 平面设计

[本章提要]

平面设计的任务是确定道路中线平面投影的确切位置，平面设计研究的是中线的设计原理和规律。本章主要内容包括：平面线形三要素(直线、圆曲线和缓和曲线)，三要素的设计原理、方法及《规范》要求，三要素的组合类型及设计要点，平面设计成果。要求掌握平面线形三要素的设计原理、方法及《规范》要求，平面线形的工程测设方法。熟悉三要素的组合设计，熟悉平面设计图和表。

道路是一个三维空间实体，它是由路基、路面、桥梁、涵洞、隧道和沿线设施所组成的线形构造物。一般道路设计主要分为两大方面：几何尺寸设计和结构设计，本门课程着重几何尺寸设计，即通常说的路线设计。路线是指道路中线的空间位置，它是一条空间曲线。路线在水平面上的投影称为路线的平面；沿中线竖直剖切再行展开则是路线的纵断面；中线上任意一点的法向切面是道路在该点的横断面。道路的平面、纵断面和横断面是道路的几何组成。

路线设计的顺序大体是这样一个流程：选线(第 5 章)—定线(第 6 章)、平面设计(第 2 章)—纵断面设计(第 3 章)—横断面设计(第 4 章)—其他设计，但是各个步骤之间相互关联，既分别进行，又相互影响。选线和定线的过程是研究和确定道路中线平面位置的过程，因为选线和定线的讲述过程中要涉及很多平、纵、横断面设计中的概念和知识，对初学者来说放在后面讲述比较合适。对于平、纵、横三个方面，虽然从顺序上一般是先定平面位置，再考虑纵断面高程设计，最后进行横断面宽度设计，但三者不可严格分割，既要综合考虑，又需分别处理，尤其是平面和纵断面，需要反复相互调整，才能设计出符合行车要求且视觉良好的立体线形。定线和平面设计其实是一个过程，定线一章着重讲述道路中线从起点到终点的设计方法和步骤，而本章注重介绍平面线形的组成、特点及设计理论。

2.1　平面线形三要素

2.1.1　汽车行驶轨迹特征

道路中线是一条弯弯曲曲而且很长的线形，要想设计它必须知道它的性质和规律。道路是供汽车行驶的，因此研究汽车行驶规律是道路设计的基本课题，而在路线的平面设计中，主要考查汽车的行驶轨迹。只有当平面线形与这个轨迹相符合或相接近时，才能保证行车的顺畅、舒适和安全，特别是在高速行驶的情况下，对汽车行驶轨迹的研究更显重要。大量的观测与研究结果表明，行驶中的汽车，其轨迹有如下特征：

①汽车运行轨迹是连续的、圆滑的，即在任何一点不出现错头和破折；

②其曲率是连续的，即轨迹上任意一点不出现两个曲率值；

③其曲率的变化率是连续的，即轨迹上任意一点不出现两个曲率变化率的值。

2.1.2　平面线形三要素

进一步研究汽车的行驶轨迹特征，会发现汽车的导向轮与车身纵轴之间的角度(也可理解为方向盘转动角度)与汽车的行驶轨迹存在如下关系：

①角度为零——直线(轨迹曲率为零)；

②角度为常数——圆曲线(轨迹曲率为常数)；

③角度为变数——缓和曲线(轨迹曲率为变数)。

公路平面线形的设计应该符合汽车的行驶轨迹的要求，现代道路正是由上述三种线形组合构成，因此称为“平面线形三要素”。《规范》规定：高速公路、一级公路、二级公路、三级公路平面线形应由直线、圆曲线、回旋线(缓和曲线最常见的一种形式)三种要素组成，四级公路平面线形应由直线、圆曲线两种要素组成。回旋线是当汽车匀速行驶匀速转向时汽车的行驶轨迹线形，是缓和曲线的一种代表性线形，后面会着重进行讨论。

2.2　直线

两点之间直线最短，汽车在直线上行驶受力简单，方向明确，驾驶操作简易，能提供较好的超车条件。从测设上看，直线只需定出两点，就可方便地测定方向和距离。基于直线的这些优点，在平面线形设计中，广泛采用直线线形。一般在定线时，只要地势平坦、无大的地面障碍物，定线人员都首先考虑采用直线通过。

但是，过长的直线易使驾驶员感到单调、疲倦，难以目测车间距离，容易产生尽快驶出直线的急躁情绪，车速一再加快，很容易造成交通事故。另外，在地形变化复杂地段，直线难与地形相协调，强拉直线，容易造成工程浪费，如果直线过短还容易造成视觉上的误判。因此，对直线的长度应有所限制和要求。

2.2.1 直线的运用

下述路段一般适宜采用直线线形：

①不受地形、地物限制的平坦地区或山间的开阔谷地；

②市镇及其近郊，或规划方正的农耕区；

③长大桥梁、隧道等构造物路段；

④路线交叉点及其前后；

⑤双车道公路提供超车的路段。

2.2.2 直线的最大长度

直线过长存在弊端，但是从理论上确定直线的最大长度是非常困难的，各国都从经验出发，通过调查确定限制最大直线长度，如德国《路线设计技术标准》RAL-L 规定适宜的直线最大长度(以 m 计)为行车速度的 20 倍；原苏联规定为 8km；美国为 3mile(1.83km)；法国规定为避免过长直线，很长的直线可以用 $5000\text{m}<R<15000\text{m}$ 的大半径曲线取代。

我国国土辽阔，地形与自然条件各异，未对最大直线长度作出具体规定，但《规范》规定：直线的长度不宜过长，受地形条件或其他特殊情况限制而采用长直线时，应结合沿线具体情况采取相应的技术措施。

我国已建成的位于平原微丘区的十多条高速公路的直线长不超过 3200m；沈大高速公路多处出现 5～8km 的长直线，最大 13km。据国内外调查研究结果，最大直线长度为以汽车按计算行车速行驶 70s 左右的距离控制为宜。根据众多学者的心理调查，直线的最大长度在城镇附近或其他景色有变化的地点大于 $20V$(V 为设计速度)是可以接受的；在景色单调的地区最好控制存 $20V$ 以内；而在特殊的地理条件下应特殊处理，若做某种限制看来是不现实的。直线的最大长度应与地形相适应，与景观相协调，不强定长直线，不硬性设置不必要的曲线。

当采用长的直线线形时，为弥补景观单调的缺陷，可采取如下技术措施：

①长直线上的纵坡坡度不宜过大，因长直线再加上陡坡行驶更容易造成高速度；

②长直线与大半径凹形竖曲线组合为宜，这样可以使生硬呆板的直线得到一些缓和；

③道路两侧地形空旷时，宜采取种植不同树种或设置一定建筑物、雕塑、广告牌等措施，以改善单调的景观；

④长直线或长下坡尽头的平曲线，除曲线半径、超高、视距等必须符合规定外，还必须采取设置标志、增加路面抗滑能力等安全措施。

2.2.3 直线的最小长度

在某些地形条件下，特别是山区，曲线是必然的，曲线和曲线之间有时需要一段直线相连，但是互相通视的同向曲线间若插以短直线，容易产生把直线和两端曲线看成为反向曲线的错觉，造成驾驶员操作失误。转向相反的两曲线之间，考虑到设置超高和加宽的过渡，以及驾驶员转向的需要，也应设置一定长度的直线。因此，对曲线之间的夹直线长度应有所限制。

《规范》规定：两圆曲线间以直线径相连接时，直线的长度不宜过短。设计速度大于或等于 60km/h 时，同向圆曲线间最小直线长度(以 m 计)以不小于设计速度(以 km/h 计)的 6 倍为宜；反向圆曲线间的最小直线长度(以 m 计)以不小于设计速度(以 km/h 计)的 2 倍为宜。设计速度小于或等于 40km/h 时，可参照上述规定执行。

在某些特殊地形条件下，两反向或同向曲线间均已设置了缓和曲线，夹直线长度不能满足要求时，可考虑两相邻曲线径向连接，或合并成 S 型、C 型、卵型或其他复合型曲线。

2.3　圆曲线

2.3.1　圆曲线的几何要素

在平面线形中，圆曲线是最常用的一种基本线形，几乎所有的曲线中都有这一要素。要想设计和表达一个圆，需要通过它的一些几何特征，通常称为几何要素。如图 2-1 所示，圆曲线的几何要素有：

$$T=R\tan\frac{\alpha}{2}$$

$$L=\frac{\pi}{180}\alpha R$$

$$E=R\left(\sec\frac{\alpha}{2}-1\right)$$

$$J=2T-L$$

式中　T——切线长，m；

L——曲线长，m；

E——外距，m；

J——超距(校正数)，m；

R——圆曲线半径，m；

α——转角，度。

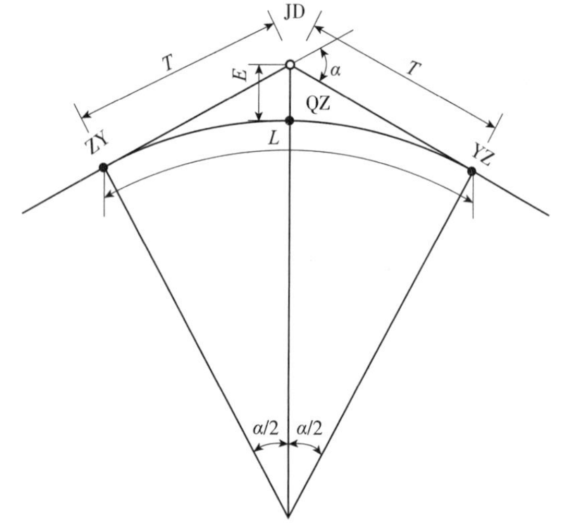

图 2-1　圆曲线几何要素

2.3.2　圆曲线半径

2.3.2.1　道路圆曲线半径取值的力学依据

行驶在圆曲线上的汽车将受到离心力的作用。离心力的大小与曲线半径密切相关，半径越小，离心力越大，汽车行驶的稳定性越差。为保证行车的安全性，有必要在力学的角度上研究汽车行驶的稳定性，以便为取用合理的半径确定理论依据。

(1)汽车在平曲线上行驶时受力分析

如图 2-2 所示，汽车在平曲线上行驶时主要受重力 G、作用在两轮上的支撑力 N_1 和 N_2 及路面对车轮的横向摩擦力，另外汽车在平曲线上行驶时会产生离心力，其作用点在汽车重心，其方向水平背离圆心。汽车离心力的计算公式为

$$F=\frac{G}{g}\cdot\frac{v^2}{R}$$

式中 F——离心力，N；

R——平曲线半径，m；

v——汽车行驶速度，m/s；

G——汽车的重力，N。

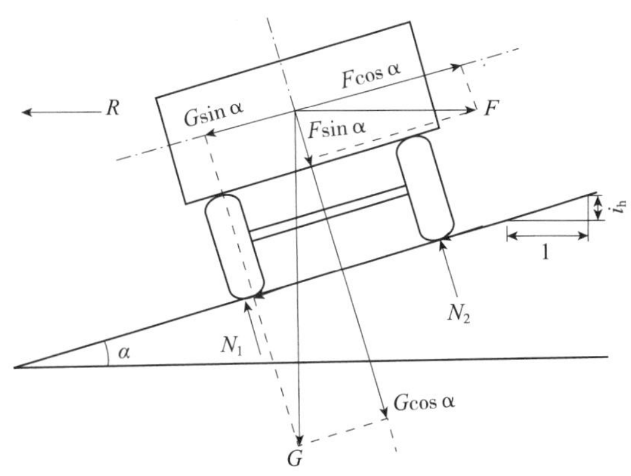

图 2-2 汽车横向稳定性受力分析

在平曲线上行驶的汽车，离心力对其稳定性的影响很大，它可使汽车向外侧滑移或倾覆。为了减少离心力的作用，保证汽车在平曲线上稳定行驶，必须使平曲线上路面做成外侧高、内侧低，呈单向横坡形式，称为横向超高。汽车行驶在具有超高的平曲线上时，其车重的水平分力可以抵消一部分离心力的作用，其余部分由汽车轮胎与路面之间的横向摩擦力与之平衡。

将离心力 F 与汽车重力 G 分解为平行于路面的横向力 X 和垂直于路面的竖向力 Y，则

$$X=F\cos\alpha-G\sin\alpha$$

$$Y=F\sin\alpha-G\cos\alpha$$

由于路面横向倾角 α 一般较小，可做如下近似：$\sin\alpha\approx\tan\alpha=i_h$，$\cos\alpha\approx1$，其中 i_h 称为横向超高坡度(简称超高率)，所以

$$X=F-Gi_h=\frac{Gv^2}{gR}-Gi_h=G\left(\frac{v^2}{gR}-i_h\right)$$

$$Y=Fi_h+G=\frac{Gv^2}{gR}i_h+G=G\left(\frac{v^2}{gR}i_h+1\right)$$

横向力 X 是汽车行驶的不稳定因素，竖向力 Y 是稳定因素。就横向力而言，其值的大小无法反映不同重量汽车的稳定程度。例如，5kN 的横向力若作用在小汽车上，可能使其横向倾覆或滑移，而作用在重型载重汽车上可能是安全的。因此，引入横向力系数 μ：

$$\mu=\frac{x}{G}=\frac{v^2}{gR}-i_h$$

其定义为单位车重的横向力，用它来衡量汽车横向稳定性程度比较合理。将车速 v(m/s)化为 V(km/h)，则

$$\mu=\frac{V^2}{127R}-i_h \tag{2-1}$$

式(2-1)表达了横向力系数与车速、平曲线半径及超高之间的关系。车速 V 越大、

平曲线半径 R 越小、横向超高坡度 i_h 越小，则横向力系数 μ 越大，汽车的横向稳定性就越差。此式对确定平曲线半径、超高率及评价汽车在平曲线上行驶时的安全性和舒适性有十分重要的意义。

(2)横向倾覆稳定分析

汽车在平曲线上行驶时，由于离心力的作用，可能使汽车绕外侧车轮接触点产生向外倾覆的危险。为使汽车不产生倾覆，必须使倾覆力矩小于或等于稳定力矩，即

$$XH_g \leqslant Y\frac{b}{2}=(Fi_h+G)\frac{b}{2} \tag{2-2}$$

一般情况下，Fi_h 比 G 小得多，可忽略不计，则

$$\mu=\frac{X}{G}\leqslant\frac{b}{2h_g} \tag{2-3}$$

式中 b——汽车轮距，m；

h_g——汽车重心高度，m。

将式(2-1)代入式(2-3)并整理，得

$$R\geqslant\frac{V^2}{127\left(\frac{b}{2h_g}+i_h\right)} \tag{2-4}$$

利用式(2-4)可以确定出汽车不发生横向倾覆的理论极限最小半径。

(3)横向滑移稳定分析

汽车在平曲线上行驶时，因横向力的存在，除了可能产生横向倾覆外，还可能产生横向滑移。为使汽车不产生横向滑移，必须使横向力小于或等于轮胎与路面之间的横向附着力，即

$$X\leqslant Y\varphi_h\approx G\varphi_h$$

$$\mu=\frac{X}{G}\leqslant\varphi_h \tag{2-5}$$

式中 φ_h——横向附着系数，一般 $\varphi_h=(0.6\sim0.7)\varphi$，$\varphi$ 为附着系数，表示轮胎和地面的结合程度，其值见表2-1。

表2-1 各种路面的附着系数平均值

路面	附着系数		路面	附着系数	
	峰值	滑动		峰值	滑动
沥青或混凝土(干)	0.80~0.90	0.75	土路(干)	0.68	0.65
沥青(湿)	0.50~0.70	0.45~0.60	土路(湿)	0.55	0.40~0.50
混凝土(湿)	0.80	0.70	雪(压紧)	0.20	0.15
砾石	0.60	0.55	冰	0.10	0.07

将式(2-1)代入式(2-5)并整理，得

$$R\geqslant\frac{V^2}{127(\varphi_h+i_h)} \tag{2-6}$$

同样，利用式(2-6)可以计算出汽车在平曲线上行驶时不产生横向滑移的理论最

小平曲线半径 R。

(4)横向稳定性的保证

现代汽车在设计制造时，一般重心较低，$b\approx 2h_g$，即$\frac{b}{2h_g}\approx 1$；而 $\varphi_h<0.5$，所以 $\varphi_h<\frac{b}{2h_g}$，根据式(2-4)和式(2-6)可知，理论上汽车在平曲线上行驶时发生横向倾覆之前，先产生横向滑移现象。为此，在道路设计时只要保证汽车不产生横向滑移，也就保证了横向倾覆的稳定性。

2.3.2.2 圆曲线半径的确定

根据式(2-1)，得

$$R=\frac{V^2}{127(\mu+i_h)} \tag{2-7}$$

在车速 V 一定的条件下，最小曲线半径 R_{min} 决定于容许的最大横向力系数 μ_{max} 和最大横向超高坡度 i_{hmax}。下面分别加以讨论。

(1)关于横向力系数 μ

横向力的存在对汽车产生种种不利的影响，μ 值越大越不利，主要表现在如下几个方面：

①危及行车安全：根据前面汽车在道路上行驶横向稳定性分析可知，要保证汽车行驶时既不倾覆又不滑移，就要求横向力系数 μ 低于轮胎与路面之间的附着系数 φ_h，为更加安全通常取为横向摩擦系数 f，即

$$\mu\leqslant f$$

横向摩擦系数 f 与车速、路面及轮胎状况有关。一般在干燥路面上为 0.4~0.8；在潮湿路面上为 0.25~0.4；路面结冰或积雪时，降到 0.2 以下；在光滑的冰面上可降到 0.06。

②增加驾驶操作的困难：弯道上行驶的汽车，在横向力的作用下，轮胎会产生横向变形，使轮胎的中间平面与轮迹前进方向形成一个横向偏移角。横向偏移角的存在增加了汽车在方向控制上的困难，特别是在高速行驶时。如果横向偏移角超过 5°，一般司机就不易保持驾驶方向上的稳定。

③增加燃料消耗和轮胎磨损：横向力的存在，使汽车的燃油消耗和轮胎磨损增加，根据调查经验，燃油消耗和轮胎磨损与横向力系数 μ 值存在表 2-2 所示的关系。

表 2-2 燃油消耗与磨损百分比

横向力系数 μ	燃料消耗(%)	轮胎磨损(%)
0	100	100
0.05	105	160
0.10	110	220
0.15	115	300
0.20	120	390

④行旅不舒适：若横向力系数μ值过大，在曲线半径小的弯道上司机要尽量大回转，容易离开车道而发生事故。另外，对司机和乘客来说，横向力系数μ值增大，会感到不舒服。根据心理试验测试，乘客随μ值的变化其心理反应如下：

当$\mu<0.1$时，感觉不到有曲线存在，很平稳；

当$\mu=0.15$时，略感觉有曲线存在，尚平稳；

当$\mu=0.2$时，已感觉有曲线存在，稍感不平稳；

当$\mu=0.35$时，感觉到曲线存在．不平稳；

当$\mu=0.4$时，感觉非常不平稳，有倾倒的危险。

综上所述，考虑到行车的安全、经济与舒适等因素，应当采用一个合适的μ值。研究结果表明，$\mu=0.11\sim0.16$较为合适。对后面所提到的极限最小半径μ在这个范围内取值，高速路取低限，低速路取高限。为进一步扩大行车的舒适性与安全性，后面提到的一般最小半径在此基础上对μ进行了更严格的限制，按$\mu=0.05\sim0.06$取值。

(2)关于最大横向超高坡度i_{hmax}

在车速较高的情况下，为平衡离心力要用较大的超高。但道路上行驶车辆的速度并不一样，特别是在混合交通的道路上，不仅要照顾快车，也要考虑到慢车的安全。在个别情况下，因故(如前方路段冲坏、交通堵塞、交通事故等)暂停在弯道上的车辆，其离心力为零。如超高率过大，超出轮胎与路面间的横向摩擦系数，车辆有沿着路面最大合成坡度下滑的危险，因此必须满足：

$$i_{hmax}\leqslant f$$

式中 f——一年中天气恶劣季节路面的横向摩擦系数。

《规范》规定，各级公路的最大超高一般不超过8%，特殊情况也不超过10%。积雪冰冻地区不超过6%。为保证安全一般最小半径按6%计算，极限最小半径按8%取值。

2.3.2.3 《规范》对圆曲线半径的规定

(1)极限最小半径

极限最小半径是指按计算行车速度行驶的车辆，能保证其安全行驶的最小半径，它是路线设计中的最小极限值，只有在特殊困难的条件下，不得已时才可以采用这一数值进行设计。

(2)一般最小半径

一般最小半径是指按计算行车速度行驶的车辆，能保证其安全并舒适行驶的最小半径，是设计时通常推荐采用的最小半径。

(3)不设超高的最小半径

所谓不设超高的最小半径是指道路曲线半径较大、离心力较小时，汽车沿双向路拱外侧行驶的路面摩擦力足以保证汽车行驶安全稳定所采用的最小半径。路面上不设超高，对于行驶在曲线外侧车道上的车辆来说是“反超高”，其横向超高坡度为负值，大小与路拱坡度相同。

《规范》规定各级公路平面不论转角大小，均应设置圆曲线。在选用圆曲线半径

表 2-3 圆曲线最小半径

设计速度(km/h)		120	100	80	60	40	30	20
圆曲线最小半径(m)	一般值	1000	700	400	200	100	65	30
	极限值	650	400	250	125	60	30	15
不设超高圆曲线最小半径(m)	路拱≤2%	5500	4000	2500	1500	600	350	150
	路拱>2%	7500	5250	3350	1900	800	450	200

时，应与设计速度相适应。圆曲线最小半径按设计速度规定见表 2-3。

(4)圆曲线最大半径

一般选用圆曲线半径时，在与地形等条件相适应的前提下，应尽可能采用大半径。但半径大到一定程度时，其几何性质与行车条件已与直线无太大区别，反而容易给驾驶员造成判断上的错误，带来不良后果。所以，《规范》规定圆曲线最大半径以不超过 10000m 为宜。

2.4 缓和曲线

缓和曲线也是道路平面线形主要要素之一，它是设置在直线和圆曲线之间的一种曲率连续变化的曲线。《标准》规定，除四级公路可不设缓和曲线外，其余各级公路都应设置缓和曲线。在现代高速公路上，有时缓和曲线所占比例超过了直线和圆曲线，成为平面线形的主要组成部分。在城市道路上，缓和曲线也被广泛地使用。

2.4.1 缓和曲线的作用与性质

2.4.1.1 缓和曲线的作用

(1)曲率连续变化，便于车辆遵循

汽车在转弯行驶过程中，存在一条曲率连续变化的轨迹线，无论车速高低，这条轨迹线都是客观存在的，它的形式及长度与汽车构造、汽车行驶速度、司机转动方向盘的快慢等因素有关。在汽车低速行驶时，司机尚可利用路面的富余宽度把汽车保持在车道范围之内，缓和曲线似乎没有必要。但在高速行驶或曲率急变时，汽车有可能超越自己的车道而驶出一条很长的过渡性轨迹线，这种情况是绝对不允许的。因此，从安全的角度出发，有必要设置一条司机易于遵循的路线，这便是缓和曲线。同时，缓和曲线的设置不仅使线路顺畅，而且构成美观与视觉协调的最佳线形。

(2)离心加速度逐渐变化，旅客感到舒适

汽车在直线上行驶时，无离心力作用。在曲线上行驶时，要产生离心力，其大小与曲率半径成反比。汽车由直线驶入圆曲线或由圆曲线驶入直线时，由于曲率的突变而带来离心力的突变，对旅客产生侧向冲击力，使旅客有不舒适的感觉。所以，应设置缓和曲线以缓和离心加速度的变化。

(3)超高及加宽逐渐变化，利于行车平稳

行车道从直线过渡到圆曲线有两个显著变化：由直线上的双坡断面变为圆曲线上

的单坡断面；由直线上的正常宽度变为圆曲线上的加宽宽度。这两个变化要在缓和曲线段完成。

(4)与圆曲线配合得当，保证线形美观

直线和圆曲线间，特别是圆曲线半径较小时，不加设缓和曲线，给人的感觉线形有些扭曲，加设缓和曲线后有个中间过渡，线形会变得平顺美观。

2.4.1.2 缓和曲线的性质

缓和曲线是一种曲率逐渐变化的线形，要想准确地设计出来，必须研究它的性质，找出它的数学规律，这还需从汽车的行驶轨迹着手。

假定汽车等速行驶，司机匀速转动方向盘。当方向盘转动角度为 φ 时，前轮相应转动角度为 Φ，它们之间的关系为

$$\Phi = k\varphi \quad (\text{rad})$$

式中 k——小于1的系数。

而

$$\varphi = \omega t \quad (\text{rad})$$

式中 ω——方向盘转动的角速度，rad/s；

t——方向盘转动时间，s。

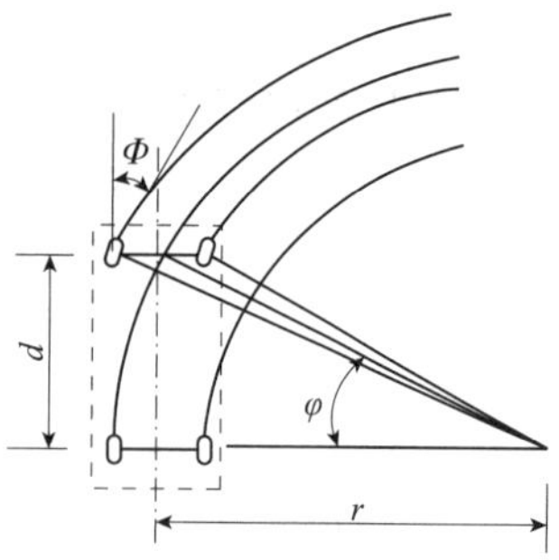

则汽车前轮的转向角为

$$\Phi = k\omega t \quad (\text{rad})$$

如图2-3所示，设汽车前后轮轴距为 d，前轮转动 Φ 后，汽车的行驶轨迹曲线半径为 r，则

$$r = \frac{d}{\tan\Phi} \quad (\text{m})$$

由于 Φ 值很小，$\tan\Phi \approx \Phi$，则

$$r \approx \frac{d}{\Phi} = \frac{d}{k\omega t} \tag{2-8}$$

图2-3 汽车的转弯行驶

汽车以 v(m/s)等速行驶，经时间 t(s)以后，其行驶距离(弧长)为 l，则

$$l = vt \quad (\text{m}) \tag{2-9}$$

结合式(2-8)和式(2-9)，可得

$$l = v\frac{d}{k\omega r}$$

式中 v、d、k、ω 均为常数，令

$$\frac{vd}{k\omega} = C$$

则可得

$$rl = C \tag{2-10}$$

式(2-10)称作缓和曲线的性质。式(2-10)说明，汽车匀速从直线进入圆曲线

(或从圆曲线进入直线)，其行驶轨迹的弧长与曲率半径之积为一常数，这一性质正好与数学上的回旋线相符。因此《规范》规定：高速公路、一级公路、二级公路、三级公路平面线形应由直线、圆曲线、回旋线三种要素组成。也就是说缓和曲线采用回旋线。

由于 rl 乘积的单位是 m^2，采用起来比较麻烦，为设计表达方便，令 $C=A^2$，于是得到如下基本公式：

$$rl=A^2 \tag{2-11}$$

式中，A 称作回旋线的参数，它表征回旋线曲率变化的缓急程度，A 值越大，回旋线的弯曲程度越缓。这种性质和圆曲线类似，圆曲线半径越大，圆弧弯曲度越平缓，整个圆也就变得越大。所以，在回旋线中，A 值与圆曲线中的半径具有相同的作用和意义。

令缓和曲线起点至终点的曲线长度为 L_S，称为缓和曲线长度。缓和曲线接圆曲线，圆曲线半径一般用 R 表示。缓和曲线终点也为缓和曲线上的一点，根据缓和曲线的性质，则式(2-11)变为：

$$RL_S=A^2 \tag{2-12}$$

利用上式可以解决两个问题：

①已知圆曲线半径 R 和缓和曲线长度 L_S，从而确定回旋线参数 A，则回旋线的形态便基本确定；

②先按各种条件选择圆曲线半径 R 和回旋线参数 A，从而确定所需的缓和曲线长度 L_S。

2.4.2 回旋线几何要素

一旦回旋线参数 A 确定，那么回旋线的形状即可确定，但要想更加精确的绘制或测设回旋线，光靠参数 A 还不行，需要进一步对它进行探讨。

图 2-4 以回旋线起点为坐标原点，回旋线切线方向为 x 轴，圆心所在一侧与 x 轴垂直方向为 y 轴，建立坐标系。在回旋线上任意点 P 取微分单元，则有：

$$\mathrm{d}l=r\cdot\mathrm{d}\beta$$

$$\mathrm{d}x=\mathrm{d}l\cdot\cos\beta=r\mathrm{d}\beta\cos\beta \tag{2-13}$$

$$\mathrm{d}y=\mathrm{d}l\cdot\sin\beta=r\mathrm{d}\beta\sin\beta \tag{2-14}$$

以 $r=A^2/l$ 代入，得

$$\mathrm{d}l=\frac{A^2}{l}\cdot\mathrm{d}\beta$$

即

$$l\cdot\mathrm{d}l=A^2\mathrm{d}\beta$$

积分，得

$$\int_0^l l\mathrm{d}l=\int_0^\beta A^2\mathrm{d}\beta$$

$$l^2=2A^2\beta \qquad l=\sqrt{2\beta}\cdot A$$

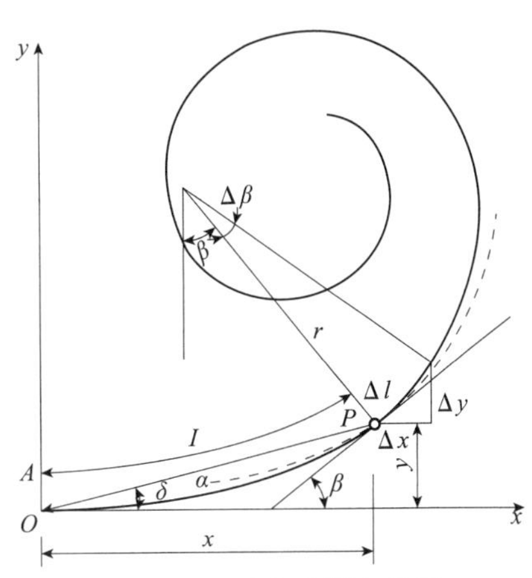

图 2-4 回旋线作为缓和曲线

则

$$r=\frac{A^2}{l}=\frac{A}{\sqrt{2\beta}}$$

代入式(2-13)和式(2-14)，得

$$\mathrm{d}x=\frac{A}{\sqrt{2\beta}}\cos\beta\cdot\mathrm{d}\beta \tag{2-15}$$

$$\mathrm{d}y=\frac{A}{\sqrt{2\beta}}\sin\beta\cdot\mathrm{d}\beta \tag{2-16}$$

将上式积分，并将 $\sin\beta$、$\cos\beta$ 用级数展开，则得回旋线直角坐标方程为

$$x=l-\frac{l^3}{40r^2}+\frac{l^5}{3456r^4}-\cdots \tag{2-17}$$

$$y=\frac{l^2}{6r}-\frac{l^4}{336r^3}+\frac{l^6}{42240r^5}-\cdots \tag{2-18}$$

在回旋线终点处，$l=L_S$，$r=R$，于是，回旋线终点的直角坐标为

$$X=L_S-\frac{L_S^3}{40R^2}+\frac{L_S^5}{3456R^4}-\cdots \tag{2-19}$$

$$Y=\frac{L_S^2}{6R}-\frac{L_S^4}{336R^3}+\frac{L_S^6}{42240R^5}-\cdots \tag{2-20}$$

根据上面的推导，进一步总结出回旋线的几个主要几何特征值，通常称为回旋线的几何要素，如图 2-5 所示。

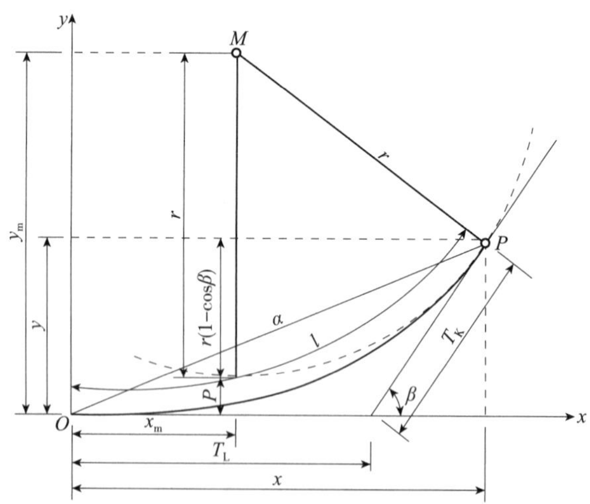

图 2-5　回旋线几何要素

①任意点 P 的曲率半径

$$r=\frac{A}{\sqrt{2\beta}} \tag{2-21}$$

②P 点的回旋线长

$$l=\frac{A^2}{r}=A\sqrt{2\beta} \tag{2-22}$$

③P 点的切线角是指回旋线上任意点 P 的切线方向与 x 轴的夹角，按下式计算

$$\beta=\frac{l^2}{2A^2}=\frac{l^2}{2rl}=\frac{l}{2r} \quad (\text{rad}) \tag{2-23}$$

④P 点曲率圆的内移值

$$p=y+r\cos\beta-r \tag{2-24}$$

⑤P 点曲率圆圆心 M 点的坐标

$$x_{\mathrm{m}}=x-r\sin\beta \tag{2-25}$$

$$y_{\mathrm{m}}=r+p \tag{2-26}$$

⑥长切线长

$$T_{\mathrm{L}}=x-y\cos\beta \tag{2-27}$$

⑦短切线长

$$T_{\mathrm{K}}=\frac{y}{\sin\beta} \tag{2-28}$$

⑧式(2-19)和式(2-20)常换算为下面的近似计算公式

$$x\approx l-\frac{l^5}{40C^2} \tag{2-29}$$

$$y\approx\frac{l^3}{6C}-\frac{l^7}{336C^3} \tag{2-30}$$

⑨P 点的弦偏角

$$\delta=\arctan\frac{y}{x} \quad (\text{rad}) \tag{2-31}$$

⑩P 点的弦长

$$\alpha=\frac{y}{\sin\beta} \tag{2-32}$$

式(2-29)~式(2-32)为绘制和测设缓和曲线提供了方便。用全站仪测设时可用式(2-29)和式(2-30)，称作坐标法；用经纬仪时用式(2-31)和式(2-32)，称作偏角法。

从回旋线的方程可以看出，回旋线的形状只有一种，只需改变参数 A 就能得到大小不同的回旋曲线(如同改变圆的半径就可获得大小不同的圆一样)，因此，参数 A 可以看作是回旋线的放大系数。所有的回旋线具有相似性。$A=1$ 时的回旋线称为单位回旋线。根据相似性，可由单位回旋线要素计算任意回旋线要素。在各要素中，又分“长度要素”和“非长度要素”，长度要素主要有：任意点 P 的曲率半径、回旋线长、内移值、直角坐标、切线长、弦长等；非长度要素主要有：缓和曲线角和弦偏角。它们的计算方法如下：

回旋线长度要素=单位回旋线长度要素×A

回旋线非长度要素=单位回旋线非长度要素

2.4.3　对称型基本型平曲线几何要素

在道路平面线形组合类型中，最常用的一种是直线—缓和曲线—圆曲线—缓和曲线—直线，称作基本型平曲线，如果第一和第二缓和曲线参数相同，称作对称型基本型平曲线，如图 2-6 所示。

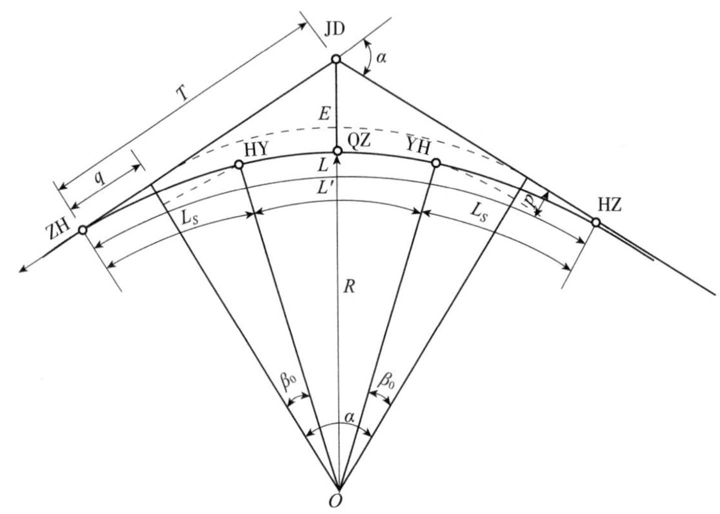

图 2-6　对称型基本型平曲线

JD-道路中线的交点；ZH-第一缓和曲线的起点（直缓）；HY-第一缓和曲线的终点（缓圆）；QZ-圆曲线中点（曲中）；YH-第二缓和曲线终点（圆缓）；HZ-第二缓和曲线起点（缓直）。ZH、HY、QZ、YH、HZ 常称作平曲线的五个主点

对称型基本型平曲线的几何要素的计算公式如下：

①切线增长值（圆心 O 到切线的垂足与 ZH 点的距离）

$$q=\frac{L_S}{2}-\frac{L_S^3}{240R^2}\quad(\text{m})\tag{2-33}$$

②内移值（圆对切线的偏移距离）

$$p=\frac{L_S^2}{24R}-\frac{L_S^4}{2384R^3}\quad(\text{m})\tag{2-34}$$

③缓和曲线终点切线角

$$\beta_0=28.6479\frac{L_S}{R}\quad(\text{m})\tag{2-35}$$

④总切线长

$$T=(R+p)\tan\frac{\alpha}{2}+q\quad(\text{m})\tag{2-36}$$

⑤曲线总长

$$L=(\alpha-2\beta_0)\frac{\pi}{180}R+2L_S\quad(\text{m})\tag{2-37}$$

⑥外矢距(外距)

$$E=(R+p)\sec\frac{\alpha}{2}-R \tag{2-38}$$

⑦校正值

$$J=2T-L \quad (\mathrm{m}) \tag{2-39}$$

如图 2-5 建立的坐标系，在对称型基本型平曲线中，以 ZH 点为坐标原点，以 ZH－JD 为 x 轴，ZH－圆心 O 为 y 轴建立局部坐标系，缓和曲线上任意一点的坐标即为式(2-29)和式(2-30)，下面给出圆曲线上任意一点在此坐标系下的坐标：

$$x_y=q+R\sin\varphi_m \quad (\mathrm{m}) \tag{2-40}$$

$$y_y=p+R(1-\cos\varphi_m) \quad (\mathrm{m}) \tag{2-41}$$

式中　φ_m——$\varphi_m=\alpha_m+\beta_0=28.6479\left(\frac{2l_m+L_S}{R}\right)$,°；

l_m——圆曲线上任意点 m 至缓和曲线终点的弧长，m；

α_m——l_m 所对应的圆心角，rad，$\alpha_m=\frac{l_m}{R}$。

圆曲线上任意点的弦长和弦偏角表达式同式(2-31)和式(2-32)。

2.4.4　平曲线里程计算

一条道路上某点的里程一般是指此点至道路始发点(起点)沿中线的实际长度，一般用 $K_{××+×××}$ 来表示，××代表公里，×××代表米，例如：某点的里程为 $K_{25+305.233}$ 代表的是这样一个点，此点距离起点沿中线的距离为 25305.233m。在道路设计中常用某点的里程来代表某点所在的位置，因此里程常称作桩号。平曲线的五个主点的里程计算：

$$\mathrm{ZH}=\mathrm{JD}-T$$

$$\mathrm{HY}=\mathrm{ZH}+L_S$$

$$\mathrm{QZ}=\mathrm{ZH}+L/2$$

$$\mathrm{YH}=\mathrm{HZ}-L_S$$

$$\mathrm{HZ}=\mathrm{ZH}+L$$

2.4.5　其他形式的缓和曲线

缓和曲线一般都采用回旋线，但在个别情况下，也可以采用其他函数形式。

2.4.5.1　三次抛物线

如果式(2-29)和式(2-30)只取第一项，则可得三次抛物线形式的直角坐标方程：$x=l$，$y=\frac{x^3}{6C}$,此三次抛物线的方程式也可表达为

$$r=\frac{C}{x} \tag{2-42}$$

式中　x——弧长 l 在横坐标上的投影，m；

r——在弧长 l 处的曲率半径，m；

C——常数，$C=RL_S$；

R——回旋线所连接的圆曲线半径，m；

L_S——回旋线型的缓和曲线长度，m。

三次抛物线的曲率半径与回旋线一样，也是随长度的增大而逐渐减小的，但当缓和曲线角 $\beta>24°$后，又开始增加。所以，三次抛物线作为缓和曲线只能用在 $\beta\leqslant24°$的条件下。

2.4.5.2　双纽线

双纽线方程式为

$$r=\frac{C}{a} \tag{2-43}$$

式中　a——弧长 l 所对应的弦长。

如图 2-7 所示，回旋线、三次抛物线和双纽线在极角较小（5°～6°）时几乎没有差别。随着极角的增加，三次抛物线的长度比双纽线的长度增加得快些，而双纽线的长度又比回旋线的长度增加得快些。回旋线的曲率半径减小得最快，而三次抛物线减少得最慢。从保证汽车平顺过渡的角度来看，三种曲线都可以作为缓和曲线。除此之外，也有使用 N 次抛物线、正弦型曲线、多圆弧曲线等各种曲线作为缓和曲线。但世界各国使用回旋线的最多，我国推荐的缓和曲线也是回旋线。

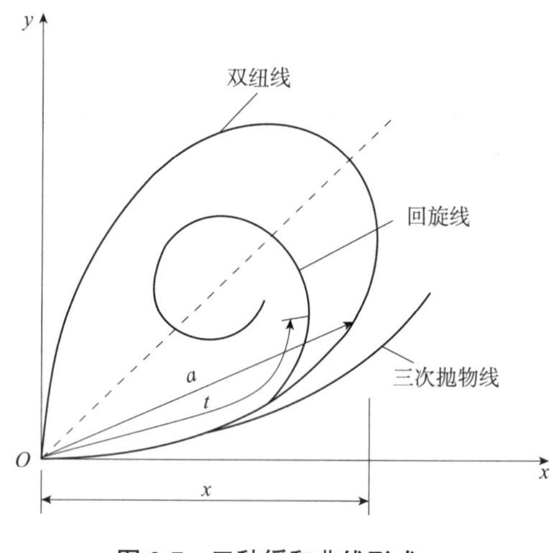

图 2-7　三种缓和曲线形式

2.4.6　缓和曲线的长度及参数

2.4.6.1　缓和曲线的最小长度

前面讲过缓和曲线有四个方面的作用，要完成这四个作用，缓和曲线必须有足够的长度。理论上来确定缓和曲线最小长度，主要从以下几个方面来考虑：

（1）旅客感到舒适

汽车行驶在缓和曲线上，其离心加速度将随缓和曲线曲率的变化而变化，若离心加速度变化太快，旅客就会有不舒适的感觉。缓和系数（离心加速度的变化率）为

$$\alpha_S=\frac{a}{t}=\frac{v^2}{Rt} \tag{2-44}$$

式中　v——汽车行驶速度，m/s；

R——圆曲线半径，m；

a——离心加速度，m/s^2；

t——汽车在缓和曲线上的行驶时间，s。

假定汽车匀速行驶，有

$$t=\frac{L_S}{v}$$

则

$$\alpha_S=\frac{v^3}{RL_S}=0.0214\frac{V^3}{RL_S}$$

式中 V——汽车行驶速度，km/h。

按上式可得缓和曲线最小长度计算公式为

$$L_{S(\min)}=0.0214\frac{V^3}{\alpha_{S(\max)}R}$$

式中 $\alpha_{S(\max)}$——最大缓和系数，m/s^3。

关于最大缓和系数，不同等级不同速度的道路要求也不同，不好采用统一的数据。总结世界各国的经验，一般在 $0.3\sim1.0m/s^3$ 范围取值，高速路取低值，一般道路可取高些，平原区可取小一些，山区可取大些。我国铁路上建议采用：$\alpha_{S(\max)}=0.3m/s^3$，公路上建议采用 $\alpha_{S(\max)}=0.6m/s^3$。

(2)超高渐变率适中

为平衡离心力，圆曲线段内必须设置超高。这样，直线段上是正常的双向横坡断面，而圆曲线上为单向的超高断面，两者之间必须有个过渡，并且过渡段不能太短，否则影响行车的舒适性和安全性。

在超高过渡段上，路面外侧逐渐抬高，从而形成一个“附加纵坡度”，称作超高渐变率。当圆曲线上的超高值一定时，这个附加坡度就取决于缓和段长。附加坡度太大、太小都不好，太大对行车不利，太小对排水不利。《规范》规定了适中的超高渐变率，由此可导出计算缓和段最小长度的计算公式为

$$L_{S(\min)}=\frac{B\Delta i}{p}\quad(m)\tag{2-45}$$

式中 B——旋转轴(分绕边线旋转和绕中线旋转)至行车道外侧边缘的宽度，m；

Δi——超高坡度与路拱坡度代数差，%；

p——超高渐变率。

式(2-45)在第4章还会讲述。

(3)行驶时间不过短

如果缓和曲线长度过短，汽车在缓和段的行驶时间就短，司机驾驶操作将过于匆忙，有可能造成安全事故。因此规定汽车在缓和曲线上的行驶时间一般不得小于3s，则

$$L_{S(\min)}=vt=\frac{1}{3.6}Vt=\frac{V}{1.2}\quad(m)\tag{2-46}$$

在考虑了上述各种影响因素以后，《规范》制定了各级公路缓和曲线的最小长度，见表2-4。

表2-4 回旋线最小长度

设计速度(km/h)	120	100	80	60	40	30	20
回旋线最小长度(m)	100	85	70	50	35	25	20

注：四级公路为超高、加宽过渡段长度。

2.4.6.2 回旋线参数的确定

上面讨论的缓和曲线最小长度是在地形等条件受到限制时的最小极限长度。在一般情况下，特别是当圆曲线半径较大或车速较高时，只要条件允许，应该使用更长的缓和曲线。缓和曲线长度应当考虑离心加速度的变化率和超高渐变率，这一点在《规范》里面已经做了考虑。其实按离心加速度的变化率和超高渐变率计算的缓和曲线长度是随曲线半径的增大而逐渐减小的，但视觉上却希望随着半径的增大，缓和曲线应当长一些，给人以优美和良好的感观，设计时应当注意这一点。由式(2-35)，可得

$$L_S=\frac{R\beta_0}{28.6479}$$

则

$$A=\sqrt{RL_S}=R\sqrt{\frac{\beta_0}{28.6479}} \tag{2-47}$$

式中 β_0——缓和曲线终点切线角。

大量的经验表明，从司机的视觉角度，合适的 $\beta_0=3°\sim29°$，代入式(2-47)得如下近似关系：

$$\frac{R}{3}\leqslant A\leqslant R \tag{2-48}$$

经验表明，当 $R\leqslant100$m 时，可取 $A\geqslant R$；当 $100<R<3000$m 时，宜取 $\frac{R}{3}\leqslant A\leqslant R$；当 $R\geqslant3000$ 时，可取 $A<\frac{R}{3}$。

除上述因素之外，回旋线参数的确定还必须考虑到地形、排水等条件，综合确定。

2.4.7 缓和曲线的省略

缓和曲线的作用主要是离心加速度和超高渐变率的过渡以及足够的方向调整时间，当圆曲线半径较大或两相邻圆曲线半径相差较小时，离心加速和超高渐变率均非常小，对汽车影响较小；另外，方向变化极易适应，这时可以不加设缓和曲线，直线直接连圆曲线，或两相邻圆曲线径向相连。《规范》规定四级公路可以不加设缓和曲

线；另外，在下列情况下也可不设缓和曲线：

①在直线与圆曲线间，当圆曲线半径大于或等于“不设超高的最小半径”时（表 2-3）。

表 2-5　复曲线中小圆临界圆曲线半径

设计速度(km/h)	120	100	80	60	40	30
临界圆曲线半径(m)	2100	1500	900	500	250	130

②半径不同的同向圆曲线间，当小圆半径大于或等于“不设超高的最小半径”时。

③半径不同的同向圆曲线间，小圆半径大于表 2-5 规定，且符合下列条件之一者：

a. 小圆按最小回旋线长度设回旋线时，大圆与小圆的内移值之差小于 0.10m 时；

b. 设计速度大于或等于 80km/h，大圆半径（R_1）与小圆半径（R_2）之比小于 1.5 时；

c. 设计速度小于 80km/h，大圆半径（R_1）与小圆半径 R_2）之比小于 2 时。

【例 2-1】　已知某弯道交点 JD_5，桩号为 $K_{4+099.510}$，$R=200$m，转角 $\alpha=30°04'00''$；试计算曲线要素和主点桩号。

【解】　(1) 曲线要素计算

$$T=R\tan\frac{\alpha}{2}=200\times\tan\frac{30°04'00''}{2}=53.715\quad(\mathrm{m})$$

$$L=\frac{\pi}{180}\alpha R=\frac{\pi}{180°}\times30°04'00''\times200=104.952\quad(\mathrm{m})$$

$$E=R\left(\sec\frac{\alpha}{2}-1\right)=200\times\left(\sec\frac{30°04'00''}{2}-1\right)=7.089\quad(\mathrm{m})$$

$$J=2T-L=2\times53.715-104.952=2.478\quad(\mathrm{m})$$

(2) 主点桩号计算

$$\mathrm{ZY}=\mathrm{JD}-T=K_{4+099.510}-53.715=K_{4+045.795}$$

$$\mathrm{QZ}=\mathrm{ZY}+\frac{L}{2}=K_{4+045.795}+\frac{104.952}{2}=K_{098.271}$$

$$\mathrm{YZ}=\mathrm{ZY}+L=K_{4+045.795}+104.952=K_{4+150.747}$$

校核：

$$\mathrm{QZ}+\frac{J}{2}=K_{4+098.271}+\frac{2.478}{2}=K_{4+099.510}=\mathrm{JD}$$

计算无误。

【例 2-2】　已知某弯道交点 JD_6，桩号为 $K_{4+650.560}$，$R=300$m，转角 $\alpha=35°00'00''$。试计算曲线要素和主点桩号。

【解】　(1) 曲线要素计算

$$q=\frac{L_S}{2}-\frac{L_S^3}{240R^2}=\frac{60}{2}-\frac{60^3}{240\times300^2}=29.990\quad(\mathrm{m})$$

$$p=\frac{L_S^2}{24R}-\frac{L_S^4}{2384R^3}=\frac{60^2}{24\times300}-\frac{60^4}{2384\times300^3}=0.499\quad(\text{m})$$

$$T=(R+p)\tan\frac{\alpha}{2}+q=(300+0.499)\times\tan\frac{35°}{2}+29.990=124.737\quad(\text{m})$$

$$\beta_0=28.6479\frac{L_S}{R}=28.6479\times\frac{60}{300}=5°43'48''$$

$$L=(\alpha-2\beta_0)\frac{\pi}{180}R+2L_S=(35°-2\times5°43'48'')\times\frac{\pi}{180}\times300+2\times60=243.255\quad(\text{m})$$

$$E=(R+p)\sec\frac{\alpha}{2}-R=(300+0.499)\sec\frac{35°}{2}-300=15.082\quad(\text{m})$$

$$J=2T-L=2\times124.737-243.255=6.219\quad(\text{m})$$

(2)主点桩号计算

$$ZH=JD-T=K_{4+650.560}-124.737=K_{4+525.823}$$

$$HY=ZH+L_S=K_{4+525.823}+60=K_{4+585.823}$$

$$QZ=ZH+\frac{L}{2}=K_{4+525.823}+\frac{243.255}{2}=K_{4+647.451}$$

$$HZ=ZH+L=K_{4+525.823}+243.255=K_{4+769.078}$$

$$YH=HZ-L_S=K_{4+769.078}-60=K_{4+709.078}$$

校核：

$$QZ+\frac{J}{2}=K_{4+647.451}+\frac{6.219}{2}=K_{4+650.561}=JD$$

误差0.001m是因计算近似引起，计算无误。

【例2-3】 某山岭重丘区高速公路(设计速度100km/h四车道)，顺路导线JD处路线桩号为$K_{1+986.750}$，路线转角为18°12′24″。已知JD处地形条件如例2-3图所示，JD到房子边缘的距离为40m，房子到河距离120m，试设计JD处的平曲线。设计内容包括：

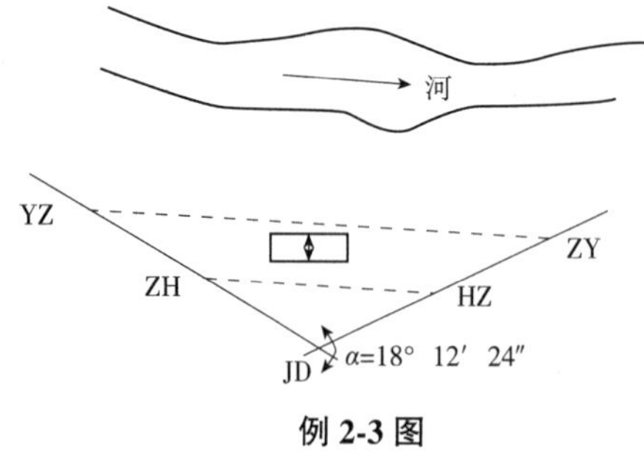

例2-3图

(1)选定平曲线形式并确定平曲线半径等；

(2)计算平曲线主点里程；

(3)按整桩号法每20m一桩，计算平曲线内详细坐标法和偏角法桩点定位坐标。

【解】 由例2-3图可知，路线通过JD处的方案有路线从JD与房之间通过和路线从房和河之间通过两种方案。

1. 设从JD与房之间通过

(1)选择平曲线形式及半径等

平曲线半径拟用外距控制反算。因高速公路半个路基宽13m，加上可能的边沟、边坡等预留宽13m，JD到房子边缘的距离为40m，则

$$E_{控}=40-(13+13)=14\quad(\text{m})$$

①试确定平曲线半径 R。

根据 $E=R\left(\sec\frac{\alpha}{2}-1\right)$ 得

$$R_{试}=\frac{E_{控}}{\sec\frac{\alpha}{2}-1}=\frac{14}{\sec\frac{18°12'24''}{2}-1}=1097.52 \quad (\text{m})$$

取整为

$$[1097.52]=1097\approx1100 \quad (\text{m})$$

②确定平曲线半径。

检验试定平曲线半径对应的外距是否符合控制要求：

$$E=R\left(\sec\frac{\alpha}{2}-1\right)=1100\times\left(\sec\frac{18°12'24''}{2}-1\right)=14.03 \quad (\text{m})$$

外距变化不大，预留宽能满足要求，故采用 $R=1100\text{m}$ 作为最终平曲线半径。

③平曲线形式的确定。

根据平曲线半径 $R=1100\text{m}$，对照《标准》规定的 3 个最小半径：$R_{极限}=400\text{m}$，

$R_{一般}=700\text{m}$，$R_{超高}4000\text{m}$，故 $R>R_{一般}$ 且 $R<R_{超高}$。

因此，JD_1 处的曲线形式应采用带有缓和曲线的圆曲线即基本型平曲线，并且所定半径符合技术标准。

④确定缓和曲线长度 L_S。

《规范》规定缓和曲线最小长度 $L_{Smin}=85$，考虑到视觉要求的缓和曲线与半径的关系 $\frac{R}{9}\leqslant L_S\leqslant R$，初步确定 $L_S=130\text{m}$。

(2)计算平曲线要素及主点里程

$$\beta_0=28.6479\frac{L_S}{R}=28.6479\times\frac{130}{1100}=3°23'08.4''$$

$$p=\frac{L_S^2}{24R}-\frac{L_S^4}{2384R^3}=\frac{130^2}{24\times1100}-\frac{130^4}{2384\times1100^3}=0.640 \quad (\text{m})$$

$$q=\frac{L_S}{2}-\frac{L_S^3}{240R^2}=\frac{130}{2}-\frac{130^3}{240\times1100^2}=64.992 \quad (\text{m})$$

$$T=(R+p)\tan\frac{\alpha}{2}+q=(1100+0.640)\times\tan\frac{18°12'24''}{2}+64.992=241.352 \quad (\text{m})$$

$$L=(\alpha-2\beta_0)\frac{\pi}{180}R+2L_S=(18°12'24''-2\times3°23'08.4'')\times\frac{\pi}{180}\times1100+2\times130=479.543 \quad (\text{m})$$

$$L_y=L-2L_s=479.543-2\times130=219.543 \quad (\text{m})$$

$$E=(R+p)\sec\frac{\alpha}{2}-R=(1100+0.640)\times\sec\frac{18°12'24''}{2}-1100=14.680 \quad (\text{m})$$

$L_s:L_y:L_s$ 介于 1∶1∶1 与 1∶2∶1 之间，符合平顺美观要求。

主点里程计算：

$$ZH=JD-T=K_{1+986.750}-241.352=K_{1+745.398}$$

$$HY=ZH+L_S=K_{1+745.398}+130=K_{1+875.398}$$

$$QZ=ZH+\frac{L}{2}=K_{1+745.398}+\frac{479.543}{2}=K_{1+985.170}$$

$$HZ=ZH+L=K_{1+745.398}+479.543=K_{2+224.941}$$

$$YH=HZ-L_S=K_{2+224.941}-130=K_{2+094.941}$$

(3)计算曲线加密桩定位坐标

排列20m整桩号：(ZH) $K_{1+745.398,+760,+780,+800,+820,+840,+860}$；(HY) $K_{1+875.398,+880,+900,+920,+940,+960,+980}$；(QZ) $K_{1+985.170}$，后半支按对称原则测设。

缓和段内(以 K_{1+800} 桩为例)计算坐标：

$$l=K_{1+800}-K_{1+745.398}=54.602 \quad (m)$$

$$x=l-\frac{l^5}{40R^2L_S^2}=54.602-\frac{54.602^5}{40\times1100^2\times130^2}=54.601 \quad (m)$$

$$y=\frac{l^3}{6C}-\frac{l^7}{336C^3}=\frac{54.602^3}{6\times1100\times130}-\frac{54.602^7}{336\times(1100\times130)^3}=0.190 \quad (m)$$

$$a=\sqrt{x^2+y^2}=\sqrt{54.601^2+0.190^2}=54.601 \quad (m)$$

$$\delta=\arctan\frac{y}{x}=\arctan\frac{0.190}{54.601}=0°00'12.5''$$

式中，x 和 y 为坐标法测量定位坐标，a 和 δ 为偏角法测量定位坐标。同理计算其他各点坐标。圆曲线段内桩点(以 K_{1+900} 桩为例)：

$$l_m=K_{1+900}-K_{HY}=K_{1+900}-K_{1+875.398}=24.602 \quad (m)$$

$$\varphi_m=\alpha_m+\beta_0=28.6479\left(\frac{2l_m+L_S}{R}\right)=28.6479\times\left(\frac{2\times24.602+130}{1100}\right)=4°40'1.6''$$

$$x_{900}=q+R\sin\varphi_m=64.992+1100\times\sin4°40'1.6''=154.495 \quad (m)$$

$$y_{900}=p+R(1-\cos\varphi_m)=0.640+1100\times(1-\cos4°40'1.6'')=4.287 \quad (m)$$

$$a=\sqrt{x^2+y^2}=\sqrt{154.495^2+4.287^2}=154.554 \quad (m)$$

$$\delta=\arctan\frac{y}{x}=\arctan\frac{4.287}{154.495}=1°35'22''$$

同理计算其他桩点，汇总如下：

特征点	桩号	l 或 l_m	x	y	a	δ
ZH	$K_{1+745.398}$	0.000	0.000	0.000	0.000	0°0′0″
	$K_{1+760.000}$	14.602	14.602	0.004	14.602	0°0′57.6″
	$K_{1+780.000}$	34.602	34.602	0.048	34.602	0°4′44.4″
	$K_{1+800.000}$	54.602	54.601	0.190	54.601	0°11′56.4″
	$K_{1+820.000}$	74.602	74.599	0.484	74.601	0°22′19.2″
	$K_{1+840.000}$	94.602	94.593	0.987	94.598	0°35′52.8″

（续）

特征点	桩号	l 或 l_m	x	y	a	δ
	$K_{1+860.000}$	114.602	114.578	1.754	114.591	0°52′37.2″
HY	$K_{1+875.398}$	130.000	129.955	2.560	129.980	1°7′44.4″
	$K_{1+880.000}$	4.602	134.541	2.841	134.571	1°12′36″
	$K_{1+900.000}$	24.602	154.493	4.287	154.552	1°35′20.4″
	$K_{1+920.000}$	44.602	174.416	6.096	174.522	2°0′7.2″
	$K_{1+940.000}$	64.602	194.302	8.267	194.478	2°26′9.6″
	$K_{1+960.000}$	84.602	214.127	10.797	214.399	2°53′13.2″
	$K_{1+980.000}$	104.602	233.921	13.689	234.321	3°20′56.4″
QZ	$K_{1+985.170}$	109.772	239.023	14.494	239.462	3°28′12″
曲线后半支测设对称						

2. 设路线从房与河之间通过

(1)曲线半径确定(方法与第一种假设情况相同，在此仅用外距控制计算半径)

①计算控制外距。

据题意可知，房宽 8m，路基半宽 13m，预留边沟等 15m，则

$$E_{控}=40+8+13+15=76 \quad (\mathrm{m})$$

②试定半径。

$$R_{试}=\frac{76}{\sec\dfrac{18°12'24''}{2}-1}=5957.95 \quad (\mathrm{m})$$

③终定半径。

考虑开始预留宽度较多，故取整半径 5800m。

依据取整半径重新试算控制外距。

$$E=R\sec\frac{18°12'24''}{2}-R=5800\times\sec\frac{18°12'24''}{2}-5800=73.99 \quad (\mathrm{m})$$

可见较原 $E_{控}$ 仅小 2m，通过实地试放可满足控制要求。

依据题意，并结合《标准》可知，所选半径大于不设超高最小半径，故曲线可不设缓和曲线，终定半径 $R=5800$m。

(2)计算平曲线元素及主点桩号

曲线元素：

$$T=R\tan\frac{\alpha}{2}=5800\times\tan\frac{18°12'24''}{2}=929.356 \quad (\mathrm{m})$$

$$E=R\left(\sec\frac{\alpha}{2}-1\right)=5800\times\left(\sec\frac{18°12'24''}{2}-1\right)=73.985 \quad (\mathrm{m})$$

$$L=\alpha R\frac{\pi}{180}=18°12'24''\times5800\times\frac{\pi}{180}=1843.044 \quad (\mathrm{m})$$

主点桩号：

$$ZY=JD-T=K_{1+986.750-929.356}=K_{1+057.394}$$

$$QZ=ZY+\frac{L}{2}=K_{1+057.394}+\frac{1843.044}{2}=K_{1+978.916}$$

$$YZ=ZY+L=K_{1+057.394+1843.044}=K_{2+900.438}$$

(3)计算平曲线内详细加桩坐标

因曲线较长只排列 100m 桩号：（ZY）$K_{1+057.394,+100,+150,+200,\cdots,+950}$；（QZ）$K_{1+978.916,K2+000,+050,+100,\cdots,+850}$；（YZ）$K_{2+900.438,+950}\cdots$，计算方法同上，计算结果总结如下：

特征点	桩号	l 或 l_m	x	y	a	δ
ZY	$K_{1+057.394}$	0.000	0.000	0.000	0.000	0°0′0″
	$K_{1+150.000}$	92.606	92.621	0.740	92.624	0°27′29″
	$K_{1+250.000}$	192.606	192.604	3.199	192.631	0°57′7″
	$K_{1+350.000}$	292.606	292.529	7.382	292.622	1°26′46″
	$K_{1+450.000}$	392.606	392.267	13.280	392.492	1°56′20″
	$K_{1+550.000}$	492.606	491.989	20.904	492.433	2°25′59″
	$K_{1+650.000}$	592.606	591.565	30.247	592.338	2°55′37″
	$K_{1+750.000}$	692.606	690.965	41.305	692.198	3°25′16″
	$K_{1+850.000}$	792.606	790.159	54.075	792.007	3°37′34″
	$K_{1+950.000}$	892.606	889.118	68.554	891.757	4°24′32″
QZ	$K_{1+978.916}$	921.522	917.617	73.048	920.520	4°33′7″
曲线后半支测设对称						

2.5　平面线形设计

2.5.1　平面线形设计的一般原则

(1)平面线形应直捷、连续、顺适，并与地形地物相适应，与周围环境相协调

在地势平坦的平原、微丘区，路线可以很容易做到直捷、顺适，直线所占比例较大；而在地势有很大起伏的山岭或重丘区，路线则多弯曲，曲线所占比例较大。路线首先要与地形相适应，这既是美学问题，也是经济问题和保护生态环境问题。直线、圆曲线和回旋线的选用与合理组合，主要取决于地形、地物等客观条件，片面地强调路线要以直线为主或以曲线为主，或人为规定三者的比例都是错误的。

(2)行驶力学上的要求是最基本的，视觉和心理上的要求应尽量满足

线路设计首先必须满足汽车正常行驶的要求，确保行驶的安全稳定性。同时，应尽可能满足司机和旅客视觉与心理上的需要。

对于高速公路、一级公路及计算行车速度≥60km/h 的公路，应注重立体线形设

计，尽量做到线形连续、指标均衡、视觉良好、景观协调、安全舒适。

对于计算行车速度≤40km/h 的公路，首先在保证行车安全的前提下，正确运用平面线形各要素的最小值，力求减少工程量和降低工程投资。

(3)保持平面线形的均衡与连贯

为保证一条公路上的车辆以均匀的速度行驶，各线形要保持连续性而不出现技术指标的突变，设计时应注意以下几点：

①长直线尽头不能接小半径曲线：长直线会导致较高的车速，若突然出现小半径曲线，会因减速不及时而造成安全事故，特别是在下坡方向的尽头更要注意。若由于地形所限小半径曲线难免时，中间应插入中等曲率的过渡性曲线，并使纵坡不要过大。

②高、低标准之间要有过渡：同一等级的公路由于地形的变化在指标的采用上也会发生变化，或同一条公路按不同计算行车速度设计的各路段之间也会形成技术标准的变化。遇到这种情况，应结合地形的变化，使平面线形指标逐渐过渡，避免出现突变。不同标准路段相互衔接的地点，应选在交通量发生变化处，或者驾驶员能明显判断前方需要改变行车速度的地方。

(4)应避免连续急弯的线形

连续急弯的线形给司机造成不便，也给乘客的舒适带来不良的影响。设计时可在曲线间插入足够长的直线或回旋线。

(5)平曲线应有足够的长度

平曲线包括圆曲线和两端的缓和曲线。如平曲线太短，汽车在平曲线上行驶时间就短，会给司机操作带来困难，一般要求每个平曲线要素至少满足 3s 的行程，即整个平曲线保持 9s 的行程。在特殊不得已的情况下，可不加设中间圆曲线，至少 6s 的行程。所以，《规范》规定了平曲线最小长度，见表 2-6。当路线转角等于或小于 7°时，应设置较长的平曲线，其长度规定见表 2-7。

表 2-6 平曲线最小长度

设计速度(km/h)		120	100	80	60	40	30	20
平曲线最小长度(m)	一般值	600	500	400	300	200	150	100
	最小值	200	170	140	100	70	50	40

注：“一般值”为正常情况下的采用值；“最小值”为条件受限制时可采用的值。

表 2-7 公路转角等于或小于 7°时的平曲线长度

设计速度(km/h)	120	100	80	60	40	30	20
平曲线长度(m)	1400/Δ	1200/Δ	100/Δ	700/Δ	500/Δ	350/Δ	280/Δ

注：表中 Δ 为路线转角值(°)，当 Δ<2°时，按 Δ=2°计算。

2.5.2 平面线形要素的组合类型

2.5.2.1 基本型

基本型，即：按直线—回旋线—圆曲线—回旋线—直线的顺序组合的线形。

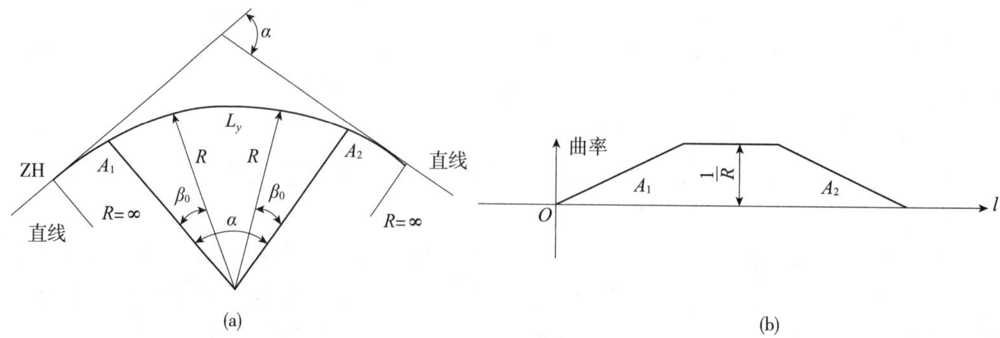

图 2-8　基本型平曲线

(a)基本型平曲线示意图　(b)基本型平曲线曲率变化图

当不设回旋线时又称简单型，是基本型的一种特殊情况，如图 2-8 所示。

基本型中的回旋线参数、圆曲线半径及最小长度等都应符合有关规定。两回旋线可以相等，称作对称型；也可以根据地形条件设计成不相等的非对称型曲线。从线形的整体协调性来看，有条件时宜将回旋线、圆曲线、回旋线之长度比设计成 1∶1∶1~1∶2∶1 之间。

2.5.2.2　S 型

两个反向曲线用回旋线径相连接的组合，如图 2-9 所示。

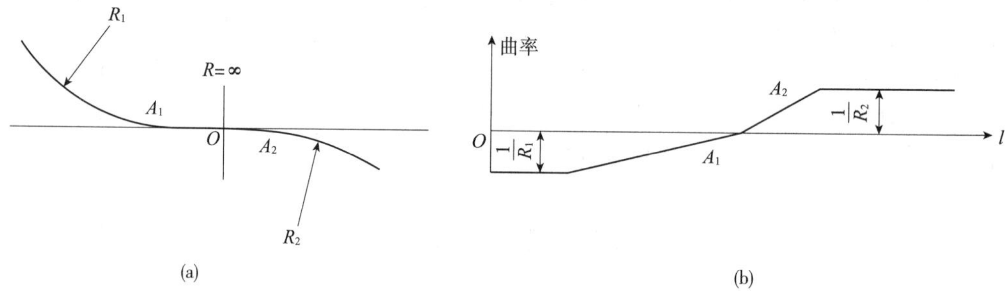

图 2-9　S 型曲线

(a)S 型曲线示意图　(b)S 型曲线曲率变化图

S 型曲线相邻两个回旋线参数 A_1 与 A_2 宜相等。当采用不同的参数时，A_1 与 A_2 之比以小于 1.5 为宜，不应超过 2.0。此外，在 S 型曲线上，两个反向回旋线之间不设直线。不得已需插入直线时，插入直线的长度应满足下式要求：

$$l \leqslant \frac{A_1 + A_2}{40} \tag{2-49}$$

式中　l——反向回旋线间短直线的长度，m；

A_1、A_2——回旋线参数。

如果中间插入直线长度超过上述计算值很多，则认为是两个基本型的曲线，而不是 S 型曲线了。

另外，S 型两圆曲线半径之比不宜过大，一般为

$$\frac{R_2}{R_1}=1\sim\frac{1}{3} \tag{2-50}$$

式中 R_1——大圆半径，m；

R_2——小圆半径，m。

2.5.2.3 卵型

用一个回旋线连接两个同向圆曲线的组合，如图 2-10 所示。

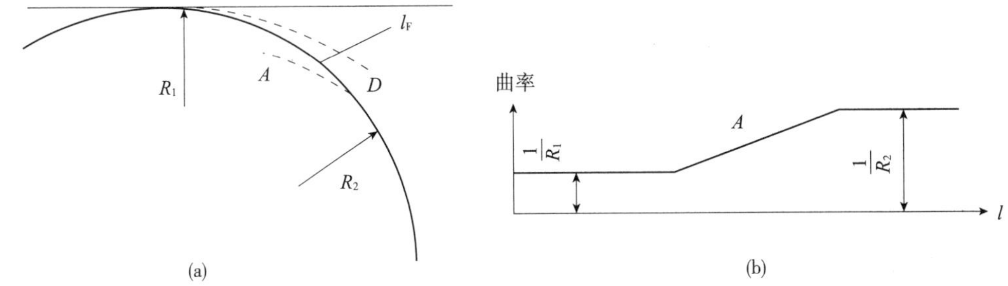

图 2-10 卵型曲线

(a)卵型曲线示意图 (b)卵型曲线曲率变化图

卵型曲线上的回旋线参数 A 不应小于该级公路对其的规定，同时宜在下列界限之内：

$$\frac{R_2}{2}\leqslant A\leqslant R_2 \tag{2-51}$$

式中 R_2——小圆半径，m。

另外，两圆曲线半径之比宜在下列界限之内：

$$0.2\leqslant\frac{R_2}{R_1}\leqslant 0.8 \tag{2-52}$$

式中 R_1——大圆半径，m。

两圆曲线的间距，宜在下列界限之内：

$$0.003\leqslant\frac{D}{R_2}\leqslant 0.03 \tag{2-53}$$

式中 D——两圆曲线最小间距(图 2-10)，m。

2.5.2.4 凸型

在两个同向回旋线间不插入圆曲线而直接衔接的组合，如图 2-11 所示。

凸型的回旋线参数应符合该级公路对其的有关规定，连接点的曲率半径应符合圆曲线最小半径的规定。凸型曲线尽管在连接点处曲率是相等的，曲率变化是连续的，但因中间圆曲线长度为零，对驾驶操作造成一定的不利影响，所以只有在地形地物严格受到限制时，才容许采用凸型。

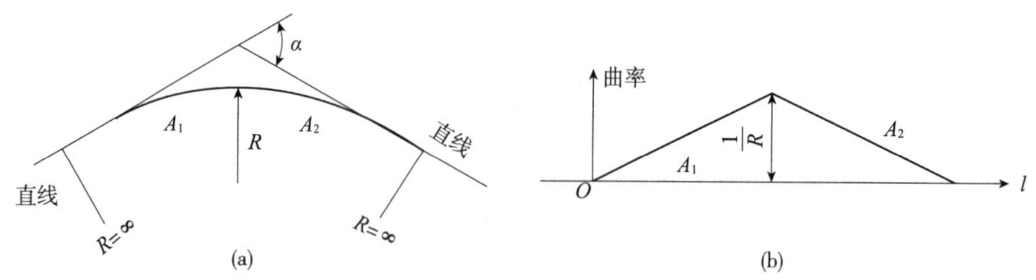

图 2-11　凸型曲线

(a)凸型曲线示意图　(b)凸型曲线曲率变化图

2.5.2.5　复合型

复合型是指两个或两个以上同向回旋线，在曲率相等处外相连接的组合，如图 2-12 所示。

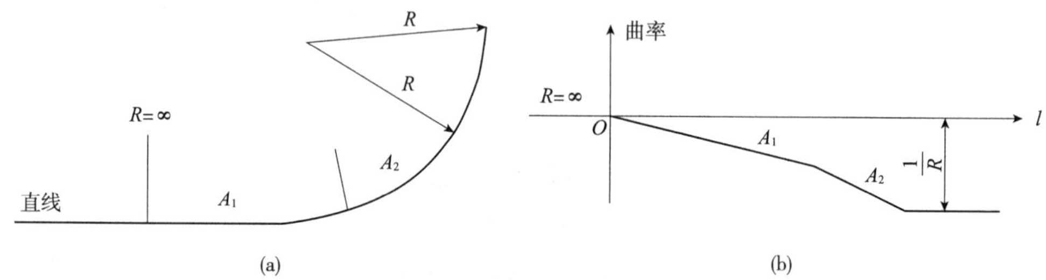

图 2-12　复合型平曲线

(a)复合型曲线示意图　(b)复合型曲线曲率变化图

复合型的两个回旋线参数之比宜为

$$A_2 : A_1 = 1 : 1.5 \tag{2-54}$$

复合型一般很少采用，多出现在互通式立体交叉的匝道线形设计中。

2.5.2.6　C 型

两同向回旋线在曲率为零处外径相衔接，其连接处 $R=\infty$，如图 2-13 所示。C 型曲线相当于两基本型的同向曲线间直线长度为零。同样，这种线形对行车不利，因此，只有在特殊情况下才使用 C 型。

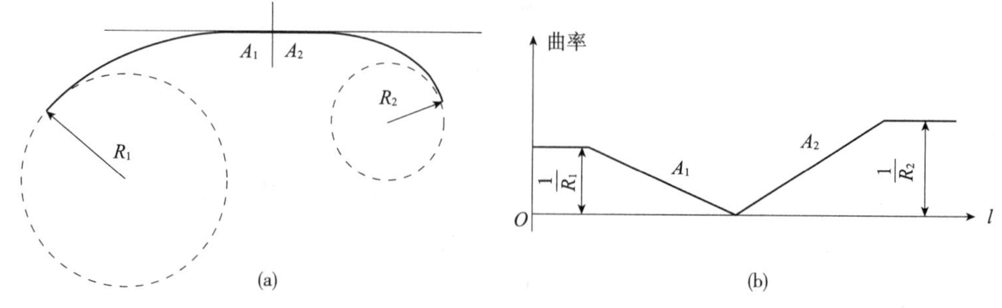

图 2-13　C 型曲线

(a)C 型曲线示意图　(b)C 型曲线曲率变化图

2.6 道路平面设计成果

路线平面设计完成后，要形成两种设计成果，一种是图，一种是表。图主要起示意作用，表是图的精确表达。其中，图主要有：路线平面设计图、路线交叉设计图、道路平面布置图等；表格主要有：直线、曲线及转角表，路线交点坐标表(或含在"直线、曲线及转角表"中)，逐桩坐标表，路线固定表，总里程及断链桩号表等。下面就主要部分予以说明。

2.6.1 直线、曲线及转角表

表2-8全面反映路线的平面位置和路线平面线形的各项指标，它是道路设计的主要成果之一。只有在完成该表之后，才能据此计算"逐桩坐标表"和绘制"路线平面设计图"，同时在进行路线的纵断面设计、横断面设计和其他构造物设计时，都要以本表的数据为依据。

表2-8 直线、曲线、转角表

交点号	交点坐标		交点桩号	转角值	曲线要素值					
	X	Y			半径	缓和曲线长	切线长度	曲线长度	外距	校正值
1	2	3	4	5	6	7	8	9	10	11
0	43763.47	44999.97	K_{0+000}							
1	43918.56	45306.67	$K_{0+343.678}$	21°08′27.5″(Y)	250	45	69.21	137.25	4.659	1.175
2	43942.01	45542.36	$K_{0+579.365}$	6°09′37.1″(Z)	600		32.286	64.51	0.868	0.062
3	43987.95	45761.42	$K_{0+803.126}$	7°06′22.2″(Z)	600		37.256	74.416	1.156	0.096
4	44082.82	46037.76	$K_{1+095.199}$	5°30′14.6″(Y)	700		33.648	67.245	0.808	0.052
5	44168.39	46395.7	$K_{1+463.174}$	7°06′04.7″(Z)	600		37.23	74.365	1.154	0.095
6	44236.61	46577.69	$K_{1+657.435}$	12°28′03.6″(Y)	400	40	63.709	127.04	2.547	0.378
7	44265.24	46779.42	$K_{1+860.812}$	26°32′09.6″(Z)	150	35	52.942	104.47	4.463	1.414
8	44967.14	47796.33	$K_{3+095.022}$	11°08′35″(Y)	600		58.53	116.69	2.848	0.369

交点号	曲线位置					直线长度及方向			备注
	第一缓和曲线起点	第一缓和曲线终点或圆曲线起点	曲线中点	第二缓和曲线起点或圆曲线终点	第二缓和曲线终点	直线长度	交点间距	计算方位角	
1	12	13	14	15		16	17	18	19
0									
1	$K_{0+274.468}$	$K_{0+319.468}$	$K_{0+343.091}$	$K_{0+366.713}$	$K_{0+411.713}$	274.468	343.68	63°10′34.5″	
2		$K_{0+547.078}$	$K_{0+579.334}$	$K_{0+611.589}$		135.366	236.86	84°19′02″	
3		$K_{0+765.871}$	$K_{0+803.079}$	$K_{0+840.287}$		154.282	223.82	78°09′24.9″	

（续）

交点号	曲线位置						直线长度及方向		备注
	第一缓和曲线起点	第一缓和曲线终点或圆曲线起点	曲线中点	第二缓和曲线起点或圆曲线终点	第二缓和曲线终点	直线长度	交点间距	计算方位角	
4		$K_{1+061.551}$	$K_{1+095.173}$	$K_{1+128.795}$		221. 264	292. 17	71°03′02. 8″	
5		$K_{1+425.944}$	$K_{1+463.127}$	$K_{1+500.309}$		297. 149	368. 03	76°33′17. 4″	
6	$K_{1+593.726}$	$K_{1+633.726}$	$K_{1+657.246}$	$K_{1+680.766}$	$K_{1+720.766}$	93. 417	194. 36	69°27′12. 7″	
7	$K_{1+807.870}$	$K_{1+842.870}$	$K_{1+860.105}$	$K_{1+877.341}$	$K_{1+912.341}$	87. 104	203. 76	81°55′16. 2″	
8		$K_{3+036.492}$	$K_{3+094.837}$	$K_{3+153.182}$		1124. 15	1235. 6	55°23′06. 6″	

2. 6. 2 逐桩坐标表

高等级公路的线形指标高，表现在平面上是圆曲线半径较大，缓和曲线较长，在测设和放线时需采用坐标法，方能保证其测量精度。所以，计算一份“逐桩坐标表”是十分必要的。逐桩坐标表见表 2-9。

表 2-9 逐桩坐标表

桩号	坐标		桩号	坐标	
	X	Y		X	Y
K_{0+000}	4036552. 658	547035. 151	$K_{0+270.777}$	4036624. 407	547295. 954
K_{0+020}	4036558. 797	547054. 185	K_{0+280}	4036625. 920	547305. 052
K_{0+040}	4036564. 936	547073. 220	K_{0+300}	4036628. 939	547324. 822
$K_{0+053.520}$	4036569. 086	547086. 087	K_{0+320}	4036631. 598	547344. 644
K_{0+060}	4036571. 074	547092. 255	K_{0+340}	4036633. 897	547364. 512
K_{0+080}	4036577. 191	547111. 296	K_{0+360}	4036635. 834	547384. 417
K_{0+100}	4036583. 232	547130. 362	$K_{0+368.035}$	4036636. 510	547392. 424
K_{0+120}	4036589. 138	547149. 470	K_{0+380}	4036637. 411	547404. 355
K_{0+140}	4036594. 851	547168. 637	K_{0+400}	4036638. 662	547424. 315
K_{0+160}	4036600. 313	547187. 876	K_{0+420}	4036639. 646	547444. 291
$K_{0+173.520}$	4036603. 832	547200. 930	K_{0+440}	4036640. 425	547464. 276
K_{0+180}	4036605. 463	547207. 202	K_{0+460}	4036641. 058	547484. 266
K_{0+200}	4036610. 265	547226. 616	K_{0+480}	4036641. 606	547504. 258
K_{0+220}	4036614. 713	547246. 115	$K_{0+488.035}$	4036641. 816	547512. 291
K_{0+240}	4036618. 806	547265. 692	K_{0+500}	4036642. 125	547524. 251
K_{0+260}	4036622. 542	547285. 339	K_{0+520}	4036642. 593	547544. 246

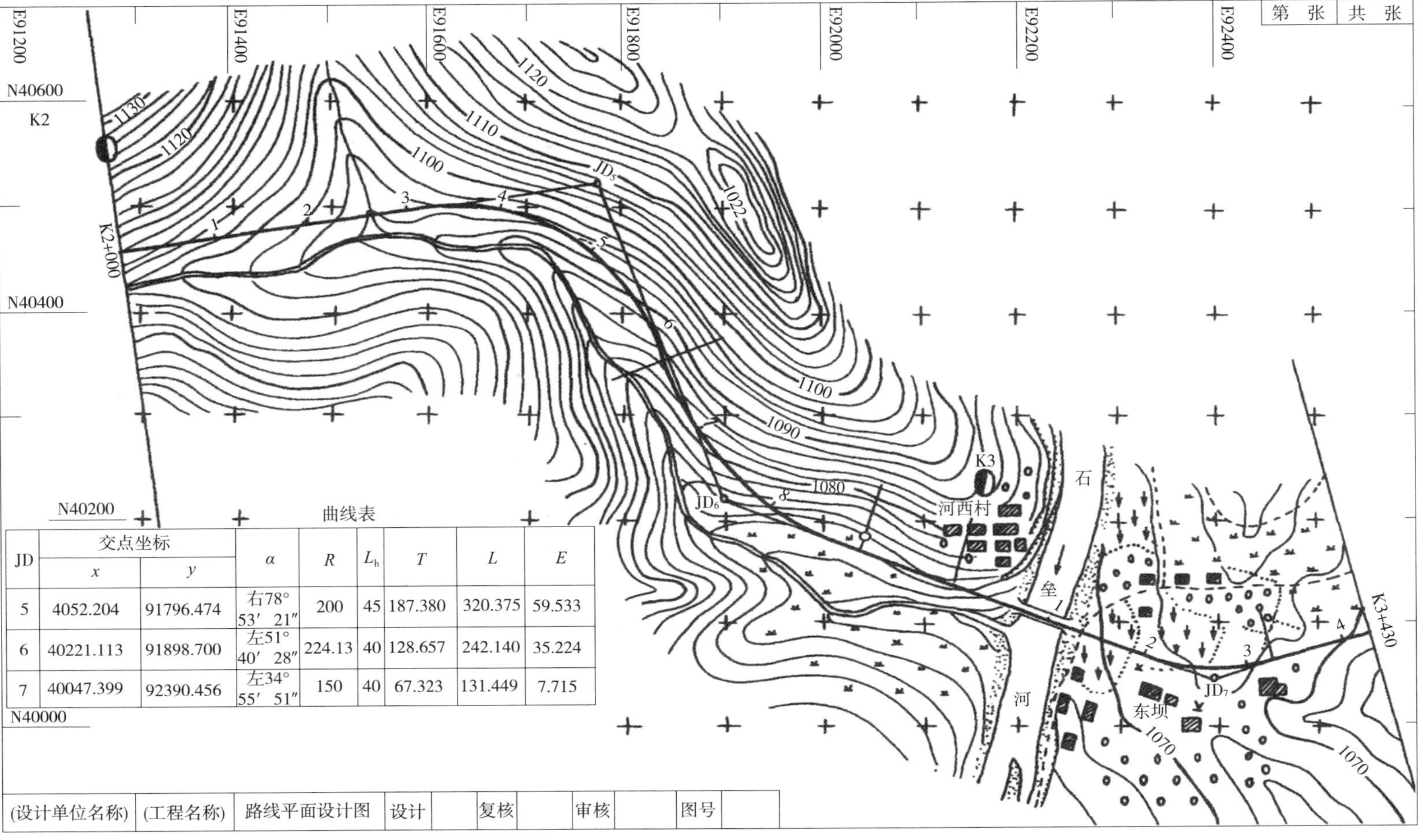

曲线表

JD	交点坐标 x	交点坐标 y	α	R	L_h	T	L	E
5	4052.204	91796.474	右78°53′21″	200	45	187.380	320.375	59.533
6	40221.113	91898.700	左51°40′28″	224.13	40	128.657	242.140	35.224
7	40047.399	92390.456	左34°55′51″	150	40	67.323	131.449	7.715

(设计单位名称)	(工程名称)	路线平面设计图	设计		复核		审核		图号	

图2-14 平面设计图

2.6.3　路线平面设计图

路线平面设计图是道路设计文件的重要组成部分，如图 2-14 所示，该图清晰地反映了道路平面位置和经过地区的地形和地物等，它是设计人员设计意图的重要体现。路线平面设计图对上级主管部门审批、专家评议、指导施工、恢复定线等均有重要的作用。

2.6.3.1　平面图的比例尺和测绘范围

①可行性研究或初步设计阶段的方案与比选，可采用 1∶50000 或 1∶10000 的比例尺测绘。

②初步设计、施工图设计的设计文件，一般采用 1∶2000，在平原微丘区可用 1∶5000 的比例尺。

③在地形特别复杂时，可用 1∶500 或 1∶1000 的比例尺。

④测绘宽度一般为中线两侧各 100～200m。对 1∶5000 的地形图，测绘宽度每侧应不小于 250m。

2.6.3.2　路线平面图的内容

路线平面图中一般主要绘制以下内容：

①导线及道路中线。

②控制点，主要包括：各等级的三角点、导线点、图根点、水准点等，并按规定的符号表示。

③各种构造物，如各种建筑物、构筑物及其主要附属设施。对各种线形地物（如管线、高低压电线等），应实测其支架或电线杆的位置。对穿越路线的高压线应实测其悬垂线距地面的高度，并注明伏安。地下管线应详细测定其位置。道路及其附属物应按实际形状测绘。公路交叉口应注明每条公路的走向，铁路应注明轨面标高，涵洞应注明洞底标高等。

④水系及其附属物，要准确测绘和注明海洋、湖泊、河流、水渠、池塘、堤坝、水井等的位置与高程，对于河流和水沟要注明水的流向。

⑤地形、地貌、植被、不良地质地带等均应详细测绘和注明。

本章小结

本章主要讲述了平面线形的设计依据，平面线形三要素（直线、圆曲线、缓和曲线）的设计原理、方法；直线的适用条件和最大、最小长度限制；圆曲线半径的取值原理，一般最小半径、极限最小半径、不限长度的最小半径及最大半径的《规范》规定，圆曲线的设计方法，圆曲线要素计算；缓和曲线的数学依据，缓和曲线参数的取值方法及《规范》要求；基本型平曲线设计方法、要素及里程计算；平曲线的组合形式及设计要点；平面设计成果。

思考题

1. 平面线形的设计依据是什么？简述平面线形的组成。

2. 平面线形的组成要素是什么？分别有何作用？

3. 在道路平面设计中，直线的使用应注意哪些问题？

4. 对圆曲线半径的取值有哪些《规范》限制？

5. 什么是缓和曲线？缓和曲线的作用和性质是什么？

6. 平面线形有哪些组合形式？它们设计要点分别是什么？

7. 不设缓和曲线时，圆曲线的几何要素计算公式如何？平曲线主点桩位的里程如何计算？

8. 行驶在平曲线上的车辆为什么有横向失稳的危险？汽车的横向失稳表现为什么现象？抵消汽车部分离心力的工程措施是什么？

9. 已知某 JD 桩号为 $K_{2+764.966}$，偏角 $\alpha=51°40'28''$，初定缓和曲线长度 $L_S=40$m，半径 $R=224.13$m。

①计算曲线要素；

②推算主点的里程桩号。

10. 已知某交点里程为 $K_{0+182.76}$，转角 $\alpha=25°45'$，圆曲线半径 $R=300$m，求曲线要素及主点里程。

11. 某路线平面部分设计资料如下：$JD_1=K_{6+666.66}$，$JD_2=K_{7+222.22}$，$ZY_1=K_{6+622.32}$，$ZY=K_{6+709.59}$。

①计算交点 1 的曲线要素及曲中点里程；

②计算交点间距。

12. 某公路，已知 JD_1、JD_2、JD_3 的坐标分别为(1317.589，464.099)、(796.308，515.912)、(441.519，1219.007)，设 JD_2 的里程为 $K_{2+159.046}$，半径为 $R=250$m，缓和曲线长 $L_S=50$m，要求通过编程计算曲线要素及主点里程。

13. 某山岭区二级公路，设计速度 $v=60$km/h，转角 $\alpha_1=29°28'$，$\alpha_2=39°39'$，$\alpha_3=9°42'$，JD_1-JD_2，JD_2-JD_3 的距离分别为 489.87m，645.35m，选用 $R_1=300$m，$Ls_1=70$m，试设计 JD_2，JD_3 的曲线半径和缓和曲线长。

第 3 章 纵断面设计

[本章提要]

纵断面设计是平面定位后道路高程方面的设计，反映的是道路的高低起伏情况。本章主要内容包括：纵断面线形要素；纵坡及坡长设计原理及《规范》要求；竖曲线设计方法；设计高程计算；平纵组合设计；纵断面设计方法和成果。要求重点掌握纵断面拉坡设计、竖曲线设计及设计高程计算，理解平纵组合设计，纵断面设计的基本方法和步骤，了解纵断面设计的力学原理及参数取值原理。

道路平面设计定的是道路中线在平面上投影的位置，没有反映中线的高低起伏情况。沿中线的原地面有高有低，特别是在山岭地区，高低起伏变化巨大，因此必须进行纵断面设计。沿着道路中线竖直剖开，然后再展开即为路线纵断面，如图 3-1 所示。图 3-1 中横坐标为里程，即中线的展开；纵坐标为高程。图中主要有两条线，一条为地面线，另一条为设计线。地面线是根据中线上各桩点的地面高程而点绘的一条不规则的折线，反映了地面的起伏与变化情况。纵断面设计的任务就是根据汽车的动力特性、《规范》要求、当地的自然地理条件以及工程经济性等，设计出一条规则的适合车辆行驶，既经济又美观的设计线，以便达到行车安全迅速、运输经济合理及乘客舒适的目的。

纵断面设计顺序一般是先拉一系列直坡线，然后在两相邻直坡线交点处加设竖曲线平缓过渡。因此，纵断面设计线一般由两个要素组成：直坡线和竖曲线，如图 3-1 所示。直坡线一般通过坡度(一般称作纵坡)和坡长来表示。坡度是指直坡线上两点的高程差与里程差的比值。两相邻直坡线的交点称作变坡点，坡长是指两相邻变坡点的里程差值，即直坡线水平投影的长度。竖曲线是指在直坡线的坡度转折处为平顺过渡设置的曲线，按坡度转折形式不同，竖曲线有凹有凸，其大小用半径和水平长度表示。本章的主要内容就是研究直坡线的坡度和坡长的设计理论和方法，竖曲线的数学形式、设计理论及设计高程的计算。

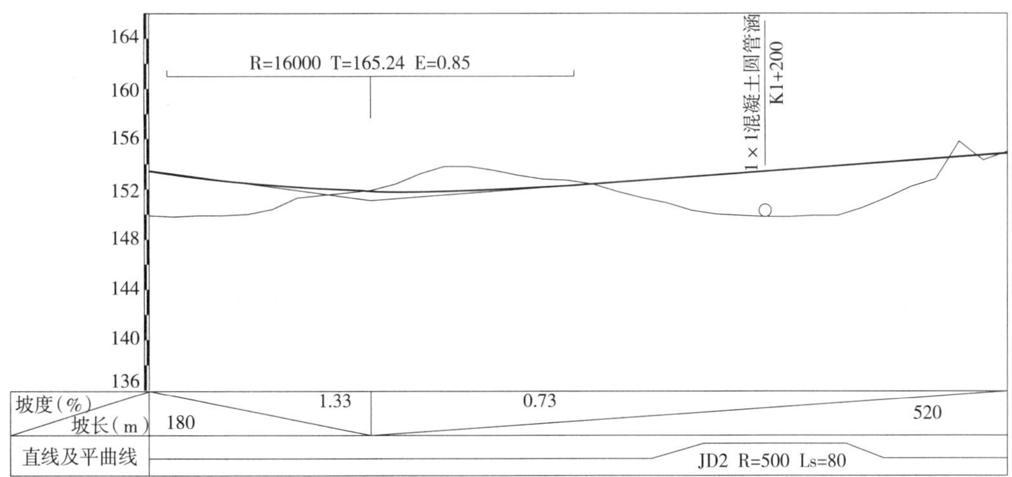

图 3-1 纵断面示意图

3.1 纵坡及坡长设计

由于汽车的爬坡能力有限，因此在纵坡设计中坡度的大小和长度应该有所限制。

3.1.1 纵坡及坡长设计的力学依据

各级道路允许的坡度和坡长是根据汽车的动力特性、道路等级、自然条件以及工程、运营、经济等因素，通过综合分析，全面考虑，合理确定的。汽车沿陡坡行驶时，因克服升坡阻力及其他阻力需要增大牵引力，车速便会降低。若陡坡过长，将引起汽车水箱“开锅”、气阻等情况，严重时还可能引起发动机熄火，使驾驶条件恶化；若沿陡坡下行，因制动次数多，制动器易发热而失效，司机心理紧张，易引起交通事故，当道路泥泞时情况更为严重。因此，有必要对汽车在直坡段上行驶时的力学原理进行研究，以便为坡度和坡长的取值提供理论依据。

3.1.1.1 纵坡设计的力学依据

1)汽车的驱动力、行驶阻力及运动方程式

汽车在道路上行驶沿行驶方向主要受两方面的力，一方面是向前的驱动力；另一方面是向后的行驶阻力，下面先就这两方面的力作介绍。

(1)汽车的驱动力

汽车行驶的驱动力来自它的内燃发动机，其传力过程如下：在发动机里热能转化为机械能→有效功率 N→曲轴旋转(转速为 n)，产生扭矩 M→经变速和传动，将 M 传给驱动轮，产生扭矩 M_K→驱动汽车行驶。

在节流阀全开的情况下，发动机的功率 N、扭矩 M 与曲轴转速 n 之间的函数关系如下：

$$M=9549\frac{N}{n}\quad(\mathrm{N\cdot m})\tag{3-1}$$

式中　M——发动机曲轴的扭矩，N·m；

N——发动机的有效功率，kW；

n——发动机曲轴的转速，r/min。

扭矩 M 与转速 n 之间的函数关系 $M=M(n)$ 称为扭矩曲线，功率 N 与转速 n 之间的函数关系 $N=N(n)$ 称为功率曲线，二者称为发动机特性曲线，通过式(3-1)可以使它们相互转换。通常情况下，上述两条曲线已由厂家绘于发动机的技术说明书中。

有时未给定发动机特性曲线，只给出最大功率 N_{max} 及其对应的曲轴转速 n_N，则可通过下面的经验公式近似地计算发动机的功率曲线 $N=N(n)$，即：

$$N=N_{max}\left[\alpha_1\frac{n}{n_N}+\alpha_2\left(\frac{n}{n_N}\right)^2-\alpha_3\left(\frac{n}{n_N}\right)^3\right]\tag{3-2}$$

式中　N_{max}——发动机的最大功率，kW；

n_N——发动机的最大功率所对应的转速，r/min；

α_1、α_2、α_3——与发动机类型有关的系数，对汽油发动机可近似地取 $\alpha_1=\alpha_2=\alpha_3=1$。

然后，按式(3-1)换算成扭矩曲线 $M=M(n)$。

如果同时给定最大功率 N_{max} 及其对应的曲轴转速 n_N，以及最大扭矩 M_{max} 及其对应的曲轴转速 n_M，则可用下式直接计算扭矩曲线 $M=M(n)$，即：

$$M=M_{max}-\frac{M_{max}-M_N}{(n_N-n_M)^2}(n_M-n)^2\quad(\mathrm{N\cdot m})\tag{3-3}$$

式中　M_{max}——最大扭矩，N·m；

M_N——最大功率所对应的扭矩，即 $M_N=9549\frac{N_{max}}{n_N}$　(N·m)；

n_N——最大功率所对应的转速，r/min；

n_M——最大扭矩所对应的转速，r/min；

n——转速，r/min。

汽车车轮分为驱动轮和从动轮。驱动轮上有发动机传来的扭矩 M_K，在 M_K 的作用下驱使车轮滚动向前。而从动轮上无扭矩作用，它的滚动是驱动轮上的力经车架传至从动轮的轮轴上而产生运动。一般汽车均系前轮为从动轮，后轮为驱动轮。只有某些特殊用途的汽车前后轮均为驱动轮。

汽车发动机曲轴传至驱动轮上的扭矩按下式计算，即：

$$M_K=M\gamma\eta_T\tag{3-4}$$

式中　M_K——驱动轮扭矩，N·m；

M——发动机曲轴扭矩，N·m；

γ——总变速比，$\gamma=i_0i_k$；

i_0——传动器变速比；

i_k——变速箱变速比；

η_T——传动系统的机械效率，一般载重汽车取 0.80~0.85，小客车取 0.85~0.95。

i_0、i_K、η_T 均为机车特性，一般机车说明中会有相关数据。

此时，驱动轮上的转速 $n_k=n/\gamma$，换算成的车速 V 为

$$V=2\pi r\frac{n}{\gamma}\frac{60}{1000}=0.377\frac{nr}{\gamma} \tag{3-5}$$

式中 V——汽车行驶速度，km/h；

n——发动机曲轴转速，r/min；

r——车轮工作半径，m，即变形直径，它与内胎气压、外胎构造、路面刚性与平整性以及荷载有关，一般取 $r=(0.93\sim0.96)r_0$；

r_0——未变形直径。

如图 3-2 所示，汽车行驶时，共有以下几个力：作用于驱动轮上的扭矩 M_K，在驱动轮上的汽车重力 G 以及与之相平衡的反力 G'，行驶正面阻力和路面水平反力。

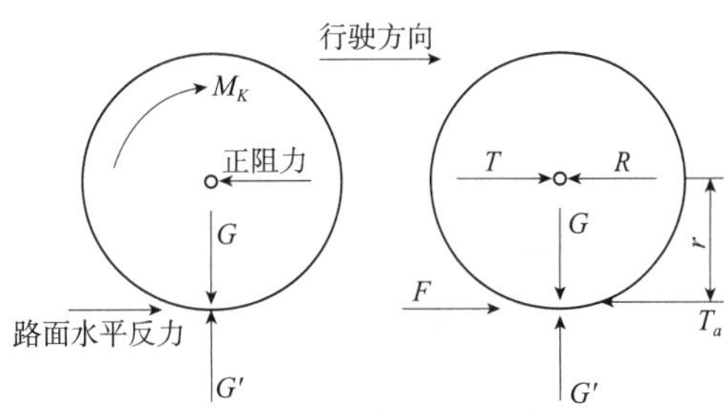

图 3-2 汽车驱动力受力图

把驱动轮上的扭矩 M_K 用一对力偶 T_α 和 T 代替，T_α 作用在轮缘上与路面水平反力 F 相抗衡，T 作用在轮轴上推动汽车前进，称为驱动力(或牵引力)，与汽车行驶阻力 R 相抗衡。于是可得汽车的驱动力：

$$T=\frac{M_K}{r}=\frac{M\gamma\eta_T}{r}=0.377\frac{n}{V}M\eta_T \tag{3-6}$$

由式(3-6)可以看出，如要获得较大的驱动力 T，必须要有较大的总变速比 γ。但 γ 增大，车速 V 就降低。因此，对同一汽车发动机而言，要同时得到较大的驱动力和较高的车速是不可能的，二者不可能兼得。为此，对汽车设置了几个排挡，每一排挡都具有固定不变的总变速比，以及该排挡下的最大车速和最小车速。当使用低排挡时，变速比 γ 值较大，驱动力 T 也大，但车速 V 较小；而使用高排挡时，变速比 γ 值较小，驱动力 T 也较小，但车速较大。

(2)汽车的行驶阻力

汽车在行驶过程中需要不断克服各种阻力，有来自空气的阻力，有来自道路摩擦力，有来自汽车上坡行驶时产生的阻力，有来自汽车变速行驶时克服惯性的阻力，这些阻力分别称为空气阻力、道路阻力(滚动阻力和坡度阻力组合)和惯性阻力，下面进行分述。

①空气阻力：现代汽车行驶速度高，空气阻力对汽车行驶的动力性和燃油经济性影响较大，当行驶速度在 100km/h 以上时，有时一半功率用来克服空气阻力。

由空气动力学的研究与试验结果可知，空气阻力 R_W 可以用下式计算：

$$R_W=\frac{1}{2}KA\rho v^2 \tag{3-7}$$

式中 K——空气阻力系数，见表 3-1；

ρ——空气密度，一般$\rho=1.2258$，$N\cdot s^2/m^4$；

A——汽车迎风面积，即正投影面积，m^2；

v——汽车与空气的相对速度，m/s，可近似地取汽车行驶速度。

表3-1　空气阻力系数

车型	迎风面积 $A(m^2)$	空气阻力系数 K
小客车	1.4~1.9	0.32~0.50
载重车	3.0~7.0	0.60~1.00
大客车	4.0~7.0	0.50~0.80

将车速v(m/s)化为V(km/h)，并化简得：

$$R_W=\frac{KAV^2}{21.15} \tag{3-8}$$

对于拖挂车的空气阻力，一般可按每节挂车的空气阻力为其牵引车空气阻力的20%计算。

②道路阻力：主要包括滚动阻力和坡度阻力两个方面。车轮在路面上滚动所产生的阻力，称为滚动阻力。它是由路面和轮胎变形引起的，与路面种类、状态、车速、轮胎结构及充气压力等有关。一般情况下，滚动阻力与汽车的总重力成正比，若坡道倾角为α时，其值可按下式计算：

$$R_f=Gf\cos\alpha$$

由于坡道倾角一般较小，认为$\cos\alpha\approx1.0$，则

$$R_f=Gf\quad(N)$$

式中　R_f——滚动阻力，N；

G——车辆总重力，N；

f——滚动阻力系数，见表3-2。

表3-2　滚动阻力系数f

路面类型	滚动阻力系数f	路面类型	滚动阻力系数f
良好沥青或混凝土	0.010~0.018	压紧土路、干燥	0.025~0.035
一般沥青或混凝土	0.010~0.020	压紧土路、雨后	0.050~0.150
碎石	0.020~0.025	干砂	0.100~0.300
良好卵石	0.025~0.030	湿砂	0.060~0.150
良好卵石	0.035~0.050	结冰路面	0.015~0.030
泥泞土路	0.100~0.250	压紧雪路	0.030~0.050

③坡度阻力：汽车在坡道倾角为α的道路上行驶时，车重G在平行路面方向的分力为$G\sin\alpha$，上坡时它与汽车前进方向相反，阻碍汽车的行驶；而下坡时与前进方向相同，助推汽车行驶。坡度阻力可用下式计算：

$$R_i=G\sin\alpha$$

因坡道倾角一般较小，可做如下近似 $\sin\alpha \approx \tan\alpha = i$，则

$$R_i = Gi$$

式中 R_i——坡度阻力，N；

G——车辆总重力，N；

i——道路纵坡度，上坡为正，下坡为负。

于是道路阻力为

$$R_R = G(f+i) \tag{3-9}$$

式中 R_R——道路阻力，N。

④惯性阻力：汽车变速行驶时，需要克服其质量变速运动时产生的惯性力和惯性力矩，统称为惯性阻力。

汽车的质量分为平移质量和旋转质量(如飞轮、齿轮、传动轴和车轮等)两部分，它们产生的惯性力表达式分别如下：

平移质量的惯性力

$$R_{I1} = ma = \frac{G}{g}a$$

旋转质量的惯性力矩

$$R_{I2} = \sum I \frac{d\omega}{dt}$$

式中 I——旋转部分的转动惯量；

$\frac{d\omega}{dt}$——旋转部分转动时的角加速度。

汽车旋转部分较多，且各部分的转动惯量和角加速度各不相同，计算相当复杂。为简化计算，一般给平移质量惯性力乘以大于 1 的系数 δ，来近似代替旋转质量惯性力矩的影响，即：

$$R_I = \delta \frac{G}{g}a \quad (N) \tag{3-10}$$

式中 R_I——惯性阻力，N；

G——车辆总重力，N；

g——重力加速度，m/s^2；

a——汽车的加速度(正值)或减速度(负值)，m/s^2；

δ——惯性力系数，其值可用下式计算

$$\delta = 1+\delta_1+\delta_2 i_k^2 \tag{3-11}$$

式中 δ_1——汽车车轮惯性力影响系数，一般 $\delta_1 = 0.03 \sim 0.05$；

δ_2——发动机飞轮惯性力的影响系数，一般小客车 $\delta_2 = 0.05 \sim 0.07$，载重汽车 $\delta_2 = 0.04 \sim 0.05$；

i_k——变速箱的速比。

于是，汽车的总行驶阻力 R 为

$$R = R_W + R_R + R_I$$

在上述几种阻力中，空气阻力和滚动阻力永为正值，即在汽车行驶的任何情况下都存在；坡度阻力当上坡时为正值，平坡为零，下坡为负值；而惯性阻力则是：加速为正值，等速为零，减速为负值。

(3)汽车的运动方程式与行驶条件

汽车在道路上行驶时，当驱动力与汽车总行驶阻力相等的时候，称为驱动平衡。驱动平衡方程式(即汽车运动方程式)为

$$T=R=R_W+R_R+R_L \tag{3-12}$$

驱动力可按式(3-6)计算，该式为节流阀全开的情况。如果节流阀部分开启，要对驱动力 T 进行修正。修正系数用 U 表示，称为负荷率。即

$$T=U\frac{M\gamma\eta_T}{r}$$

式中　U——负荷率，取 $U=80\%\sim90\%$。

将有关公式代入式(3-12)，得汽车的运动方程为

$$U\frac{M\gamma\eta_T}{r}=\frac{KAV^2}{21.15}+G(f+i)+\delta\frac{G}{g}a \tag{3-13}$$

汽车在道路上行驶，当驱动力等于总行驶阻力时，汽车就等速行驶；当驱动力大于总行驶阻力时，汽车就加速行驶；当驱动力小于总行驶阻力时，汽车就减速行驶，直至停车。所以，要使汽车行驶，必须具有足够的驱动力来克服各种行驶阻力。即

$$T\geqslant R \tag{3-14}$$

式(3-14)是汽车行驶的必要条件，即驱动条件。

只有足够的驱动力还不能保证汽车的正常行驶。若驱动轮与路面之间的附着力不够大，车轮将在路面上打滑，不能行进。所以，汽车能否正常行驶，还要受轮胎与路面之间附着条件的制约，即汽车正常行驶的充分条件是驱动力小于或等于轮胎与路面之间的附着力，即

$$T\leqslant\varphi G_K \tag{3-15}$$

式中　G_K——驱动轮荷载，一般情况下，小汽车为总重的 50%~65%，载重汽车为总重的 65%~80%；

φ——附着系数，查表 2-1。

2)汽车的动力因数及最大理论爬坡坡度

(1)汽车的动力因数

为便于分析，将式(3-12)做如下改变

$$T-R_W=R_R+R_I$$

上式等号左端 $T-R_W$(即驱动力与空气阻力之差)称为汽车的后备驱动力，其值与汽车的构造和行驶速度有关；等号右端为道路阻力 R_R 与惯性阻力 R_I 之和，其值主要与动力状况和汽车的行驶方式有关，将右端行驶阻力表达式代入，得

$$T-R_W=G(f+i)+\delta\frac{G}{g}a$$

将上式两端同时除以车辆总重 G，得

$$\frac{T-R_W}{G}=(f+i)+\frac{\delta}{g}a \tag{3-16}$$

令上式右端为 D，即

$$D=\frac{T-R_W}{G} \tag{3-17}$$

D 称为动力因数，它表征某种类型的汽车在海平面高程上，满载的情况下，每单位车重克服道路阻力和惯性阻力的性能。将有关公式代入式(3-17)，得

$$D=\frac{T}{G}-\frac{R_W}{G}=\frac{UM\gamma\eta_T}{rG}-\frac{KAV^2}{21.15G}$$

$$=\frac{U\gamma\eta_T}{rG}\left[M_{\max}-\frac{M_{\max}-M_N}{(n_N-n_M)^2}\left(n_M-\frac{V\gamma}{0.377r}\right)^2\right]-\frac{KAV^2}{21.15G}$$

由上式可知，D 为车速 V 的二次函数，为表达方面做如下简化：

$$D=PV^2+QV+W \tag{3-18}$$

式中 P——$P=-\frac{1}{G}\left[\frac{7.0.36U\gamma^3\eta_T(M_{\max}-M_N)}{r^3(n_N-n_M)^2}+\frac{KA}{21.15}\right]$；

Q——$Q=\frac{5.305U\gamma^2\eta_T n_M}{r^2G(n_N-n_M)^2}(M_{\max}-M_N)$；

W——$W=\frac{U\gamma\eta_T}{rG}\left[M_{\max}-\frac{M_{\max}-M_N}{(n_N-n_M)^2}n_M^2\right]$。

动力因数和动力特性是按海平面及汽车满载情况下的标准值绘制的。若道路所在地不在海平面上，汽车也不是满载，由于海拔增高，气压降低，使发动机的输出功率、汽车的驱动力及空气阻力都随之降低。所以，应对动力因数进行修正，方法是给 D 乘上一个修正系数 λ

$$\lambda=\xi\frac{G}{G'}$$

式中 ξ——海拔系数，如图 3-3 所示；

G——满载时汽车的总重力，N；

G'——实际装载时汽车的总重力，N。

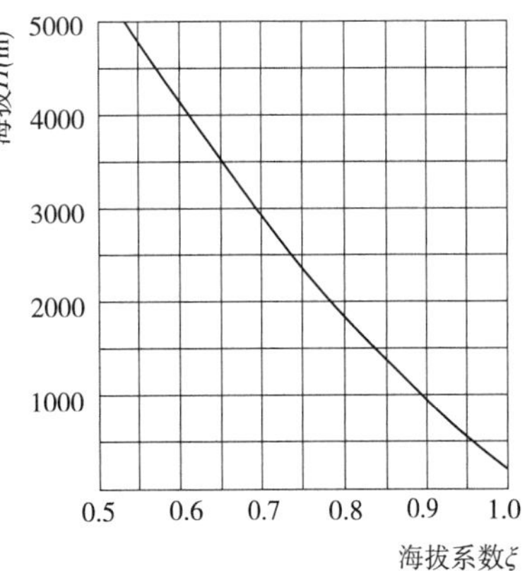

图 3-3 海拔系数图

则

$$\lambda D=(f+i)+\frac{\delta}{g}a \tag{3-19}$$

(2)汽车最大理论爬坡坡度

汽车的爬坡能力是指汽车在良好路面上等速行驶时，克服了其他行驶阻力后所能爬上的最大纵坡度。汽车爬坡时可取加速度 $a=0$，由式(3-19)可得

$$i=\lambda D-f \tag{3-20}$$

在每一排挡下，汽车的爬坡能力都不相同。一般来说，排挡越低，爬坡能力越强。汽车的最大爬坡能力是用最大爬坡坡度来衡量的。最大爬坡坡度是指汽车在坚硬路面上用最低挡作等速行驶时所能克服的最大坡度。根据前面推导过程可知式(3-9)是由于路面坡度较小，采用了 $\cos\alpha\approx1.0$、$\sin\alpha\approx\tan\alpha=i$ 近似而得到的，现在取消近似，可得

$$\lambda D=f\cos\alpha+\sin\alpha \tag{3-21}$$

解此三角函数方程式，得

$$\alpha_{\mathrm{Imax}}=\arcsin\frac{\lambda D_{\mathrm{Imax}}-f\sqrt{1-\lambda^2D_{\mathrm{Imax}}^2+f^2}}{1+f^2} \tag{3-22}$$

式中　α_{Imax}——最低挡所能克服的最大坡道倾角；

f——滚动阻力系数；

D_{Imax}——最低挡的最大动力因数。

则最大理论爬坡坡度为

$$i_{\max}=\tan\alpha_{\mathrm{Imax}} \tag{3-23}$$

3)汽车行驶的纵向稳定性

图 3-4 为汽车等速上坡时的受力图，惯性阻力为零，因上坡时车速低，可忽略空气阻力和滚动阻力。图中 G 为汽车总重力，α 为坡道倾角，h_g 为重心高度，Z_1 和 Z_2 为作用在前、后轮上的法向反作用力，X_1 和 X_2 为作用在前、后轮上的切向反作用力，L 为汽车轴距，a 和 b 为汽车重心至前、后轴的距离，取汽车倾覆与未倾覆之间的临界状态进行研究，汽车绕后轮与路面接触点发生倾覆，此时反作用力 Z_1 为零。对后轮与路面接触点取矩，可得

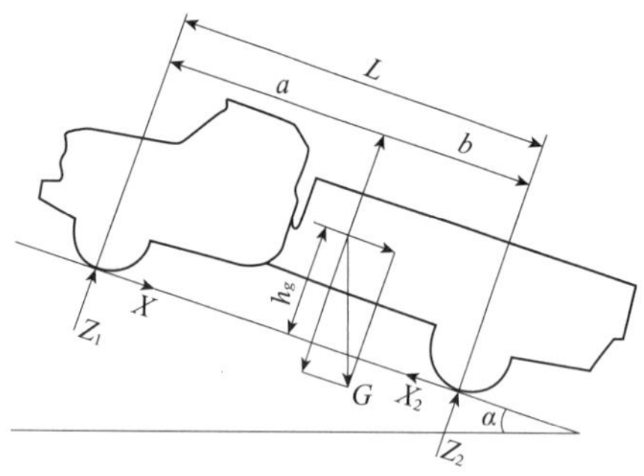

图 3-4　汽车上坡时纵向受力图

$$Gb\cos\alpha_0-Gh_g\sin\alpha_0=0$$

则

$$i_0=\tan\alpha_0=\frac{b}{h_g} \tag{3-24}$$

式中　α_0——Z_1 为零时的极限倾角；

i_0——Z_1 为零时道路的纵坡度。

当坡道倾角 $\alpha\geqslant\alpha_0$(或道路纵坡度 $i\geqslant i_0$ 时)，汽车可能发生纵向倾覆。由式(3-24)可知，纵向倾覆的稳定性主要与汽车重心至后轴的距离和重心高度有关。

汽车上坡时除了可能倾覆外，还有可能沿路面发生纵向滑移。对于后轮驱动的汽车，根据附着条件，驱动力不产生滑移的临界状态是

$$G\sin\alpha_\varphi=\varphi G_K$$

因为 $\sin\alpha_\varphi\approx\tan\alpha_\varphi=i_\varphi$，则

$$i_\varphi = \tan\alpha_\varphi = \varphi\frac{G_K}{G} \tag{3-25}$$

式中 α_φ——产生纵向滑移临界状态时坡道的倾角；

i_φ——产生纵向滑移临界状态时道路纵坡度；

G_K——驱动轮荷载；

G——汽车总重力；

φ——附着系数，查表 2-1。

当坡道倾角 $\alpha \geqslant \alpha_\varphi$（或道路纵坡度 $i \geqslant i_\varphi$ 时），汽车可能发生纵向滑移。i_φ 的大小主要取决于驱动轮荷载 G_K 与汽车总重力 G 的比值，以及附着系数 φ 值，因此，要防止汽车滑移，一方面要增加汽车重量；另一方面要增加车轮与路面的附着力。

分析式(3-24)和式(3-25)，一般 l_2/h_g 接近于 1，而 $\varphi G_K/G$ 远远小于 1，所以

$$\varphi\frac{G_K}{G}<\frac{l_2}{h_g} \quad 或 \quad i_\varphi<i_0$$

也就是说，汽车在坡道上行驶时，在发生纵向倾覆之前，首先发生纵向滑移现象。为保证汽车行驶的纵向稳定性，道路设计应满足不产生纵向滑移为条件，这样，也就避免了汽车的纵向倾覆现象。所以，汽车行驶的纵向稳定条件为

$$i<i_\varphi = \varphi\frac{G_K}{G} \tag{3-26}$$

只要设计的道路纵坡度满足式(3-26)条件，当汽车满载时一般都能保证纵向行驶的稳定性。但在运输中装载过高时，由于重心高度 h_g 的增大，有可能破坏纵向稳定性条件，所以，应对汽车装载高度有所限制。

3.1.1.2 坡长设计的力学依据

当道路纵坡较大时，为增加牵引力车辆须减速行驶，但对于不同等级的道路都有其特定的最低容许速度，当克服坡度阻力所需要的牵引力对应的车辆速度低于道路最低容许速度时，需要限制陡坡的长度，为了确定陡坡时限制坡长的大小，因此有必要讨论一下车辆从设计速度降低至容许速度所需要长度的理论计算方法。

由 $\mathrm{d}s=v\mathrm{d}t$ 及加、减速度 $a=\mathrm{d}v/\mathrm{d}t$（m/s²），得

$$\mathrm{d}s = \frac{v}{a}\mathrm{d}v$$

设汽车初速度为 V_1 及终速度为 V_2，对上式积分，并将车速 v(m/s)化成 V(km/h)，得

$$S = \frac{1}{12.96}\int_{V_1}^{V_2}\frac{V}{a}\mathrm{d}V \tag{3-27}$$

根据式(3-19)可得 $a=\lambda g(D-\Psi)/\delta=\lambda g(PV^2+QV+W-\Psi)/\delta$，其中 $\Psi=\dfrac{f+i}{\lambda}$称为道路阻力系数，代入上式，得

$$\lambda S = \frac{\delta}{12.96}\int_{V_1}^{V_2}\frac{V\mathrm{d}V}{PV^2+QV+(W-\Psi)} \tag{3-28}$$

令 $B=Q^2-4P(W-\Psi)$，$y=PV^2+QV+(W-\Psi)$，则方程(3-28)的解分为下述几种情况：

(1) $B<0$(即 $\Psi<D_{max}$)时

$$\lambda S=\frac{\delta}{12.96gP}\left[\frac{1}{2}\ln|y|-\frac{Q}{2\sqrt{B}}\ln\left|\frac{2PV+Q-\sqrt{B}}{2PV+Q+\sqrt{B}}\right|\right]_{V_1}^{V_2} \tag{3-29}$$

当 $V_K<V_1<V_2<V_P$ 时，为加速行程；

当 $V_P<V_a<V_1<V_{max}$时，为减速行程。

(2) $B=0$(即 $\Psi=D_{max}$)时

$$\lambda S=\frac{\delta}{12.96gP}\left[\frac{Q}{Q+2PV}+\ln\left|\frac{Q}{2P}+V\right|\right]_{V_1}^{V_2} \tag{3-30}$$

因 $\Psi=D_{max}$，只能减速行驶，且 $V_K<V_2<V_1<V_{max}$。

(3) $B>0$(即 $\Psi>D_{max}$)时

$$\lambda S=\frac{\delta}{12.96gP}\left[\frac{1}{2}\ln|y|-\frac{Q}{\sqrt{-B}}\arctan\frac{2PV+Q}{\sqrt{-B}}\right]_{V_1}^{V_2} \tag{3-31}$$

式中 arctan 以弧长记。

当 $V_K<V_2<V_1<V_{max}$时，为减速行程。

3.1.2　《规范》对坡度和坡长的规定

3.1.2.1　最大纵坡

最大纵坡是指在纵断面设计中，各级道路容许采用的最大坡度值。《规范》对公路的最大纵坡规定见表3-3。

表3-3　最大纵坡

设计速度(km/h)	120	100	80	60	40	30	20
最大纵坡(%)	3	4	5	6	7	8	9

①设计速度为120km/h、100km/h、80km/h的高速公路，受地形条件或其他特殊情况限制时，经技术经济论证，最大纵坡可增加1%。

②设计速度为40km/h、30km/h、20km/h的公路，改建工程利用原有公路的路段，经技术经济论证，最大纵坡可增加1%。

③四级公路位于海拔2000m以上或积雪冰冻地区的路段，最大纵坡不应大于8%。

桥梁和隧道也是公路结构的重要组成部分，但这些结构受力条件和实际环境相对比较复杂，因此在桥梁和隧道路段最大纵坡应做调整，《规范》规定：

①小桥与涵洞处的纵坡应随路线纵坡设计。

②桥梁及其引道的平、纵、横技术指标应与路线总体布设相协调，各项技术指标应符合路线布设的规定。大桥的纵坡不宜大于4%，桥头引道纵坡不宜大于5%，引道紧接桥头部分的线形应与桥上线形相配合。

③位于市镇附近非汽车交通量大的路段，桥上及桥头引道纵坡均不应大于3%。

④隧道内的纵坡应大于0.3%并小于3%，但短于100m的隧道不受此限。

⑤高速公路、一级公路的中、短隧道，当条件受限制时，经技术经济论证后最大纵坡可适当加大，但不宜大于4%。

⑥隧道的纵坡宜设置成单向坡；地下水发育的隧道及特长、长隧道宜采用人字坡。

3.1.2.2 高原纵坡折减

在高海拔地区，因为空气稀薄、气候寒冷等原因，导致汽车性能下降，爬坡能力变低。另外，高海拔地区水的沸点降低，汽车水箱更容易开锅而影响冷却系统，因此《规范》对高海拔地区的最大纵坡做了折减规定：设计速度小于或等于80km/h位于海拔3000m以上高原地区的公路，最大纵坡应按表3-4的规定予以折减。最大纵坡折减后若小于4%，则仍采用4%。

表3-4 高原纵坡折减值

海拔高度(m)	3000~4000	4000~5000	5000以上
纵坡折减(%)	1	2	3

3.1.2.3 理想的最大纵坡和不限长度的最大纵坡

(1)理想的最大纵坡

理想的最大纵坡是指设计车型即载重汽车在油门全开的情况下，持续等速行驶所能克服的坡度，可按下式计算，即

$$i_1=\lambda D_1-f \tag{3-32}$$

式中 i_1——理想的最大纵坡；

D_1——汽车行驶速度 V_1 对应的动力因数；

V_1——汽车行驶速度，对低速路取计算行车速度，对高速路取最高速度；

f——滚动阻力系数；

λ——海拔荷载修正系数。

(2)不限长度的最大纵坡

理想的最大纵坡固然好，但这种坡度常因地形等条件的限制很难实现。为此，在某些路段应允许汽车由最大车速 V_1 降到 V_2，以获得较大的坡度。V_2 称为容许速度，不同等级的道路容许速度应不同，其值一般为

$$V_2\geqslant\left(\frac{1}{2}\sim\frac{1}{3}\right)V$$

式中 V——计算行车速度，km/h，高速路取低限，低速路取高限。

与容许速度 V_2 相对应的纵坡称为不限长度的最大纵坡，可按下式计算，即

$$i_2=\lambda D_2-f \tag{3-33}$$

式中 i_2——不限长度的最大纵坡；

D_2——与容许速度 V_2 对应的动力因数。

当汽车在坡度小于或等于不限长度最大纵坡的坡道上行驶时，只要初速度大于容许速度，汽车至多减速到容许速度，与坡长长短无关；当实际坡度大于不限长度的最大纵坡时，为防止汽车行驶速度低于容许速度，应对其坡长加以限制。

3.1.2.4　最小纵坡

从行车的角度来讲，纵坡越小越好，但当纵坡过小时，道路排水非常不利，特别是挖方路段、低填方路段和横向排水不畅通的路段，为保证排水要求，防止积水渗入路基而影响其稳定性，《规范》规定：公路的纵坡不宜小于 0.3%。横向排水不畅的路段或长路堑路段，采用平坡(0%)或小于 0.3%的纵坡时，其边沟应作纵向排水设计。

3.1.2.5　坡长限制

如果坡长过短，道路变坡点增多，汽车行驶在连续起伏的路段会产生增重与减重的频繁变化，导致乘客感到极不舒适，车速越高越感突出。坡长太短，变坡点之间不能设置相邻两竖曲线的切线长；此外，对两凸型变坡点间的距离还应满足行车视距的要求。考虑上述因素，应对最小坡长加以限制。

(1)最短坡长

《规范》规定各级公路最短坡长见表 3-5。

表 3-5　最小坡长

设计速度(km/h)	120	100	80	60	40	30	20
最小坡长(m)	300	250	200	150	120	100	60

(2)最大坡长限制

《规范》规定：公路不同纵坡的最大坡长规定见表 3-6。

表 3-6　不同纵坡最大坡长

m

设计速度(km/h)		120	100	80	60	40	30	20
纵坡坡度(%)	3	900	1000	1100	1200			
	4	700	800	900	1000	1100	1100	1200
	5		600	700	800	900	900	1000
	6			500	600	700	700	800
	7					500	500	600
	8					300	300	400
	9						200	300
	10							200

3.1.2.6　缓和坡段

缓和坡段是指当陡坡的长度超过最大坡长的限制时，在陡坡后半段适当位置设置的、用以恢复汽车上陡坡时已降低的车速同时保证下坡安全的、坡度较小的一段纵坡。《规范》规定：公路连续上坡或下坡时，应在不大于表3-7规定的纵坡长度之间设置缓和坡段。缓和坡段的纵坡应不大于3%，其长度应符合表3-6最小坡长的规定。

3.1.2.7 平均纵坡

平均纵坡是指一定长度的路段纵向所能克服的高差与路线长度之比，它是衡量线形设计质量的重要指标之一，即

$$i_{平均}=\frac{H}{l}\quad(\%) \tag{3-34}$$

式中 H——相对高度，m；

l——路段长度，m。

通过对山区道路行车的实际调查发现，有时虽然道路纵坡设计完全符合最大纵坡、坡长限制和缓和坡长的规定，但也不一定能保证行车的顺利与安全。如对地形较为复杂的地段，设计者可能交替使用极限长度的最大纵坡及缓和坡长，从而形成“台阶式”纵断面线形，这是一种合法但不合理的做法。在这种坡道上汽车会较长时间频繁地使用低挡行驶，对机件和安全都不利。因此《规范》规定：二级公路、三级公路、四级公路越岭路线连续上坡(或下坡)路段，相对高差为200~500m时平均纵坡不应大于5.5%；相对高差大于500m时平均纵坡不应大于5%，且任意连续3km路段的平均纵坡不应大于5.5%。

3.1.2.8 合成坡度

合成坡度是指在有超高的平曲线上，路线纵坡与超高横坡组合而成的坡度，其值按下式计算：

$$i_{合}=\sqrt{i_{横}^2+i_{纵}^2} \tag{3-35}$$

式中 $i_{合}$——合成坡度；

$i_{横}$——超高横坡度；

$i_{纵}$——路线纵坡度。

当平曲线半径较小时，超高横坡度较大，如果同时纵向坡度也较大时，合成坡度会更大，行车会比较危险。因此《规范》对合成坡度也做了相应规定：当陡坡与小半径圆曲线相重叠时，宜采用较小的合成坡度。公路最大合成坡度值规定见表3-7。

下述情况，其合成坡度必须小于8%：①冬季路面有积雪、结冰的地区；②自然

表3-7 公路最大合成坡度

公路等级	高速公路	一级公路	二级公路	三级公路	四级公路
设计速度(km/h)	120 100 80	100 80 60	80 60	40 30	20
合成坡度值(%)	10.0 10.0 10.5	10.0 10.5 10.5	9.0 9.5	10.0 10.0	10.0

横坡较陡峻的傍山路段；③非汽车交通量较大的路段。

在超高过渡的变化处，合成坡度不应设计为0%。当合成坡度小于0.5%时，应采取综合排水措施，保证路面排水畅通。

3.2　竖曲线

纵断面上两个坡段的转折处，为了便于行车用一段曲线来缓和，称为竖曲线。竖曲线的形式可采用抛物线或圆曲线，在使用范围内二者几乎没有差别，《规范》建议采用圆曲线。

3.2.1　竖曲线基本要素

设变坡点相邻两纵坡坡度分别为 i_1 和 i_2，它们的代数差用 ω 表示，称为坡度差，即

$$\omega = i_2 - i_1 \tag{3-36}$$

式中　ω——坡度差，%；

i_1、i_2——分别为相邻纵坡线的坡度值，上坡为正，下坡为负。

当 ω 为"+"时，为凹型竖曲线，变坡点在曲线下方；当 ω 为"−"时，为凸型竖曲线，变坡点在曲线上方。

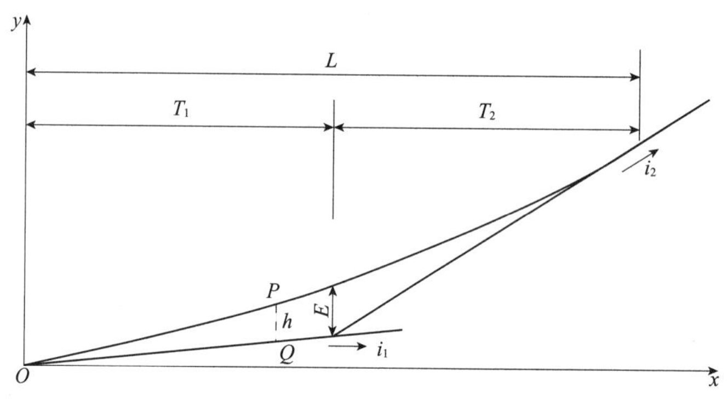

图3-5　竖曲线要素示意图

如图3-5所示，横坐标为里程，纵坐标为高程，竖曲线起点为坐标原点，图为一凹型竖曲线示意图，以下定义和公式同样适用于凸型竖曲线。坐标原点的曲率半径一般用 R 来表示，称作竖曲线半径，为竖曲线设计参数。竖曲线终点与起点的里程差值称作竖曲线的长度，一般用符号 L 来表示；变坡点起点或终点与变坡点的里程差值称作竖曲线的切线长，用 T 来表示，$T=T_1=T_2$，T_1 和 T_2 分别为前切线长和后切线长。从变坡点做铅垂线与竖曲线有一交点，此交点与变坡点的铅垂距离，称作竖曲线的外距，用 E 来表示。竖曲线上任意一点 P 做铅垂线与切线有一交点 Q，PQ 的长度称作竖距，一般用 h 来表示。L、T、h 是表征竖曲线几何特征的几个重要参数，称作竖曲线基本要素。竖曲线的基本要素计算公式如下：

$$L = R\omega \tag{3-37}$$

$$T=T_1=T_2=\frac{L}{2}=\frac{R\omega}{2} \tag{3-38}$$

$$E=\frac{T^2}{2R}=\frac{R\omega^2}{8}=\frac{L\omega}{8}=\frac{T\omega}{4} \tag{3-39}$$

$$h=PQ=y_P-y_Q=\frac{x^2}{2R} \tag{3-40}$$

式(3-40)中，x 称作横距，为 P 点至竖曲线起点或终点的水平距离(里程差的绝对值)。

3.2.2 竖曲线半径

在变坡点和前后坡度确定的情况下，要设计一个竖曲线，需要确定一个参数，即竖曲线半径。一旦竖曲线半径给定，竖曲线的位置和形状即可确定。但是当汽车在竖曲线上行驶时，由于离心力的作用，会有超重(凹型竖曲线)或失重(凸型竖曲线)，如果竖曲线半径太小，超重或失重过大，会让乘客感觉不适，也会影响行车安全。另外，竖曲线半径过小还会影响行车视距。因此，对于竖曲线半径的取值应有所限制，下面对这一问题进行讨论分析。

3.2.2.1 竖曲线半径设计限制因素

(1)缓和冲击

为缓和超重或失重对行车的冲击，确定竖曲线半径时，要对离心加速度加以限制。汽车在竖曲线上行驶时，其离心加速度为

$$a=\frac{v^2}{R} \quad (\mathrm{m/s^2})$$

将 v(m/s)化为 V(km/h)并整理，得

$$R=\frac{V^2}{13a} \quad (\mathrm{m})$$

根据试验结果，离心加速度 $a=0.5\sim0.7\mathrm{m/s^2}$ 较为合适。但考虑到视觉平顺等的要求，一般取 $a=0.278\mathrm{m/s^2}$，因此竖曲线最小半径和最小长度可按下式计算，即

$$R_{\min}=\frac{V^2}{3.6} \quad 或 \quad L_{\min}=\frac{V^2\omega}{3.6} \tag{3-41}$$

(2)时间行程不过短

汽车从直坡道行驶到竖曲线上时，尽管竖曲线半径较大，如其长度过短，汽车倏忽而过，旅客会感到不舒适。不论平曲线还是竖曲线，一般应保证汽车在每一段曲线要素中的行驶时间不短于 3s 的行程，即

$$L_{\min}=\frac{V}{3.6}t=\frac{V}{1.2} \quad 或 \quad R_{\min}=\frac{V}{1.2\omega} \tag{3-42}$$

(3)满足视距的要求

如果竖曲线半径太小，会影响行车视距(关于视距的介绍详见第 4 章 4.4 节)，特

别是对低等级公路，会严重影响行车的安全性。下面对这一问题进行研究。

①凸形竖曲线：按竖曲线长度 L 和停车视距 S_T 的关系，分为两种情况。

a. 当 $L \geqslant S_T$ 时[图3-6(a)]

$$h_1=\frac{d_1^2}{2R} \quad 则 \quad d_1=\sqrt{2Rh_1}$$

$$h_2=\frac{d_2^2}{2R} \quad 则 \quad d_2=\sqrt{2Rh_2}$$

式中 R——竖曲线半径，m；

h_1——司机视线高，即目高 $h_1=1.2\text{m}$；

h_2——障碍物高，即物高 $h_2=0.1\text{m}$。

$$S_T=d_1+d_2=\sqrt{2R}(\sqrt{h_1}+\sqrt{h_2})=\sqrt{\frac{2L}{\omega}}(\sqrt{h_1}+\sqrt{h_2})$$

则

$$L_{\min}=\frac{S_T^2\omega}{2(\sqrt{h_1}+\sqrt{h_2})^2}=\frac{S_T^2\omega}{4} \tag{3-43}$$

b. 当 $L<S_T$ 时[图3-6(b)]

$$h_1=\frac{d_1^2}{2R}-\frac{t_1^2}{2R} \quad 则 \quad d_1=\sqrt{2Rh_1+t_1^2}$$

$$h_2=\frac{d_2^2}{2R}-\frac{t_2^2}{2R} \quad 则 \quad d_2=\sqrt{2Rh_2+t_2^2}$$

由 $t_1=d_1-l=\sqrt{2Rh_1+t_1^2}-l$，得

$$t_1=\frac{Rh_1}{l}-\frac{l}{2}$$

由 $t_2=d_2-(L-l)=\sqrt{2Rh_2+t_2^2}-(L-l)$，得

$$t_2=\frac{Rh_2}{L-l}-\frac{L-l}{2}$$

视距长度

$$S_T=t_1+L+t_2=\frac{Rh_1}{l}+\frac{L}{2}+\frac{Rh_2}{L-l}$$

令 $\frac{\mathrm{d}S_T}{\mathrm{d}l}=0$，解此得 $l=\frac{\sqrt{h_1}}{\sqrt{h_1}+\sqrt{h_2}}L$，代入上式，得

$$S_T=\frac{R}{L}(\sqrt{h_1}+\sqrt{h_2})^2+\frac{L}{2}=\frac{(\sqrt{h_1}+\sqrt{h_2})^2}{\omega}+\frac{L}{2}$$

则

$$L_{\min}=2S_T-\frac{2(\sqrt{h_1}+\sqrt{h_2})^2}{\omega}$$

将 $h_1=1.2\text{m}$，$h_2=0.1\text{m}$ 代入上式，得

$$L_{min}=2S_T-\frac{4}{\omega} \tag{3-44}$$

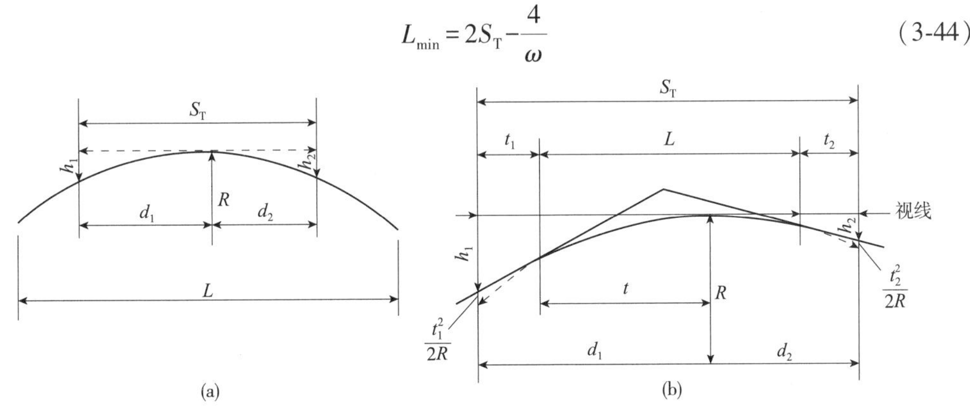

图 3-6 凸型竖曲线与视距的要求示意图

(a) $L \geqslant S_T$ (b) $L<S_T$

②凹形竖曲线：凹形竖曲线的最小长度，应满足两种视距要求：一是保证夜间行车安全，前灯照明应有足够的距离；二是保证跨线桥下行车有足够的视距。

a. 夜间行车前灯照射距离要求

当 $L \geqslant S_T$ 时[图 3-7(a)]

$$h+S_T\tan\delta=\frac{S_T^2}{2R}=\frac{S_T^2\omega}{2L}$$

式中 S_T——停车视距，m；

h——车前灯高度，$h=0.75\text{m}$；

δ——车前灯光束扩散角，$\delta=1.5°$。

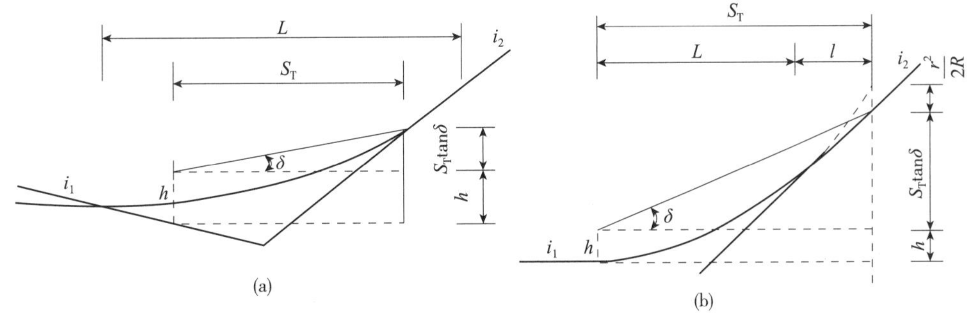

图 3-7 前灯照射距离与凹型竖曲线长度

(a) $L \geqslant S_T$ (b) $L<S_T$

则

$$L_{min}=\frac{S_T^2\omega}{2(h+S_T\tan\delta)}$$

将已知数据代入，得

$$L_{min}=\frac{S_T^2\omega}{1.5+0.0524S_T} \tag{3-45}$$

当 $L<S_T$ 时[图 3-7(b)]

因 $S_T=L+1$ 即 $1=S_T-L$，则

$$h+S_T\tan\delta=\frac{(L+l)^2}{2R}-\frac{l^2}{2R}=\frac{\omega(2S_T-L)}{2}$$

解此得

$$L_{min}=2\left(S_T-\frac{h+S_T\tan\delta}{\omega}\right)$$

将已知数据代入，得

$$L_{min}=2\left(S_T-\frac{0.75+0.026S_T}{\omega}\right) \tag{3-46}$$

b. 跨线桥下行车视距要求

当 $L\geqslant S_T$ 时[图 3-8(a)]

$$h_0=\frac{S_T^2}{2R}$$

$$AB=h_1+\frac{h_2-h_1}{S_T}l$$

$$BD=h_0\frac{l}{S_T}=\frac{S_T}{2R}l$$

$$CD=\frac{l^2}{2R}$$

同理可得

$$h=AB+BD-CD=h_1+\frac{h_2-h_1}{S_T}l+\frac{S_T}{2R}l-\frac{l^2}{2R}$$

由 $dh/dl=0$ 可解出 l，代入上式并整理，得

$$h_{max}=h_1+\frac{1}{2R}\left[\frac{R(h_2-h_1)}{S_T}+\frac{S_T}{2}\right]^2$$

式中 h_{max}——桥下设计净空，$h_{max}=4.5$m；

h_1——司机视线高度，$h_1=1.5$m；

h_2——障碍物高度，$h_2=0.75$m。

则

$$L_{min}=\frac{S_T^2\omega}{\left[\sqrt{2(h_{max}-h_1)}+\sqrt{2(h_{max}-h_2)}\right]^2}$$

将已知数据代入，得

$$L_{min}=\frac{S_T^2\omega}{26.92} \tag{3-47}$$

当 $L<S_T$ 时[图 3-8(b)]

$$h_0=\frac{(L+t_2)^2}{2R}-\frac{t_2^2}{2R}$$

$$AB=h_1+\frac{h_2-h_1}{S_T}(t_1+l)$$

$$BD=h_0\frac{t_1+l}{S_T}=\left[\frac{(L+t_2)^2}{2R}-\frac{t_2^2}{2R}\right]\frac{t_1+l}{S_T}$$

$$CD=\frac{l^2}{2R}$$

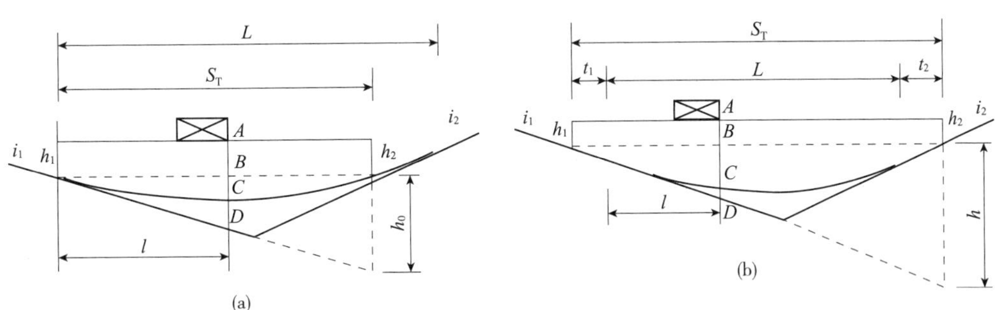

图 3-8　跨线桥下行车视距的要求

(a) $L\geqslant S_T$　(b) $L<S_T$

因 $S_T=t_1+L+t_2$，则

$$t_2=S_T-t_1-L$$

$$\begin{aligned}h&=AB+BD-CD\\&=h_1+\frac{h_2-h_1}{S_T}(t_1+l)+\left[\frac{(L+t_2)^2}{2R}-\frac{t_2^2}{2R}\right]\frac{t_1+l}{S_T}-\frac{l^2}{2R}\\&=h_1+\frac{h_2-h_1}{S_T}(t_1+l)+\frac{L(t_1+l)}{2RS_T}(2S_T-2t_1-L)-\frac{l^2}{2R}\end{aligned}$$

由 $\mathrm{d}h/\mathrm{d}l=0$ 可解出 l，代入上式并整理，得

$$h_{max}=h_1+\frac{1}{2RS_T^2}\left[2S_Tt_1+R(h_2-h_1)+\frac{L}{2}(2S_T-2t_1-L)\right]\cdot\left[R(h_2-h_1)+\frac{L}{2}(2S_T-2t_1-L)\right]$$

由 $\mathrm{d}h_{max}/\mathrm{d}t_1=0$ 可解出 t_1，代入上式，得

$$h_{max}=h_1+\frac{[2R(h_2-h_1)+2S_T+L]^2}{8RL(2S_T-L)}$$

解此，得

$$L_{min}=2S_T-\frac{4h_{max}}{\omega}\left[1-\frac{h_1+h_2}{2h_{max}}+\sqrt{\left(1-\frac{h_1}{h_{max}}\right)\left(1-\frac{h_2}{h_{max}}\right)}\right]$$

将已知数据代入，得

$$L_{min}=2S_T-\frac{26.92}{\omega}\tag{3-48}$$

理论上竖曲线半径的取值应综合考虑缓和冲击、行驶时间及视距等因素，取同时满足这些因素要求的半径。对于凸型竖曲线应该按式(3-41)~式(3-44)中的最大

值作为竖曲线半径的取值依据，而对于凹型竖曲线应该取式(3-41)、式(3-42)及根据不同情况取式(3-45)~式(3-48)中的最大值作为竖曲线半径的取值依据。根据经验计算，缓和冲击、行驶时间及视距三种因素对于凸型和凹型竖曲线的影响效果不同，凸型竖曲线一般视距是控制因素，而凹型竖曲线缓和冲击为控制因素，因此凸型和凹型竖曲线的理论最大半径也不相同，《规范》也分别给出了相应的不同的规定。

3.2.2.2 《规范》对竖曲线半径的规定

《规范》规定：竖曲线最小半径与竖曲线长度见表3-8。

表3-8 竖曲线最小半径与竖曲线长度

设计速度(km/h)		120	100	80	60	40	30	20
凸形竖曲线最小半径(m)	一般值	17000	10000	4500	2000	700	400	200
	极限值	11000	6500	3000	1400	450	250	100
凹形竖曲线最小半径(m)	一般值	6000	4500	3000	1500	700	400	200
	极限值	4000	3000	2000	1000	450	250	100
竖曲线长度(m)	一般值	250	210	170	120	90	60	50
	最小值	100	85	70	50	35	25	20

注："一般值"为正常情况下的采用值；"极限值"和"最小值"为条件受限制时可采用的值。

3.2.3 设计高程计算

计算设计高程首先需要确定竖曲线起、终点的位置，以便确定直坡段与竖曲线的分界点。如图3-9所示，BPD_n 代表第 n 个变坡点桩号，H_n 代表第 n 个变坡点高程，i_n 代表 BPD_{n-1}-BPD_n 的坡度，L_{CZ}代表设计线上任意一点的桩号。则竖曲线起、终点桩号计算公式如下：

$$竖曲线起点桩号\ QD=BPD-T$$

$$竖曲线终点桩号\ ZD=BPD+T$$

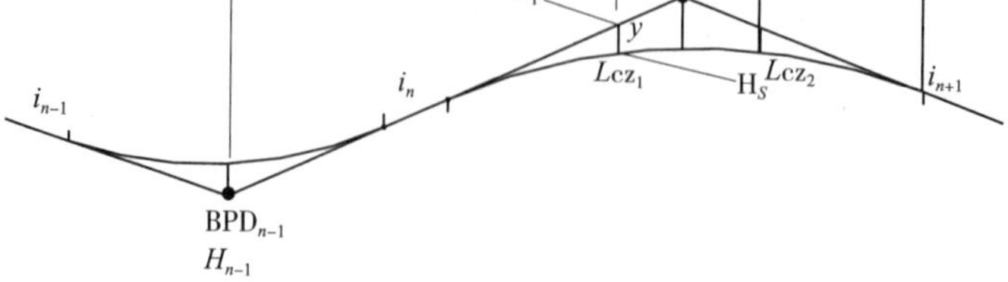

图3-9 设计高程计算示意图

如果 L_{CZ} 的设计高程用 H_T 表示，则：

$$H_T=H_{n-1}+i_n(L_{CZ}-BPD_{n-1}) \text{或} H_T=H_n+i_n(L_{CZ}-BPD_n)$$

竖曲线任意一点的设计高程 H_s 计算公式如下：

$$H_s=H_T\pm h$$

其中，h 为竖距：$h=\dfrac{x^2}{2R}$，凸型竖曲线取"-"号，凹型竖曲线取"+"号。x 为横距，当 H_T 为变坡点前切线或其延长线上的高程时，x 为计算点里程 L_{CZ} 与竖曲线起点 QD 的里程差；当 H_T 为变坡点后切线或其延长线上的高程时，x 为竖曲线终点 ZD 与计算点里程 L_{CZ} 的里程差。

【例 3-1】 某公路某段相邻纵坡分别为 $i_1=-5\%$，$i_2=4\%$，变坡点里程桩号为 K_{8+800}，变坡点高程为 100.00m，竖曲线半径为 1000m，试计算该竖曲线 20m 整桩位设计高程。

【解】 (1)计算竖曲线要素

变坡角：

$$\omega=i_1-i_2=-5\%-4\%=-0.09$$

因坡度差为"-"，故为凹形竖曲线。

曲线长：

$$L=R|\omega|=1000\times0.09=90 \quad (m)$$

切线长度：

$$T=\frac{L}{2}=\frac{90}{2}=45 \quad (m)$$

外距：

$$E=\frac{T^2}{2R}=\frac{45^2}{2\times1000}=1.01 \quad (m)$$

(2)竖曲线起终点桩号

竖曲线起点的桩号=变坡点的桩号$-T=K_{8+800}-45=K_{8+755}$

竖曲线终点的桩号=变坡点的桩号$-T=K_{8+800}+45=K_{8+845}$

(3)列表计算 20m 整桩位处的设计高程

里程桩号	x	切线标高	竖距 y	设计标高	备注
K_{8+755}	0	102.25	0.00	102.25	起点
K_{8+760}	5	102.00	0.01	102.01	
K_{8+780}	25	101.00	0.31	101.31	
K_{8+800}	45	100.00	1.01	101.01	变坡点
K_{8+820}	25	100.80	0.31	101.11	
K_{8+840}	5	101.60	0.01	101.61	
K_{8+845}	0	101.80	0.00	101.80	终点

3.3 视觉分析及道路平、纵线形组合设计

3.3.1 视觉分析

3.3.1.1 视觉分析的意义

公路线形设计除应考虑自然条件、汽车行驶力学方面的要求外，还要把驾驶员在行车过程中心理和视觉上的反应作为重要因素来考虑。汽车在公路上快速行驶时，驾驶员是通过视觉、运动感觉和时间变化来判断实际的道路线形。公路的线形、周围自然景观、标志标线以及其他有关信息，驾驶员都是通过视觉感受到的。

从驾驶员的视觉、心理反应出发，对公路的线形及其周围自然环境和沿线建筑物的协调进行研究分析，以保证视觉连续性和舒顺性，使行车具有足够的心理舒适感和安全感的综合设计称为视觉分析。视觉分析的意义在于将道路的线形，周边环境质量与驾驶人员在行车中的动态视觉及心理反应联系起来，体现公路几何设计以人为本的思想。

3.3.1.2 视觉与车速动态规律

驾驶员的视觉判断能力与车速密切相关，车速越高，其注视前方越远，而视角逐渐变小。研究表明：

①驾驶人员的注意力集中程度和心理紧张的程度随着车速的增加而增加。

②驾驶人员的注意力集中点随着车速增加而向远处移动。车速增加到 97km/h 时，其注意力集中点将在前方 610m 以外的某一点。

③随着车速的增加，驾驶人员对前景细节的视觉开始变得模糊不清。车速超过 97km/h 时,对前景细节的反应接近于零。

④驾驶人员的周界感随车速的增加而减少，当车速达到 72km/h 时，驾驶人员可以看到道路两侧视角 30°～40°的范围；当车速增加到 97km/h 时，两侧视角减至 20°以下，车速进一步增加，驾驶员的注意力将随之引向景象中心而置两侧于不顾。

⑤即使是在中等车速情况下，驾驶人员也需要 1/16s 才能够把眼睛注视在能够看得见的目标上，眼睛总是同一个注视点跳到另外一点，在跳动之间是绝对看不到什么东西的。为了看到前方的东西，眼睛和目标必须相对固定。这就是在高速行车时，驾驶者的眼睛总是瞄准越来越远的地方，并试图达到看起来是固定于一点的目标的原因。

由此可见，对于高等级公路来说，驾驶员的主要集中力是观察视点较远路幅的线形与环境状况，因此公路设计和视觉分析时，必须使驾驶员明白、无误地了解线形和环境，尽量避免由于判断错误而导致驾驶失误。

3.3.1.3 视觉评价方法

所谓线形状况，是指公路平面和纵断面线形所组成的立体形状，在汽车快速行驶中给驾驶员提供的连续不断的视觉印象。该视觉印象的优劣，除依靠设计者对三维空

间的想象判断之外，比较好的方法是利用视觉印象随时间或空间变化的公路透视图来评价。它是按照汽车在公路上的行驶位置，根据线形的几何状况确定的视轴方向以及由车速确定的视轴长度，利用坐标透视的原理绘制的。通过透视图，可以直观地看出公路立体线形是否顺适，有无易产生判断错误或茫然的地方，路旁障碍物是否有碍视线的地方等。若存在上述缺陷则要在设计阶段进行修改，然后再绘出透视图分析研究，直至满意为止。

3.3.2 道路平、纵线形组合设计

道路线形是一条立体的、空间曲线，立体线形组合的优劣最后集中反映在汽车的行驶速度上，如果只按平面线形和纵面线形的标准来设计，而不将二者结合起来统筹考虑，最终的设计不一定是好设计。平、纵线形组合设计是指在首先满足汽车运动学和力学要求的前提下，来研究如何满足视觉、心理方面的连续和舒适，与周围环境的协调，以及良好的排水条件。

3.3.2.1 线形组合的基本要求

①线形组合设计中，各技术指标除应分别符合平面、纵断面规定值外，还应考虑横断面对线形组合与行驶安全的影响。应避免平面、纵断面、横断面的最不利值的相互组合的设计。

②在确定平面、纵断面的各相对独立技术指标时，各自除应相对均衡、连续外，应考虑与之相邻路段的各技术指标值的均衡、连续。

③条件受限制时选用平面、纵断面的各接近或最大(最小)值及其组合时，应考虑前后地形、技术指标运用等对实际行驶速度的影响，其运行速度与设计速度之差不应大于20km/h。

④线形组合设计除应保持各要素间内部的相对均衡与变化节奏的协调外，还应注意同公路外部沿线自然景观的适应和地质条件等的配合。

⑤路线线形应能自然地诱导驾驶者的视线，并保持视觉的连续性。

3.3.2.2 道路平、纵组合的类型及组合分析

道路空间线形组合指的是由平面线形(直线或曲线)和纵断面线形(直坡线或凸形、凹形竖曲线)组合而成的空间线性，总结起来不外乎下列六种组合形式，见表3-9。

表3-9 平、纵曲线要素组合形式

编号	平面要素	纵断面要素	立体线形要素
1	直线	直线	具有恒等坡度的直线

（续）

编号	平面要素	纵断面要素	立体线形要素
2	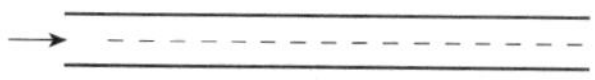 直线	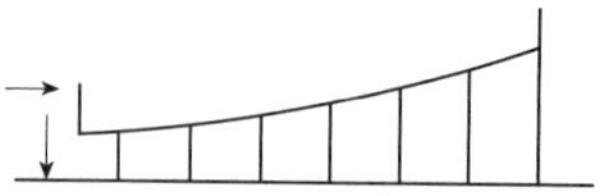 凹形竖曲线	 下凹直线
3	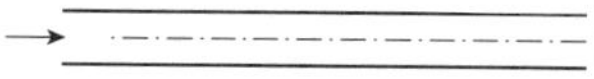 直线	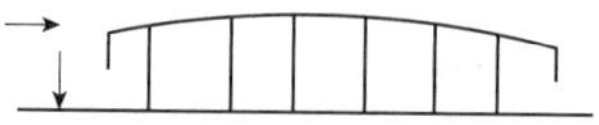 凸形竖曲线	 凸起直线
4	 曲线	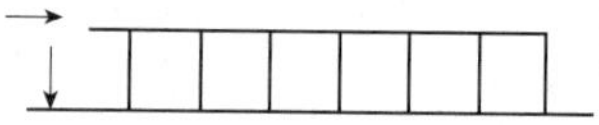 直线	 具有恒等坡度的曲线
5	 曲线	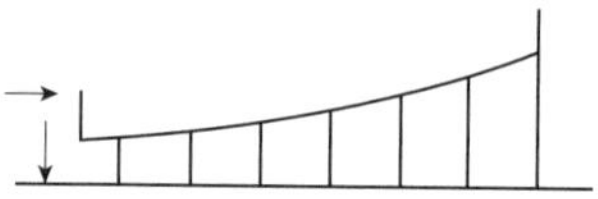 凹形竖曲线	 下凹曲线
6	 曲线	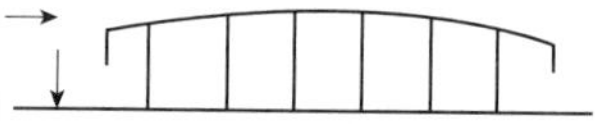 凸形竖曲线	 凸起曲线

组合1直线直坡，优点是形式简单，视野开阔，驾驶操作简易，但这种线形单调枯燥，容易导致视觉疲劳和多次超车，容易引发交通事故。设计中可采用画车道线、设置标志、绿化和与周围环境设施配合等方法加以调节，另外尽量避免长直线和大陡坡相组合，长直线尽头避免接小半径曲线。

组合2和组合3直线和竖曲线的组合，一般一段直线中加设一个竖曲线较好，并且尽量采用较大的竖曲线半径，从视觉的角度来讲一个凹形竖曲线最好。尽量避免一段直线中多个竖曲线，造成连续的“波浪”“暗凹”“驼峰”，对行车非常不利。

组合4平面上为平曲线，纵断面上为直线，构成匀坡平曲线，一般情况这种组合视觉效果良好，应当注意的是尽量避免小半径平曲线和陡坡组合，合成坡度过大，容易出现交通事故。

组合5和组合6为平曲线和竖曲线的组合。这两种组合较为常见，但又较为复杂，如果几何要素的大小适当均衡，可获得视觉舒适、视线诱导良好的空间线形，反之组合不当会出现视觉不良、行车不利的后果，因此设计时应特别注意。

（1）平曲线与竖曲线的有利的组合

①平曲线与竖曲线应相互重合，且平曲线应稍长于竖曲线：这种组合是使平曲线与竖曲线对应，最好使竖曲线的起点和终点分别放在平曲线的两个缓和曲线内，即所谓的“平包竖”。图3-10为平曲线与竖曲线相互重合的透视形状。这种立体线形不仅

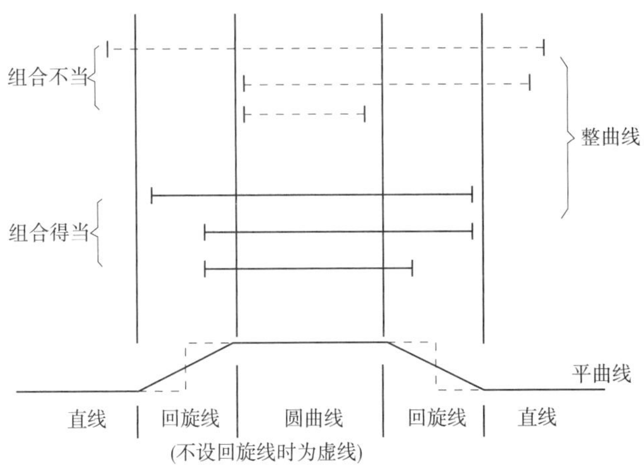

图 3-10 平纵组合示意图

能起引导视线的作用，而且可取得平顺、流畅的效果。另外，在设计时平曲线与竖曲线的半径选择大一些会更感协调。

②平曲线与竖曲线半径大小应保持均衡：平曲线与竖曲线其中一方大而平缓，那么另一方就不要形成多而小。一个长的平曲线内有两个以上的竖曲线，或一个大的竖曲线含有两个以上的平曲线，看上去都非常别扭。

根据德国的统计资料，当平曲线半径小于 1000m 时，竖曲线半径大约为平曲线半径的 10~20 倍为好。根据视觉分析效果表明，具有良好的视觉、经济效果，协调的平、竖曲线半径关系，见表 3-10。

最好避免不均衡的平、竖曲线半径关系，见表 3-11。

表 3-10 均衡的平、竖曲线半径组合 m

平曲线半径	竖曲线半径	平曲线半径	竖曲线半径
600	10000	1100	30000
700	12000	1200	40000
800	16000	1500	60000
900	20000	2000	100000
1000	25000	—	—

表 3-11 应当避免的平、竖曲线半径组合 m

设计车速(km/h)	平曲线半径	竖曲线半径
80	400	5000
60	200	2500
40	100	2000
30	50	1500
20	50	1000

③暗、明弯与凸、凹竖曲线：暗弯与凸形竖曲线组合，以及明弯与凹形竖曲线组合较为合理，且给人一种平顺舒适的感觉。

(2)平、竖曲线应避免的组合

平曲线与竖曲线重合是一种理想的组合，但由于地形等条件限制，这种组合并不是总能争取得到的。如果平曲线的中点与竖曲线的顶(底)点位置错开距离不超过平曲线长度的1/4时，效果仍然令人满意。但是，如果错位过大或大小不均衡，就会出现视觉效果很差的线形。主要注意以下几点：

①要避免使凸形竖曲线的顶部与反向平曲线的拐点重合。否则，宜出现扭曲的外观，会使驾驶员操纵失误，产生交通事故。

②要避免使凹形竖曲线的底部与反向平曲线的拐点重合。否则，也宜出现扭曲的外观，会使路面排水困难，产生积水。

③小半径竖曲线不宜与缓和曲线相重合。对凸形竖曲线引导性差，事故率较高；对凹形竖曲线，路面排水不良。

④计算行车速度在40km/h以上的道路，应避免在凸形竖曲线的顶部或凹形竖曲线的底部插入小半径的平曲线。前者引导性差，驾驶员在接近坡顶时才发现平曲线，导致匆忙减速甚至交通事故；后者会出现汽车高速行驶时急转弯，行车不安全。

3.4　纵断面设计步骤及纵断面图

3.4.1　纵断面设计的《规范》要求

3.4.1.1　纵断面设计的一般要求

①纵面线形应平顺、圆滑、视觉连续，并与地形相适应，与周围环境相协调。

②纵坡设计应考虑填挖平衡，并利用挖方就近作为填方，以减轻对自然地面横坡与环境的影响。

③相邻纵坡之代数差小时，应采用大的竖曲线半径。

④连续上坡路段的纵坡设计，除上坡方向应符合平均纵坡、不同纵坡最大坡长规定的技术指标外，还应考虑下坡方向的行驶安全。凡个别技术指标接近或达到最大值的路段，应结合前后路段各技术指标设置情况，采用运行速度对连续上坡方向的通行能力与下坡方向的行车安全进行检验。

⑤路线交叉处前后的纵坡应平缓。

⑥位于积雪或冰冻地区的公路，应避免采用陡坡。

3.4.1.2　纵坡最大、最小值的运用

①各级公路应避免采用最大纵坡值和不同纵坡最大坡长值，只有在为争取高度利用有利地形，或避开工程艰巨地段等不得已时，方可采用。

②纵坡以平、缓为宜，但最小纵坡不宜小于0.3%。采用平坡(0%)或小于0.3%的纵坡路段，应做专门的排水设计。

3.4.1.3 纵坡设计的要求

①平原地形的纵坡应均匀、平缓。

②丘陵地形的纵坡应避免过分迁就地形而起伏过大。

③越岭线的纵坡应力求均匀，不应采用最大值或接近最大值的坡度，更不宜连续采用不同纵坡最大坡长值的陡坡夹短距离缓坡的纵坡线形。

④山脊线和山腰线，除结合地形不得已时采用较大的纵坡外，在可能条件下应采用平缓的纵坡。

3.4.1.4 竖曲线设计的要求

①设计速度大于或等于60km/h的公路，竖曲线设计宜采用长的竖曲线和长直线坡段的组合。有条件时宜采用大于或等于表3-12所列视觉所需要的竖曲线半径值。

表3-12 视觉所需要的最小竖曲线半径值

设计速度(km/h)	竖曲线半径(m)	
	凸形	凹形
120	20000	12000
100	16000	10000
80	12000	8000
60	9000	6000

②竖曲线应选用较大的半径。当条件受限制时，宜采用大于或接近于竖曲线最小半径的“一般值”；地形条件特殊困难而不得已时，方可采用竖曲线最小半径的“极限值”。

③同向竖曲线间，特别是同向凹形竖曲线之间，如直线坡段接近或达到最小坡长时，宜合并设置为单曲线或复曲线。

3.4.1.5 竖曲线设计应该注意的问题

①设置回头曲线的地段，由于超高值较大，拉坡时应按回头曲线技术标准先定出该地段的纵坡，然后从两端接坡，注意在回头曲线地段不宜设竖曲线。

②桥梁、隧道地段应按照桥梁、隧道路线纵坡的特殊要求进行，大、中桥上不宜设置竖曲线，特别是凹型竖曲线。桥头两端不得已设置竖曲线时，其起、终点应设在桥头10m以外，如图3-11所示。

③小桥涵允许设在斜坡路段或竖曲线上，为保证行车平顺性，应尽量避免在小桥涵处出现突变的“驼峰式”纵坡，如图3-12所示。

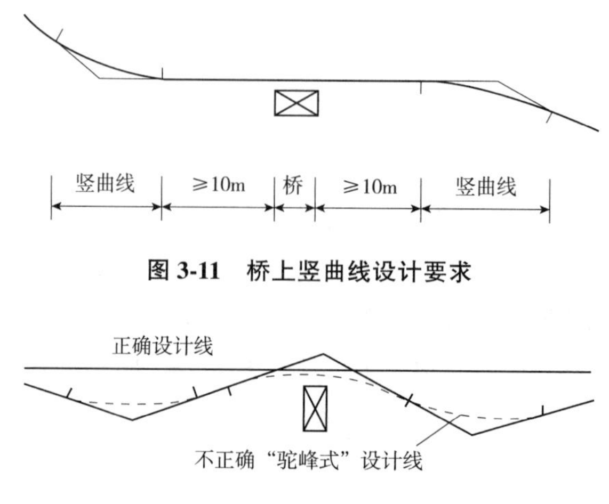

图 3-11　桥上竖曲线设计要求

图 3-12　“驼峰式”纵坡

④要注意平面交叉口纵坡及两端接线要求，公路与公路交叉时，一般宜设在水平坡段接线，其长度不应小于最短坡长规定，两端接线纵坡应不大于 3%，山区工程艰巨地段不应大于 5%。

⑤拉坡时如受“控制点”或“经济点”制约，导致纵坡起伏过大，或土石方工程量太大，经调整仍然难以解决时，可用纸上移线的方法局部修改线形。

⑥通过城镇的路段，应结合城镇规划，结合两侧建筑物的布置，合理确定纵坡和设计高程，使两侧建筑协调。

3.4.2　纵断面设计步骤

(1)准备工作

首先在绘图纸上，按比例标注桩号和标高。然后点绘地面线，填写有关内容。同时，应收集和熟悉有关设计所需资料，并领会设计意图和要求。

(2)标注控制点

所谓控制点是指影响纵坡设计的标高控制点。如路线的起点、终点、越岭哑口、重要桥涵、地质不良地段的最小填土高度、最大挖深、沿溪线的洪水位、隧道进出口、平面交叉点、立体交叉点、铁路道口、城镇规划设计标高以及受其他因素限制路线必须通过的标高控制点等。此外，对于山区道路还有根据路基填挖平衡关系确定的标高点，称为“经济点”。平原地区道路一般无经济点的问题。

(3)试坡

在已标出“控制点”和“经济点”的纵断面图上，本着以“控制点”为依据，照顾多数“经济点”的原则，在这些点位之间进行穿插与取直，大致勾画出若干直坡线。对各种可能坡度线方案反复比较，最后定出既符合技术标准，又满足控制点要求，且土石方较省的设计线作为初定坡度线，将前后坡度线延长交会出变坡点的初步位置。

(4)调整

将初定坡度与选线时的坡度安排进行比较，二者应基本相符，若有较大差异时应

K_{0+700}~K_{1+400}
第2页
共3页
R-6000 T-136.2 E-1.55
R-8000 T-74 E-0.34
V1:200
H1:2000
设计高程(m)
地面高程(m)
坡度(%),坡长(m)
里程桩号
直线及平曲线
真挖高度(m)
JD2 I-28° 2′ 57″ (Z) R-800 Ls-200
×××公路设计
路线纵断面图
审核
图号
日期

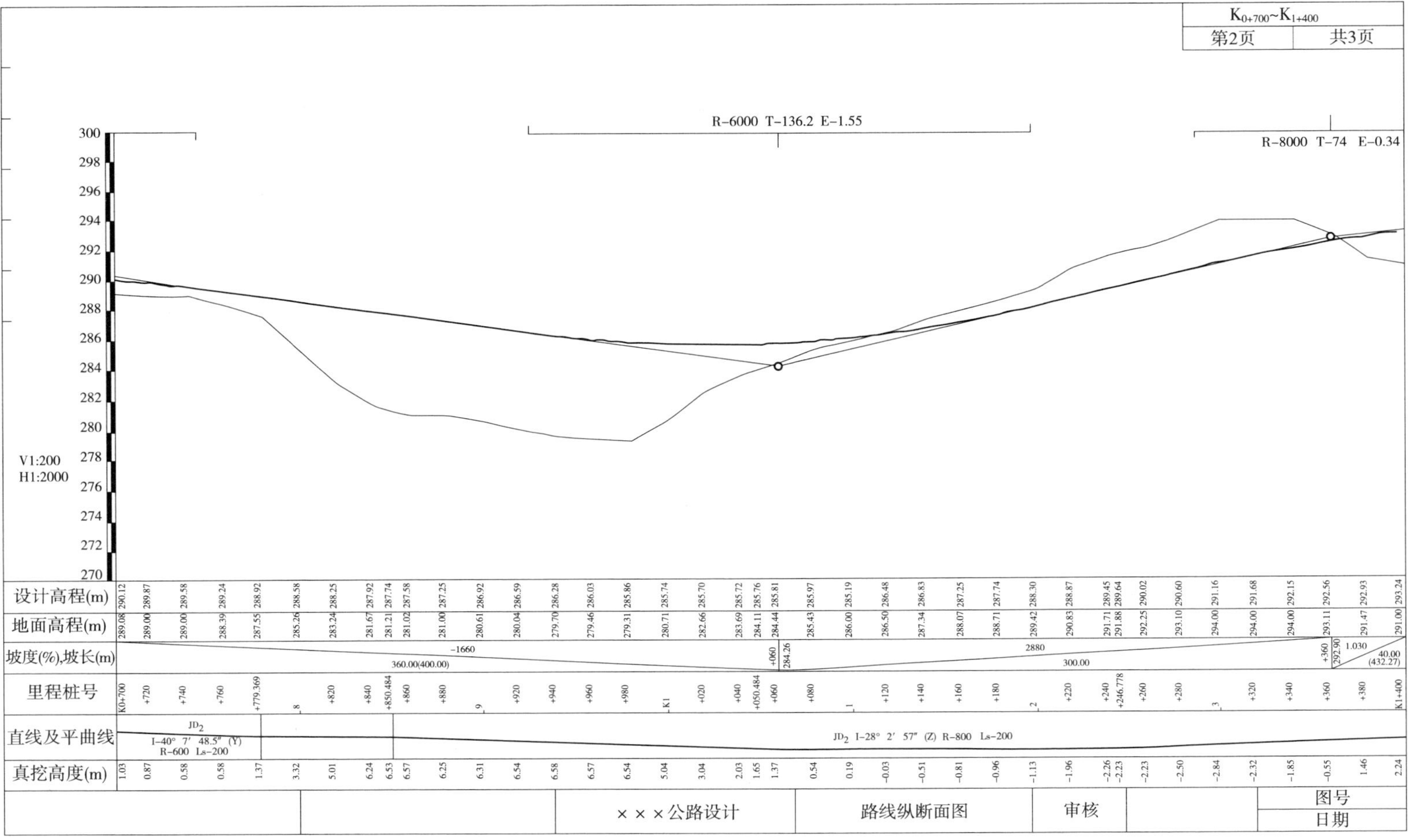

图3-13 纵断面设计图

进行全面分析，权衡利弊，决定取舍。然后对照技术标准检查最大纵坡、最小纵坡、坡长限制等是否满足要求，平、纵组合是否适当，以及路线交叉、桥梁、隧道和接线等处的纵坡是否合理，若有问题应进行调整。

(5) 核对

选择有控制意义的重点横断面，主要检查是否填挖过大、坡脚落空或过远、挡土墙工程过大、桥梁过高或过低、涵洞过长等情况，若有问题应及时调整纵坡。

(6) 定坡

经调整核对无误后，逐段把直坡线的坡度值、变坡点桩号和标高确定下来。

(7) 设置竖曲线

根据技术标准、平纵组合均衡等确定竖曲线半径，并计算竖曲线要素。

3.4.3　纵断面设计图

纵断面设计图是道路设计重要技术文件之一，也是纵断面设计的最后成果。

纵断面采用直角坐标，以横坐标表示里程桩号，纵坐标表示高程。为了明显地反映地面起伏情况，通常横坐标比例尺采用 1∶2000，纵坐标采用 1∶200，对于具体问题可视情况而定，以表达清晰明了为目的。

纵断面图由上下两部分组成。上部主要用来绘制地面线和设计线，并标注：竖曲线位置、形状及其要素；沿线桥涵及人工构造物的位置、结构类型、孔数及孔径；交叉的道路与铁路的桩号与路名；沿线跨越的河流名称、桩号、常水位和最高洪水位；水准点位置、编号和标高等。

下部主要用来填写有关内容，主要有：直线及平曲线、里程桩号、地面标高、设计标高、填挖高度、土壤地质说明等。

纵断面设计图应按规定采用标准图纸和统一格式，以便装订成册。

图 3-13 为纵断面设计图示例。

本章小结

公路纵断面线形主要由两个要素组成：直坡和竖曲线；直坡的设计应满足一系列的《规范》要求：最大及最小纵坡、最大及最小坡长、平均纵坡、合成坡度、缓和坡段等；竖曲线半径应满足《规范》规定的竖曲线最小半径的要求，竖曲线最小半径的取值应该满足多方面因素的要求。纵断面线形设计完成后，必须计算设计高程，设计高程是整个路基横断面高程的计算基础和依据，是施工的依据。平曲线和纵断面线形组合有些是有利组合，有些是不利组合，平纵组合设计必须满足各个方面的要求。纵断面的设计经过坐标系及地面线绘制、试坡、拉坡、调坡、定坡、竖曲线加设等步骤后绘制出纵断面图。

思考题

1. 纵断面图有何作用？纵断面图上主要反映哪两条线？
2. 什么是汽车的动力因素？
3. 纵坡设计应满足哪些要求？
4. 什么是竖曲线？其形式如何？

5. 限制竖曲线最小半径和最小长度主要因素有哪些？

6. 平、纵线形组合的一般设计原则是什么？

7. 某条道路变坡点桩号为 $K_{25+460.00}$，高程为 780.72，$i_1=0.8\%$，$i_2=5\%$，竖曲线半径为 5000m。

①判断凹、凸性，并计算竖曲线要素；

②计算竖曲线起始点、$K_{25+400.00}$，$K_{25+460.00}$，$K_{25+500.00}$及终点的设计高程。

8. 某主干道，纵坡分别为 $i_1=-2.5\%$，$i_2=+1.5\%$，变坡点桩号为 $K_{1+520.00}$，变坡点高程为 439.00。由于受地下管线和地形限制，曲线中点处的设计高程要求不低于 429.30，且不高于 429.40，试确定竖曲线半径，并计算 $K_{1+500.00}$、$K_{1+520.00}$、$K_{1+535.00}$三点的设计高程。

9. 某平原微丘区二级公路，设计速度为 80km/h，有一处平曲线半径为 250m，该段纵坡初定为 5%，超高横坡度为 8%，请检查合成坡度是否满足要求，若不满足则该段曲线允许的最大纵坡为多少？

第 4 章 横断面设计

[本章提要]

横断面是道路立体几何形状的重要组成部分，反映的是道路宽度方向的几何结构。本章主要内容包括：公路横断面形式；公路横断面组成及几何要素；公路横断面组成中各部分几何尺寸；行车视距及其保证；爬坡车道和避险车道；路基土石方量计算与调配；横断面设计方法和成果等。要求重点掌握公路横断面各组成部分几何尺寸的确定方法，超高和加宽的设计和计算，土石方计算及调配。熟悉公路横断面的形式、结构，行车视距及保证，横断面设计方法及成果。了解爬坡车道和避险车道的设置。

道路的横断面是指中线上各点的法向切面，由设计线和地面线构成。地面线是表征原地面起伏变化的线，通过现场实测、大比例尺地形图、航测照片、数字地面模型等途径确定。设计线根据道路纵断面图中的填挖高度及道路横断面组成而定，道路横断面组成一般包括行车道、路肩、分隔带，边沟边坡等，某些地段还包括护坡道、取土坑及其他附属设施。本章主要介绍横断面各个组成部分几何尺寸设计，曲线部分横断面的特殊设计(超高和加宽)，以及横断面的设计方法和步骤。

4.1 公路横断面形式

公路横断面根据道路设计标高与道路天然地面标高相对位置的不同划分为三种横断面形式。当路基设计标高高于天然地面标高时为填方断面形式，称作路堤，如图 4-1 所示。当路堤高度小于 1.0~1.5m 时称作矮路堤[图 4-1(a)]。当路堤高度大于 18m(土质)或 20m(石质)时称作高路堤。路堤高度介于矮路堤和高路堤之间时称作一般路堤[图 4-1(b)]。另外，根据具体地形、地貌，还有沿河路堤[图 4-1(c)]、护脚路堤[图 4-1(d)]等一些特殊结构形式。路基设计标高低于天然地面标高时为挖方断面，称作路堑，如图 4-2 所示。根据原地面的开挖情况，路堑也有一般挖方路堑[图 4-2(a)(b)]、台口式挖方路堑[图 4-2(c)]和半山洞式[图 4-2(d)]几种形式。当天然地面横坡较大，横断面较宽，需要一侧开挖一侧填筑时，称作半填半挖横断面，也称半路堤半路堑，如图 4-3 所示。半填半挖断面的优点是可以就近利用废方，节省工程量，但缺点也很明显，基础强度不均，侧压比较明显，因此一般原地面除了强度严格要求外，还需做特殊处理，如挖台阶[图 4-3(a)]，另外路基两侧一般要修建护坡墙、挡土墙、抗滑桩[图 4-3(b)~(d)]等措施，保持路基的稳定。

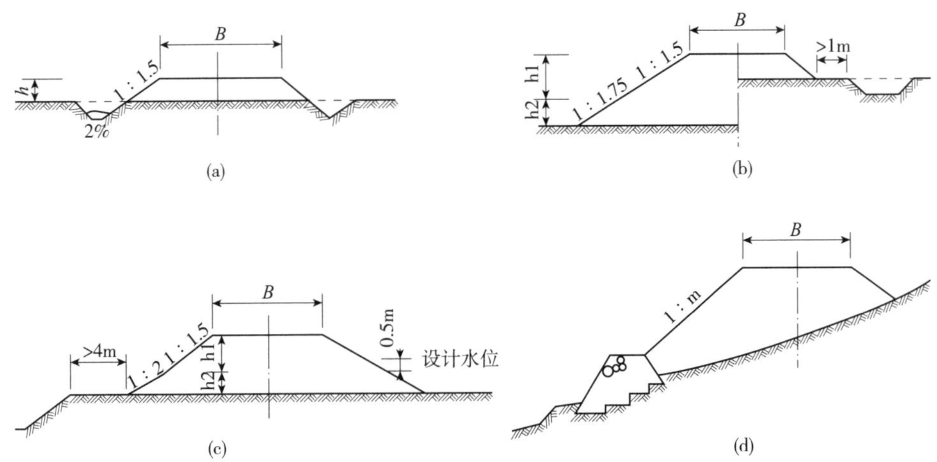

图 4-1 路堤的常用横断面形式

(a)矮路堤 (b)一般路堤 (c)沿河路堤 (d)护脚路堤

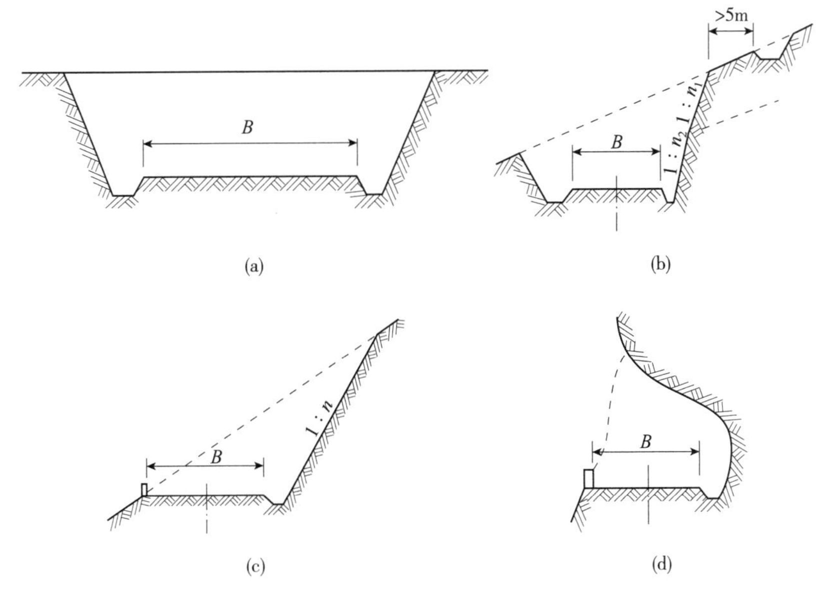

图 4-2 路堑的常用横断面形式

(a)平坡路堑 (b)斜坡路堑 (c)台口式路堑 (d)半山洞式路堑

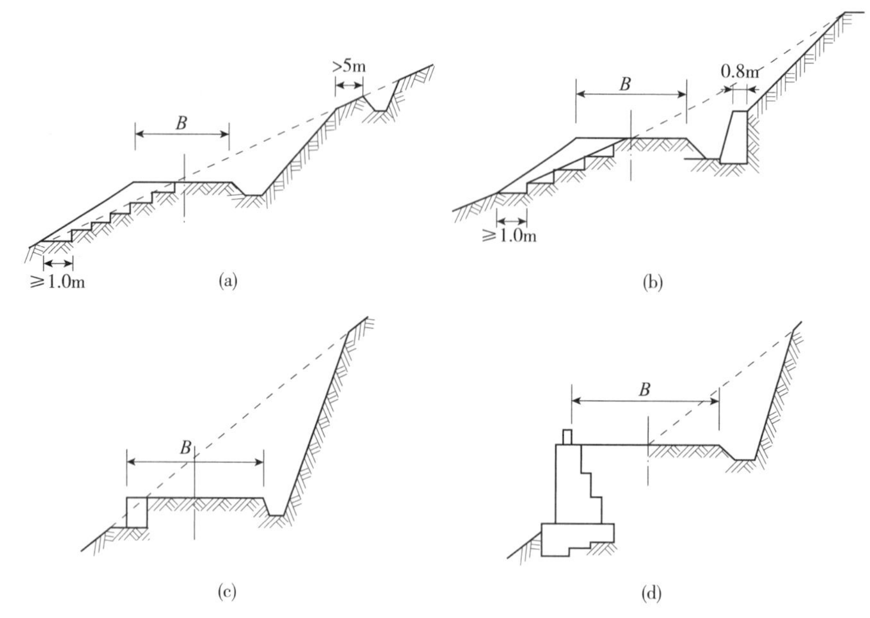

图 4-3 半路堤半路堑的常用横断面形式

(a)一般填挖结合形式 (b)矮挡土墙形式 (c)路肩墙形式 (d)挡土墙形式

4.2 公路横断面组成及几何要素

公路横断面的组成和各部分的尺寸要根据规划交通量、交通组成、设计车速、地形条件等因素确定。在保证必要的通行能力和交通安全与畅通的前提下，尽量做到用地省、投资少，使公路发挥最大的经济效益和社会效益。

4.2.1 公路标准横断面组成

高速公路、一级公路的路基标准横断面分为整体式路基和分离式路基两类。整体式路基的标准横断面应由车道、中间带(中央分隔带、左侧路缘带)、路肩(右侧硬路肩、土路肩)等部分组成，如图 4-4(a)所示。交通量大或受地形限制时，有时将上、下行车道放在不同的平面上，形成分离式路基，如图 4-5 所示。分离式路基标准横断面应由车道、路肩(右侧硬路肩、左侧硬路肩、土路肩)等部分组成。

二级公路路基的标准横断面应由车道、路肩(右侧硬路肩、土路肩)等部分组成，三、四级公路路基的标准横断面应由车道、路肩等部分组成，如图 4-4(b)所示。

4.2.2 路基宽度

公路路基宽度，即路基顶面总宽度一般为车道宽度与路肩宽度之和。当设有中间带、紧急停车带、爬坡车道、加(减)速车道时，还应包括这些部分的宽度。

《规范》规定，整体式路基宽度见表 4-1。

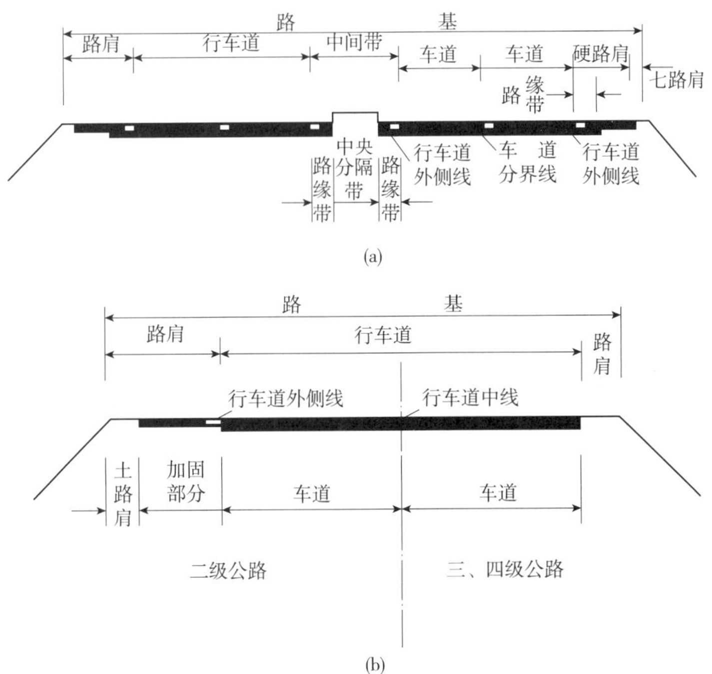

图 4-4 公路标准横断面

(a)高速、一级公路横断面组成 (b)二级与三、四级公路横断面组成

图 4-5 分离式路基

高速公路、一级公路分离式路基宽度规定见表 4-2。

具有集散功能的一级公路设置慢车道的路段，可利用硬路肩、土路肩的宽度(若宽度不足则另加宽)作为慢车道，并应在车道与慢车道之间设置隔离设施。

设计速度为 80km/h 的具集散功能的二级公路，需设置慢车道的路段，经技术经济论证其路基宽度可采用 15.00m，利用加固后的路肩作为慢车道，并应在车道与慢车道之间采用划线分隔。

设计速度为 60km/h 的具集散功能的二级公路，需设置慢车道的路段，经技术经济论证其路基宽度可采用 12.0m，利用加固后的路肩作为慢车道，并应在车道与慢车

表4-1　整体式路基宽度

公路等级		高速公路							
设计速度(km/h)		120			100			80	
车道数		8	6	4	8	6	4	6	4
路基宽度(m)	一般值	42.00	34.50	28.00	41.00	33.50	26.00	32.00	24.50
	最小值	40.00		25.00	38.50		23.50		21.50

公路等级		一级公路				
设计速度(km/h)		100		80		60
车道数		6	4	6	4	4
路基宽度(m)	一般值	33.50	26.00	32.00	24.50	23.00
	最小值		23.50		21.50	20.00

公路等级		二级公路		三级公路		四级公路	
设计速度(km/h)		80	60	40	30	20	
车道数		2	2	2	2	2或1	
路基宽度(m)	一般值	12.00	10.00	8.50	7.50	6.50(双车道)	4.50(单车道)
	最小值	10.00	8.50				

注："一般值"为正常情况下的采用值；"最小值"为条件受限制时可采用的值。

表4-2　高速公路、一级公路分离式路基宽度

公路等级		高速公路							
设计速度(km/h)		120			100			80	
车道数		8	6	4	8	6	4	6	4
路基宽度(m)	一般值	22.00	17.00	13.75	21.75	16.75	13.00	16.00	12.25
	最小值			13.25			12.50		11.25

公路等级		一级公路				
设计速度(km/h)		100		80		60
车道数		6	4	6	4	4
路基宽度(m)	一般值	16.75	13.00	16.00	12.25	11.25
	最小值		12.50		11.25	10.25

注：①八车道的内侧车道宽度如采用3.50m，相应路基宽度可减0.25m。

②"一般值"为正常情况下的采用值；"最小值"为条件受限制时可采用的值。

道之间采用划线分隔。

四级公路宜采用6.50m路基宽。交通量小且工程特别艰巨的路段，可采用单车道4.50m路基宽。

确定路基宽度时，其中央分隔带、路缘带、路肩等宽度的“一般值”“最小值”应同类项相加。但高速公路、一级公路的六、八车道的路基宽度不采用“最小值”同类项相加。

4.2.3 路基中心高度

路基中心高度为道路中线设计标高与中线地面标高的差值，路基中心高度值在纵断面设计完成时即已确定。

4.2.4 路基边坡坡度

4.2.4.1 路堤边坡坡度

JTG D30—2015《公路路基设计规范》规定：路堤边坡形式和坡率应根据填料的物理力学性质、边坡高度和工程地质条件确定，并符合下列要求：

①当地质条件良好，边坡高度不大于20m时，其边坡坡率不宜陡于表4-3的规定。

表4-3 路堤边坡坡率

填料类别	边坡坡率	
	上部高度($H \leq 8$m)	下部高度($H \leq 12$m)
细粒土	1∶1.5	1∶1.75
粗粒土	1∶1.5	1∶1.75
巨粒土	1∶1.3	1∶1.5

②对边坡高度大于20m的路堤，边坡形式易采用阶梯型，边坡坡率应该根据规范进行稳定性分析确定。

③浸水路堤在设计水位以下的边坡坡率不宜陡于1∶1.75。

对于砌石路堤或其他特殊形式路堤的边坡坡率可参照有关规范进行确定。

4.2.4.2 路堑边坡坡度

(1)土质路堑的要求

①土质路堑边坡形式及坡率应根据工程地质与水文地质条件、边坡高度、排水防护设施、施工方法等，并结合自然稳定边坡、人工边坡的调查及力学分析综合确定。边坡高度不大于20m时，边坡坡率不宜陡于表4-4规定值。

表 4-4 土质路堑边坡坡率

土的类别		边坡坡率
黏土、粉质黏土、塑性指数大于3的粉土		1∶1
中密以上的中砂、粗砂、砾砂		1∶1.5
卵石土、碎石土、圆砾土、角砾土	胶结和密实	1∶0.75
	中密	1∶1

注：黄土、红黏土、高液限土膨胀土等特殊土质挖方边坡形式及坡度应按特殊路基有关规定确定

②路堑边坡高度大于20m时，其边坡形式及坡率应按深路堑有关规定确定。

(2)岩质路堑设计的要求

岩质路堑边坡形式及坡率应根据工程地质与水文地质条件、边坡高度、排水防护设施、施工方法等，结合自然稳定边坡和人工边坡的调查综合确定。边坡坡率可按表4-5确定。必要时可采用稳定分析方法予以验算。边坡高度不大于30m时，无外倾软弱结构面的边坡按有关规范确定岩体类型及坡度。

表 4-5 岩质路堑边坡坡率

边坡岩体类型	风化程度	边坡坡率	
		$H<15$m	15m$\leqslant H \leqslant$30m
Ⅰ类	未风化、微风化	1∶0.1~1∶0.3	1∶0.1~1∶0.3
	弱风化	1∶0.1~1∶0.3	1∶0.3~1∶0.5
Ⅱ类	未风化、微风化	1∶0.1~1∶0.3	1∶0.3~1∶0.5
	弱风化	1∶0.3~1∶0.5	1∶0.5~1∶0.75
Ⅲ类	未风化、微风化	1∶0.3~1∶0.5	—
	弱风化	1∶0.5~1∶0.75	—
Ⅳ类	弱风化	1∶0.5~1∶1	—
	强风化	1∶0.75~1∶1	—

注：①有可靠的资料和经验时，可不受本表限制。
②Ⅳ类强风化包括各类风化程度的极软岩。

4.3 公路横断面组成中各部分几何尺寸设计

4.3.1 行车道宽度及加宽

行车道是道路上供各种车辆行驶部分的总称，行车道宽度主要根据车道数、车辆宽度、设计交通量、交通组成和汽车行驶速度等确定。

4.3.1.1 一般双车道公路行车道宽度

双车道公路行车道宽度包括汽车宽度和富余宽度。一般设计车辆最大宽度为

2.5m。富余宽度是指对向行驶时两车厢之间的安全间隙及汽车轮胎至路面边缘的安全距离，如图 4-6 所示。

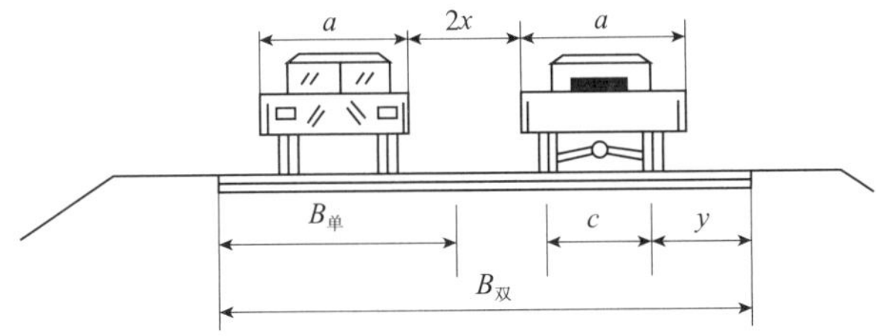

图 4-6 双车道公路的行车道宽度

$$B_{单}=\frac{a+c}{2}+x+y \tag{4-1}$$

$$B_{双}=2B_{单}=a+c+2x+2y \tag{4-2}$$

式中 a——车厢宽度，取载重汽车车厢的总宽度，为 2.5m；

c——汽车轮距，m；

$2x$——两车厢安全间隙，m；

y——轮胎与路面边缘之间的安全距离，m。

根据大量试验观测，得出计算 x、y 的经验公式为

$$x+y=0.5+0.005V \tag{4-3}$$

式中 V——设计速度，km/h。

4.3.1.2 有中央分隔带的行车道宽度

如图 4-7 所示，对于有四条以上车道的高速公路、一级公路，一般都设置中央分隔带。分隔带两侧的行车道只有同向行驶的汽车，则单侧行车带宽度可按下式计算，即

$$B=S+D+M+a_1+a_2 \tag{4-4}$$

式中 S——后轮边缘与车道外侧之间的安全间隙，$S=0.0103V_1+0.56$，m；

D——两汽车后轮外缘之间的安全间隙，$D=0.000066(V_2^2-V_1^2)+1.49$，m；

V_1——被超车的车速，km/h；

V_2——超车的车速，km/h；

M——后轮外缘与车道内侧之间的安全间隙，$M=0.0103V_2+0.46$，m；

a_1、a_2——汽车后轮外缘间距，普通车为 $a_1=a_2=1.6$m，大型车为 $a_1=a_2=2.3$m。

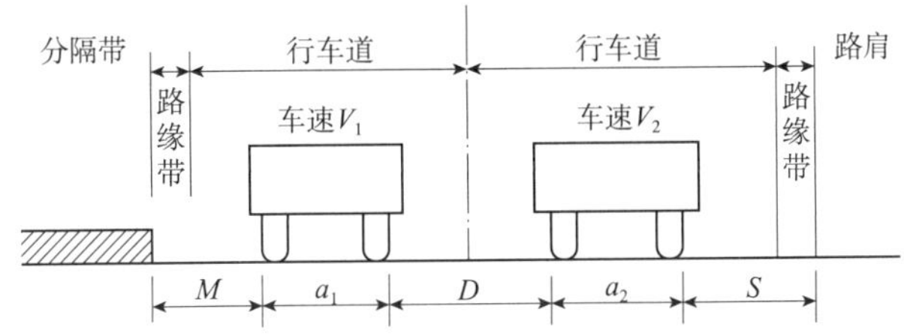

图 4-7 有中央分隔带公路行车道宽度

表 4-6 车道宽度

设计速度(km/h)	120	100	80	60	40	30	20
车道宽度(m)	3. 75	3. 75	3. 75	3. 50	3. 50	3. 25	3. 00

注：①设计速度为 20km/h 且为单车道时，车道宽度应采用 3. 50m。
②高速公路为八车道时，内侧车道宽度可采用 3. 50m。

以上是理论车道宽度，我国《规范》中规定各级公路行车道宽度见表 4-6。

设计车速 $V=120$km/h 时，每条车道的宽度均采用 3. 75m；当 $V=100$km/h，且交通量大和大型车混入率高时，内侧车道应为 3. 75m，外侧车道可采用 3. 75m 或 3. 5m。

4. 3. 1. 3 平曲线加宽及其过渡

汽车在弯道上行驶后轮轨迹会偏斜曲线内侧，另外由于曲线行车受横向力的影响，汽车行驶中会随车速的不同出现不同程度的横向摆动。所以，为保证在曲线上与在直线上有同样的富余宽度，在曲线段上需要对行车道进行加宽。需要注意的是加宽设置在行车道内侧，外侧不动。

(1)平曲线加宽

如图 4-8，对普通汽车所需加宽值 b 计算公式如下：

$$b=R-(R_1+B)$$

而

$$R_1+B=\sqrt{R^2-A^2}=R-\frac{A^2}{2R}-\frac{A^4}{8R^3}-\cdots$$

故

$$b=\frac{A^2}{2R}+\frac{A^4}{8R^3}+\cdots$$

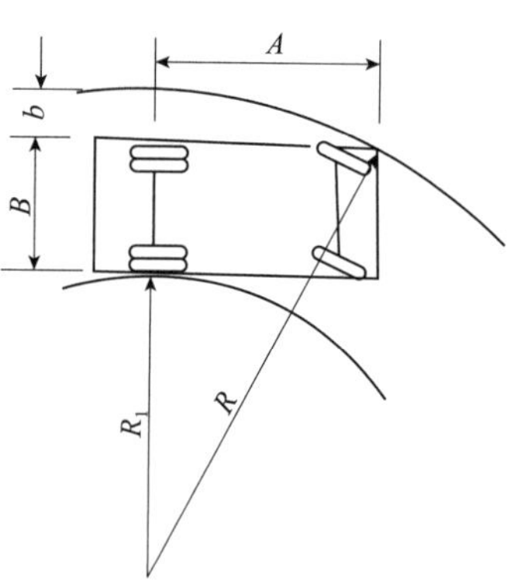

图 4-8 普通汽车加宽

上式第二项以后的数值很小，可省略不计，可得一条车道的加宽值为

$$b_{单}=\frac{A^2}{2R} \tag{4-5}$$

式中 A——汽车后轴至前保险杠的距离，m；

R——圆曲线半径，m。

对于有 N 个车道的行车道，其总加宽值为

$$b_n=\frac{NA^2}{2R} \tag{4-6}$$

对半挂车，根据图 4-9 有

$$b_1=\frac{A_1^2}{2R} \qquad b_2=\frac{A_2^2}{2R'}$$

式中 b_1——牵引车的加宽值，m；

b_2——拖车的加宽值，m；

A_1——牵引车保险杠至第二轴的距离，m；

A_2——第二轴至拖车最后轴的距离，m。

取 $R'=R-b_1\approx R$，可得到半挂车加宽值表达式为

$$b=b_1+b_2=\frac{A_1^2+A_2^2}{2R} \tag{4-7}$$

令 $A_1^2+A_2^2=A$，则 N 个车道的加宽值可写为

$$b_N=\frac{NA^2}{2R} \tag{4-8}$$

以上是平曲线加宽的理论计算公式。《规范》规定，二级公路、三级公路、四级公路的圆曲线半径小于或等于 250m 时，应设置加宽。双车道公路路面加宽值见表 4-7。

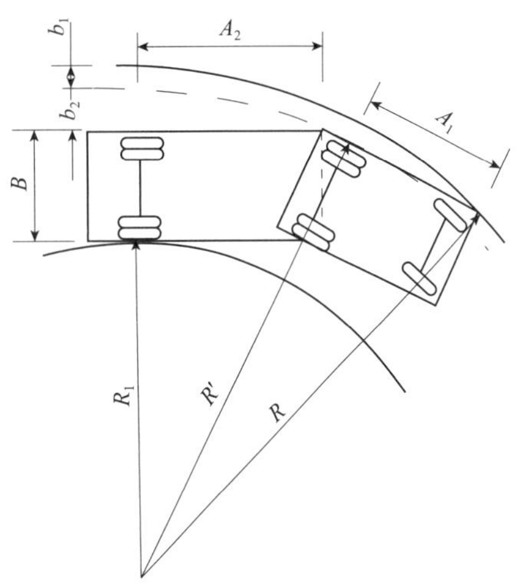

图 4-9　半挂车加宽

表 4-7　双车道路面加宽值

加宽类别	汽车轴距加前悬(m)	圆曲线半径(m)								
		<250~200	<200~150	<150~100	<100~70	<70~50	<50~30	<30~25	<25~20	<20~15
1	5	0.4	0.6	0.8	1.0	1.2	1.4	1.8	2.2	2.5
2	8	0.6	0.7	0.9	1.2	1.5	2.0			
3	5.2+8.8	0.8	1.0	1.5	2.0	2.5				

注：单车道公路路面加宽值应为表 4-7 规定值的 1/2。

圆曲线加宽类别应根据该公路的交通组成确定。二级公路以及设计速度为 40km/h 的三级公路有集装箱半挂车通行时，应采用第 3 类加宽值；不经常通行集装箱半挂车时，可采用第 2 类加宽值；四级公路和设计速度为 30km/h 的三级公路可采用第 1 类加宽值。

圆曲线上的路面加宽应设置在圆曲线的内侧。各级公路的路面加宽后，路基也应相应加宽。双车道公路当采取强制性措施实行分向行驶的路段，其圆曲线半径较小时，内侧车道的加宽值应大于外侧车道的加宽值，设计时应通过计算确定其差值。

(2)加宽的过渡

路面由直线上的正常宽度到曲线上的加宽宽度，应设置加宽缓和段，在加宽缓和段上，路面宽度逐渐变化。加宽过渡方式主要有以下几种：

①比例过渡：如图 4-10 所示，在加宽缓和段全长范围内按其长度成比例逐渐加宽，加宽缓和段内任意点的加宽值为

$$b_x=\frac{L_x}{L}b \tag{4-9}$$

式中　L_x——任意点至缓和段起点的距离，m；

L——加宽缓和段长，m；

b——圆曲线上的全加宽，m。

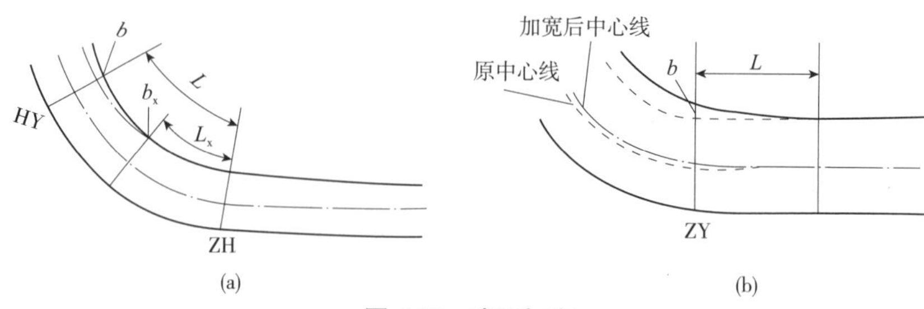

图 4-10　路面加宽

(a)设缓和曲线弯道比例过渡　(b)不设缓和曲线弯道比例过渡

按比例加宽后的路面内侧与行车轨迹有些不符，并且在缓和段的起点和终点出现转折，对行车稍有不利，于路容也不美观。但比例过渡简单，容易实现，因此《规范》规定：二级公路、三级公路、四级公路的加宽过渡段的设置，应采用在相应的回旋线或超高、加宽过渡段全长范围内，按其长度成比例增加的方式。

②高次抛物线过渡：加宽缓和段的路面边线作成高次抛物线，抛物线上任意点的加宽值为

$$b_x=(4k^3-3k^4)b \tag{4-10}$$

式中　k——$k=\frac{L_x}{L}$。

用这种方法处理以后的路面内侧边缘圆滑、美观，适用于各级汽车专用公路。

③回旋线过渡：在缓和段上插入回旋线，这样不但在中线上有回旋线，而且路面边线也是回旋线，与行车轨迹相符，保证了行车的顺适与线形的美观。这种方法可用于汽车专用公路的下列路段：位于大城市近郊的路段；桥梁、高架桥、挡土墙、隧道等构造物处；设置各种安全防护设施的路段。

④二次抛物线过渡：对于设有缓和曲线的弯道，如按比例方法处理以后，在加宽缓和段的起点和终点其曲率并不连续。为了弥补这一缺陷。可在 ZH 和 HY 点处各插入一条二次抛物线，如图 4-11 所示。插入二次抛物线以后，缓和段的长度有所增加，但路容有所改进。缓和段上任意点的加宽值可按下式分段计算，即

$$b_x=\frac{b}{4TL}(T+L_x)\quad(-T\leqslant L_x\leqslant T)$$

$$b_x=\frac{b}{L}L_x\quad(T\leqslant L_x\leqslant L_s-T) \tag{4-11}$$

$$b_x=\frac{b}{L}L_x-\frac{b}{4TL}(T+L_x-L)^2\quad(L_s-T\leqslant L_x\leqslant L_s+T)$$

式中　T——二次抛物线的切线长，当 $L\geqslant 50$m 时，可取 $T=10$m；当 $L<50$m 时，可取 $T=5$m。

上述四种方法是常用的加宽过渡方法，除此之外，还有直线与圆弧相切法、修正系数法等。设计者可根据实际情况来选择对线形有利的方法。

(3)加宽缓和段的长度

①设置回旋线或超高过渡段时，加宽过渡段长度应采用与回旋线或超高过渡段长

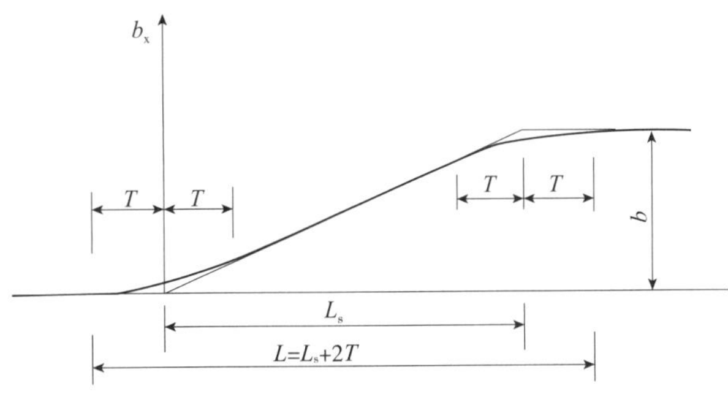

图 4-11 二次抛物线过渡

度相同的数值。

②不设回旋线或超高过渡段时，加宽过渡段长度应按渐变率为 1∶15 且长度不小于 10m 的要求设置。

对超高加宽过渡段：

①四级公路的直线同小于不设超高的圆曲线最小半径相连接处和半径小于或等于 250m 的圆曲线相连接处，应设置超高、加宽过渡段。

②四级公路的超高、加宽过渡段长度应分别按超高和加宽的有关规定计算，取其较长者，但最短应符合渐变率为 1∶15 且不小于 10m 的要求。

③四级公路的超高、加宽过渡段应设在紧接圆曲线起点或终点的直线上。受地形条件或其他特殊情况限制时，允许将超高、加宽过渡段的一部分插入曲线，但插入曲线内的长度不得超过超高、加宽过渡段长度的 1/2。

④不同半径的同向圆曲线径相连接构成的复曲线，其超高、加宽过渡段应对称地设在衔接处的两侧。

⑤四级公路设人工构造物处，当因设置超高、加宽过渡段而在圆曲线起、终点内侧边缘产生明显转折时，可采用路面加宽边缘线与圆曲线上路面加宽后的边缘圆弧相切的方法予以消除。

4.3.2 路肩、分隔带

4.3.2.1 路肩

路肩具有保护路面结构稳定，供临时停车，提供侧向余宽，提供道路养护作业；埋设地下管线的场地，增加公路的美观等作用。

路肩分硬路肩和土路肩。硬路肩是进行了铺装的路肩，它可以承受汽车荷载的作用力；土路肩是指不进行铺装的路肩，它主要起保护作用。土路肩又分为加固土路肩和一般土路肩。加固土路肩主要是由粒料改善或混凝土预制块铺装的路肩，一般土路肩是直接由路基土形成的路肩。

由于我国土地利用比较紧张，因此在满足路肩使用功能要求的前提下，尽量采用较窄宽度的原则进行确定。

表4-8 右侧路肩宽度

<table>
<tr><td colspan="2" rowspan="2">设计速度
(km/h)</td><td colspan="3">高速公路</td><td colspan="3">一级公路</td><td colspan="2">二级公路</td><td colspan="2">三级公路</td><td>四级公路</td></tr>
<tr><td>120</td><td>100</td><td>80</td><td>100</td><td>80</td><td>60</td><td>80</td><td>60</td><td>40</td><td>30</td><td>20</td></tr>
<tr><td rowspan="2">硬路肩宽度
(m)</td><td>一般值</td><td>3.00或3.50</td><td>3.00</td><td>2.50</td><td>3.00</td><td>2.50</td><td>2.50</td><td>1.50</td><td>0.75</td><td rowspan="2"></td><td rowspan="2"></td><td rowspan="2"></td></tr>
<tr><td>最小值</td><td>3.00</td><td>2.50</td><td>1.50</td><td>2.50</td><td>1.50</td><td>1.50</td><td>0.75</td><td>0.25</td></tr>
<tr><td rowspan="2">土路肩宽度
(m)</td><td>一般值</td><td>0.75</td><td>0.75</td><td>0.75</td><td>0.75</td><td>0.75</td><td>0.50</td><td>0.75</td><td>0.75</td><td rowspan="2">0.75</td><td rowspan="2">0.50</td><td rowspan="2">0.25
(双车道)
0.50
(单车道)</td></tr>
<tr><td>最小值</td><td>0.75</td><td>0.75</td><td>0.75</td><td>0.75</td><td>0.75</td><td>0.50</td><td>0.50</td><td>0.50</td></tr>
</table>

注:"一般值"为正常情况下的采用值;"最小值"为条件受限制时才采用的值。

《规范》中规定各级公路右侧路肩宽度见表4-8。

设计速度为120km/h的四车道高速公路,右侧硬路肩宜采用3.50m;六车道、八车道高速公路,宜采用3.00m。

高速公路、一级公路应在右侧硬路肩宽度内设右侧路缘带,其宽度为0.50m。

二级公路的硬路肩可供非汽车交通使用。非汽车交通量较大的路段,也可采用全铺的方式,以充分利用。

二级公路、三级公路、四级公路在路肩上设置的标志、防护设施等不得侵入公路建筑限界,否则应加宽路肩。

高速公路、一级公路的分离式路基,应设置左侧路肩,其宽度规定见表4-9。左侧硬路肩内含左侧路缘带,左侧路缘带宽度为0.50m。

表4-9 高速公路、一级公路分离式路基的左侧路肩宽度

设计速度(km/h)	120	100	80	60
左侧硬路肩宽度(m)	1.25	1.00	0.75	0.75
左侧土路肩宽度(m)	0.75	0.75	0.75	0.50

4.3.2.2 中间带

《规范》规定:高速公路、一级公路整体式路基必须设置中间带。中间带具有如下作用:将上、下行车流分开,提高行车安全性,增强通行能力;可作为设置公路标志牌及其他交通管理设施的场地,也可作为行人的安全岛使用;分隔带种植花草灌木或设置防眩网,可防止对向车辆灯光眩目,还可起到美化路容和环境及引导驾驶员视线的作用;埋设地下管线等设施。

中间带由两条左侧路缘带和中央分隔带组成。中间带宽度主要根据侧向余宽和设置护栏、种植、防眩网、交叉公路的桥墩等所需的设施带宽度而定。《规范》规定:整体式路基的中间带宽度见表4-10。

表 4-10 中间带宽度

设计速度(km/h)		120	100	80	60
中央分隔带宽度(m)	一般值	3.00	2.00	2.00	2.00
	最小值	1.00	1.00	1.00	1.00
左侧路缘带宽度(m)	一般值	0.75	0.75	0.50	0.50
	最小值	0.75	0.50	0.50	0.50
中间带宽度(m)	一般值	4.50	3.50	3.00	3.00
	最小值	2.50	2.00	2.00	2.00

对分离式路基间的最小间距规定：整体式路基过渡为分离式路基后，行车道左侧应设置左路肩(包括硬路肩及土路肩)，分离式路基间的最小间距不应小于表 4-10 规定。

分离式路基两幅间的间距不必等宽，也不必等高，可随地形而变化，与周围景观相配合。分离式路基中的一幅以桥梁形式叠于另一幅之上时，其最小间距不受此限。分离式路基应在适当位置设横向连接道，以供养护、维修或抢险时使用。

关于中央分隔带开口，《规范》规定如下：

①互通式立体交叉、隧道、特大桥、服务区设施前后，以及整体式路基、分离式路基的分离(汇合)处，应设置中央分隔带开口。

②中央分隔带开口间距应视需要而定，最小间距应不小于 2km。

③中央分隔带开口长度不宜大于 40m；八车道高速公路开口长度可适当增长，但不应大于 50m。中央分隔带开口处应设置活动护栏。

④中央分隔带开口应设置在通视良好的路段，若开口设于曲线路段，该圆曲线半径的超高值不宜大于 3%。

⑤中央分隔带开口端部的形状：中央分隔带宽度小于 300m 时可采用半圆形；中央分隔带宽度大于或等于 3.0m 时宜采用弹头形，如图 4-12 所示。

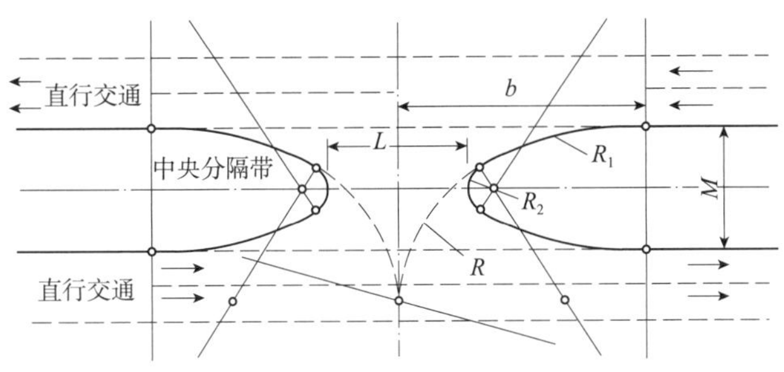

图 4-12 弹头型开口

中央分隔带一般用缘石围砌，高出地面 10~20cm。中央分隔带的表面形式有两种：

①凹形，适用于宽度大于 4.5m 的中间带，一般种植花草树木；

②凸形，适用于宽度小于等于 4.5m 的中间带，一般可铺面封闭。

4.3.3 路拱及超高

4.3.3.1 路拱

为了迅速排除路面上的雨水，路面表面做成中间高、两边低的拱形，称为路拱。

(1)路拱的横坡度

在整个行车道宽度上，路拱各点间的坡度不一样，与路拱形式有关。路拱对排水有利，但对行车不利。路拱坡度所产生的水平分力增加了行车的不稳定性，同时也给乘客带来不舒适的感觉。当车辆在有冰、雪、水或潮湿路面上制动时，还会增加侧向滑移的危险。为此，对路拱的横向坡度在满足横向排水的要求下，应尽量采用低值。

《规范》规定：高速公路、一级公路整体式路基的路拱宜采用双向路拱坡度，由路中央向两侧倾斜。位于中等强度降雨地区时，路拱坡度宜为2%；位于降雨强度较大地区时，路拱坡度可适当增大。高速公路、一级公路分离式路基的路拱，宜采用单向横坡，并向路基外侧倾斜，也可采用双向路拱坡度。积雪、冰冻地区，宜采用双向路拱坡度。六车道、八车道高速公路，六车道一级公路，当超高过渡段的路拱坡度过于平缓时，可设置两个路拱。二级公路、三级公路、四级公路的路拱应采用双向路拱坡度，由路中央向两侧倾斜。路拱坡度应根据路面类型和当地自然条件确定，但不应小于1.5%。

(2)硬路肩、土路肩横坡度

直线路段的硬路肩应设置向外倾斜的横坡，其坡度值应与车道横坡值相同。路线纵坡平缓，且设置拦水带时，其横坡值宜采用3%~4%。

曲线路段内、外侧硬路肩的横坡值及其方向：当曲线超高小于或等于5%时，其横坡值和方向应与相邻车道相同；当曲线超高大于5%时，其横坡值应不大于5%，且方向相同。

硬路肩的横坡应随邻近车道的横坡一同过渡，其过渡段的纵向渐变率应控制在1/330~1/150之间。

土路肩的横坡：位于直线路段或曲线路段内侧，且车道或硬路肩的横坡值大于或等于3%时，土路肩的横坡应与车道或硬路肩横坡值相同；小于3%时，土路肩的横坡应比车道或硬路肩的横坡值大1%或2%。位于曲线路段外侧的土路肩横坡，应采用3%或4%的反向横坡值。

大中桥梁、隧道区段的硬路肩横坡值，应与车道相同。

(3)车行道路拱的形式

车行道路拱一般有三种形式：抛物线线型、屋顶线型、折线型。

①抛物线线型路拱：如图4-13所示，抛物线型路拱优点是比较圆顺，没有路中尖峰，车行道中间部分坡度较小，越到路的两侧坡度越大，排水有利，比较美观。但有缺点，车行道中间部分过于平缓，使行车易于集中到中央，导致中央路面破坏较快，另外横断面各部分坡度不同，增加施工难度。这种形式的路拱，适用于路面宽度小于12m，而横坡度又较大的中、低级路面上。

抛物线的主要形式有二次抛物线、改进的二次抛物线、半立方次抛物线、改进的三次抛物线等。不同的抛物线形式适用于不同等级和宽度的路面。

②屋顶线型路拱：如图 4-14 所示，这种形式的路拱两边是倾斜直线，在车行道中心线附近加设竖曲线或缓和曲线，通常适用在高级路面宽度超过 20m 的道路上。它的优点是汽车轮胎和路面接触较为平均，路面磨耗也较小，缺点是效果不及抛物线型流水畅通。

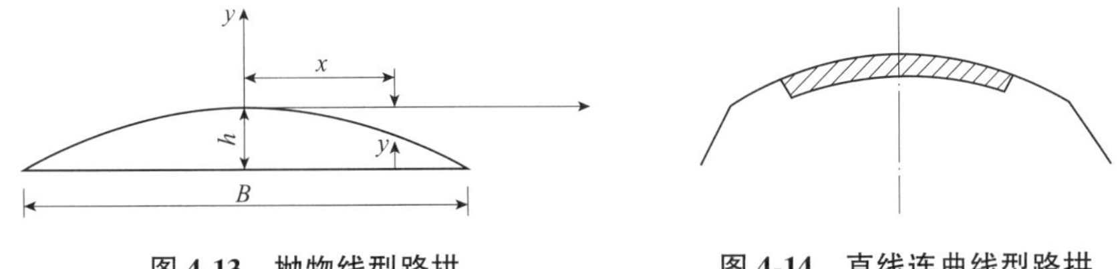

图 4-13 抛物线型路拱　　**图 4-14 直线连曲线型路拱**

它的形式主要有三种：倾斜直线型、直线连圆曲线型、直线连抛物线型。

③折线型路拱：如图 4-15 所示，折线型路拱适用于多车道道路，其优点是直线段比屋顶线式的直线段施工时容易压平，也可将行车最多的着力处作为折点，如行车路面稍有沉陷，雨水也可排除，较符合施工、设计及养护的要求。一般适用于道路较宽的黑色路面或多车道水泥混凝土路面上。

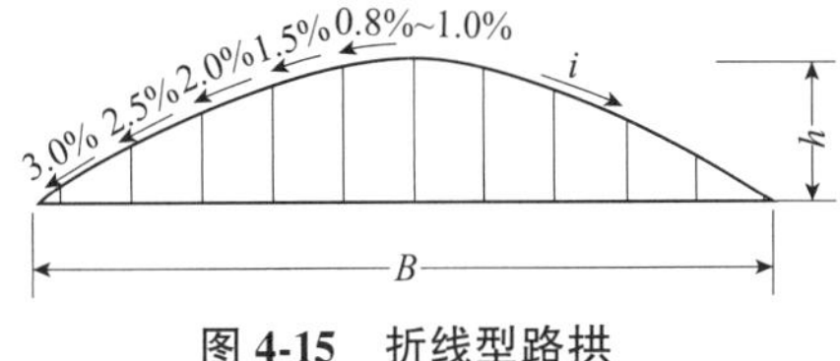

图 4-15 折线型路拱

4.3.3.2 曲线超高

(1)超高及其作用

为抵消车辆在曲线路段上所产生的离心力，将路面做成外侧高于内侧的单向横坡的形式，这就是曲线上的超高。合理地设置超高，可以全部或部分抵消离心力，提高汽车行驶的稳定性与舒适性。当汽车等速行驶时，在圆曲线上所产生的离心力是常数；而在缓和曲线段，由于曲率是变化的，离心力在不断变化。因此，超高横坡度在圆曲线上是全超高，在缓和曲线上是逐渐变化的超高，如图 4-16 所示。从直线上的双向横坡逐渐过渡到圆曲线上的单向横坡的路段，称为超高缓和段或超高过渡段。

(2)超高横坡度取值理论

根据第 2 章推出的式(2-1)可得

$$i_{\mathrm{h}}+\mu=\frac{V^2}{127R} \tag{4-12}$$

式(4-12)右边是汽车在弯道上行驶时所产生的离心加速度，而左边是抵抗该离心加速度的超高 i_{h} 和横向力系数 μ，横向力系数 μ 这部分其实是由路面与轮胎之间的摩擦力来分担的。也就是说，路面超高和轮胎与路面之间的摩擦力共同分担汽车在弯道上行驶时所产生的离心力。那么，超高 i_{h} 分担多少才是合适的呢？如图 4-17 有四种分配方式，各有不同的适用范围。

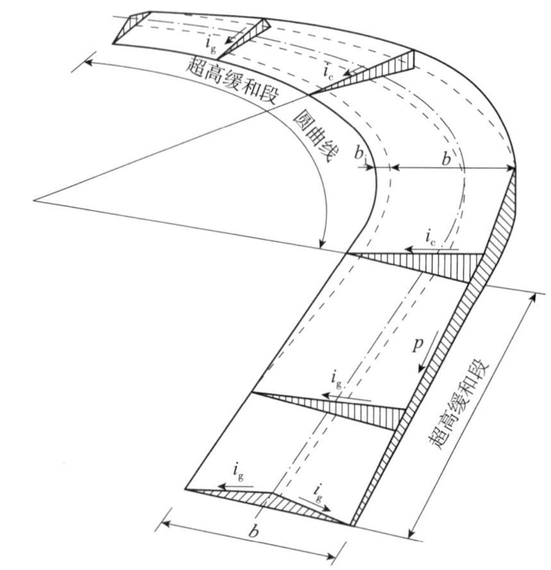

图 4-16 曲线段超高示意图

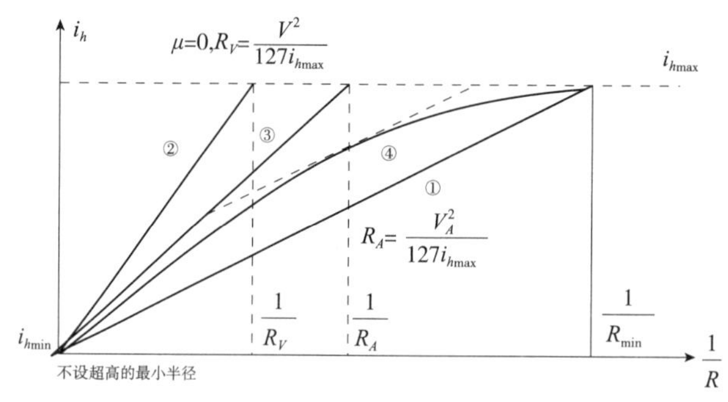

图 4-17 超高的分配方式

①用设计速度作为控制，直线分配，超高率与曲率$\frac{1}{R}$成比例增加，达到最小半径(也就是最大曲率)时采用最大超高值 i_{hmax}，如图 4-17 中①所示。同时，横向力系数也根据曲率比例增减。这种方式的缺点是达到最大超高前始终存在μ值，特别是当曲率较小时往往行车速度较大，而横向力系数较大，对行车不利。

②用折线分配，汽车按设计速度行驶时，为使乘客感受不到离心力的作用，将离心力全部由超高抵消承担，此时$\mu=0$；达到最大超高率后，所增加的离心力则由μ来承担。这种方法在达到最大超高点之前，曲线半径较大时，按设计速度行驶的汽车，没有横向力作用，可排除方法①的缺陷，对顺适有利。但缺点是当曲率过大时，横向力系数增加过快。

③折线分配，是对方法②的改进，区别在于方法②的最大超高点对应设计速度，方法③的最大超高点对应的是实际行驶速度，这样算出的超高更符合大多数车辆的要求。

④以实际行驶速度作为控制，超高和曲率成曲线关系，实际上是两段抛物线相

连。在曲率较小时，它的超高分配与③线相似，基本上由超高来承受行驶速度产生的横向力；随着曲率的增大，将设置逐渐接近最大的曲线超高，避免了②与③的缺陷(特别是避免了曲率较大时 μ 急剧增加的缺点)，从而满足车辆行驶的平稳与舒适。

(3)最大与最小超高横坡度

《规范》规定：各级公路圆曲线部分的最大超高横坡度规定见表 4-11。

表 4-11 各级公路圆曲线最大超高横坡度

公路等级	高速公路、一级公路	二级公路、三级公路、四级公路
一般地区(%)	8 或 10	8
积雪冰冻地区(%)	6	

注：高速公路、一级公路正常情况下采用 8%；交通组成中小客车比例高时可采用 10%。

各级公路圆曲线部分的最小超高坡度应与该公路直线部分的正常路拱横坡度值一致。

二级公路、三级公路、四级公路接近城镇且混合交通量较大的路段，车速受到限制时，其最大超高横坡度可按表 4-12 执行。

表 4-12 车速受限制时最大超高横坡度

设计速度(km/h)	80	60	40
超高值(%)	6	4	2

各圆曲线半径所设置的超高横坡度应根据设计速度、圆曲线半径、公路条件、自然条件等经计算确定。

(4)超高的过渡

①无中间带道路的超高过渡：对于无中间带的公路，无论是单车道还是双车道，在直线段横断面均为以中线为脊、向两侧倾斜的路拱。路面要由双向倾斜的路拱形式过渡到具有超高的单向倾斜的超高形式，外侧需逐渐抬高。将路拱顶面的变化过程投影到固定横断面上，就好像路拱线绕某一轴旋转，此轴称为旋转轴。超高横坡度等于路拱坡度时，将外侧车道绕路中线旋转，直至超高横坡值。

超高横坡度大于路拱坡度时，分别采用以下三种过渡方式：

a. 绕内侧边缘旋转。如图 4-18(a)所示，整个过渡过程分为两大步。第一步先将外侧车道绕路中线旋转，内侧车道不动，旋转至外侧与内侧车道构成单向横坡。第二步整个断面再绕未加宽前的内侧车道边缘旋转，直至全超高横坡度。这种方法由于行车道内侧不降低，有利于路基的纵向排水，一般新建工程多用此法。

b. 绕中线旋转。如图 4-18(b)所示，整个过程也是分两步。第一步先将外侧车道绕路中线旋转，内侧车道不动，旋转至外侧与内侧车道构成单向横坡。第二步整个断面绕中线旋转，直至全超高横坡度。这种方法可保持中线标高不变，且在超高坡度一定的情况下，外侧边缘的抬高值较小，多用于旧路改建工程。

c. 绕外边缘旋转。如图 4-18(c)所示，先将外侧车道绕行车道外边缘旋转，与此同时，道路的中线和内侧边缘线都相应降低，中线降低较快。待达到单向横坡后，整

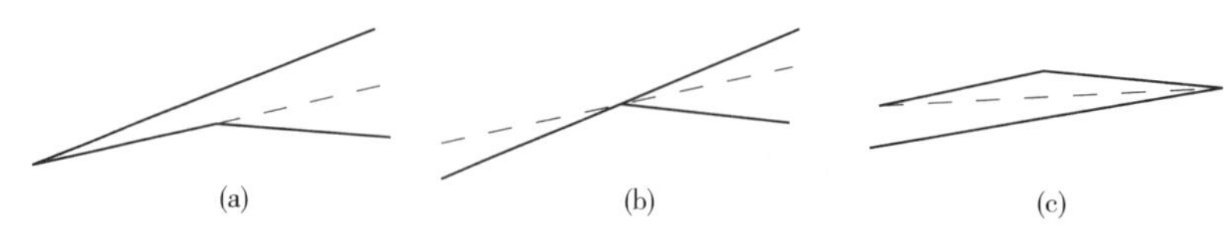

图 4-18　无中间带道路超高的过渡方式

(a)绕内侧边缘旋转　(b)绕中线旋转　(c)绕外侧边缘旋转

个断面仍绕外侧车道边缘旋转，直至超高横坡度。这种方法内侧降低较多，容易形成积水，对安全不利，一般不用，仅用于某些为改善路容的地点。

②有中间带道路的超高过渡：主要有如下三种过渡方法：

a. 绕中间带的中心线旋转。如图 4-19(a)所示，先将外侧行车道绕中间带的中线旋转，待达到与内侧行车道构成单向横坡后，整个断面一同继续绕中线旋转，直至超高横坡度。此时，中央分隔带呈倾斜状。这种方法可保持中线标高不变，且在超高坡度一定的情况下，外侧边缘的抬高值较小，多用于中间带宽度较窄(≤4.5m)的情况。

b. 绕中央分隔带边缘旋转。如图 4-19(b)所示，将两侧行车道分别绕中央分隔带的边缘旋转，使之各自成为独立的单向超高断面，此时中央分隔带维持原水平状态。这种方法应用较广，适用于各种中间带宽度。

c. 绕各自行车道中线旋转。如图 4-19(c)所示，将两侧行车道分别绕各自的行车道中心线旋转，使之各自成为独立的单向超高断面，此时中央分隔带两侧边缘分别升高和降低，而成为倾斜断面。这种方法使用较少，对于车道数大于 4 条的公路可采用此法。

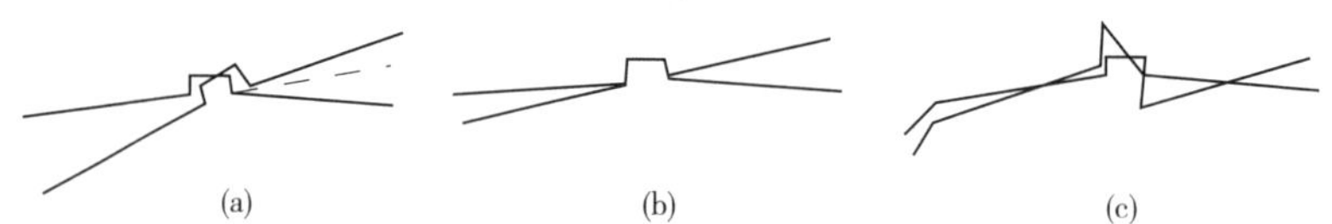

图 4-19　有中间带道路超高的过渡方式

(a)绕中间带的中心线旋转　(b)绕中央分隔带边缘旋转　(c)绕各自行车道中心线旋转

对于分离式断面的道路，由于其上行车道和下行车道是各自独立的，其超高的设置及其过渡可按两条无分隔带的道路分别予以处理。

③超高缓和段长度：双车道公路超高缓和段的长度计算公式如下：

$$L_C = \frac{\beta \Delta_i}{p}$$

式中　L_C——超高缓和段长度；

β——旋转轴至行车道(设路缘带时为路缘带)外侧边缘的宽度，m，设路面宽度为 B，绕路面内边缘线旋转时 $\beta = B$，绕路中线旋转时 $\beta = \frac{B}{2}$；

Δ_i——超高坡度与路拱坡度的代数差，%，绕路面内边缘线旋转时 $\Delta_i = i_h$，绕路中线旋转时 $\Delta_i = i_h + i_G$；

p——超高渐变率，即旋转轴线与行车道(设路缘带时为路缘带)外侧边缘线之间的相对坡度。超高渐变率按旋转轴位置规定见表 4-13。

表 4-13　超高渐变率

设计速度（km/h）	超高旋转轴位置		设计速度（km/h）	超高旋转轴位置	
	中线	边线		中线	边线
120	1/250	1/200	40	1/150	1/100
100	1/225	1/175	30	1/125	1/75
80	1/200	1/150	20	1/100	1/50
60	1/175	1/125			

超高的过渡应在回旋线全长范围内进行。当回旋线较长时，其超高的过渡可采用以下方式：

a. 超高的过渡仅在缓和曲线的某一区段内进行，即：超高过渡起点可从缓和曲线起点($R=\infty$)至缓和曲线上不设超高的最小半径之间的任一点开始，至缓和曲线终点结束。

b. 超高过渡在缓和曲线全长范围内按两种超高渐变率分段进行，即：第一段从缓和曲线起点由双向路拱坡以超高渐变率 1/330 过渡到单向路拱横坡，第二段由单向路拱横坡过渡到缓和曲线终点处的超高横坡。

四级公路不设缓和曲线，但若圆曲线上设有超高，则应设置超高过渡段，超高过渡段在直线和圆曲线上各分配一半。

对线形设计要求较高的公路，应在超高过渡段的起、终点插入一段二次抛物线，使之连接圆滑、舒顺。高速公路、一级公路的纵坡较大处，其上、下行车道可采用不同的超高值。

(5)硬路肩超高方式

硬路肩超高值与相邻车道超高值相同时，其超高过渡段应与车道相同，且采用与车道相同的超高渐变率。

硬路肩超高值比相邻车道超高值小时，应先将硬路肩横坡过渡到与车道路拱坡度相同，再与车道一起过渡，直至硬路肩达到其最大超高坡值。

(6)超高的计算

由直线到圆曲线路拱的形式是变化的，这种变化必须通过数据的形式表达出来才能便于施工。路拱横坡度是一种表达形式，但它在施工中不好控制。路基的设计高程与超高过渡无关，在纵断面设计中即已确定，如果能够计算出过渡段上任意横断面中路拱顶面的高程与设计高程的差值，通过这个差值即可确定超高后路基顶面的高程，按高程施工将非常方便。下面就讨论路基顶面代表性点(不设中间带公路一般取路基内、外边缘和中线，设中间带公路一般取中央分隔带边缘和道路外侧路缘带边缘)高程与设计高程差值的计算。

①不设中间带的公路：如图 4-20 所示两种超高过渡方式的计算见表 4-14 和表 4-15 所列。

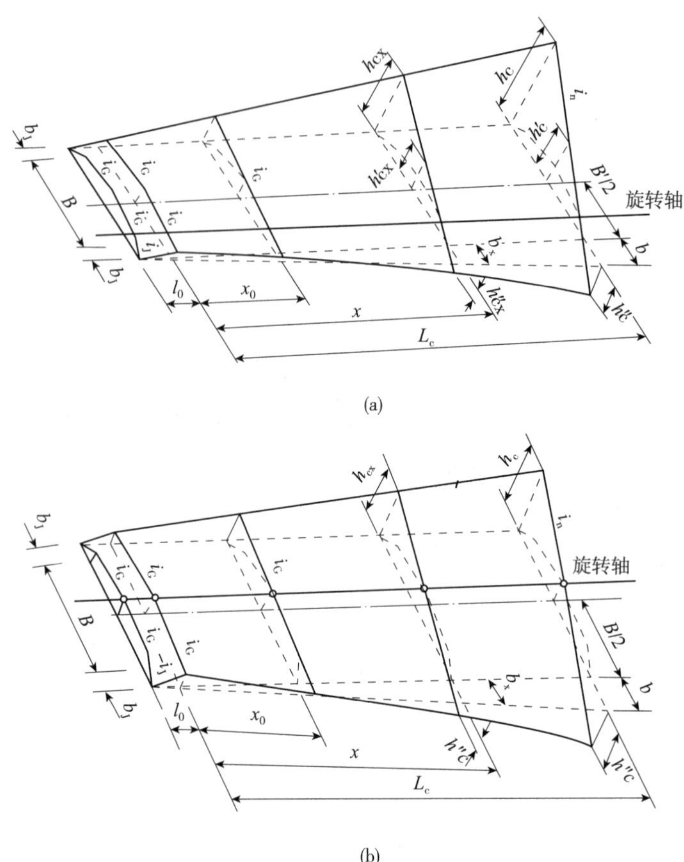

图 4-20　超高的过渡方式图

(a)绕内边缘旋转　(b)绕中线旋转

表 4-14　绕内边缘旋转各点高程与设计高程差值计算公式

<table>
<tr><th colspan="2" rowspan="2">超高位置</th><th colspan="2">计算公式</th><th rowspan="2">备注</th></tr>
<tr><th>$x\leq x_0$</th><th>$x>x_0$</th></tr>
<tr><td rowspan="3">圆曲线上</td><td>外缘 h_c</td><td colspan="2">$b_J i_J+(b_J+B)i_h$</td><td rowspan="6">①计算结果均为与设计高程之差
②临界断面距过渡段起点距离
$x_0=\frac{i_G}{i_h}L_c$
③x 距离处的加宽值
$bx=\frac{x}{L_c}b$
④内、外侧边线降低和抬高值是在 L_c 内按线性过渡，路容有要求时可采用高次抛物线过渡</td></tr>
<tr><td>中线 h_c'</td><td colspan="2">$b_J i_J+\frac{B}{2}i_h$</td></tr>
<tr><td>内缘 h_c''</td><td colspan="2">$b_J i_J-(b_J+b)i_h$</td></tr>
<tr><td rowspan="3">过渡段上</td><td>外缘 h_{cx}</td><td colspan="2">$b_J(i_J-i_G)+[b_J i_G+(b_J+B)i_h]\frac{x}{L_c}\left(或\approx\frac{x}{L_c}h_c\right)$</td></tr>
<tr><td>中线 h_{cx}'</td><td>$b_J i_J+\frac{B}{2}i_G$</td><td>$b_J i_J+\frac{B}{2}\cdot\frac{x}{L}i_h$</td></tr>
<tr><td>内缘 h_{cx}''</td><td>$b_J i_J-(b_J+b_x)i_G$</td><td>$b_J i_J-(b_J+b_x)\frac{x}{L_c}i_h$</td></tr>
</table>

表 4-15 绕中线旋转各点高程与设计高程差值计算公式

超高位置		计算公式		备注
		$x \leqslant x_0$	$x > x_0$	
圆曲线上	外缘 h_c	$b_J(i_J-i_G)+\left(b_J+\dfrac{B}{2}\right)(i_G+i_h)$		①计算结果均为与设计高程之差 ②临界断面距过渡段起点距离 $x_0=\dfrac{2i_G}{i_G+i_h}L_c$ ③x 距离处的加宽值 $b_x=\dfrac{x}{L_c}b$ ④内、外侧边线降低和抬高值是在 L_c 内按线性过渡，路容有要求时可采用高次抛物线过渡
	中线 h_c'	$b_Ji_J+\dfrac{B}{2}i_G$		
	内缘 h_c''	$b_Ji_J+\dfrac{B}{2}i_G-\left(b_J+\dfrac{B}{2}+b\right)$		
过渡段上	外缘 h_{cx}	$b_J(i_J-i_G)+\left(b_J+\dfrac{B}{2}\right)(i_G+i_h)\dfrac{x}{L_c}$(或$\approx\dfrac{x}{L_c}h_c$)		
	中线 h_{cx}'	$b_Ji_J+\dfrac{B}{2}i_G$(定值)		
	内缘 h_{cx}''	$b_Ji_J-(b_J+b_x)i_G$	$b_Ji_J+\dfrac{B}{2}i_G-\left(b_J+\dfrac{B}{2}+b_x\right)\dfrac{x}{L_c}h_c$	

注：其中，B——路面宽度；b_J——路肩宽度；i_G——路拱坡度；i_J——路肩坡度；i_h——超高横坡度；L_c——超高过渡段长度(缓和曲线长)；l_0——路肩坡度由 i_J 变到 i_G 所需长度，一般取 1.0m；x_0——与路拱同坡度的单向超高点到超高过渡段起点的距离；x——超高过渡段中任一点至起点的距离；h_c——路肩外缘超高值；h_c'——路中线超高值；h_c''——路基内缘超高值；h_{cx}——x 距离处路基外缘超高值；h_{cx}'——x 距离处路基中线超高值；h_{cx}''——x 距离处路基内缘超高值；b——圆曲线加宽值；b_x——x 距离处路基加宽值。

②设中间带的公路：在设中间带公路的三种超高过渡方式中，绕中央分隔带边缘旋转及绕各自行车道中心旋转在实际中应用较多，参照图 4-21 这两种过渡方式的超高计算值列于表 4-16 及表 4-17 所列。

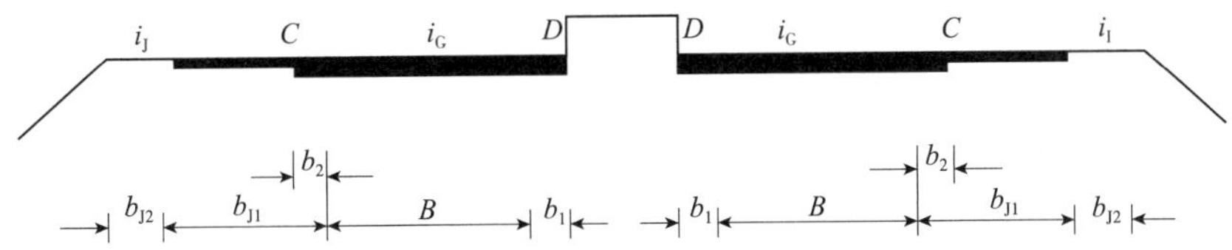

图 4-21 有中间带公路超高计算示意图

表 4-16 绕中央分隔带边缘旋转各点高程与设计高程差值计算公式

超高位置		计算公式	x 距离处行车道横坡值	备注
外侧	C	$(b_1+B+b_2)i_x$	$i_x=\dfrac{i_G+i_h}{L_c}x-i_G$	①计算结果为与设计高程之差； ②设计高程为中央分隔带外侧边缘 D 点的高程； ③加宽值 b_x 按加宽计算公式计算； ④当 $x=L_c$ 时，为圆曲线上的超高值
	D	0		
内侧	D	0	$i_x=\dfrac{i_h-i_G}{L_c}x+i_G$	
	C	$-(b_1+B+b_x+b_2)i_x$		

表 4-17　绕各自行车道中心旋转各点高程与设计高程差值计算公式

超高位置		计算公式	x距离处行车道横坡值	备注
外侧	C	$\left(\frac{B}{2}b_2\right)i_x-\left(\frac{B}{2}+b_1\right)i_x$	$i_x=\frac{i_G+i_h}{L_c}x-i_G$	①计算结果为与设计高程之差； ②设计高程为中央分隔带外侧边缘D点的高程； ③加宽值b_x按加宽计算公式计算； ④当$x=L_c$时，为圆曲线上的超高值
	D	$-\left(\frac{B}{2}+b_1\right)(i_x+i_G)$		
内侧	D	$\left(\frac{B}{2}+b_1\right)(i_x-i_G)$	$i_x=\frac{i_h-i_G}{L_c}x+i_G$	
	C	$-\left(\frac{B}{2}+b_x+b_2\right)i_x-\left(\frac{B}{2}+b_1\right)i_x$		

注：其中，B——左侧(或右侧)行车道宽度；b_1——左侧路缘带宽度；b_2——右侧路缘带宽度；b_x——x距离处路基加宽值；$i_x=i_G$——路拱坡度；i_h——超高横坡度；x——超高过渡段中任一点至超高缓和段起点的距离。

表中仅列出了各代表性点的超高计算，硬路肩外侧边缘、路基边缘的超高可根据路肩横坡和路肩宽度从行车道外侧边缘推算。

(7)超高设计图

所谓路面超高设计图就是指路面横坡度沿路线纵向的变化图。在进行路线设计时，为直观反映沿线的路面横坡度变化情况，在路线纵断面上需绘出全线的超高设计图，尤其是高等级公路，还应绘超高方式的大样图(包括纵断面图和横断面图)。超高设计图的绘制方法与步骤如下：

①以超高起始旋转轴为一条水平基线，所用比例尺应与路线纵断面图一致。

②绘制中线及两侧路面边缘线。用实线绘出路线前进方向外侧路面边缘线，用虚线绘出内侧路面边缘线。若路面边缘高于旋转轴，则绘于基线上方，反之绘于下方。路边缘线离开基线的距离，代表横坡度的大小(比例尺可不同于基线)。

③标注路拱横坡度。

图 4-22(a)是基本型曲线的超高设计图，从缓和曲线(等于超高渐变段长)起点开始超高，外侧逐渐抬高，内测逐渐降低，至缓和曲线终点超高达到全值，期间变化是直线的，这符合缓和曲线上的曲率变化规律。在路面外侧边线抬高过程中，与中线相交一次，说明此点路面外侧横坡度为0，于横向排水不利。

图 4-22(b)两相邻曲线是反向的。由一个曲线的全超高过渡到另一个曲线的反向全超高，中间是面到面的过渡，整个过渡过程中，横断面始终是单坡横断面。

图 4-22(c)是由一个曲线的全超高过渡到另一个曲线的同向全超高，中间是面到面的过渡，在整个过渡过程中，外侧路面始终向内侧倾斜，与内侧路面构成单坡断面。

【例 4-1】　某山区二级路，设计速度 60km/h，JD_{20}的里程为 $K_{10+182.300}$，$R=150$m，$L_s=35$m，$T=111.540$m，$L=202.700$m，$E=27.330$m，$L_{净圆}=132.700$m。

计算：(1)已知全加宽为 1.5m，过渡段上每隔 10m、圆曲线上每隔 40m 一桩，

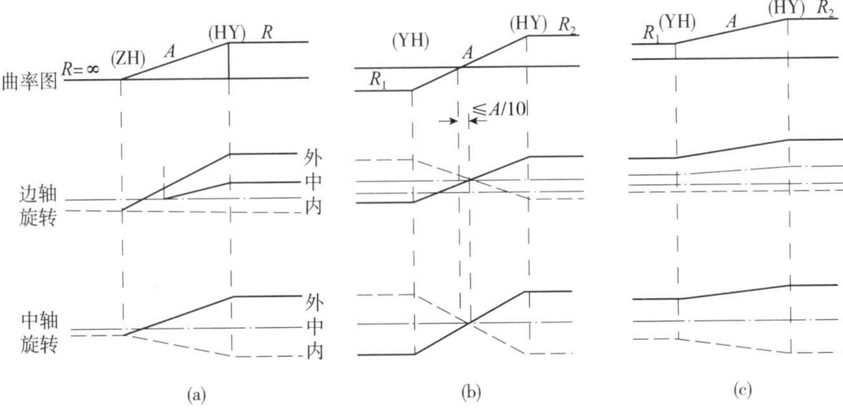

图 4-22　超高设计图

(a)直线—回旋线—圆　(b)圆—反向回旋线—圆　(c)大圆—回旋线—小圆

计算各桩的加宽值。设路面宽 $B=7\text{m}$，路肩宽 $a=0.75\text{m}$，计算路基宽度(加宽方式按比例过渡)。

(2)设超高率 $i_h=5\%$，路拱坡度 $i_G=2\%$，路肩坡度 $i_J=3\%$，桩距同(1)，计算各桩路基边缘及中桩与设计高程之差(超高过渡方式为绕中线旋转)。

【解】　(1)ZH 点里程 $K_{ZH}=K_{10+182.300}-111.540=K_{10+70.760}$，ZH 点加宽值为 0，

路基宽 $=B+2a=7.0+2\times0.75=8.5$　(m)

HY 点里程 $K_{HY}=K_{ZH}+L_s=K_{10+70.760}+35=K_{10+105.760}$，HY 点加宽值为 1.5　(m)

路基宽 $=B+2a+b=7.0+2\times0.75+1.5=10$　(m)

第一个 10 桩 $K_{10+80.760}$，$L_x=10\text{m}$，加宽值 $B_{10}=\dfrac{10}{35}\times1.5=0.429$　(m)

路基宽 $=B+2a+b_x=7.0+2\times0.75+0.429=8.929$　(m)

同理可得过渡段其他各桩加宽值，圆曲线段加宽为全加宽，路基宽度同 HY 点，见计算成果表。

(2)路基边缘及中桩与设计高程之差计算

ZH 点 $K_{10+70.760}$

外缘：$h_{c0}=b_J(i_J-i_G)+\left(b_J+\dfrac{B}{2}\right)(i_J+i_h)\dfrac{x}{L_c}$

$$=0.75\times(3\%-2\%)+\left(0.75+\frac{7}{2}\right)\times(2\%+5\%)\times\frac{0}{35}=0.008\quad(\text{m})$$

中线：$h'_{c0}=b_Ji_J+\dfrac{B}{2}i_G=0.75\times3\%+\dfrac{7}{2}\times2\%=0.093$　(m)

内缘：$h''_{c0}=b_Ji_J-(b_J+b_x)i_G=0.75\times3\%-(0.75+0)\times2\%=0.008$　(m)

路拱同坡度单向超高点到 ZH 点的距离

$$X_0=\frac{2i_G}{i_G+i_n}L_c=\frac{2\times2\%}{2\%+5\%}\times35=20\quad(\text{m})$$

桩 $K_{10+80.760}$，$x=10<20\text{m}$，

外缘：$h_{c10}=b_J(i_J-i_G)+\left(b_J+\frac{B}{2}\right)(i_J+i_h)\frac{x}{L_c}$

$$=0.75\times(3\%-2\%)+\left(0.75+\frac{7}{2}\right)\times(2\%+5\%)\times\frac{10}{35}=0.093 \quad (\text{m})$$

中线：$h'_{c10}=b_Ji_J+\frac{B}{2}i_G=0.75\times3\%+\frac{7}{2}\times2\%=0.093 \quad (\text{m})$

内缘：$h''_{c10}=b_Ji_J-(b_J+b_x)i_G=0.75\times3\%-(0.75+0.429)\times2\%=-0.001 \quad (\text{m})$

同理可得 $K_{10+90.760}$点的超高值

$K_{10+100.76}$，$x=30>20\text{m}$

外缘：$h_{c30}=b_J(i_J-i_G)+\left(b_J+\frac{B}{2}\right)(i_J+i_h)\frac{x}{L_c}$

$$=0.75\times(3\%-2\%)+\left(0.75+\frac{7}{2}\right)\times(2\%+5\%)\times\frac{30}{35}=0.263 \quad (\text{m})$$

中线：$h'_{c30}=b_Ji_J+\frac{B}{2}i_G=0.75\times3\%+\frac{7}{2}\times2\%=0.093 \quad (\text{m})$

内缘：$h''_{c30}=b_Ji_J+\frac{B}{2}i_G-\left(b_J+\frac{B}{2}+b_x\right)\frac{x}{L_c}i_h$

$$=0.75\times3\%+\frac{7}{2}\times2\%-\left(0.75+\frac{7}{2}+1.286\right)\times\frac{30}{35}\times5\%=-0.145 \quad (\text{m})$$

圆曲线超高为定值：

外缘：

$$h_c=b_J(i_J-i_G)+\left(b_J+\frac{B}{2}\right)(i_G+i_h)$$

$$=0.75\times(3\%-2\%)+\left(0.75+\frac{7}{2}\right)\times(2\%+5\%)=0.305 \quad (\text{m})$$

中线：$h'_c=b_Ji_J+\frac{B}{2}i_G=0.75\times3\%+\frac{7}{2}\times2\%=0.093 \quad (\text{m})$

内缘：

$$h''_c=b_Ji_G+\frac{B}{2}i_G-\left(b_J+\frac{B}{2}+b\right)i_h$$

$$=0.75\times2\%+\frac{7}{2}\times2\%-\left(0.75+\frac{7}{2}+1.5\right)\times5\%=-0.203 \quad (\text{m})$$

各桩加宽及超高值详见下表：

特征点	桩号	加宽值	路基宽度	外缘 h_c	中缘 h'_c	内缘 h''_c
ZH	$K_{10+70.76}$	0.000	8.500	0.008	0.093	0.008
	$K_{10+80.76}$	0.429	8.929	0.093	0.093	-0.001

（续）

特征点	桩号	加宽值	路基宽度	外缘 h_c	中缘 h_c'	内缘 h_c''
	$K_{10+90.76}$	0.857	9.357	0.178	0.093	-0.01
	$K_{10+100.76}$	1.286	9.786	0.263	0.093	-0.145
HY	$K_{10+105.76}$	1.5	10	0.305	0.093	-0.203
	$K_{10+145.76}$	1.5	10	0.305	0.093	-0.203
QZ	$K_{10+182.30}$	1.5	10	0.305	0.093	-0.203
	$K_{10+218.84}$	1.5	10	0.305	0.093	-0.203
YH	$K_{10+258.84}$	1.5	10	0.305	0.093	-0.203
YH-HZ 段与 ZH-HY 段对称						

4.4 视距的保证

4.4.1 视距的基本概念

为了行车安全，驾驶人员应能看到汽车前面相当远的一段路程，一旦发现前方路面上有障碍物或迎面来车，能及时采取措施，避免相撞，这一必须的最短距离称为行车视距。行车视距能否得到保证，直接关系到行车的安全，它是道路使用质量的重要指标之一。行车视距不足主要发生在下述几种场合：

①道路平面上的暗弯，即处于挖方路段的弯道和内侧有障碍物的弯道，如图 4-23(a)所示。

②纵断面上的凸型竖曲线，如图 4-23(b)所示。

③下穿式立体交叉的凹型竖曲线，如图 4-23(c)所示。

4.4.2 行车视距的分类

驾驶员发现障碍物或迎面来车，根据所采取的措施不同，行车视距可分为如下几种类型：

(1)停车视距

汽车行驶时，自驾驶人员看到前方障碍物时起到安全停车所需的最短距离。

(2)会车视距

在同一车道上两对向汽车相遇，从相互发现并同时采取措施时起，到两车安全停止所需的最短距离。

(3)错车视距

在没有明确划分车道线的双车道路上，两对向行驶汽车相遇，发现后即采取减速避让措施，达到安全错车所需的最短距离。

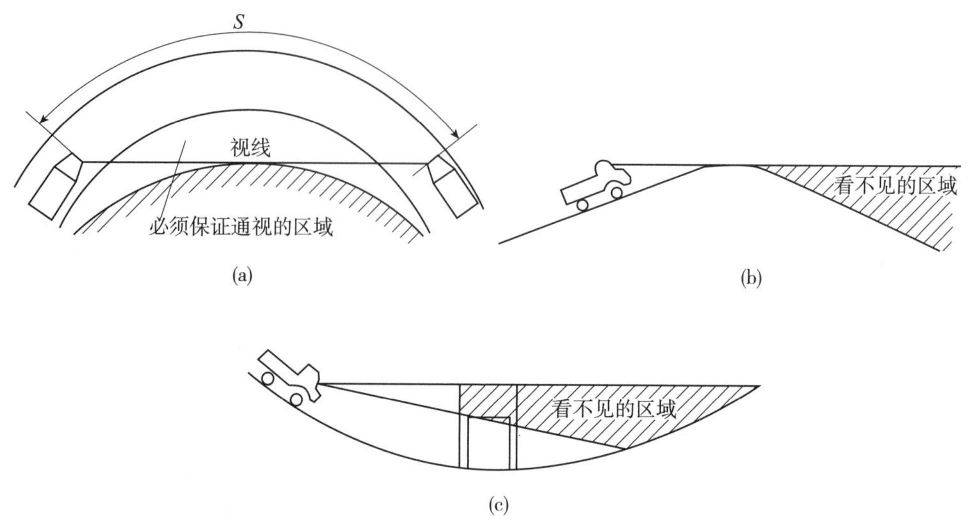

图4-23　视距受影响的情况

(a)暗弯位置　(b)凸型竖曲线位置　(c)凹型竖曲线位置

(4)超车视距

在双车道公路上，后车超越前车时，从开始驶离原车道之处起，至可见逆行车并能超车后安全驶回原车道所需的最短距离。

上述四种视距中，前三种属于对向行驶，第四种属于同向行驶。第四种所需距离最长，需要单独研究。而前三种视距中，以会车视距最长，只要道路能保证会车视距，停车视距和错车视距也就能得到保证了。一般会车视距按停车视距的2倍计算，故只需计算停车视距就可以了。

4.4.3　停车视距

计算视距需先确定眼睛和目标的高度。眼睛离地面的高度称作目高，规定以小客车为标准，采用1.2m。目标离地面的高度称作物高，一般规定为0.1m。

停车视距可分为反应距离、制动距离及安全距离三部分，如图4-24所示。

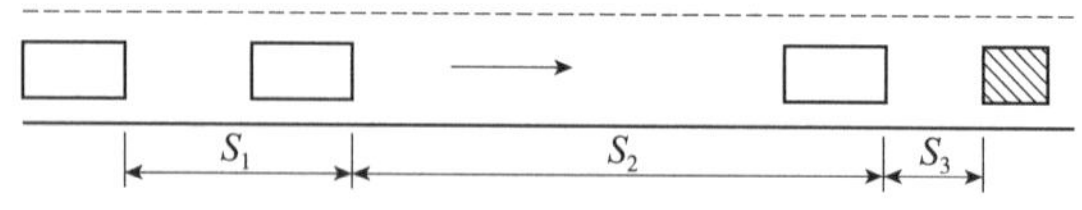

图4-24　停车视距计算示意图

(1)反应距离

反应距离是指当驾驶员发现前方的障碍物，经过判断决定采取制动措施的那一瞬间到制动器真正开始起作用的那一瞬间汽车所行驶的距离。根据测定资料，从决定制动到制动器真正起作用的时间间隔大约为2.5s，在这段时间内汽车行驶的距离为

$$S_1=\frac{V}{3.6}t$$

式中　t——反应时间，取$t=2.5$s。

(2)制动距离

制动距离是指汽车从制动生效到汽车完全停住，这段时间内所走的距离。按下式计算：

$$S_2=\frac{V^2}{254(\varphi+\Psi)}$$

故停车视距为

$$S_{停}=S_1+S_2=\frac{Vt}{3.6}+\frac{V^2}{254(\varphi+\Psi)}\quad(\mathrm{m})\tag{4-13}$$

式中 V——行驶速度，当设计速度为120~80km/h时，采用设计速度的85%；当设计速度为40~60km/h时，采用设计速度的90%；当设计速度为30~20km/h时，采用原设计速度；

t——反应时间，取2.5s；

φ——路面与轮胎之间的附着系数，详见表2-1；

Ψ——道路阻力系数。

4.4.4 超车视距

在一般双车道公路上行驶着各种速度不同的车辆，当快车追上慢车以后，需要占用供对向汽车行驶的车道进行超车。为了超车时的安全，司机必须能看到前面有足够长度的车流空隙，以便在相邻车道上没有出现对向驶来的汽车之前，完成超车而不阻碍被超汽车的行驶。这种快车超越前面慢车后再回到原来车道所需要的最短距离称为超车视距，如图4-25所示。超车视距的全程分为四个阶段：

(1)加速行驶距离 S_1

经判断认为有超车的可能时，首先加速行驶并逐渐移向对向车道，在进入对向车道之前的行驶距离为 S_1

$$S_1=\frac{V_0}{3.6}t_1+\frac{1}{2}at_1^2$$

式中 V_0——被超汽车的车速，km/h；

t_1——加速时间，s；

a——平均加速度，m/s^2。

(2)超车汽车在对向车道上行驶的距离 S_2

$$S_2=\frac{V}{3.6}t_2$$

式中 V——超车汽车的速度，km/h；

t_2——在对向车道上行驶的时间，s。

(3)超车完了时，超车汽车与对向汽车之间的安全距离 S_3

这个距离主要根据超车汽车与对向汽车的行驶速度来确定，S_3 一般为15~100m。

(4)超车汽车从开始加速到超车完成时对向汽车行驶的行驶距离 S_4

$$S_4=\frac{V_D}{3.6}(t_1+t_2)$$

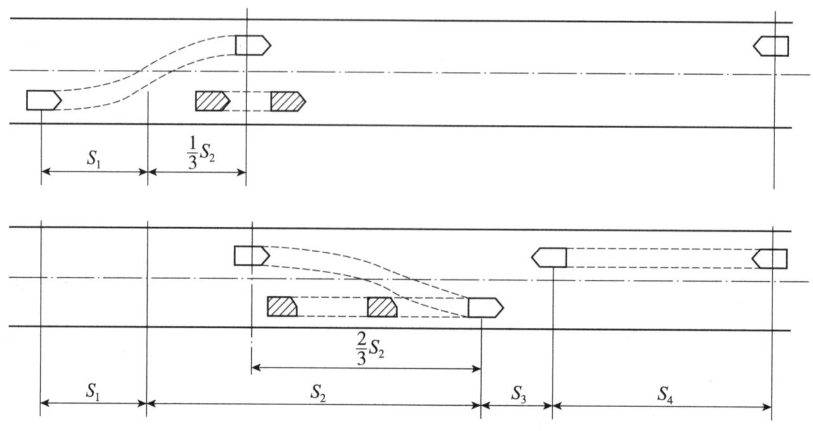

图 4-25　超车视距示意图

以上四个距离之和是比较理想的全超车过程，其距离较长。在地形较为复杂的地点常常很难实现。事实上，尾随在慢车后面的快车司机往往在未看到前面的安全区段就已经开始了超车作业，如果进入对向车道之后发现迎面有汽车开来而超车距离又不足时，可返回自己的车道。因此，对向汽车的行驶时间大致为 t_2 的 2/3 就足够了，即

$$S_4'=\frac{2}{3}S_2=\frac{V}{5.4}t_2$$

则，最小超车视距为

$$S_{超}=S_1+S_2+S_3+S_4' \tag{4-14}$$

在极特殊的情况下，不得已时可采用

$$S_{超}=\frac{2}{3}S_2+S_3+S_4' \tag{4-15}$$

4.4.5　《规范》对各级公路视距的要求

《规范》规定：高速公路、一级公路的视距采用停车视距。二级公路、三级公路、四级公路的视距应满足会车视距要求，其长度应不小于停车视距的 2 倍。受地形条件或其他特殊情况限制而采取分道行驶措施的地段，可采用停车视距。具干线功能的二级公路宜在 3min 的行驶时间内，提供一次满足超车视距要求的超车路段。其他双车道公路可根据情况间隔设置具有超车视距的路段。

各级公路每条车道的停车视距规定见表 4-18。

表 4-18　停车视距

设计速度(km/h)	120	100	80	60	40	30	20
停车视距(m)	210	160	110	75	40	30	20

高速公路、一级公路以及大型车比例高的二级公路、三级公路的下坡路段，应采用下坡段货车停车视距对相关路段进行检验。下坡段货车停车视距规定见表 4-19。

表 4-19　下坡段货车停车视距　m

设计速度(km/h)		120	100	80	60	40	30	20
纵坡坡度(%)	0	245	180	125	85	50	35	20
	3	265	190	130	89	50	35	20
	4	273	195	132	91	50	35	20
	5		200	136	93	50	35	20
	6			139	95	50	35	20
	7				97	50	35	20
	8						35	20
	9							20

二级公路、三级公路、四级公路的超车视距规定见表 4-20。

表 4-20　超车视距

设计速度(km/h)		80	60	40	30	20
超车视距(m)	一般值	550	350	200	150	100
	最小值	350	250	150	100	70

注：“一般值”为正常情况下的采用值；“最小值”为条件受限制时可采用的值。

4.4.6　视距的保证

4.4.6.1　视距曲线及最大横净距

如图 4-26 所示，AB 是视点轨迹线，S 是行车所需的最短视距。驾驶员的视点位置在离路面高 1.2m，离未设加宽的路面外边缘宽 1.5m 处，如图 4-27 所示。从驾驶员视点轨迹线上不同位置(图 4-26 中的 1、2、3 等各点)，引出一系列视线(图 4-26 中的 1-1′、2-2′、3-3′等)，使它们的视距都等于 S，这些视线的公切线(包络线)称为视距曲线。在视距曲线与视点轨迹线之间的空间范围，是应保证通视的区域，在这个区域内如有障碍物则应予以清除。

在弯道各点的横断面上，驾驶员视点轨迹线与视距曲线之间的距离称为横净距，

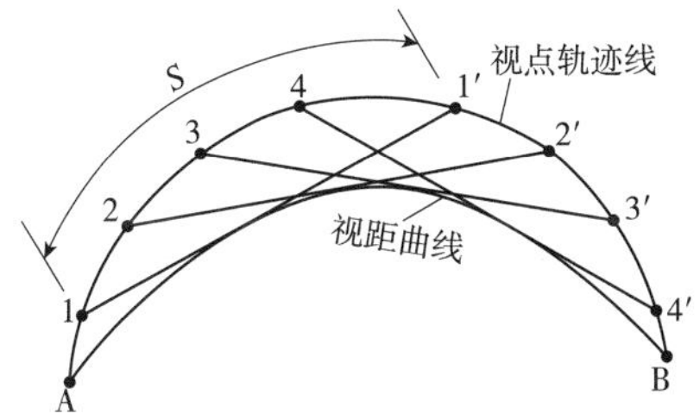

图 4-26　弯道内应保证通视的区域

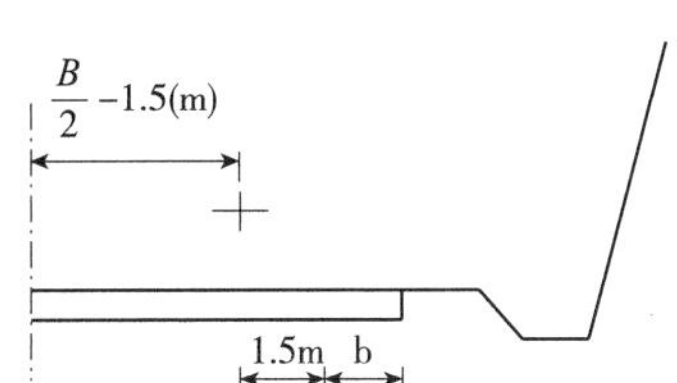

图 4-27　视点位置图

显然各点的横净距是不同的，所有横净距的最大值称作最大横净距。最大横净距计算方法如下：

(1)不设缓和曲线时横净距计算

①当 $L>S$ 时(图4-28)

$$h=z=R_S-R_S\cos\frac{\gamma}{2}=R_S\left(1-\cos\frac{\gamma}{2}\right) \tag{4-16}$$

式中　h——最大横净距，m；

R_S——驾驶员视点轨迹线半径，m，$R_S=R-\frac{B}{2}+1.5$，R 为平曲线半径，B 为路面宽度；

L——曲线内侧视点轨迹线长度，不设缓和曲线时 $L=\frac{\pi}{180}\alpha R_S$；

α——线路转角，度；

γ——视距所对应的圆心角，度，可按下式计算：

$$\gamma=\frac{180S}{\pi R_S}$$

S——要保证的最短视距，m。

②当 $L<S$ 时(图4-29)

因 $z_1=R_S-R_S\cos\frac{\alpha}{2}$，$z_2=\frac{S-L}{2}\sin\frac{\alpha}{2}$，则

$$h=z_1+z_2=R_S\left(1-\cos\frac{\alpha}{2}\right)+\frac{1}{2}(S-L)\sin\frac{\alpha}{2} \tag{4-17}$$

(2)设缓和曲线时横净距计算

①当 $L>S$ 时

计算同式(4-16)，即

$$h=R_S\left(1-\cos\frac{\gamma}{2}\right) \tag{4-18}$$

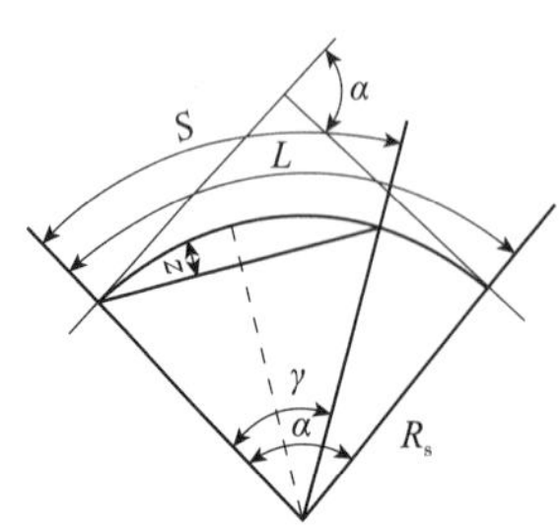

图4-28　不设缓和曲线时横净距计算图($L>S$)

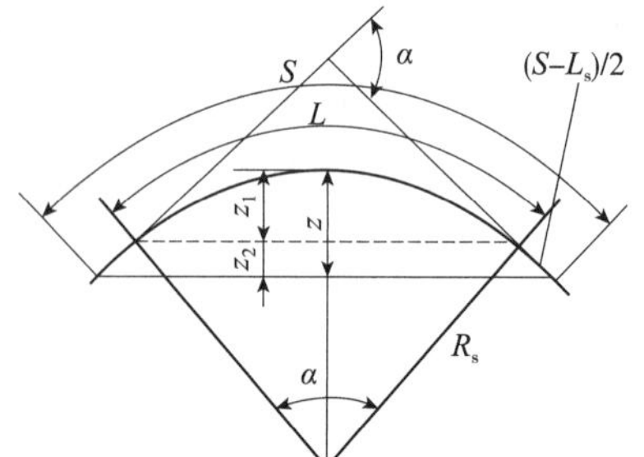

图4-29　不设缓和曲线时横净距计算($L<S$)

②当 $L'<S<L$ 时(图4-30)

$$h=z_1+z_2=R_S\left(1-\cos\frac{\alpha-2\beta}{2}\right)+\sin\left(\frac{\alpha}{2}-\delta\right)(l-l') \tag{4-19}$$

$$l' = (L-S)/2$$

$$\delta = \arctan\left\{\frac{l}{6R_S}\left[1+\frac{l'}{l}+\left(\frac{l'}{l}\right)^2\right]\right\}$$

式中 l——回旋线长度，m；

β——回旋线全长所对应的回旋线转角，度；

L'——为圆曲线长度。

③当 $L<S$ 时(图 4-31)

$$h = z_1+z_2+z_3 = R_S\left(1-\cos\frac{\alpha-2\beta}{2}\right)+\sin\left(\frac{\alpha}{2}-\delta\right)l+\frac{S-L}{2}\sin\frac{\alpha}{2} \tag{4-20}$$

$$\delta = \arctan\frac{1}{6R_S}$$

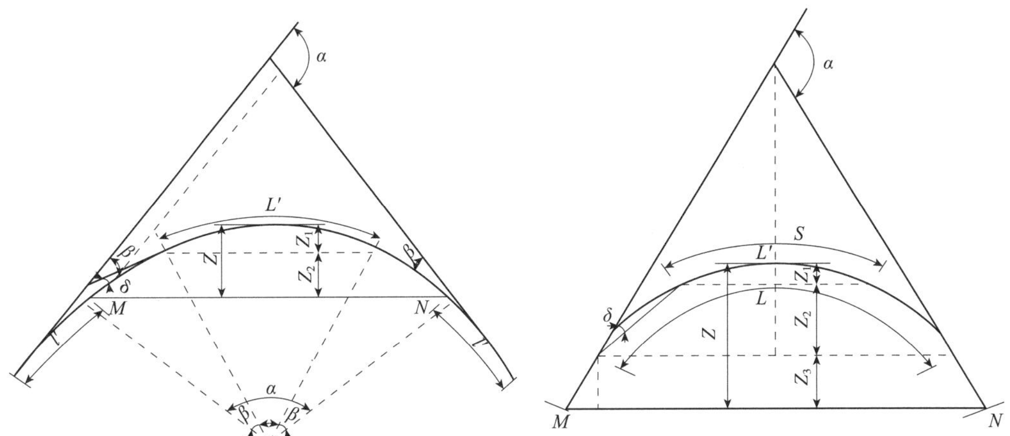

图 4-30 设缓和曲线横净距计算图($L'<S<L$)　　**图 4-31 设缓和曲线横净距计算图($L<S$)**

4.4.6.2 视距台开挖

在道路的弯道设计中，除了要考虑曲线半径 R、回旋线参数 A、曲线超高与加宽等因素外，还必须注意路线内侧是否有树林、房屋、边坡等障碍物阻碍司机视线，这种处于隐蔽地段的弯道被称之为“暗弯”。凡属“暗弯”都必须进行视距检查，如不能满足最短视距的要求，应将阻碍视线的障碍物清除。如果是因为曲线内侧及中间带设置护栏或其他人工构造物等而不能保证视距时，可采取加宽路肩或中间带，或将构造物后移等措施予以处理；如果是因挖方边坡妨碍了视线，则应按所需净距绘制视距包络线(或称视距曲线)及开挖视距台，如图 4-32 所示(阴影部分挖掉)。

按式(4-16)~式(4-20)计算出横净距 h 以后，把弯道内侧障碍物与行车线之间的距离加以比较，则可知道该弯道是否能满足视距的要求，若不满足则进一步确定清除范围。但 h 是曲线上最大的横净距，若清除的是重要建筑物或岩石边坡，则可用图解法或解析法求出弯道上不同断面上的清除界限，并绘制一些横断面以作为计算土石方和施工时的依据。

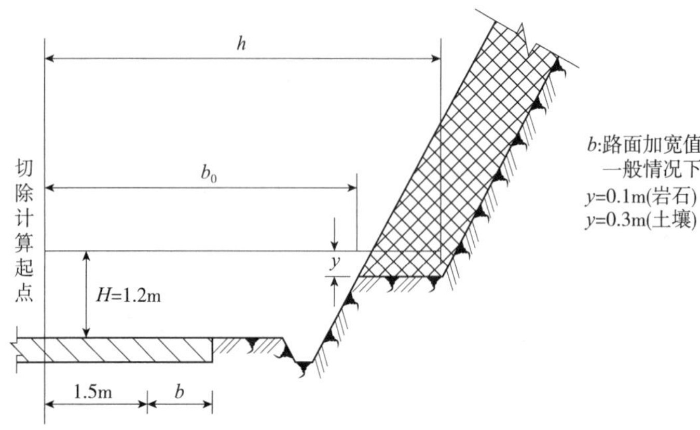

图 4-32　开挖视距台面图

4.5　爬坡车道和避险车道

4.5.1　爬坡车道

爬坡车道是在陡坡路段正线行车道外侧增设的供载重汽车或慢速车行驶的专用车道。在道路纵坡较大的路段上，载重汽车爬坡时需要克服较大的坡度阻力，使车速下降，大型车与小汽车的速差变大，超车频率增加，对行车安全极为不利。为了在长陡的路段上将大型车、慢速车从主线车流中分离出去，宜在陡坡路段增加附加的爬坡车道，这样可提高小汽车行驶的自由度，确保行车安全，增加道路的通行能力。

一般来讲，最理想的纵断面设计应是坡度较缓，不设置爬坡车道。但这样设计有时会造成路线迂回或路基高填深挖，从而增加工程费用。所以，在特殊情况下，采用较大的纵坡值而增设爬坡车道会产生既经济又安全的效果。但应特别指出的是，设置爬坡车道并非是最好的措施，解决问题的根本途径还在于精选路线，定出纵坡值较小又经济适用的路线。

4.5.1.1　设置爬坡车道的条件

《规范》规定：高速公路、一级公路纵坡长度受限制的路段，应对载重汽车上坡行驶速度和设计通行能力进行验算，符合下列情况之一者，可在上坡方向行车道右侧设置爬坡车道。

①沿上坡方向载重汽车的行驶速度降低到表 4-21 的允许最低速度以下时，可设置爬坡车道。

表 4-21　上坡方向容许最低速度

设计速度(km/h)	120	100	80	60	40
容许设计速度(km/h)	60	55	50	40	25

②上坡路段的通行能力小于设计小时交通量时，应设置爬坡车道。

对于是否需要设置爬坡车道，应进行多方案的技术经济比较；对隧道、大桥、高架桥及深挖路段，当因设置爬坡车道而使工程费用增加很大时，经充分论证爬坡车道可以缩短或不设；对双向六车道高速公路可不另设爬坡车道，将外侧车道作为爬坡车道使用。总而言之，是否需要设置爬坡车道，应进行充分的论证与分析，不要盲目进行决策。

4.5.1.2 爬坡车道的几何尺寸

(1)横断面组成

如图4-33所示，爬坡车道的宽度一般为3.5m，包括设于其左侧的路缘带宽度0.5m。

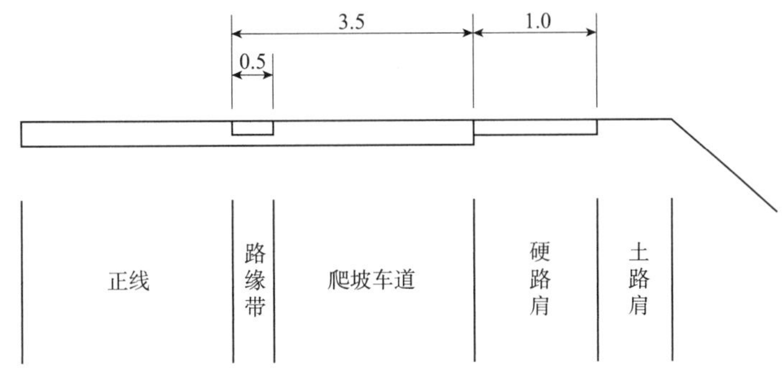

图4-33 爬坡车道横断面示意图(单位：m)

爬坡车道的路肩和正线一样，仍然由硬路肩和土路肩组成。但由于爬坡车道上车辆行驶速度较低，其硬路肩宽度可以比正线小一些，一般为1.0m；而土路肩宽度以按正线要求设计为宜。

窄路肩不能供停车使用，在长而连续的爬坡车道上，其右侧应按规定设置紧急停车带。

(2)超高和加宽设置

弯道上，爬坡车道也应设置横向超高。但因爬坡车道的行车速度比正线小，其横向超高坡度应小些。《规范》规定：正线超高坡度与爬坡车道的超高坡度之间的对应关系见表4-22所列。

表4-22 爬坡车道的超高横坡度

正线的超高坡度(%)	10	9	8	7	6	5	4	3	2
爬坡车道的超高坡度(%)	5		4					3	2

超高坡度的旋转轴为爬坡车道内侧边缘线。

若爬坡车道位于直线路段时，其横向坡度的大小与正线路拱坡度相同，采用直线式横坡，坡向向外。

另外，爬坡车道右侧路肩的横坡度大小和坡向，参照正线与右侧路肩之间关系的有关规定确定。

爬坡车道的曲线加宽按一个车道曲线加宽规定执行。

(3)平面布置与长度

爬坡车道的平面布置如图4-34所示。高速公路的爬坡车道可以占用硬路肩部分，但其他等级公路不可以，硬路肩对应爬坡车道外移。

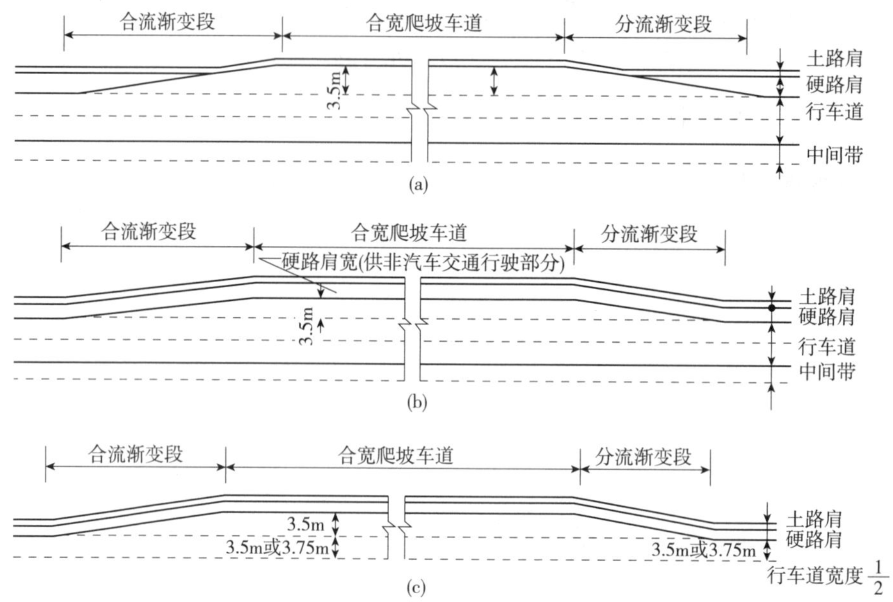

图4-34 爬坡车道的平面布置图

(a)高速公路 (b)一级公路 (c)二、三级公路

爬坡车道的总长度由分流渐变段、爬坡车道中间段和合流渐变段三段组成。

爬坡车道的起点，应设于陡坡路段上载重汽车运行速度降低至表4-21中的最低容许速度处。爬坡车道的终点应设于载重汽车爬经陡坡路段后恢复至最低容许速度处，或陡坡路段后延伸的附加长度的端部，附加长度的规定见表4-23。

爬坡车道分、合流渐变段的长度见表4-24设置。按爬坡车道起、终点规定所确定的爬坡车道中间段长度如小于250m时，可不设爬坡车道。爬坡车道起点与终点的具体位置除按上述规定确定外，还应考虑与线形的关系。通常应设在通视条件良好，容易辨认并与正线连接顺适的地点。

表4-23 陡坡路段延伸的附加长度

附加路段的纵坡(%)	下坡	平坡	上坡			
			0.5	1.0	1.5	2.0
附加长度(m)	100	150	200	250	300	350

表4-24 爬坡车道分、合流渐变段长度

公路等级	分流渐变段长度(m)	合流渐变段长度(m)
高速公路、一级公路	100	150~200
二级公路	50	90

4.5.2 避险车道

在交通事故统计中，长陡坡的下坡路段是事故多发路段。在这样的长陡坡上，部分缺少辅助制动设置的载重车长时间使用刹车，会因刹车片发热而导致刹车失灵、车辆失控，造成恶性交通事故。许多司机往往把长陡下坡易出事故的路段称为“死亡之路”，可见其危险性。失控车辆一般是由机器过热或机械发生故障致使制动失灵，或者因调挡失误而使驾驶者失去对车辆的控制造成的。

在连续长陡下坡路段应在适当地点设置避险车道，以供制动失效的车辆强制减速停车。

4.5.2.1 避险车道的设置条件

交通事故率、坡长和纵坡度值以及公路上大型车所占比率是设置避险车道应考虑的主要因素。为了最大限度地为公路使用者提供安全、可靠的行车环境，《规范》规定：当长陡下坡路段，路线平均纵坡大于或等于4%，纵坡连续长度大于或等于3km，同时，交通组成中的大、中型载重车比例较大(占到50%以上)的时候，在载重车缺少辅助制动装置的路段，为防止连续长、陡下坡路段车辆在行驶中速度失控，同时为减轻失控车辆的损失和危及第三方安全，应考虑在山岭地区长、陡下坡路段的右侧山坡上且视距良好的适当位置设置避险车道。

避险车道的基本工作原理是利用汽车上坡时的重力和轮胎与路面产生的滚动阻力来降低车速，直至使失控车辆能够安全地停止。设计中需采用合理的车辆减速率，此值太小将会增加避险车道的长度和投资，太大将会因货物的移动及其他外部原因导致驾驶员受伤及车辆损坏。

4.5.2.2 避险车道的类型

避险车道根据路面材料和纵坡情况分为重力型、砂堆型和制动砂床型三类。

重力型主要依靠陡峭的坡度使车辆减速从而使车辆停止，陡峭的长坡同时也给驾驶员带来控制车辆问题，尤其不能让车辆进入避险车道后由于重力返回主线，而影响主线上其他车辆正常行驶。

砂堆型是将松散、干燥的砂子堆积在上坡匝道上，依靠重力及砂堆阻力来使车辆减速，但砂堆容易受天气的影响(雨雪影响沙堆的稳定性)，另外，较高的减速度对司机及车辆造成损伤也较大。

制动砂床型是由光滑且粒径均匀的天然砂砾铺设在匝道上，通过砂砾的滚动阻力使失控车辆减速或停止。

重力型和砂堆型避险车道，在美国20世纪五六十年代比较常见，由于这两种避险车道存在着较大的弊端，在工程中已渐渐停止使用。基于制动砂床的安全性以及不受匝道坡度限制等优点，其已成为广泛使用且安全的避险车道形式。

目前，常采用的避险车道主要有如图4-35所示的四种坡度和材料的组合形式，即

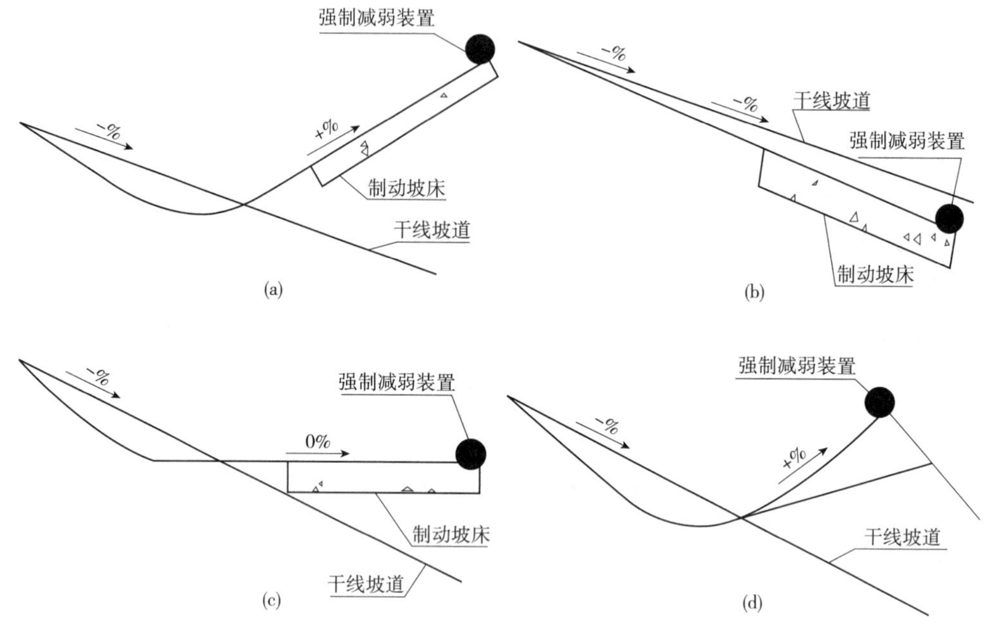

图 4-35　避险车道的形式

(a)上坡砂坑型　(b)下坡砂坑型　(c)平坡砂坑型　(d)砂堆型

上坡砂坑型、下坡砂坑型、平坡砂坑型和砂堆型，相比之下，上坡砂坑形式是较为经济合理的、有效的，其形式的选择主要考虑气候、造价、地形、养护等因素。

4.5.2.3　避险车道的设置要求

一条完善的避险车道应由引道、制动床、服务车道及其他附属设施组成，如图4-36所示。同时完成两个作用：一是使制动失灵车辆分离出主线，避免对主线车辆的干扰；二是制动失灵车辆进入避险车道后，能以安全的速率平稳减速停车，不应出现伤亡、车辆严重损坏的情况。

(1)引道的布置

引道起着连接主线与避险车道的作用，不仅可以给失控车辆驾驶员提供充分的反应时间和足够的空间沿引道安全地驶入避险车道，而且可以减少因车辆失控给驾驶员带来极度恐慌而失去正常的判断能力。引道的设置应保证准备使用避险车道的驾驶员能在引道的起点清晰地看到避险车道的全部线形，避免给驾驶员不安全的感觉或错过避险车道。

引道终点与制动砂床连接部采用1m宽大方砖分界，把柔性沥青路面与松散卵石结构区分开。引道路面结构与主路路面结构需保持一致，这种设置可使车辆前轮同时进入避险车道的松散结构中。车辆前轴的两轮保持同样的减速度，否则会造成车辆前轴两轮左右受力不均匀而导致车辆侧翻。引道的终点宜设置在避险车道入口的后方，使避险车道与主线分隔开并保持一定距离。使车辆进入避险车道后不会有石子蹦到车道外部特别是主车道，干扰车辆的正常行驶。

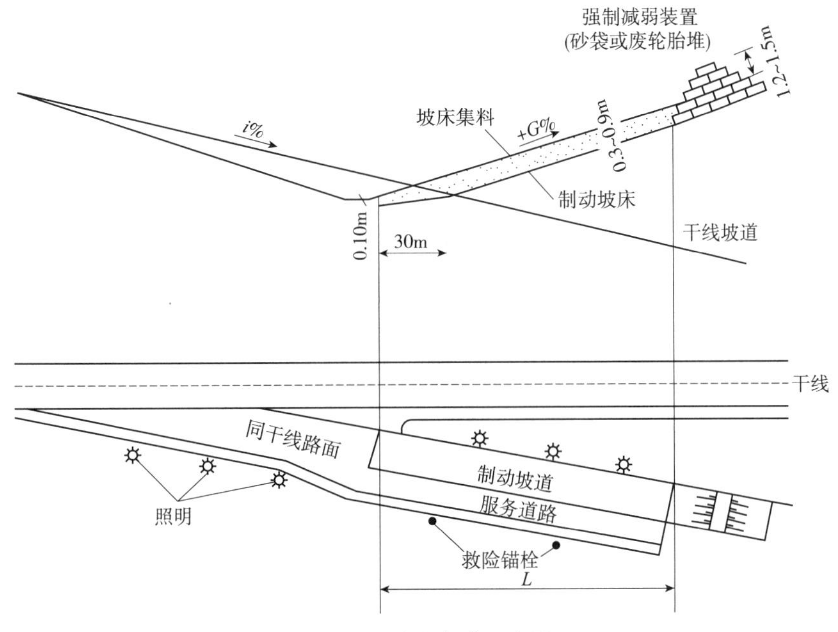

图 4-36 避险车道示意图

(2)避险车道的线形

车道的设置对象是失控车辆，失控车辆是难以适应曲线线形的，车辆有可能沿着曲线切线方向冲出避险车道造成翻车等事故，因此它的平面线形应是直线。

避险车道的纵断面线形应采用直坡。如果采用竖曲线线形，对车辆来说存在着潜在的危险，失控车辆在竖曲线上高速行驶时会产生时刻变化的向心力，当它与其他力产生较大的合力时，很容易超过司机或车辆所能承受的速率变化范围而进一步失控。

(3)避险车道与行车道夹角

避险车道的平面线形与行车道夹角以 3°~5°为最佳。失控车辆以较高的车速由主线转入避险车道时需要转动方向盘，车辆存在很大的侧向力，并形成很大的车辆侧偏角，车辆的横向稳定性变差。车速相同的情况下，转向角越大，转弯半径最小，则离心力越大，车辆越容易发生侧滑或翻车事故，因此避险车道和公路的夹角应尽可能在较小的范围内。

(4)避险车道长度

避险车道要有足够的长度，否则将可能使车辆超越避险车道造成翻越落入山崖或撞至避险车道端部导致车毁人亡的事故。但由于山区地形条件限制，较长的避险车道是不现实的，会造成较大的填挖量而增加工程造价，同时会破坏自然环境。实践表明，用增加避险车道坡度或选用合适的制动砂床材料等方法来取代加长避险车道是可行的。

避险车道长度是根据行驶速度坡度、制动砂床材料的滚动阻力系数确定的，可参考表 4-25 中的数值。

表 4-25 避险车道长度

正线驶出车速（km/h）	制动坡床纵坡 i(%)	坡床集料	坡床长度(m)	强制减弱装置堆砌高度(m)
100	10	碎砾石	239	1.5
		砾石	179	1.5
		砂	143	1.5
		豆砾石	102	1.5
100	15	碎砾石	179	1.2
		砾石	143	1.2
		砂	119	1.2
		豆砾石	90	1.2
110	15	碎砾石	220	1.5
		砾石	175	1.5
		砂	147	1.5
		豆砾石	110	1.5
110	20	碎砾石	176	1.2
		砾石	147	1.2
		砂	126	1.2
		豆砾石	98	1.2

(5)避险车道的宽度

避险车道可修建在直线路段上，或失控车辆不能安全转弯的主线弯道之前，为大上坡断头路，制动坡床宽度不小于4.5m，服务道路宽度不小于3.5m，总宽度一般为8~12m。有时在短时间内会发生两辆或多辆车同时需要避险车道，车道宽度应足以容纳失控车辆和服务车辆。

(6)避险车道的端部处理

由于地形的原因避险车道不能达到要求的长度和坡度使失控车辆完全停止时，可在端部设置防撞消能附属设施，如集料堆在避险车道的端部或在端部设置消能桶、废轮胎护栏或高度为1.5m、坡度为1.5∶1的锥体，防撞消能设施对于有可能进出避险车道的失控车辆来说是最后的救生机会，因此防撞消能设施的合理设置非常关键，要避免产生极大的减速度。

避险车道可修建在直线路段上，或失控车辆不能安全转弯的主线弯道之前，应避开人口稠密区，以保证其他车辆、失控车辆、驾驶人员以及坡道下方居民的安全。

4.5.2.4 避险车道的材料及养护

(1)避险车道的材料

我国对避险车道的材料已有详细的研究，目前采用的材料有碎砾石、砾石、砂、豆砾石等松散材料，粒径为1~2.5cm最佳，厚度为0.3~0.9m。更好的砂床材料应是圆形、均质且无细料，具有较高的滚动阻力系数，在车轮的碾压下上下砂粒通过相互的滚动、置换，使车辆更容易陷入。

制动砂床要具有一定深度，才有利于制动砂床材料充分发挥其滚动阻力作用。为了使驾驶员有一个对减速度的适应过程，起点采用0.1m厚集料，30m长度材料的深度应由浅至深，逐渐过渡至正常深度。这样既能提供更大的滚动阻力，又能通过车轮的沉陷形成反推力，降低车速，对车辆产生更大的阻尼作用。下雪天最好覆盖塑料薄膜或草袋，以免砂砾表面结冰，影响其缓能效果。

(2)避险车道的管理养护

避险车道要有完善的、醒目的交通标志，特别是标线和警告标志等设施，避免由于视距不良导致驾驶员未能发现而错过避险车道。服务车道应适当铺筑路面，并避免造成与避险车道混用。并布置救险锚栓(高速公路应为50m，其他公路间距不宜大于90m)，以便使用卷扬机解救失控车辆。每次处理完失控车辆后，应迅速恢复避险车道原样。

4.6 横断面设计内容和方法

4.6.1 公路横断面设计内容

路基横断面形式和尺寸实际上在确定路线平面位置时就已经有了考虑，在纵断面设计中又根据路线标准和地形条件对路基的合理高度，特别是工程艰巨路段已仔细作了分析研究，拟定了横断面方案。因此，施工图设计阶段的横断面设计是在总结上述工作的基础上把它具体化，绘制横断面设计图纸，作为计算土石方数量和日后施工的依据。

横断面设计，必须结合地形、地质、水文等条件，本着节约用地的原则，选用合理的断面形式，以满足行车顺适、工程经济、路基稳定且便于施工和养护的要求。横断面设计的主要内容有以下几个方面：

①确定路幅横断面尺寸(宽度及横坡度)。

②确定路基高度，通过纵断面设计完成。

③路基横断面形状设计：如梯形(直线式边坡)、折线式边坡、台阶形边坡。

④边坡坡度确定，路堤及路堑边坡，土质与岩石边坡。

⑤横断面面积计算及土石方数量计算与调配。

4.6.2 路基标准横断面

在具体设计每个横断面之前，应先确定路基的标准横断面，或称“典型横断面”，它是路基横断面图设计的依据。标准断面图一般要包括：路堤、路堑、半堤半堑、护肩路基、挡土墙路基、砌石路基等标准横断面。断面中的边坡坡率、边沟尺寸、挡墙断面等必须按现行《公路路基设计规范》的规定确定。对于高填、深挖、特殊地质或浸水路堤等应单独设计。下面列举几个公路标准横断面图例，如图4-37所示。

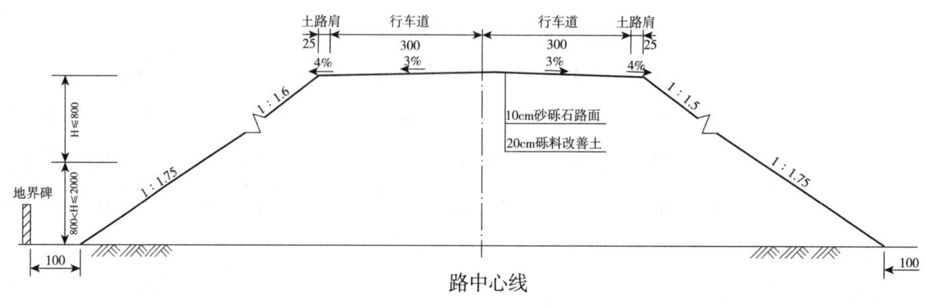

(a)

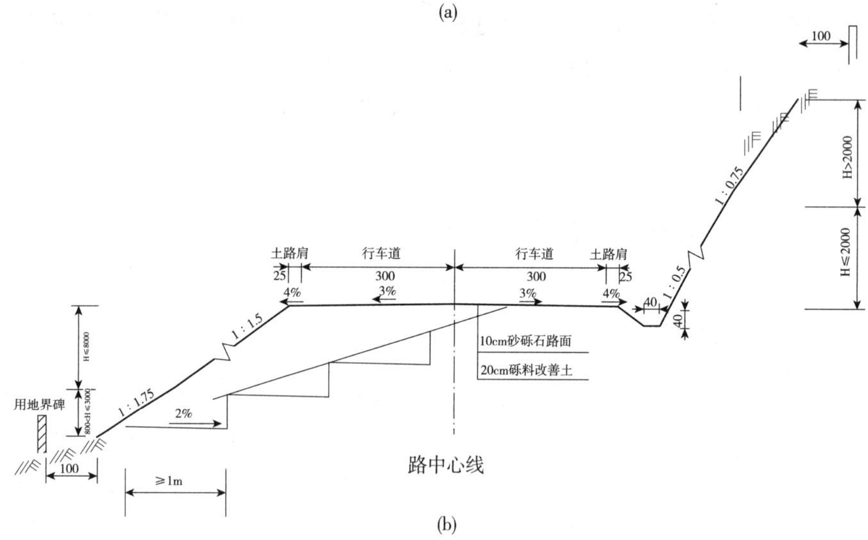

(b)

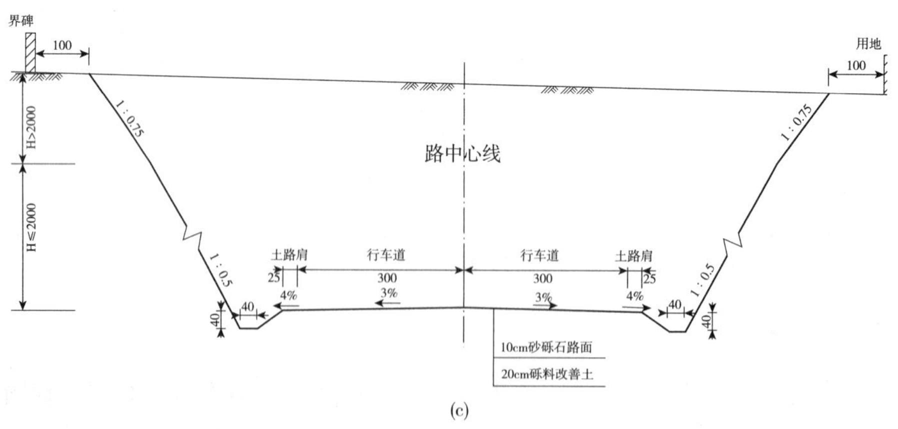

(c)

图 4-37　公路标准横断面图

(a)公路双车道填方标准横断面　(b)公路双车道半填半挖标准横断面　(c)公路双车道挖方标准横断面

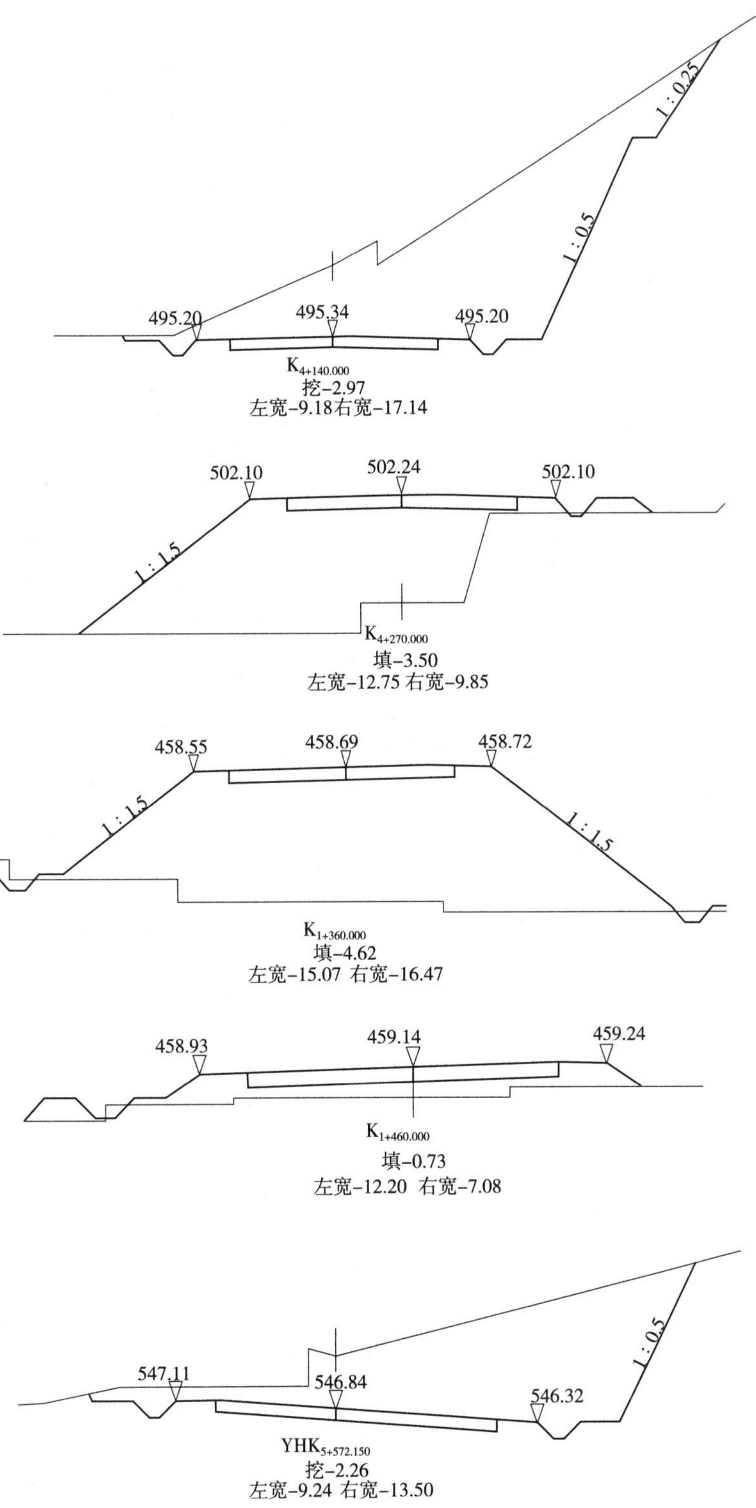

图 4-38 路基横断面设计图

表 4-26 一般公路路基设计表

桩号	平曲线	变坡点高程、桩号及纵坡坡度，坡长	竖曲线	地面标高	设计高	填挖高度（m）		路基宽（m）		路边及中桩与设计高之高差（m）			施工时中桩（m）		边坡 1：M		护坡道				边沟						坡脚 坡口至中桩 距离		备注
																	护坡道宽		坡度 1：M		坡度（%）		形状	底宽（m）	沟深（m）	内坡			
						填	挖	左	右	左	中桩	右	填	挖	左	右	左	右	左	右	左	右					左	右	
1	2	3	4	5	6	7	8	9	10	11	12	13	14	15	16	17	18	19	20	21	22	23	24	25	26	27	28	29	30
$K_{2+100.00}$		K_{2+100} i=−0.55% L=400		160.76	159.92		0.84	7.50	7.50	0.00	0.15	0.00		0.69															
+120.00				161.56	159.75		1.81	7.50	7.50	0.00	0.15	0.00		1.66															
+140.00				164.03	159.59		4.44	7.50	7.50	0.00	0.15	0.00		4.29															
+160.00				164.23	159.49		4.80	7.50	7.50	0.00	0.15	0.00		4.65															
+180.00				162.15	159.28		2.87	7.50	7.50	0.00	0.15	0.00		2.72															
+200.00				163.17	159.14		4.03	7.50	7.50	0.00	0.15	0.00		3.88															
+220.00				163.20	159.00		4.20	7.50	7.50	0.00	0.15	0.00		4.05															
+240.00				163.87	158.87		5.00	7.50	7.50	0.00	0.15	0.00		4.85															
+260.00				165.69	158.74		6.95	7.50	7.50	0.00	0.15	0.00		6.80															
+280.00				166.31	158.61		7.70	7.50	7.50	0.00	0.15	0.00		7.55															
+300.00				166.36	158.48		7.88	7.50	7.50	0.00	0.15	0.00		7.73															
ZH+315.00	JD5右 78°53′21″ R=200 LS1=45 LS2=45 T1=187.38 T2=187.38 L=320.375 E=59.533			166.30	158.37		7.93	7.50	7.50	0.00	0.15	0.00		7.78															
+340.00				166.06	158.22		7.84	7.50	7.51	0.59	0.29	−0.04		7.55															
HY+360.00				166.06	158.02		7.98	7.50	7.90	1.11	0.51	−0.12		7.47															
+380.00				166.20	157.96		8.24	7.50	7.90	1.11	0.51	−0.12		7.73															
+400.00			+404.60	166.01	157.83		8.18	7.50	7.90	1.11	0.51	−0.12		7.67															
+420.00			凹 R−18000 T−95.40	166.95	157.70		8.25	7.50	7.90	1.11	0.51	−0.12		7.74															
+440.00				166.61	157.60		8.01	7.50	7.90	1.11	0.51	−0.12		7.50															
+460.00				166.63	157.52		8.11	7.50	7.90	1.11	0.51	−0.12		7.60															
QZ+476.08		151.275		166.02	157.47		8.55	7.50	7.90	1.11	0.51	−0.12		8.04															
+500.00		K_{2+500} i=0.41% L=400		166.05	157.43		8.62	7.50	7.90	1.11	0.51	−0.12		8.11															
+520.00				166.02	157.41		8.61	7.50	7.90	1.11	0.51	−0.12		8.10															
+540.00				165.43	157.42		8.01	7.50	7.90	1.11	0.51	−0.12		7.50															
+560.00				165.89	157.46		8.43	7.50	7.90	1.11	0.51	−0.12		7.92															
+580.00				165.21	157.51		5.70	7.50	7.90	1.11	0.51	−0.12		5.19															
YH+591.2″				165.13	157.55		6.58	7.50	7.90	1.11	0.51	−0.12		5.07															
+600.00			+595.40	165.60	157.59		6.01	7.50	7.82	0.89	0.42	−0.09		5.59															
+620.00				162.86	157.67		5.19	7.50	7.64	0.40	0.20	−0.02		4.99															
HZ+636.2″				161.35	157.73		3.62	7.50	7.50	0.00	0.16	0.00		3.47															

4.6.3 横断面设计步骤和设计成果

4.6.3.1 横断面设计步骤

横断面设计步骤如下：

①绘制横断面的地面线，地面线是在现场测绘的，若是纸上定线，可从大比例尺的地形图上内插获得。横断面图的比例尺一般是1∶200。

②从“路基设计表”中抄入路基中心填挖高度及相关资料，对于有超高和加宽的曲线路段，还应抄入“左高”“左宽”“右高”“右宽”等数据。

③参照“标准横断面图”，画出路幅宽度，填挖的边坡坡线，在需要设置各种支挡或防护工程的地方画出该工程结构的断面示意图。

④根据综合排水设计，画出路基边沟、截水沟、排水渠等的位置和断面形式，必要时应注明各部分尺寸。此外，对于取土坑、弃土堆、绿化等也应尽可能画出。

⑤绘出公路横断面设计图。

4.6.3.2 横断面设计成果

横断面设计成果主要包括横断面设计图和路基设计表两部分。

①横断面设计图：如图4-38所示。

②路基设计表：路基设计表是路基设计成果的一个汇总，见表4-26(一般路基设计表)及表4-27(高速、一级路基设计表)，它是在平、纵断面完成的基础上制作而成。横断面设计完成后，再将边坡、边沟等栏填上。其中边沟一栏的坡度如不填写，表明沟底纵坡与道路纵坡一致，否则需另外填写。

4.7 路基土石方数量计算及调配

路基土石方是公路工程的一项主要工程量，在公路路线设计方案的比选中，路基土石方数量的多少是评价公路勘测设计质量的主要技术经济指标之一。在编制公路施工组织计划和工程概预算时，还需要确定分段和全线的土石方数量。

地面形状是很复杂的，填挖方不是简单的几何体，所以其计算只能是近似的。计算时一般应按工程要求，在保证使用的前提下力求简化。

4.7.1 横断面面积计算

路基填挖的断面面积，是指横断面图中原地面线与路基设计线所包围的面积，设计线高于地面线的部分为填方，低于地面线的部分为挖方，两者应分别计算。下面介绍几种常用的面积计算方法。

4.7.1.1　积距法

如图 4-39 所示，将横断面按等宽划分成若干个梯形与三角形条块，每个小条块的近似面积为 $F_i = bh_i$，则横断面面积为

$$F = b\sum_{i=1}^{n} h_i$$

当取 $b = 1\text{m}$ 时，则 F 在数值上就等于各条块平均高度之和，即

$$F = \sum_{i=1}^{n} h_i$$

要求得 $\sum_{i=1}^{n} h_i$ 的值，可以用卡规逐一量取各条块高度的累计值。当面积较大时可以用米格纸折成窄条代替卡规取积矩。没有计算机时，用积距法计算面积简单、迅速。若地面线较顺直时，可适当增加 b 的数值；若地面线起伏较大要提高计算精度时，可增加测量次数并减少 b 值。

4.7.1.2　坐标法

如图 4-40 所示，已知断面图上各转折点的坐标(x_i, y_i)，则断面面积为

$$F = \frac{1}{2}\sum_{i=1}^{n}(x_i y_{i+1} - x_{i+1} y_i)$$

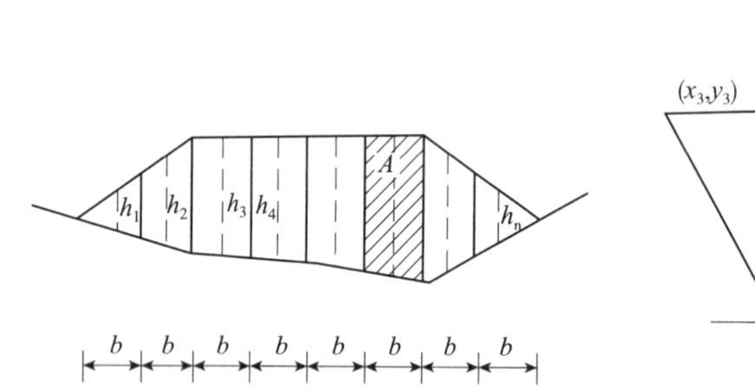

图 4-39　积矩法计算横断面面积

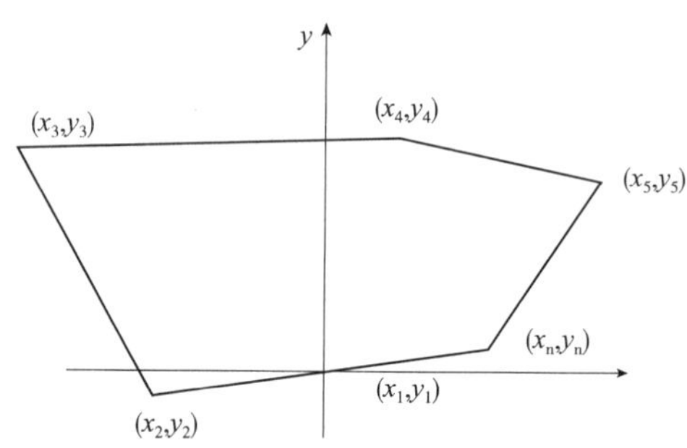

图 4-40　坐标法计算断面面积

坐标法精度较高，适用于用计算机计算。

此外，计算横断面面积的方法还有几何图形法、数方格法、求积仪法等，不过不常用。

4.7.2　土石方数量的计算及土石方数量计算表

4.7.2.1　土石方计算

若相邻两断面均为填方或均为挖方且面积大小相近时，可假定两断面之间为一棱

柱体，如图 4-41 所示。其体积的计算公式为

$$V=\frac{1}{2}(F_1+F_2)L$$

式中 V——土石方数量，m^3；

F_1、F_2——分别为相邻两断面的面积，m^2；

L——相邻断面之间的距离，m。

这种计算方法简单，较为常用，一般称之为“平均断面法”。若 F_1 和 F_2 相差甚大，则与棱台更为接近，其计算公式为

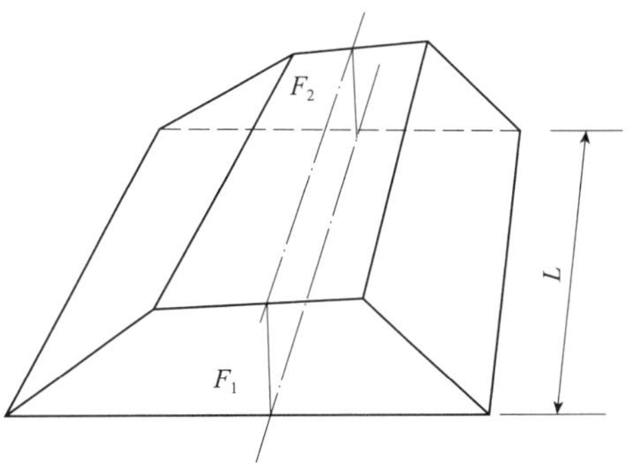

图 4-41 体积计算

$$V=\frac{1}{3}(F_1+F_2)L\left(1+\frac{\sqrt{m}}{1+\sqrt{m}}\right)$$

式中，$m=F_1/F_2$，其中 $F_2>F_1$。

第二种计算方法的计算精度相对较高。

在土石方计算中要注意：

①填方、挖方数量分别计算（填挖方面积分别计算）。

②土方、石方应分别计算（土石面积分别计算）。

③路基填、挖方数量中应考虑路面所占的体积（填方扣除、挖方增加）。

④大中桥位处所占的路基土石方应扣除。

4.7.2.2 土石方计算表

断面面积和土石方分段计算完后，最后需绘制土石方计算表，见表 4-28。

4.7.3 路基土石方调配

4.7.3.1 路基土石方调配的目的和原则

土石方调配的目的是为了确定填方用土的来源、挖方弃土的去向，以及计价土石方的数量和运量等。通过调配合理地解决各路段土石方平衡与利用问题，使从路堑挖出的土石方，在经济合理的调运条件下移挖作填，达到填方有所“取”，挖方有所“用”，避免不必要的路外借土或弃土，以减少占地和降低工程造价。

土石方调配应遵循如下原则：

①在半填半挖断面中，应首先考虑在本路段内移挖作填，进行横向平衡，然后再作纵向调配，以减少总的运输量。

②土石方调配应考虑桥涵位置对施工运输的影响，一般大沟不作跨越调运。同时应注意施工的可能与方便，尽可能避免和减少上坡运土。

③应根据地形情况和施工条件，选用适当的运输方式，确定合理的经济运距，用以分析工程用土是调运还是外借。

表 4-28 路基土石方数量计算表

桩号	横断面面积（m^2）		距离（m）	挖方分类及数量（m^3）													填方数量（m^3）			利用方数量及调配（m^3）							备注
				总数量	土						石									本桩利用		填缺		挖余		远运利用及纵向调配示意图	
					Ⅰ		Ⅱ		Ⅲ		Ⅳ		Ⅴ		Ⅵ												
	挖方	填方			%	数量	%	数量	%	数量	%	数量	%	数量	%	数量	总数量	土	石	土	石	土	石	土	石		
1	2	3	4	5	6	7	8	9	10	11	12	13	14	15	16	17	18	19	20	21	22	23	24	25	26	27	28
$K_{288+000}$	0.0	5.8																								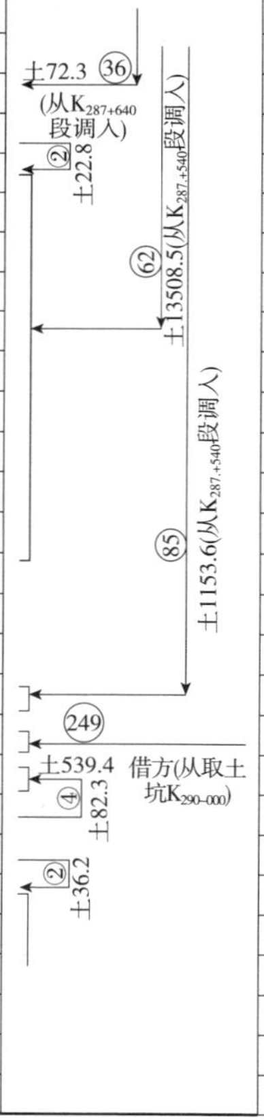	
288+020	1.5	1.9	20.0	15.4			100	15.4									76.8	76.8		13.3		63.5				土72.3 ㊱ (从$K_{287+640}$段调入)	
288+040	4.7	1.5	20.0	62.1			100	62.1									33.9	33.9		33.9				22.8			
288+060	0.0	5.8	20.0	46.7			100	46.7									73.2	73.2		40.3		32.9				② 土22.8	
288+080	0.0	17.9	20.0	0.0			100	0.0									237.2	237.2		0.0		237.2					
288+100	0.0	20.3	20.0				100										382.5	382.5				382.5					
288+120	0.0	36.6	20.0														569.5	569.5				569.5					
288+140	0.0	39.4	20.0														760.3	760.3				760.3				⑥② 土13508.5(从$K_{287+540}$段调入)	
288+160	0.0	38.9	20.0														782.8	782.8				782.8					
288+180	0.0	51.9	20.0														907.5	907.5				907.5					
288+200	0.0	62.0	20.0														1139.1	1139.1				1139.1					
288+205.585	0.0	59.3	5.6														338.7	338.7				338.7					
288+217.500	0.0	108.9	11.9														1001.9	1001.9				1001.9					
288+220	0.0	137.7	2.5														308.2	308.2				308.2				⑧⑤ 土1153.6(从$K_{287+540}$段调入)	
288+240	0.0	167.6	20.0														3052.8	3052.8				3052.8					
288+253.940	0.0	173.2	13.9														2375.8	2375.8				2375.8					
288+260	0.0	175.7	6.1																								
288+280	0.0	228.7	20.0																								
288+386.060	0.0	67.3	106.1																							②④⑨	
288+400	0.0	46.1	13.9				100										791.1	791.1				791.1				土539.4 借方(从取土坑$K_{290+000}$)	
288+420	1.6	14.3	20.0	16.2			100	16.2									604.9	604.9		13.9		590.9				④ 土82.3	
288+440	4.4	5.7	20.0	59.8			100	59.8									200.4	200.4		51.5		148.9					
288+460	7.0	6.0	20.0	113.6			100	113.6									116.7	116.7		98.0		18.8				② 土36.2	
288+480	13.5	4.6	20.0	205.0			100	205.0									105.7	105.7		105.7				82.3			
288+500	6.3	9.4	20.0	198.3			100	198.3									139.8	139.8		139.8				36.2			
288+520	5.2	10.7	20.0	115.6			100	115.6									201.2	201.1		99.6		101.5					
288+540	3.3	13.2	20.0	84.9			100	84.9									239.4	239.4		73.2		166.3					
小计				917.5				917.5									14439.3	14439.3		669.1		13770.2					

④土石方调配固然要考虑经济运距问题，但这并不是唯一的控制指标，还要综合考虑弃方或借方占地、赔偿农民损失及对农业生产影响以及环境保护等。有时移挖作填虽然运距远一些，运输费用高一些，但如能少占土地、少影响农业生产，这样从整体来说也未必是不经济的。

⑤不同的土方和石方应分别进行调配。以保证路基稳定和沿线人工构造物的材料供应。

⑥位于山坡上的回头曲线路段，要优先考虑上、下线土石方的竖向调运。

⑦对于借土和弃土应事先同地方政府商量，妥善处理。借土应结合地形、农田规划等选择借土地点，并应综合考虑借土还田、整治造田等措施。弃土应不占或少占耕地，在可能条件下宜将弃土平整为可耕地，防止乱弃乱堆，或堵塞河流，损坏农田。

4.7.3.2 土石方调配的方法

土石方调配方法有多种，如累积曲线法，调配图法及土石方计算表调配法等。目前生产上经常采用的是土石方计算表调配法，见表4-28，直接在土石方表上进行调配，其优点是方法简单，调配清晰，精度符合要求。该表也可由计算机自动完成。具体调配步骤是：

①土石方调配是在土石方数量计算与复核完毕的基础上进行的，调配前应将可能影响运输调配的桥涵位置、陡坡大沟等注明在表旁，供调配时参考。

②计算并填写表中“本桩利用”“填缺”“挖余”各栏。当以石作填土时，石方数应填入“本桩利用”的“土”一栏，并以符号区别。然后按填挖方分别进行闭合核算，其核算式为：

填方=本桩利用+填缺　　挖方=本桩利用+挖余

③在作纵向调配前，根据“填缺”“挖余”的分布情况，选择适当施工方法及可采用的运输方式定出合理的经济运距，供土方调配时参考。

④根据填缺、挖余分布情况，结合路线纵坡和自然条件，本着技术经济、少占用农田的原则，具体拟定调配方案。将相邻路段的挖余就近纵向调配到填缺内加以利用，并把具体调运方向和数量用箭头表明在纵向调配栏中。

⑤经过纵向调配，如果仍有填缺或挖余，则应会同当地政府协商确定借土或弃土地点，然后将借土或弃土的数量和运距分别填注到借方或废方栏内。

⑥调配完成后，应分页进行闭合核算，核算式为：

填缺=远运利用+借方　　挖余=远运利用+废方

⑦本公里调配完毕，应进行本公里合计，总闭合核算除上述外，尚有：

(跨公里调入方)+挖方+借方=(跨公里调出方)+填方+废方

⑧土石方调配一般在本公里内进行，必要时也可跨公里调配，但需将调配的方向及数量分别注明，以免混淆。

⑨每公里土石方数量计算与调配完成后，须汇总列入“路基每公里土石方表”，并进行全线总计与核算。至此完成全部土石方计算与调配工作。

4.7.3.3　关于调配计算的几个概念

(1)经济运距

填方用土来源，一是路上纵向调运；二是就近路外借土。一般情况下，调运路堑挖方来填筑距离较近的路堤还是经济合理的。但如调运距离过长，以致其运价超过了在填方附近借土所需的费用时，移挖作填就不如就地借土经济。因此，采取"调"还是"借"，有个限度距离问题，这个限度距离即所谓的"经济运距"，其值按下式计算：

$$L_{经}=B/T+L_{免}$$

式中　B——借土单价，元/m^3；

T——远运运输单价，元/(m^3·km)；

$L_{免}$——免费运距，km，人工运输为20km，汽车运输为1000km。

由上述分析可知，经济运距是确定借土或调运的界限。当实际调运距离小于经济运距时，采取纵向调运是经济的；反之，则可考虑就地借土。

(2)平均运距

土方调运的运距，是指从挖方体积的重心到填方体积的重心之间的距离。为简化计算起见，这个距离可简单地按挖方断面间距中心至填方断面间距中心的距离计算，称为平均运距。

(3)超运运距

平均运距与免费运距之差，即为超运运距。在编制工程概预算时，应按超运运距计算土石方运量。在纵向调配时，当其平均运距超过规定的免费运距，应按其超运运距计算土石方运量。

(4)运量

在生产实践中，将平均运距每10m划为一个运输单位，称为"级"，20m为两个运输单位，称为二级，余者类推。不足10m时仍按一级计算或四舍五入。于是：

$$总运量=调运(土石方)方数\times n$$

式中　n——平均运距单位(级)，其值为$n=(L-L_{免})/10$；

L——平均运距；

$L_{免}$——免费运距。

(5)计价土石方数量

在土石方调配中，所有挖方无论是"弃"或"调"，都应予以计价。但对于填方则不然，要根据用土来源来决定是否计价。如果是路外借土，当然要计价；若是移挖作填调配利用，则不应再计价，否则形成双重计价。则：计价土石方数量=挖方数量+借方数量

一般工程上所说的土石方总量，实际上是指计价土石方数量。一条公路的土石方总量，一般包括路基工程、排水工程、临时工程、小桥涵工程、短隧道等项目的土石方数量。对于独立大中桥梁、长隧道的土石方数量应单独计算。

本章小结

本章主要讲述了道路横断面形式：路堤、路堑和半路堤半路堑；横断面几何要素：路基宽度、路基高度、边坡坡度等；一般路段路基宽度组成：行车道宽度、中间带宽度、路肩宽度(硬路肩、土路肩)；加宽和超高的设置条件及设计方法，超高和加宽的过渡，超高和加宽的计算；行车视距的概念、分类，视距的《规范》规定和视距保证；爬坡车道和避险车道的设置条件，设计方法；路基土石方量计算及调配；路基横断面的设计步骤和路基横断面设计成果。

思考题

1. 公路横断面的组成及类型有哪些？各种公路横断面类型有何特点？
2. 路肩有什么作用？
3. 路拱横坡的概念、作用是什么？大小如何确定？
4. 中间带的组成是什么？其作用是什么？
5. 加宽过渡有哪些方法？各有何特点，工作中如何选用？
6. 如何确定加宽过渡段长度？
7. 什么是超高？平曲线为何要设置超高？
8. 超高率计算公式是什么？超高和横向力系数有几种分配方法？如何分配对汽车行驶最有利？
9. 双车道公路超高过渡有哪些方式？各有何特点？有中间带公路超高过渡有哪些方式？各有何特点？
10. 什么是超高渐变率？双车道公路的超高渐变段长度计算公式是什么？各参数如何取值？
11. 画出相邻同向曲线和反向曲线的超高设计图。
12. 什么叫行车视距？视距有哪些类型？
13. 公路上容易发生视距不足的地方有哪些？各级公路对视距的保证有何要求？
14. 什么叫视距曲线？什么叫横净距？如何画视距曲线？如何保证横净距？
15. 某三级公路，计算行车速度 $V=40\text{km/h}$，一弯道交点桩号为 K_{5+030}，转角 $\alpha=27°30'40''$，$R=200\text{m}$，$L_s=40\text{m}$，全超高横坡度 $i_k=3\%$，路拱 $i_G=1.5\%$，路肩横坡度 $i_y=2.5\%$。试求曲线主点及缓和曲线每隔 10m、圆曲线每隔 15m 整桩，横断面上三个代表性点高程与设计高程之高差及路基宽度(圆曲线的全加宽与超高值按《规范》办理，加宽过渡方式按比例加宽，超高过渡方式按绕中线旋转)。
16. 某双车道三级公路，计算行车速度 $V=70\text{km/h}$，路基宽度 8.5m，路面宽度 7.0m。弯道 $R=150\text{m}$，$L_s=40\text{m}$，$\alpha=45°44'32''$。试画出此段弯道的视距包罗线，并画图说明在横断面上如何保证视距。

第5章 选 线

[本章提要]

选线是在广阔复杂的地形地貌上确定道路中线的大概位置，选线的优劣直接影到工程的造价、施工、运营、安全、舒适及道路本身功能的发挥，因此选线对于公路设计来说是非常重要的一步。本章主要内容包括：选线的原则、步骤和方法；平原区、山岭和丘陵区选线的方法和应该解决的问题。山岭区选线比平原区、丘陵区选线相对难度较大，要求学生熟悉各种地形选线的方法、原则。

选线是在道路规划起点与终点之间选定一条技术上可行、经济上合理，又能满足使用要求的道路中心线。选线工作面对的是一个十分复杂的自然环境和社会经济条件，需要考虑多方面的因素。为达到此目的，选线必须由粗到细、由轮廓到具体、逐步深入、分阶段分步骤地进行，并进行多方案的比较，只有这样才能选定一条理想的路线来。

5.1 概述

5.1.1 公路选线的一般原则

路线是道路的骨架，选线的优劣直接关系到道路本身功能的发挥，关系到在公路网中能否起到应有的作用。选线要考虑多种因素，妥善处理好各方面的关系，其基本原则如下：

①应针对路线所经地域的生态环境、地形、地质的特性与差异，按拟定的各控制点由面到带、由带到线，由浅入深、由轮廓到具体，进行比较、优化与论证。同一起、终点的路段内有多个可行路线方案时，应对各设计方案进行同等深度的比较。

②影响选择控制点的因素多且相互关联又相互制约，应根据公路功能和使用任务，全面权衡、分清主次，处理好全局与局部的关系，并注意由于局部难点的突破而引起的关系转换给全局带来的影响。

③应对路线所经区域、走廊带及其沿线的工程地质和水文地质进行深入调查、勘察，查清其对公路工程的影响程度。遇有滑坡、崩塌、岩堆、泥石流、岩溶、软土、泥沼等不良工程地质的地段应慎重对待，视其对路线的影响程度，分别对绕、避、穿等方案进行论证比选。当必须穿过时，应选择合适的位置，缩小穿越范围，并采取切实可行的工程措施。

④应充分利用建设用地，严格保护农用耕地。

⑤国家文物是不可再生的文化资源，路线应尽可能避让不可移动文物。

⑥保护生态环境，并同当地自然景观相协调。

⑦高速公路、具干线功能的一级公路同作为路线控制点的城镇相衔接时，以接城市环线或以支线连接为宜，并与城市发展规划相协调。新建的二级公路、三级公路应结合城镇周边路网布设，避免穿越城镇。

⑧路线设计是立体线形设计，在选线时应考虑平、纵、横面的相互间组合与合理配合。

5.1.2 选线的步骤和方法

5.1.2.1 选线的步骤

一条路线的起点和终点确定以后，它们之间有很多走法。选线的根本任务是在众多的方案中选出一条符合技术要求、经济合理的最优方案来，应包括确定路线基本走向、路线走廊带、路线方案至选定线位的全过程。其按工作内容一般分如下三个步骤。

(1)路线方案选择

路线方案选择主要是解决起点与终点之间路线的基本走向问题。此项工作通常是在小比例尺(1∶25000~1∶100000)地形图上从较大面积范围内找出各种可能的方案，收集各可能方案的有关资料，进行初步评选，确定几条有进一步比较价值的方案。然后进行现场勘察，并通过进一步细致地比选，最终得出一个最佳方案来。当地形复杂或地区范围很大时，可以通过航空视察，或用遥感与航摄资料进行选线。

(2)路线带选择

在路线基本方向选定的基础上，按地形、地质、水文等自然条件选定出一些细部控制点，连接这些控制点，即构成路线带，也称路线布局。路线布局一般应该在1∶1000~1∶5000比例尺的地形图上进行。只有在地形简单，方案明确的路段，才可以现场直接选定。

(3)具体定线

经过上述两步工作之后，路线锥形已经明显勾画出来了。定线就是根据初选的路线和有关技术标准，进行路线带平面、纵断面和横断面综合设计，并反复的调整和比选，最终准确定出道路的中心线。

5.1.2.2 选线的方法

①选线可采用纸上定线或现场定线。高速公路、一级公路应采用纸上定线并现场

核定的方法。二级公路、三级公路、四级公路可采用现场定线，有条件或地形条件受限制时，可采用纸上定线或纸上移线并现场核定的方法。

②选线应在广泛搜集与路线方案有关的规划、计划、统计资料，相关部门的各种地形图、地质、气象等资料的基础上，深入调查、勘察，并运用遥感、航测、GPS、数字技术等新技术，确保其勘察工作的广度、深度和质量，以免遗漏有价值的比较方案。

5.1.2.3 地形划分

影响道路的自然因素主要有地形、气候、地质和水文地质条件、土壤及植物覆盖等。其中，地形是最主要的影响因素，它决定了选线的条件，并在很大程度上决定道路的技术标准。

地形按其形态、自然高差、倾斜度及平整度主要分为：平原地形、丘陵地形和山岭地形，丘陵地形又分为微丘和重丘。

(1)平原地形

地形平坦、无明显起伏、地面自然坡度在3°以内，选线基本不受地形限制。

(2)丘陵地形

丘陵地形分布有连绵的山冈脉络，水系不明显。起伏频繁，但高差不大，不引起高度的气候变化。

①微丘地形：地面起伏不大、地面自然坡度在20°以下，相对高差在100m以下，选线一般也不受地形限制。

②重丘地形：连绵起伏的山丘，具有深谷和较高的分水岭，地面自然坡度一般在20°以上，相对高差在500m以下，路线的平、纵断面大部分受地形限制，但相对山岭地形路线有一定的活动空间，可以争取较好的线形指标。

(3)山岭地形

山岭地形指地形变化复杂，地面自然坡度大部分在20°以上的山脊、陡峻山坡、悬崖、峭壁、峡谷、深沟等，相对高差在200m以上，路线的平、纵、横地面大部分受地形限制。

平原、丘陵和山岭三种地形选线的方法和重点及应该解决的问题非常不同，因此本章根据不同的地形划分进行讲解。

5.2 路线方案的选择

5.2.1 影响路线方案选择的主要因素

路线方案是路线设计中最主要的问题。方案是否合理，不但直接关系到道路本身的工程投资和运输效率，更重要的是影响到路线在公路网中是否能起到应有作用，即是否能满足国家的政治、经济、国防的要求和社会长远发展利益。

一条路线的起点、终点和中间必须经过的重要城镇或地点，统称为“据点”，把据点连接成线，就是路线的总方向或称大走向。这些据点是由公路网规划所规定的，或由政府部门根据社会发展需要而指定的。两个据点之间有许多不同的走法，有的可能沿某河、越某岭，也可能沿某几条河、越某几个岭；可能走某河的这一岸，靠近某城镇，也可能走对岸，避开某城镇等。这些每一种可能的走法就是一个大的路线方案。作为选线工作的第一步，就是要在各种可能的方案中，在深入调查的基础上，经过全面分析和比较，找出最佳的路线方案来。

选择路线方案应综合考虑以下主要因素：

①路线在政治、经济、国防上的意义，国家或地方政府对路线使用任务、性质的具体要求。

②路线在铁路、公路、水运、空运等交通运输网中的作用，与沿线工矿、城镇等的关系，以及与沿线农田水利等建设的配合关系和用地情况。

③沿线地形、地貌、水文、地质、气候、地震等自然条件；要求路线达到的技术等级和技术标准；路线长度、筑路材料来源、工程量、三材(钢筋、水泥、木材)的用量、工程造价、施工工期等情况。

④沿线的旅游景点、历史文物、风景名胜等。

从上面的分析可以看出，影响路线方案选择的因素是多方面的，而各种因素又是相互联系和相互制约的。路线应在满足使用任务和性质要求的前提下，综合考虑自然条件、技术等级和标准、工程投资、施工期限和施工设备等因素，通过多方案的比选，提出最佳的推荐方案。

【例 5-1】 如图 5-1 为某公路干线，根据公路网规划要求，按二、三级路标准进行视察，共视察了四个方案，各方案的主要技术经济指标汇总见表 5-1。

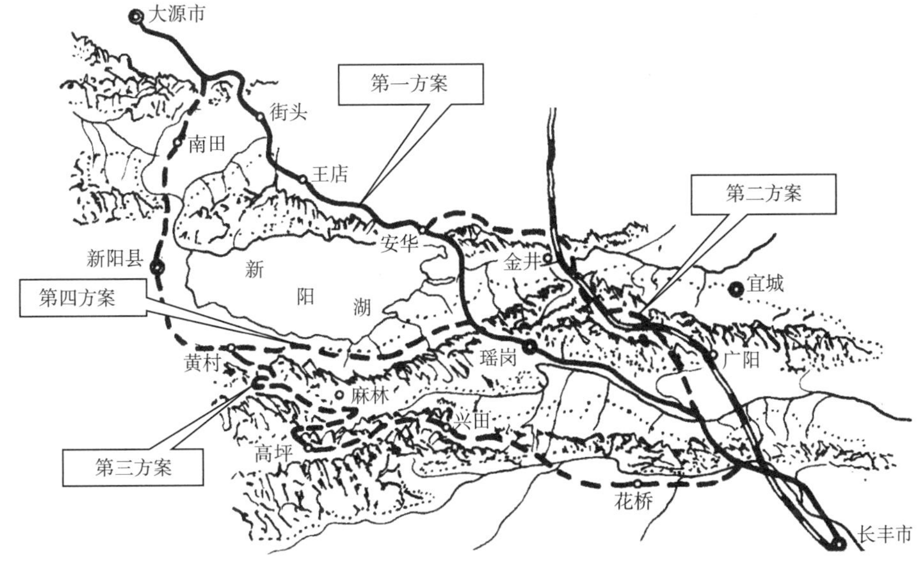

图 5-1 路线方案比选

表 5-1 各方案技术指标比较表

指标		单位	第一方案	第二方案	第三方案	第四方案
通过县(市)		个	29	29	32	31
路线长度		km	1360	1347	1510	1476
其中：新建		km	133	200	187	193
改建		km	1227	1147	1323	1283
地形：平原、微丘		km	567	677	512	615
山岭、重丘		km	793	670	998	861
用地		km^2	1525	1913	2092	1928
工程数量	土方	10^4m^3	382	492	528	547
	石方	10^4m^3	123	75	82	121
	次高级路面	km^2	5303	5528	4440	5645
	大、中桥	m/座	1542/16	1802/20	1057/13	1207/15
	小桥	m/座	1084/57	846/54	980/52	1566/82
	涵洞	道	977	959	1091	1278
	挡墙	m^3	73530	53330	99770	111960
	隧道	m/处	300/1	—	290/1	—
材料	钢材	t	1539	1963	1341	1469
	木材	m^3	18237	19052	18226	19710
	水泥	t	30609	39159	31288	33638
劳动力		万工日	1617	1773	1750	1920
总造价		万元	5401	5674	5189	5966
比较结果			推荐			

比选结果，第三和第四方案路线过于偏离总方向，较第一、第二方案长100~150km，虽然能多联系两三个县、市，但对发展地区经济所起的作用不大。因而第三、第四方案不宜采用。第二方案路线最短，但与铁路严重干扰，且用地较多，最后推荐路线较短、造价较低、用地最省的第一方案。

5.2.2 路线方案选择的方法与步骤

最佳路线方案是通过许多方案的比较、淘汰而确定的。指定的两个据点之间的自然情况越复杂、距离越长，可能的比较方案就越多，需要淘汰的方案也就越多。淘汰的方法是：先尽可能收集地形图等现有资料，并在室内进行初步筛选，找出几个较好的方案参加最后的比选。在最后比选之前，要进行现场调查和踏勘，以掌握详细的地形、地貌、水文、地质等资料，为最终比选提供依据。路线方案选择的程序通常是：

(1)搜集资料

搜集与路线方案有关的规划与统计资料，以及各种比例尺的地形图、航测图、水文、地质、气象等资料。

(2)确定所有的可行方案

根据确定了的路线总方向和公路等级，先在小比例尺(1∶50000或1∶100000)的地形图上，结合搜集的其他有关资料，初步研究各种可能的路线走向。比如路线可能沿哪些溪沟、河流，越哪些哑口，路线经过城镇或工矿区时，是穿过、靠近，还是避开等。

(3)初步筛选

在室内初步筛选出有限的几个方案，淘汰一部分较差的方案，参加方案的最终比选。

(4)实地调查与踏勘

针对初步筛选出的方案，进行现场实地调查与踏勘，连同野外调查过程中发现的新方案，都必须坚持跑到、看到、调查到，不遗漏一个可能的较佳方案。

野外调查要求做到以下几点：

①初步落实各据点的位置。对于路网规划中指定的据点，如在调查过程中发现不合理，应及时反映，并经过充分分析和论证，提出变动理由，报有关部门审批。

②对路线、大桥、隧道均应提出推荐方案。

③提出分段采用的技术标准和主要技术指标。

④选定路线必经的控制点，如越岭的哑口、较大河流的桥位、与铁路或其他公路交叉的地点，以及应绕避的城镇及大型的不良地质地段等。

⑤分段估算各种工程量，如路基土石方数量、路面工程量、桥梁、涵洞、隧道、挡土墙等的类型、长度及工程量等。

⑥社会、环境与经济调查。

【例5-2】 分项整理调查结果，提出推荐的最佳方案。

图5-2中的A、C为规划路线的起、终点，B为必须经过的控制点。若将路线起、终点和必须经过的控制点直接连接，路线虽短捷，但多次跨越大河，直穿较高的山岭和不良地质地段，不仅投资多，而且工程质量差、隐患大。为了降低工程造价，消除隐患，可根据自然条件选择有利地点通过，如特大桥或复杂大桥的合适桥址D和E，绕避不良地质的F和G，垭口H和I，这些点为中间控制点。A和B之间有ADFB和AGEB两个可能走法，而BC之间也有BHC和BIC两个可能走法，每一种可能的走法就是一个大的路线方案。作为选线工作的第一步就是要在各种可能的方案中，在深入调查的基础上，通过方案的比选，选择合理的路线方案作为进一步设计的依据。

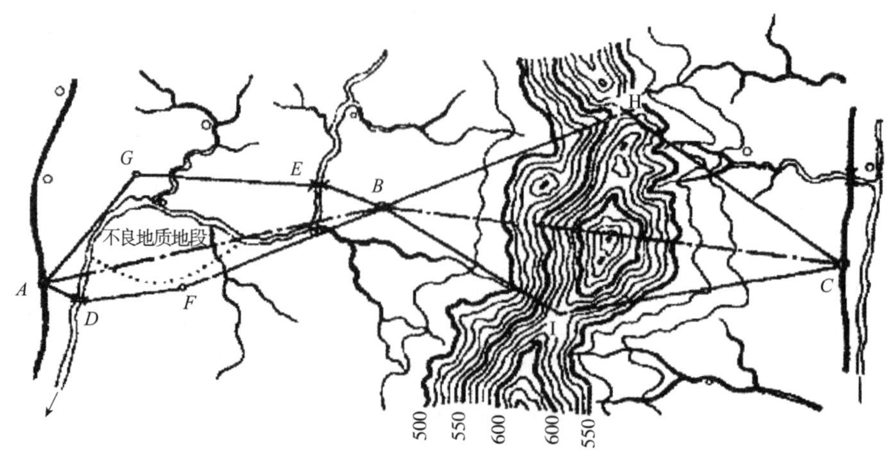

图 5-2 路线方案拟定

5.3 平原区选线

5.3.1 平原区路线的特点

平原地区地面高度变化微小，有时有轻微的波状起伏和倾斜。平原地区除泥沼、盐渍土、河谷漫滩、草原、戈壁、沙漠等外，一般多为耕地，且分布有各种建筑设施，居民点较密；在一些地区，还具有湖泊、河流、水塘较多等特点。

平原地形对路线的限制不大，路线的基本线形应是短捷顺直。两控制点之间如无居民点、建筑物群、厂矿、自然保护区、风景区等，则可采用直线线形。但这只有在戈壁滩里和大草原上，才有此可能，而在一般平原地区，农田密布、灌溉渠道网纵横交错、城镇和工业区较多、居民点也较为稠密。因此，对于平原地区选线，先是把路线总方向内所规定经过的地点如城镇、工厂、农场和乡政府，以及文物、风景等地点作为大控制点；然后在大控制点之间进行实地勘查，了解地物及农田情况，确定哪些可穿，哪些该绕以及怎样绕避，从而建立起一系列的中间控制点。所有的控制点明确以后，路线一般应由一个控制点直达另一个控制点。但为了路容的美观，适当插入平曲线与竖曲线是必要的。

平原区平面线形一般以直线为主体，弯道转角较小，平曲线半径较大，在纵面上坡度平缓，以低路堤为主。

5.3.2 平原区路线布设要点

平原区路线，因地形限制不大，布线应在基本符合路线走向的前提下，着重考虑政治、经济因素，下面介绍以下平原区布线的要点。

(1)正确处理道路与农业之间的关系

平原地区农田成片，渠道纵横交错，布线时应处理好如下问题：

①尽量少占农田，少占或不占高产田。布线时要进行全面的分析和比较，既不能

片面求直而占用大片良田，也不能片面强调不占某些农田而使路线弯弯曲曲，造成行车条件恶化。如图 5-3 所示，公路通过某河附近时，如按虚线方案，则路线将从田中间穿过，虽路线短、线形好，但占用许多好田，且填筑路基取土困难；如将路线移至坡脚下，如图 5-3 中实线所示，里程虽略有增加，但避开了大量的高产田，而且沿坡脚布线，路基可为半填半挖，节省了大量的土石方量。

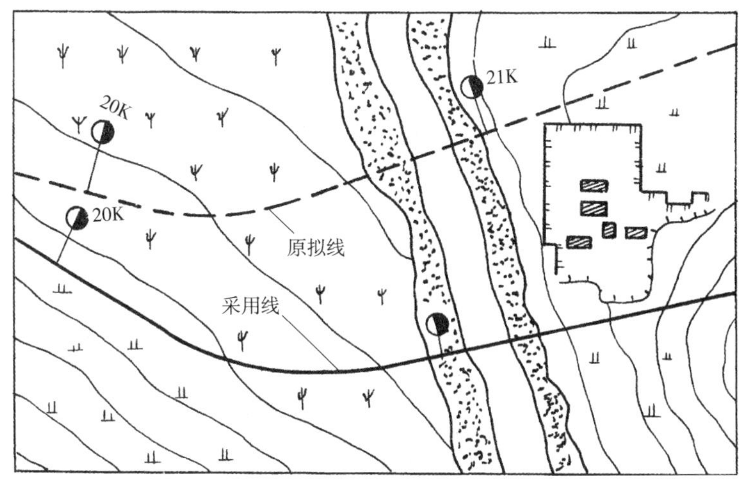

图 5-3　农田区路线方案比选

②路线应与农田水利建设相配合，有利农田灌溉，尽可能少和灌溉渠道相交。当路、渠方向基本一致时，可沿渠堤或河堤布线，堤路结合、桥闸结合，以减少占地；当路线通过水塘时，可考虑设在水塘的一侧，并适当拓宽水塘取土填筑路基，使水塘面积不致缩小。

③当路线靠近河边低洼的村庄或田地时，应尽可能靠河岸布线，并采取公路防护措施，兼作保村保田之用。如图 5-4 所示，采用堤路结合方式，使百亩滩地变为水田，村庄安全得到了保障。

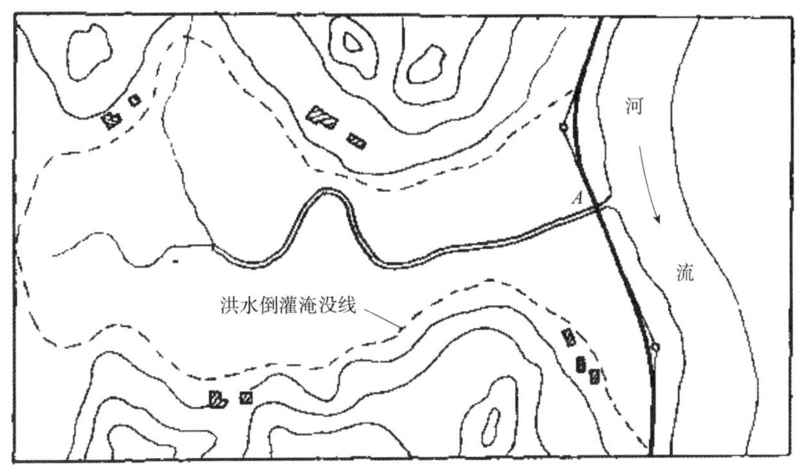

图 5-4　沿河路堤结合的路线

(2)合理考虑路线与城镇的联系

平原区有较多的城镇、村庄和工业厂矿，布线时应根据具体情况，正确处理穿越和绕避的问题。

①国防公路和高等级公路，应尽量避免穿越城镇、工矿区和较密集的居民点。但路线不宜离开太远，并修建支线联系。做到“靠村不进村，利民不扰民”，既方便运输又保证安全。

②一般沟通县、乡、村并直接为农业运输服务的公路，经地方政府同意也可穿越城镇和乡村，当应有足够的宽度和视距，以保证行人和行车的安全。

③路线应尽量避开重要的电力、电讯设施。当必须靠近或穿越时，应保持足够的距离和净空，尽量不拆或少拆各种电力、电讯设施。

(3)处理好路线与重要建筑物、桥梁及交叉口的关系

①路线起、终点，必须连接的城镇、工矿企业，以及特定的特大桥等位置，应为路线基本走向的控制点。

②大桥、互通式立体交叉、铁路交叉等的位置，应为路线走向控制点，原则上应服从路线基本走向。

③中、小桥涵及一般构造物的位置应服从路线走向。

一般情况下，桥位中线应尽可能与洪水的主流流向正交，桥梁和引道最好都在直线上。如两端引道必须设置曲线时，应在桥两端以外保持一定长度的直线段，并尽量采用较大的平曲线半径；当条件受限制时，也可设置斜桥或曲线桥。如图5-5所示，路线跨河有三个方案：就桥梁而言，乙线较好，桥梁少，但路线较长；就路线而言，甲线里程最短，线路顺直，但桥梁较多，且都为斜交；丙线则各桥都近于正交，线形比较美观。三个方案都有可取之处，但因这条路等级高、交通量大，且有超车需要，故采用比较顺直的甲线。

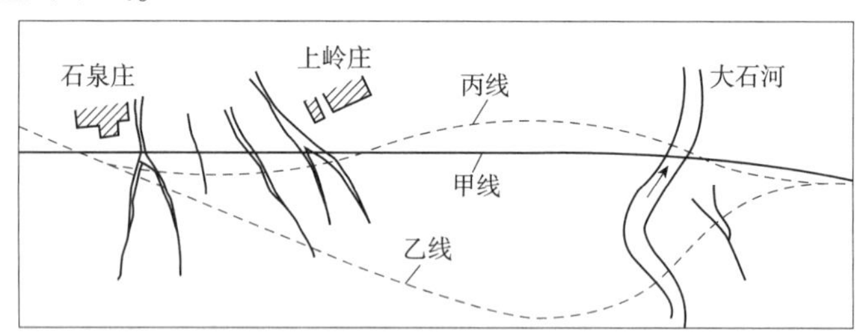

图5-5 路线与桥位的关系

(4)注意土壤水文条件

平原地区的工程地质和水文地质条件较差，特别是河网湖区，地势低平，地下水位高，使路基的稳定性变差，因此应尽可能沿接近分水岭的地势较高处布线。当路线遇到面积较大的湖泊、水塘、泥沼、洼地时，一般应绕避；如必须穿越时，应选择在最浅、最窄和基底坡面较平缓的地方通过，并采取有效的措施，确保路基的稳定。

(5)正确处理新、旧路的关系

当在平原区修建汽车专用公路时，应视具体情况处理好新、旧路的关系。

①现有一般二级公路由于交通量很大需建汽车专用二级公路时，宜利用并改造原

路，并重新修建辅道供非机动车行驶。

②当现有公路等级低于一般二级路标准，宜新建汽车专用公路，原有公路留作辅道。

(6)尽量靠近建筑材料产地

平原地区一般缺乏砂石建筑材料，路线应尽可能靠近建筑材料产地，以减少运输费用。

5.4 山岭区选线

山岭地区的特点是坡陡流急，地形十分复杂；石多、土薄、水文地质条件复杂。但山岭区山脉清晰，这给山岭区选线指明了方向，不是顺山沿水，就是横越山岭。根据线路所在位置山岭区选线可分为沿河(溪)线、越岭线和山脊线。

5.4.1 沿河(溪)线

沿河(溪)线是沿着河流(或小溪)的某岸布置的路线，如图5-6所示。

图5-6 沿河线

山区河流，谷底一般不宽，两岸台地较窄，谷坡时陡时缓，河流弯弯曲曲。河谷地质情况较为复杂，常有滑坍、岩堆、泥石流等病害存在。寒冷地区的峡谷因日照少，常有积雪、雪崩等现象。山区河流，平时流量不大。但一遇暴雨，山洪暴发，洪水常夹带泥沙、砾石、树木等急速下泄，冲刷河岸，危害甚大。

上述自然条件会给道路的设计与施工带来困难，但和山区其他布线方式相比较，沿河(溪)线有它的优点：

①平、纵线形是最好的。

②便于为分布在溪河两案的居民点及工农业生产服务。

③有丰富的砂石及充足的水源，可供施工和道路养护使用。

④只要善于利用有利地形，克服不良地质条件，在路线标准、工程造价等方面均有可能优于其他布线方式。

因此，山区选线往往把沿河(溪)线作为优先考虑的方案。

5.4.1.1　路线布局

沿河(溪)线的路线布局，主要的问题是：路线选择走河流的哪一岸，线位放在什么高度和在什么地点跨河。这三个问题是互相联系和互相影响的，在选线时应视具体情况，妥善解决。

(1)河岸选择

由于河谷两岸情况各有不同，应本着“避难就易”的原则，选择条件较好的一侧。当建桥工程不复杂时，为了避开不利地形和不良地质地带，或为了争取缩短里程，提高线形标准，可考虑跨河换岸设线；但河流越大，建桥也越复杂，跨河换岸就越要慎重考虑。河岸的选择主要考虑下列主要因素：

①地形及地质条件：路线应选择在地形平坦、宽阔，有台地可以利用，支沟较少，水文及地质条件良好的一岸。这些有利的条件往往交替出现在河流的两岸，选线时应格外慎重、深入调查、全面分析、综合比较，再决定取舍。如图5-7所示，有两种布线方案，乙方案为躲避河左岸的两处陡崖，跨河利用右岸较好的地形。但过夏村后，右岸又出现悬崖，路线再次跨回左岸，在3km范围内，两次跨河，需建桥两座。而甲方案一直走左岸，虽然要开挖一段石方，但较建两座桥梁经济得多，因此不宜跨河换岸。

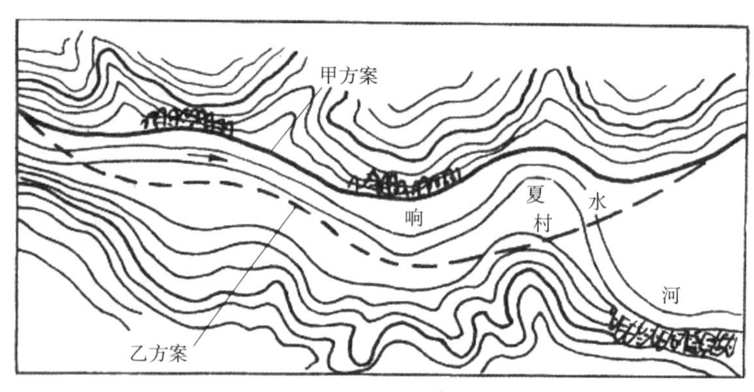

图5-7　跨河换岸比较

②城镇及居民点的分布、城乡建设、工农业发展和其他交通、水利设施相配合。除国防公路外，一般路线应选择在村镇较多、人口稠密、工矿企业所在的一岸。但有时为了避免大量拆迁和妨碍城镇发展，也应跨岸绕避，选线时需认真比选。另外，尽量少占农田，在少占农田和有利地形相矛盾时，要征求多方意见，慎重取舍。当公路与铁路相交时，应根据具体情况，考虑分设两岸。

③积雪和冰冻地区的选岸：积雪和冰冻地区的阳坡和阴坡，迎风面和背风面的气候相差很大，在对路线整体布局影响不大的情况下，尽可能选择阳坡和迎风的一岸。

(2)路线高度

路线线位的高度是路线布线中的重要环节，首先，线位的高度要保证路基的安全，使其在设计洪水位以上一定安全高度内。如果河岸有平整的台地，地质水文条件良好，布线满足上述条件是比较容易达到的。但在谷坡陡峻的河谷中，往往缺乏这种有利地形，布线时就需要考虑临河傍山的办法，也就有了低线和高线之分。

①低线：一般是指高出设计水位(包括浪高加安全高度)不多，路基临水一侧边坡常受洪水威胁的路线。低线的优点是平、纵线形比较好，宜达到较高的技术标准；路基土石方量少，边坡低、易稳定；路线活动范围较大，便于利用有利地形和避开不良地质地段；便于在沟口处直跨支流和跨河换岸设线。其最大的缺点是常受洪水威胁，防护工程较多。

②高线：是指高出设计水位较多，基本不受洪水威胁的路线。它的优缺点正好和低线相反，一般多用在有较高台地的路段或傍山临水低线易被积雪掩埋的路段以及从路线整体布局出发需要提高线位的路段。它的优点是不受洪水威胁，废方较易处理。其缺点是高线一般位于山坡上，路线随山曲折弯曲，线形差，工程量大；遇缺口时，常需设置较高的挡土墙或其他构造物，另外对避让不良地质及跨河，都比低线困难。

一般来讲，低线优点较多，应优先考虑采用。各地都有不少采用低线成功的经验，但也有不少水毁的教训。因此，在采用低线方案时，要特别注意洪水调查，准确掌握历史最高洪水位，把路线放在安全高度上。同时，要采取有效的防洪措施，以保证路基的稳定和道路的畅通无阻。

如图 5-8 所示，为避让沿河 1.7km 的断续陡崖，初步拟定采用高线方案。由低线过渡到高线的升坡段很长，且弯急坡陡、线形弯曲、行车不安全。后来改走低线直穿悬崖，路线平、纵标准显著改善，还缩短了 760m 的里程。但应注意防洪和排洪措施。

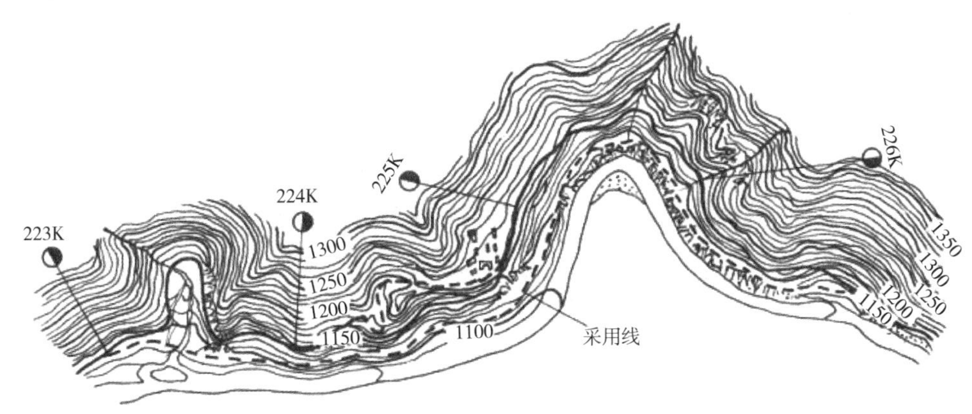

图 5-8 高线与低线比较

(3)桥位选择

按路线与河流的关系，有跨支流和跨主流两类桥位。跨支流的桥位选择，一般属于局部方案问题，容易处理。而跨主河的桥位选择属于路线总体布局问题，当路线由于地形、地质等原因需要跨河换岸布线时，则必须选择合适地点修建跨河桥梁。因此，跨主河的桥位往往是确定路线走向的控制点，如果桥位选择不好，勉强跨河，不是造成桥头线形差，就是增大桥梁工程，因此，在选择河岸的同时，要研究并处理好桥位及桥头路线的布设问题。常见有以下几种情况。

①如图5-9所示，在“S”形河段腰部跨河，以争取桥轴线与河流成较大交角。

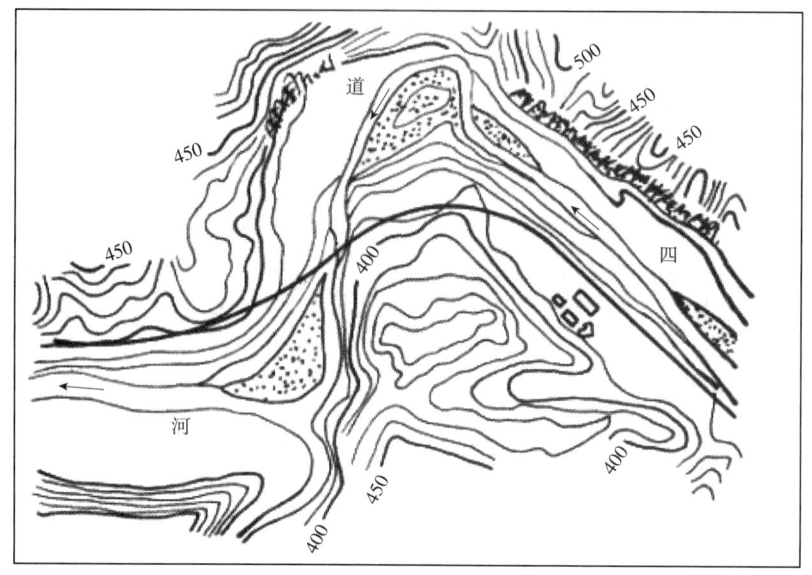

图5-9　S形腰部跨河

②如图5-10所示，在河湾附近跨河，充分利用了有利地形，达到了跨河换岸布线的目的。

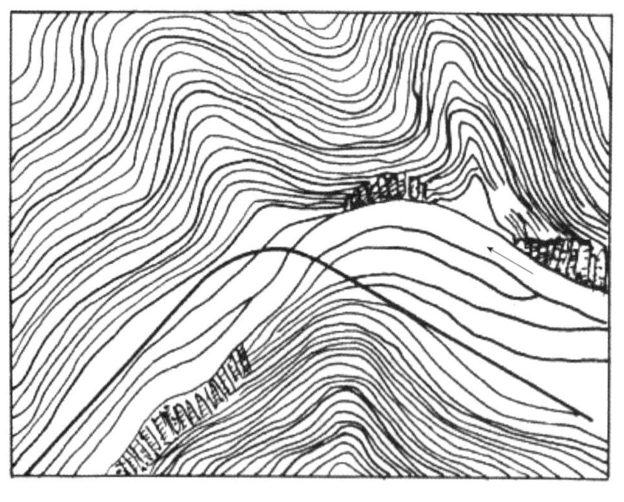

图5-10　在河弯附近跨河

③如图5-11(a)所示的桥位应尽可能避免，因在与路线接近平行的顺直河段上跨河，桥头引道难以舒顺。当不得已必须在这种河段上跨河时，中、小桥可采用斜桥以改善桥头引线；如为大桥，一般不宜采用斜桥，宜把桥头路线作成构形，如图5-11(b)，或布设一段弯引桥，或两者兼用。总之，桥头引线的直线段长度和圆曲线半径

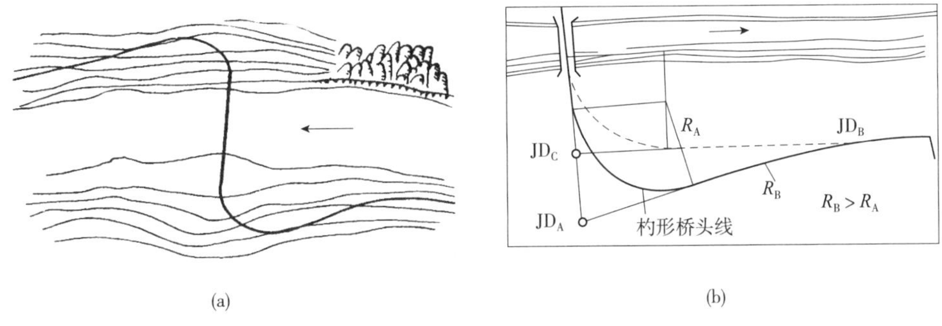

图 5-11 顺直河段桥位布设

(a)顺直河段跨河 (b)桥头布设弯引桥

必须满足要求。

对于路线跨支流时桥位的选择，有两种方案，即从支河(沟)口直跨和绕进支流上游跨越，如图 5-12 所示。采用何者为宜，要根据路线等级和桥位处的地质、地形条件，经过多方面的比较后再确定。

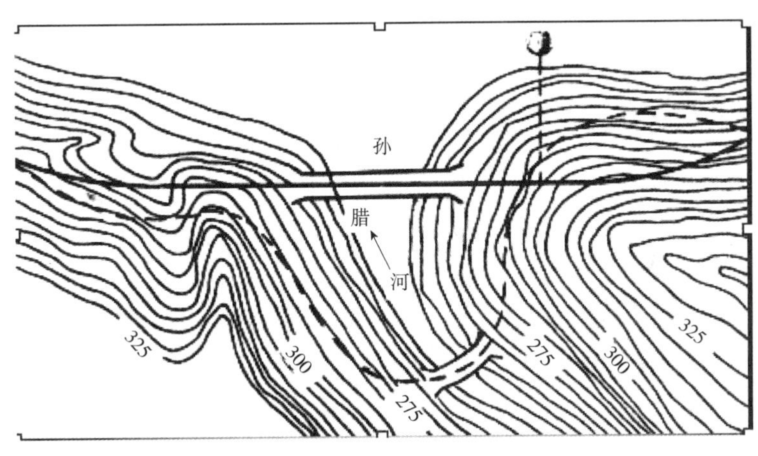

图 5-12 跨支流桥位选择

5.4.1.2 几种河谷地形条件下的选线

(1)开阔河谷

这种河谷谷底地形简单、平缓，河岸与山坡之间有较宽的台地，且多为农田，如图 5-13 所示。这类地形的路线有三种走法：

①沿河线：如图 5-13(a)中虚线所示，坡度均匀、平缓，线形好。但临河一侧常受洪水威胁，需做防护工程。

②山脚线：如图 5-13(a)中实线所示，路线略有抬高，纵断面会有起伏，但可不占或少占农田，且基本上不受洪水的威胁，是一种常采用的布线方案。

③台地中部线：如图 5-13(b)所示，位于河谷和山脚之间的台地，直穿田间，线形标准高，对行车有利。但占田最多，在稻田地区为保证路基稳定，有时还需换土，一般不宜采用。

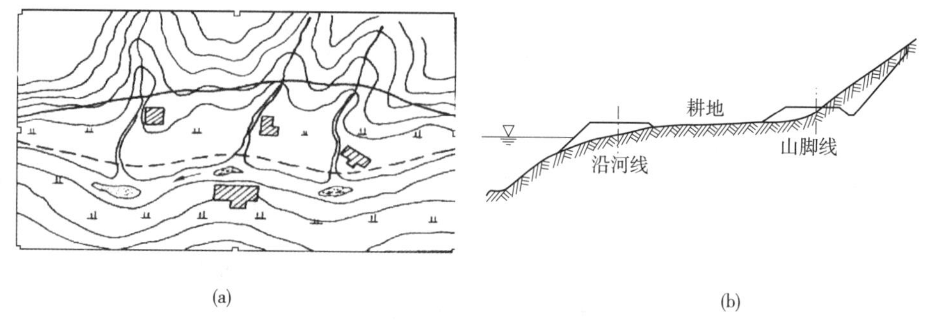

图 5-13 开阔河谷地形选线

(2)山嘴或河湾地形

这种路段主要有三种布线方案。

①沿河岸自然地形，绕山咀、河湾布线：如图 5-14 双点划线所示，这种路线由于线路展长，在坡度受限地段有利于争取高度，但易受不良地质的危害或河流冲刷的威胁，路线安全条件较差。

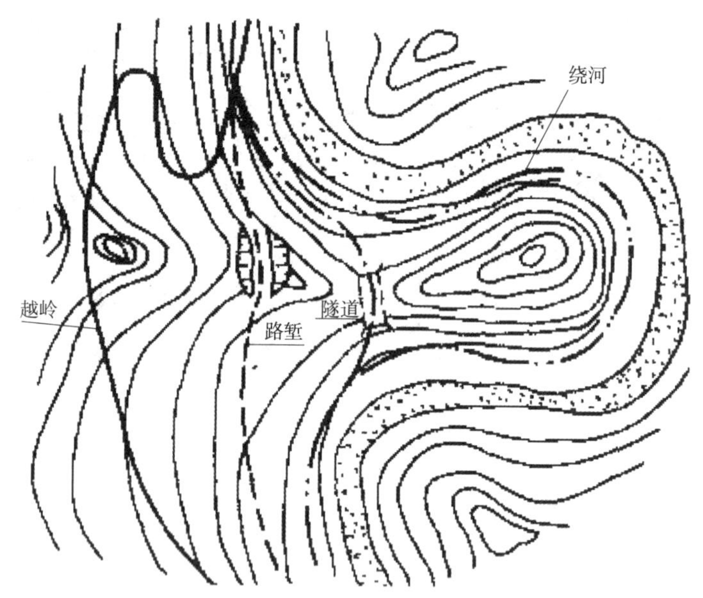

图 5-14 河湾布线

②取直布线：遇河湾直接跨河或改移河道(图 5-15)，遇山嘴开隧道或深路堑通过(如图 5-14 点划线和虚线)或切嘴添湾(图 5-16)。这种布线短而顺直，安全条件较好，但工程费用较大。

③绕越山岭：如图 5-14 实线所示，这种路线路基稳定，但线形较差，技术指标较低。

究竟采用哪种方案，应通过技术经济比较来确定。一般来讲，对于技术等级高、交通量大的路线宜取直布线；对于等级较低的道路，则应采用工程量小、造价低的方案。

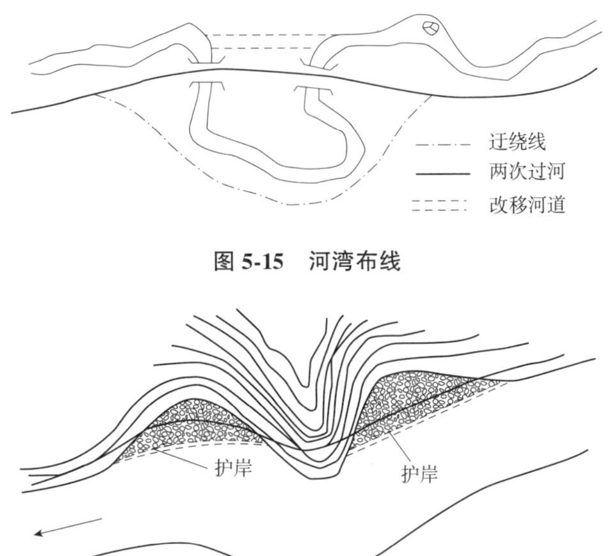

图 5-15 河湾布线

图 5-16 切嘴填湾

(3)陡崖峭壁河道

山区河谷常有陡崖峭壁错综地交替出现，两岸都是陡崖峭壁时为峡谷。峡谷一般河床狭窄、湍急，给布线带来一定的困难。路线通过这种地段通常采用以下两种方案。

①绕避布线：有两种方法，一是翻上峡谷陡崖顶部选择有利地带通过；二是另找越岭路线。前者需要崖顶有可供布线的合适地形，后者需要附近有基本符合路线走向的低垭口。这两种绕避方法的共同点是纵断面起伏较大，需要有合适的地形条件。设线时要求路线的纵坡应小于该路等级所允许的最大纵坡，这就需要一个相当长的过渡段。上下线位高差越大，所需过渡段就越长。因此，峡谷不长，只要不是无法通过，两种绕避方法均不宜采用；特别是崖顶过高时，更不宜翻崖顶绕避。图 5-8 的高线就是绕避不当的例子。但当峡谷较长，如直穿峡谷工程艰巨、施工相当困难，而附有近条件绕避时，则可以考虑采用绕避方案。如图 5-17 所示，河谷曲折迂回，且有近 5km 长的悬崖，布线十分困难；而越岭线的瓦窑垭口，方向很顺，且两侧地形和地质条件均较好，有利于设线，则越岭绕避是一可取的方案。

②直穿峡谷布线：可根据河床宽窄、水文状况、崖壁陡缓等因素采用不同的方法通过。

a. 与河争路，侵占部分河床。当河床较宽、水流不深、水量不大时，可侵占和压缩部分河床，不致引起洪水位抬高太多，此时路线可在崖脚下按低线设计通过。根据河床可能压缩的程度，有以下两种情况。

第一种情况：河床宽阔，压缩后洪水位抬高不多，路基可全部或大部分设在紧靠崖脚的水中或滩地上，路基可纵向调运或开小部分石崖填筑，路基临水一侧应做防护工程。

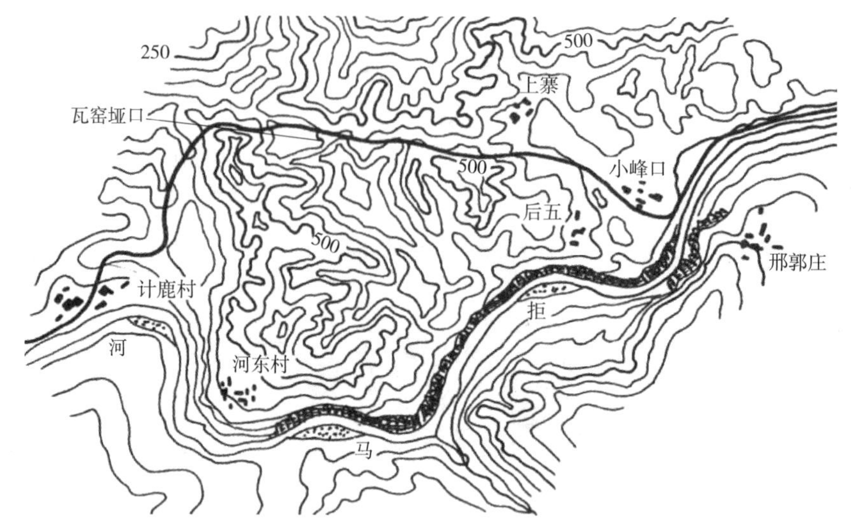

图 5-17　越岭绕避方案

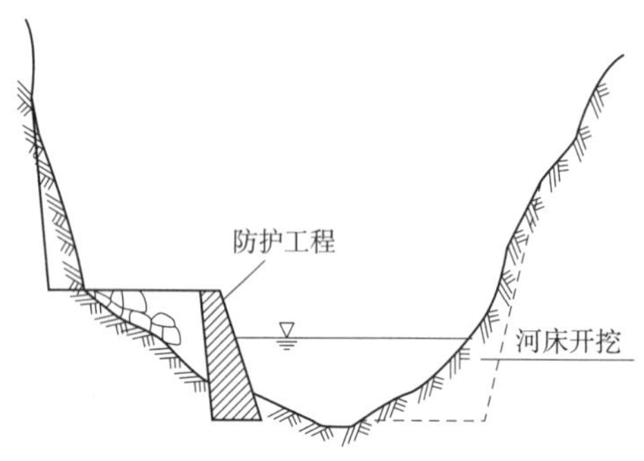

图 5-18　狭窄河床，开砌结合

第二种情况：河床狭窄，压缩后将使洪水位有较大的抬高，此时路基只部分占用河床，采取“开”“砌”结合，以砌为主的方式，如图 5-18 所示。开的是本岸的山咀，砌的材料主要取自清理河床的漂石及削除对岸突出山咀的石料。

b. 硬开石壁。当两岸峭壁逼近，河床很窄时，不可能容纳并行的河与路，此时可硬开石壁通过，主要措施如下：如图 5-19(a)所示，在石壁上硬开路基，造成的大量废方必须妥善处理，尽可能将大部分废方利用到附近的路段，同时要考虑散失在河中的废方对水位的影响，适当抬高线位或进行必要的清理。如图 5-19(b)所示，如果崖壁岩石性质好，可开凿半隧道，以减少石方和废方。如图 5-19(c)硬开石壁的路基，对个别不够宽的路段，可用半边桥或悬出路台处理。如图 5-19(d)当两岸石壁十分逼近(有时仅几米宽)，不宜硬开路基时，可建顺水桥通过。如图 5-19(e)如果石壁宽厚，地质条件较好，可采用隧道通过。

(4)河床纵坡陡峻的河段

①急流、跌水河段：河床纵断面在短距离内突然下降几米至几十米，形成急流或跌水。路线由急流或跌水的上游延伸到其下游时，线位就高出谷底很多，如图 5-20 所示。为了尽快降低线位，避免继续走陡峻的山腰线，可利用下游平缓的山坡展线下降。

②河床纵坡连续陡峻的河段：这类河段多出现在山区河流的上游，当陡到路线标准不允许的程度时就需要进行展线。其选线要点与下述的“越岭线”相同。

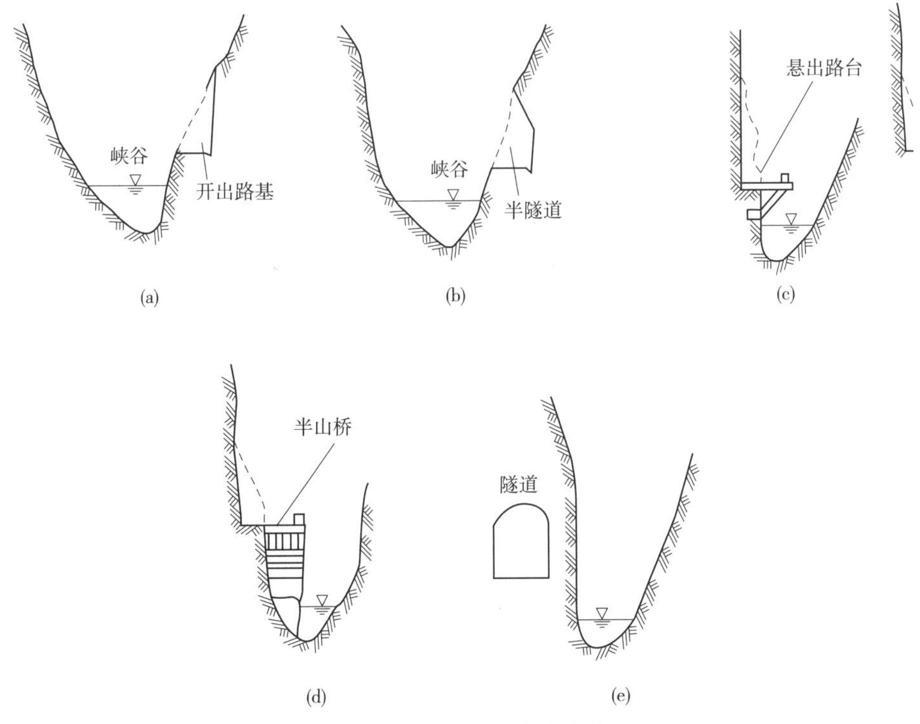

图 5-19　河床狭窄路段布线

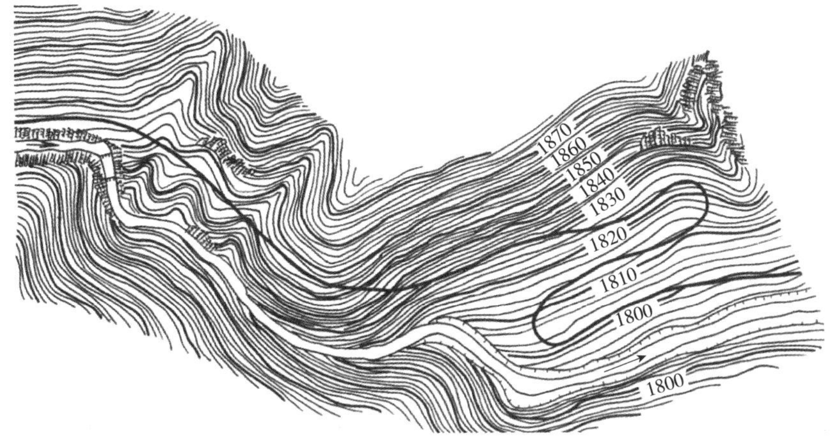

图 5-20　急流、跌水河段布线

5.4.2　越岭线

沿分水岭一侧山坡爬上山脊，在适当地点穿过垭口，再沿另一侧山坡下降的路线，称为越岭线。它的特点是路线需要克服很大的高差，路线的程度和平面位置主要取决于路线纵坡的安排。因此，在越岭线的设计中，应以路线纵断面设计为主要矛盾。

越岭线布局主要应解决三个问题：垭口的选择、过岭标高的确定和垭口两侧路线的展线方案。这三者是互相联系又互相影响的，布线时应综合考虑，处理好这三者之间的关系。

5.4.2.1　垭口位置选择

垭口是越岭线的重要控制点，应在基本符合路线走向的较大范围内选择，要全面考虑垭口的位置、标高、地形条件、地质情况和展线条件。

(1)垭口位置选择

垭口位置在基本符合路线走向的前提下，优先选择标高较低、展线条件良好、地形地质有利的垭口。但在实际地形中这些条件不一定同时具备，这就需要同时选择几个不同位置的垭口，然后进行细致的比较，最后选择一个最佳方案。

(2)垭口标高选择

垭口海拔高低及其与山下控制点的高差，对路线长短、工程量大小和运营条件有直接的影响，一般应选择标高较低的垭口，在高寒地区，特别是积雪、海拔高的路线对行车很不利，因此，有时为了走低垭口，即使方向有些偏离，距离有些绕远，也应注意比较。但如果积雪、结冰不是太严重，对基本符合路线走向、展线条件较好，接线方向较顺、地质条件较好的垭口，即使稍高也不应轻易放弃。

(3)垭口展线条件选择

山坡展线是越岭线的主要设计内容，而山坡坡面的曲折程度、横坡陡缓、地质情况等，都与线形标准和工程量大小有直接关系，因此，选择垭口必须结合两侧山坡的展线条件一起考虑，如果有地质条件较好、地形平缓，利于展现降坡的山坡，即使垭口位置略偏或较高，也应纳入选择范围，不要遗漏。

(4)垭口地质条件选择

垭口一般地质构造薄弱，常有不良地质存在，应深入调查研究其地层构造，如图5-21所示，摸清其性质和对公路的影响，设计中采取相应措施，重点防护，顺利通过。

一般对软弱层型、构造型和松软侵蚀型，只要注意到岩层及水的影响，路线通过问题不大；对断层破碎带及断层陷落型垭口，一般应尽量避开，必须通过时，应查清

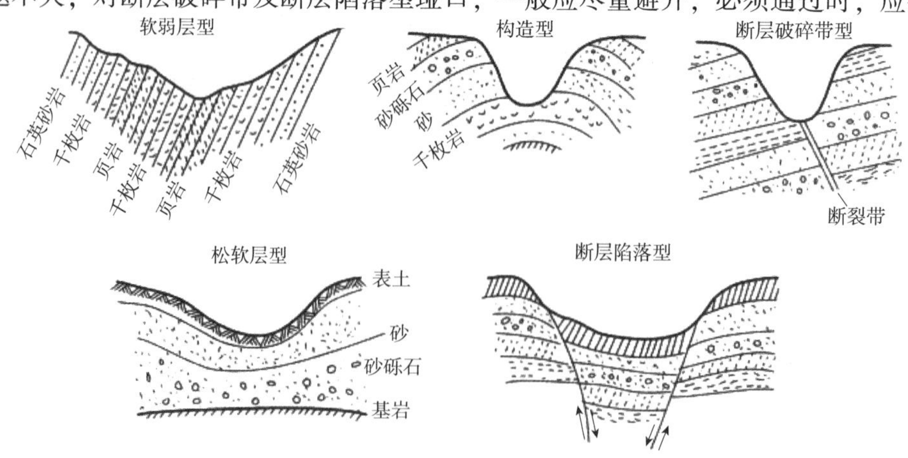

图5-21　垭口的地层构造

破碎带的大小及程度，选择有利位置通过，并采取可靠工程措施(如设置挡土墙、明洞)，以保证路基稳定；对地质条件恶劣的垭口，局部移动路线或采取工程措施也不能解决问题时，应予以放弃。

5.4.2.2 过岭标高的选择

路线过岭，主要采用两种方法，即采用路堑或隧道通过。过岭标高越低，路线就越短，但路堑就越深、隧道就越长，工程量就越大。因此过岭标高应结合路线等级、越岭地段的地形、地质及两侧展线方案、过岭方式等因素经过经济技术比较来确定。具体的过岭方式主要有如下几种：

(1)浅挖低填

当过岭地段山坡平缓、垭口较宽(有的达到 1~2km)时，两侧展线比较容易，宜采用浅挖低填的方式过岭，过岭标高基本上就是垭口标高。

(2)深挖垭口

当垭口比较瘦削时，常用深挖的方式过岭。深挖垭口，虽然在垭口处的土石方量增加了，但由于降低了过岭标高，相应缩短了展线长度，总工程量并不一定增加，且线形标准和运营条件得到大大改善。至于深挖程度，应视地形、地质条件和展线对垭口标高的要求等因素来确定，一般深挖 20m 以内，地质条件良好时，还可深挖些。垭口越瘦，越宜深挖。

如图 5-22 所示，路线通过垭口，由于选用不同的挖深出现了三个可能的方案。甲方案挖深 9m，需要设两个回头弯；乙方案挖深 13m，需一个回头弯；丙方案挖深 20m，即可顺山坡直接布线，不需回头弯，比甲方案缩短了 350m。丙方案线形好，路线最短，有利于行车安全和降低运营费用，所以应采用丙方案。

深挖垭口，土石方工程量大，往往要处理大量的废方；当垭口处地质条件较差

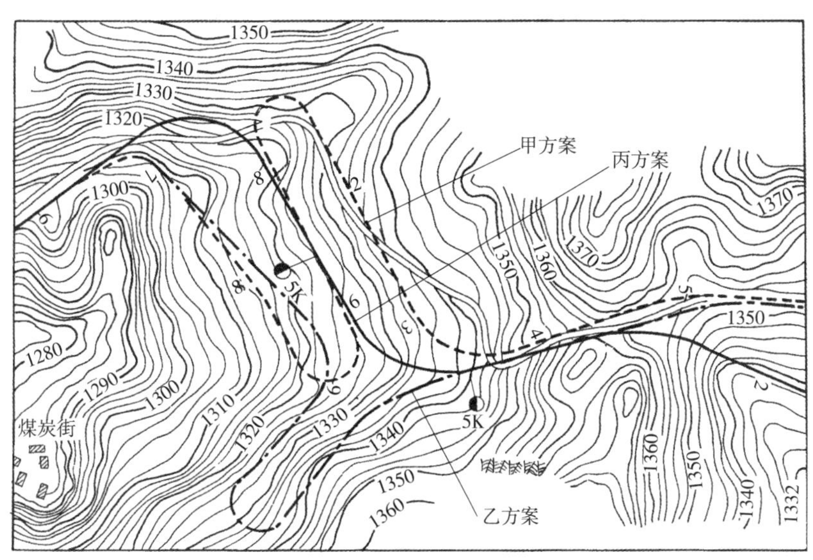

图 5-22 垭口采用不同挖深的展现布局方案

时，还应设置挡土墙等工程措施，以确保路基的稳定。所有这些应在选择过岭标高时要充分考虑。

(3)隧道通过

当垭口挖深在20m以上时，要与隧道方案进行比较。特别是当垭口瘦薄时，采用不长的隧道就能大大降低路线的爬升高度，缩短里程，提高路线的线形指标，在经济上是非常合算的。另外，有时为了避开严重不良地质条件或高山积雪、结冰对公路的不良影响，也可考虑采用隧道通过的方案。

一般情况下，隧道标高越低，路线就越短，路线的技术指标就越高，对运营就越有利，但标高低，隧道就长，其造价就高，施工工期就长。隧道标高的确定主要考虑以下因素：

①以"临界标高"作为比选的基础。所谓临界标高是指隧道造价与路线造价总和最小的过岭标高，实际隧道标高应尽量接近临界标高。

②地质和水文地质条件是选择标高的重要影响因素，要尽可能把隧道设置在较好的地层中。

③隧道标高应设在常年冰冻线和常年积雪线以下，以保证行车的安全。

④隧道长度要考虑施工技术条件和施工工期的要求。

⑤在不过多增加工程造价的情况下，要适当考虑远景的发展，尽可能把隧道标高降低一些，以满足线形标准提高时对隧道标高的要求。

5.4.2.3　垭口两侧路线展线

(1)展线布局

越岭线的高程主要是通过垭口两侧山坡上的展线来克服的，展线的布局应以纵坡为主导。通过合理调整纵坡度和设置必要的回头曲线来实现展线。其主要步骤如下：

①拟定路线大致走法：在主要的控制点间，进行广泛的现场勘察，拟定几种可能的路线大致走法，然后经过认真比较，确定一种最优方案。

②试坡布线：试坡由已定的主要控制点开始。越岭线通常先固定垭口，由上而下试坡，视野开阔，便于争取有利地形。试坡时主要以坡度为控制指标，其采用值应根据"标准"的规定。对于地形曲折、小半径曲线多的地段，可略低于规定值。在试坡过程中，要把路线最适宜通过的位置暂时作为一个中间控制点。如果这个中间控制点与前面暂定控制点之间的坡度不致超过最大坡度或过于平缓，就把这个点暂时固定，并把其位置、高程以及可活动的范围记录下来，供以后调整时参考。如果这个点与试坡线高差较大，则应返回重新试坡，或修改前面暂定的控制点，调整合适后再向下试坡，直至试坡完毕并找到比较理想的路线来。

③分析、落实控制点，决定布局方案：当一系列中间控制点暂定下来以后，路线的总体布局大体上就有个轮廓了。接下来就要分析并落实各个中间控制点。

控制点有固定和活动之分，有如下三种情况：

a. 位置和高程都不能改变，如工程特别艰巨地点的路线、受严格限制的回头地点、必须利用的桥梁、必须通过的街道等。

b. 位置固定，但高程可以活动，如垭口、新建大桥的桥位等。

c. 位置和高程都有活动余地。

上述第一种情况较少，第二、三种情况居多。也就是说，控制点大多是有活动余地的，但活动范围有大有小。对活动范围很小的控制点，可视为固定控制点，把位置和高程确定下来。然后再去研究那些活动范围较大的控制点，通过位置和高程的调整，达到既不增加工程量又能使线形更加趋于合理。

(2)展线方式

根据各控制点的地形、地质情况。越岭线的展线方式主要有三种：

①自然展线：是以适当的坡度，顺着自然地形，绕山咀、侧沟来延展距离，克服高差。自然展线的走向符合路线的基本方向，路线最短，线形简单，技术指标较高，对行车、施工和养护均有利。当控制点之间的高差不多、地形条件允许时，应尽可能采用这种方案。

但其缺点是避让艰巨工程或不良地质地段的自由度不大，只有调整坡度这一途径，遇到高崖、深谷或大面积病害时很难避开。如图 5-23 虚线所示，线路短捷，但纵坡较大。

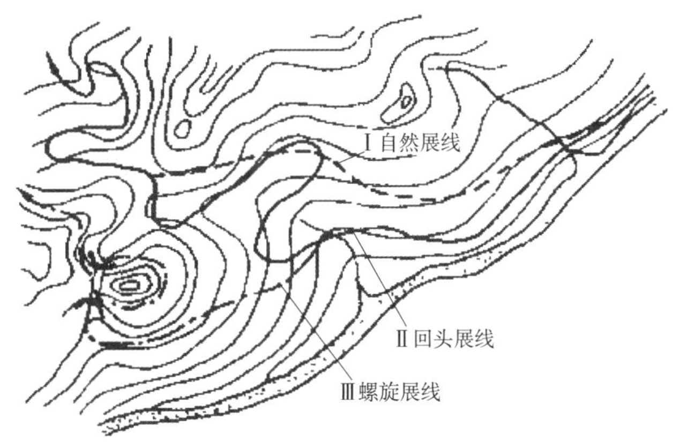

图 5-23 山岭区线路展线

②回头展线：当控制点之间的高差大，靠自然展线无法取得需要的距离以克服高差，或因地形、地质条件限制，不宜采用自然展线时，可利用有利地形设置回头曲线进行展线，如图 5-23 实线所示。

回头曲线的形状取决于回头地点的地形，一般利用以下三种地形设置：

a. 直径较大、横坡较缓、相邻有较低鞍部的山包或平坦的山脊[图 5-24(a)(b)]。

b. 地质条件良好的平缓山坡[图 5-24(c)]。

c. 地形开阔，横坡较缓的山沟或山坳[图 5-24(d)(e)]。

回头展线路线弯弯曲曲，靠近回头曲线前后的上、下线相距很近，对行车、施工、养护均不利，如图 5-25 实线所示。为了克服这一缺点，要尽可能把回头曲线间的距离拉长，以分散回头曲线，减少回头次数，如图 5-25 虚线所示。回头展线对不利地形、障碍物和不良地质条件的避让有较大的自由度，但不要遇见难点工程，不分

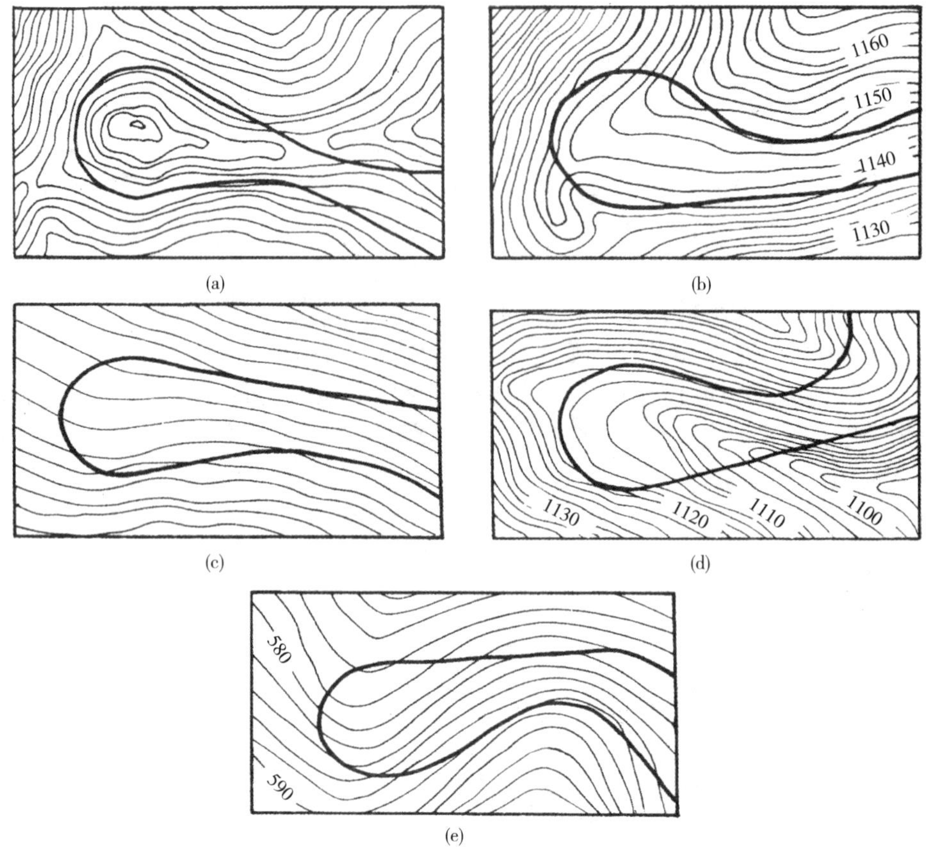

(a) (b) (c) (d) (e)

图 5-24 有利于回头展线的地形

(a)利用山包回头 (b)利用山脊回头 (c)利用平缓山坡回头 (d)利用山沟回头 (e)利用山坳回头

困难大小和能否克服就轻易回头，致使路线在小范围内重叠盘绕。应首先采取适当措施进行解决，实在解决不了时再设置回头曲线。

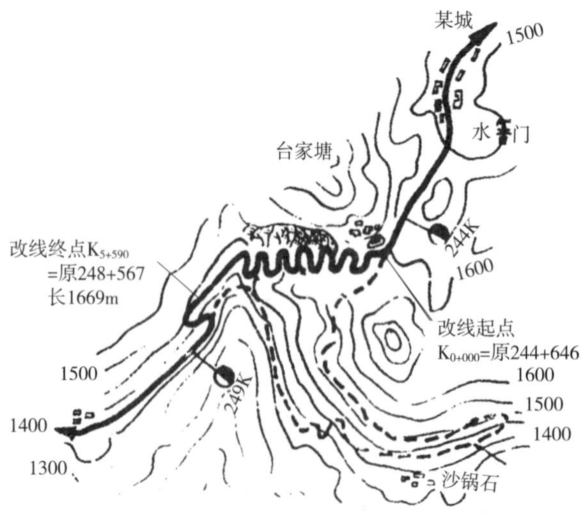

图 5-25 回头展线示例

③螺旋展线：当路线受到限制，需要在某处集中地提高或降低某一高度才能充分利用前后有利地形时，可考虑采用螺旋展线。螺旋展线一般多在山脊利用山包盘旋，以旱桥或隧道跨线，如图 5-26(a)所示；或在峡谷内，路线就地迂回，利用建桥跨沟跨线，如图 5-26(b)所示。

螺旋展线目前在公路选线上还未被广泛采用，而仅视为回头展线的一种变革(如图 5-26 虚线为回头展线，实线为螺旋展线)，在某些地形条件下来代替一组回头曲线。它虽然线形较好，可避免路线重叠，但因需要建隧道或高桥、长桥，其造价很高，因而很少采用。必须采用时，应与回头展线方案进行详细的技术经济比较。

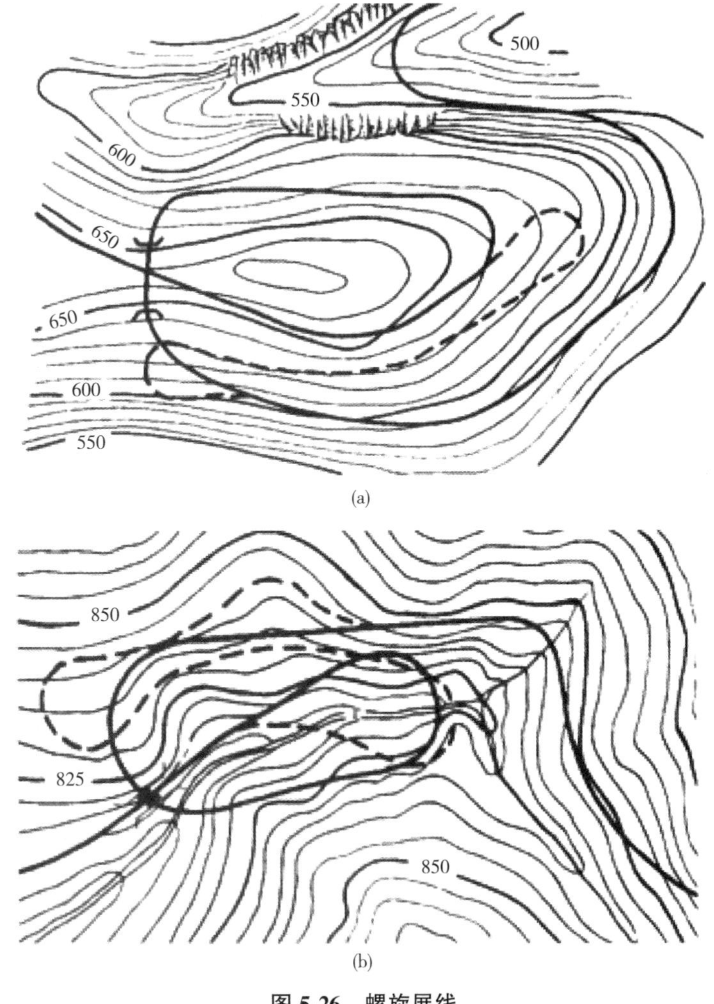

图 5-26　螺旋展线

(a)山脊螺旋线　(b)山谷螺旋线

(3)展线示例

①利用山谷展线：图 5-27 是反复跨主沟的山谷展线，图中③⑤⑦处是试坡定下来的较适合的回头地点，可视为固定控制点；②④⑥是由①③⑤⑦分别交出来的跨沟地点。

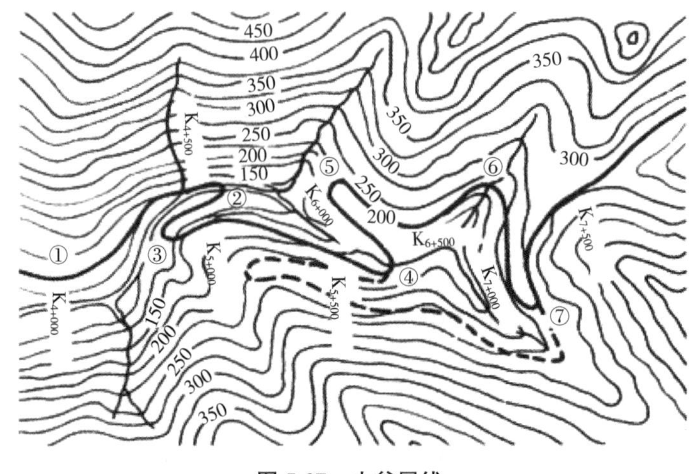

图 5-27　山谷展线

②利用侧沟展线：图 5-28 是利用侧沟的山谷展线，图③⑤⑦为山嘴，受限制较严，可视为固定控制点，②⑥及侧坡上④点，有较大活动范围，布线时可分别由两端放坡交会而定。

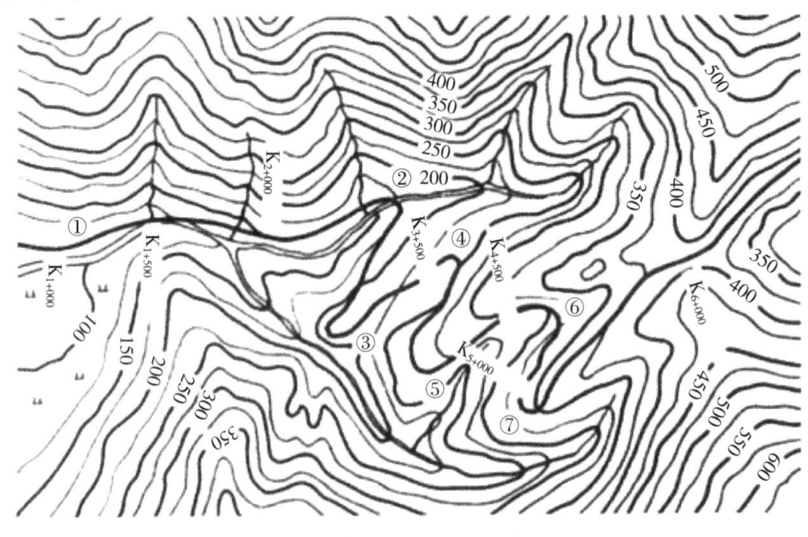

图 5-28　侧沟展线

③利用山脊展线：图 5-29 是利用支脉山脊展线，经试坡分析，①受标高控制较严，②⑤点下方横坡陡峻，路线不宜再低，视为固定控制点，②④能稍许活动，布线时分别由①③⑤交会出来。采用这种方式布线，要求选择宽肥的山脊或山嘴，否则路线重叠次数很多，有条件时，应选择适当地点突破右侧山沟，将路线引向其他坡面区布设。

④利用山坡展线：利用一面山坡往返盘绕，往往叠线过多，一般应尽量避免。在受地形限制，无其他方案时，可选择横坡平缓、地质条件好、布线范围较大的山坡设线。布线时注意尽可能突破难点，扩大布线范围和避免上、下两个回头曲线并头。图 5-30 是一个路线布局不好的例子，路线未充分利用地形尽量拉长回头曲线间的距离，致使叠线多达 5~6 次，并多次出现上、下线并头的现象。

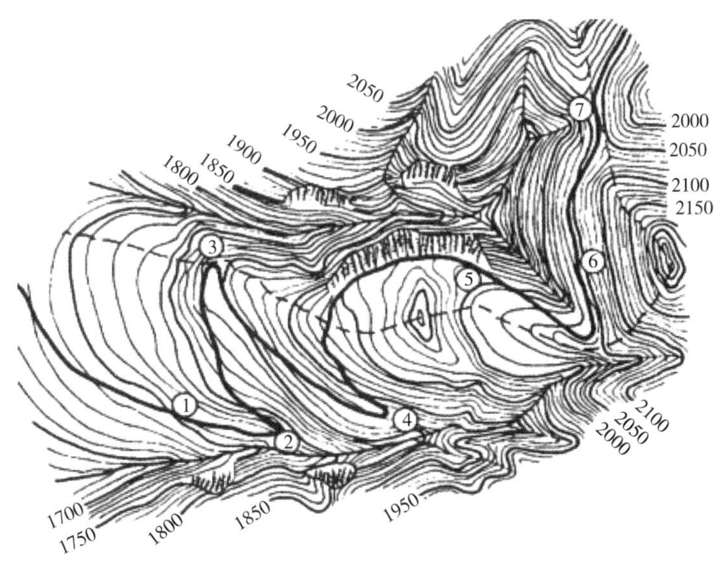

图 5-29 山脊展线

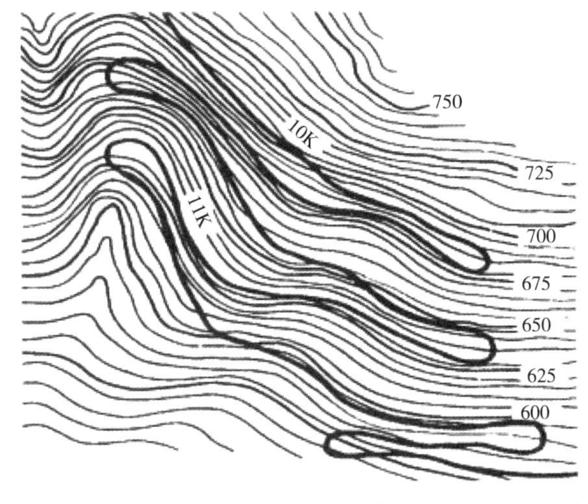

图 5-30 山坡展线

一条较长的越岭线，由于地形的变化，常是各种展线方式的综合运用，布线时要抓住地形特点，因地制宜地选用展线方式，充分发挥其优点，把路线布局工作做好。

5.4.3 山脊线

大体上沿分水岭布设的路线，称为山脊线。对于分水线顺直平缓，起伏不大，岭脊肥厚的分水岭是布设山脊线的理想地形，路线可大部或全部设在分水岭上。但连续而又平直的分水岭很少见，并且高山地区的分水岭常常是峰峦、垭口相间排列，有时相对高差很大。因此山脊线一般比较短，常作为沿河线的比较线或越岭线的中间连接段。

山脊线的优点是土石方工程量小，水文和地质情况良好，桥涵构造物较少。缺点是线位较高，一般远离居民点，不便于为沿线工农业生产服务；有时筑路材料和水源缺乏，给施工带来困难；由于地势较高、空气稀薄，有时有云雾、积雪、结冰等，均对行车和养护造成不利影响。所有这些都应在与其他路线方案作比较时予以充分考虑。但是否采用山脊线主要考虑下述条件：

①分水岭的方向不能偏离路线总方向太远。

②地形条件良好：分水岭平面不能过于迂回曲折，纵断面上各垭口间的高差不过于悬殊；地形不过于陡峻零乱；上、下山脊的引线要有合适的地形可以利用，有时山脊本身条件很好，但上下引线条件差而不得不放弃。

③地质条件良好：当决定采用山脊线方案以后，应着重解决山脊线的布设问题。山脊线的布设主要应解决的问题是：控制垭口选定、侧坡选择、试坡布线。

5.4.3.1 控制垭口的选择

选择控制垭口是山脊线选线的关键。当分水岭方向顺直、起伏不大时，几乎每个垭口都可暂定为控制点。如地形起伏较大、各垭口高低相差悬殊，则低垭口可作为路线的控制点，突出的高垭口便可舍去。

控制垭口的选择还应考虑分水岭两侧试坡的布线条件，在侧坡选择和布线过程中，还有可能对初步选定的控制垭口进行取舍，最后逐步落实。

5.4.3.2 侧坡选择

分水岭的侧坡是山脊线的主要布线地带，要选择条件较好的那一侧，以取得线形好、工程量小、路基稳定的效果。除两个侧坡条件优劣十分明显外，两侧都要做比较以定取舍。最理想的侧坡应是坡面平缓、地质情况好、无支脉隔断的向阳山坡。同一侧坡可能还有不同的路线方案，可通过现场试坡布线来决定。

如图5-31所示，A、D两垭口是由前后路线所决定的固定控制点，其间B、C、E等垭口，哪个选为中间控制点，首先取决于路线布设在分水岭的哪一侧。显然，位于左侧的甲方案应舍C、E而取B，位于右侧的乙方案应舍B而取C或E。至于C、E的取舍以及甲、乙方案的比选问题，则应在试坡布线时解决。

5.4.3.3 试坡布线

在两固定控制点间布线，应力求距离短捷，坡度和缓。有时因控制点间高差很大，需要展线；有时为避免路线过于迂绕，要采用起伏坡，以缩短距离。总的来说，山脊布线常见有三种情况：

(1)控制垭口间平均坡度不超过规定

如两控制垭口之间地形平缓、地质条件良好，应以均匀坡度沿侧坡布线，且其坡度不应超过规定值；如两控制垭口间地形平缓，但遇有障碍或难点工程时，可加设中间控制点，并调整坡度来避让，中间控制点和各垭口之间仍以均应坡度布线。如图5-31的甲线，AB、BD两段，地面自然坡度一上一下很陡，采取挖深垭口B后，可分别获得+5.5%和-5%较合理的坡度。

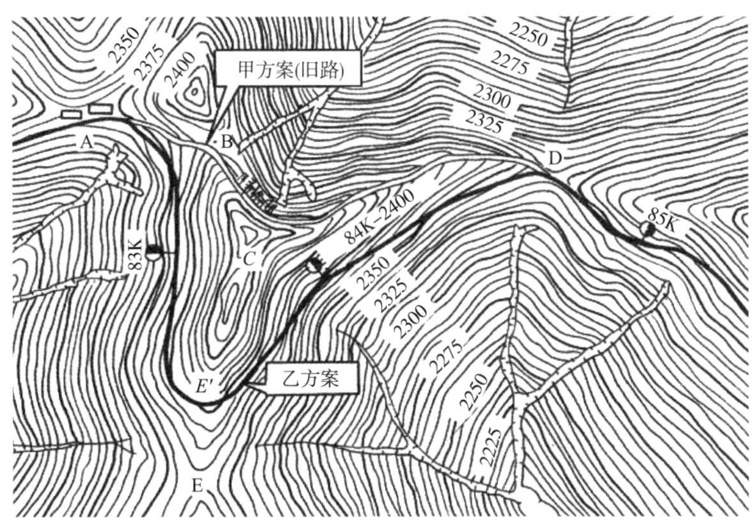

图 5-31 山脊垭口布线

(2)控制垭口间有支脉横隔

路线穿过支脉，要在支脉上选择合适垭口作为中间控制点。该垭口的选择应不致使路线过于迂绕，且两翼路线的纵坡不应超过规定值，并使路线在较好的地形、地质地带通过。

如图 5-31 中所示的乙线是穿支脉的路线，支脉上有 C、E 两个垭口，选择中间控制点时首先考虑 C 点。因其位置过高，深挖后两翼路线坡度仍超过规定，只好放弃而选择垭口 E。E 的两翼自然纵坡均低于规定值，从垭口 D 以 5%~5.5%的坡度沿山坡向垭口 E 试坡，定出控制点的具体位置，使乙线得到合理的最短长度。乙线虽然比甲线长 740m，但工程量小、施工容易，同时考虑到该路线交通量小，宜采用乙线方案。

(3)控制垭口间平均坡度超过规定

这种情况需要展线，可根据地形、地质条件，采用填挖、旱桥、隧道等措施来提高低垭口、降低高垭口；也可利用侧坡有利地形设置回头展线或螺旋展线，如图 5-32 所示。

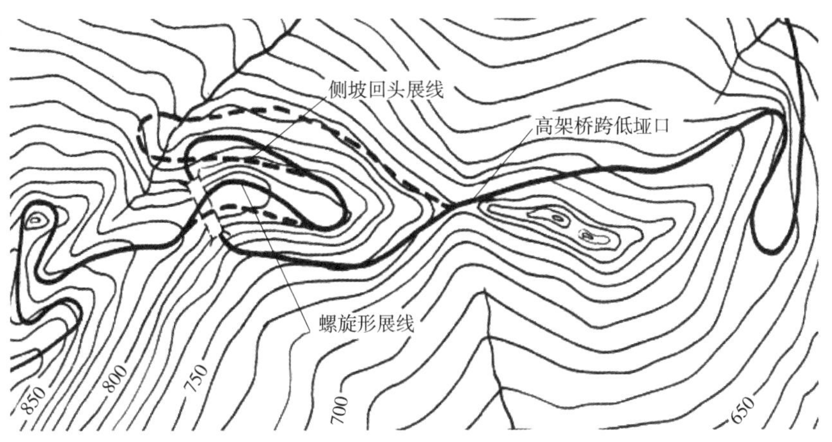

图 5-32 山脊侧坡展线

5.5 丘陵区选线

丘陵区包括微丘区和重丘区。与山岭区相比，丘陵区的地形特征是山丘连绵，岗坳交错，此起彼伏，山形迂回曲折，岭低脊宽，山坡平缓，丘谷相对高差不大。另外丘陵区地物也明显不同与山岭区，一般丘陵区农业比较发达，居民点、建筑群、风景点等设施在地形比较平坦地区时有出现，这些地点常常是布线的控制点。

丘陵区的地形决定了其路线的特点：局部方案较多；路线平、纵、横断面关系密切，相互之间约束和影响较大；线形指标一般较好，但指标运用变化幅度较大，不像平原区多用高指标，也不像山岭区多用接近低限指标。

丘陵区选线主要是解决平、纵、横三方面与错综复杂的地形之间的矛盾。结合地形合理选用指标，使平面适当曲折，纵面略起伏，横面稳定，根据经验丘陵区布线一般可概括为三类地形地带和相应三种布线方式。

(1)平坦地带——走直线

在两个已知控制点之间，若地势平坦，应按平原区以方向为主导的原则进行布线。如其间无地物、地质障碍，或应趋就的风景、文物以及居民点等，路线应走直线，其布线方法与平原区相同；如有障碍，或应趋就的地点，则应加设中间控制点，以小转折或长缓和的曲线为主。

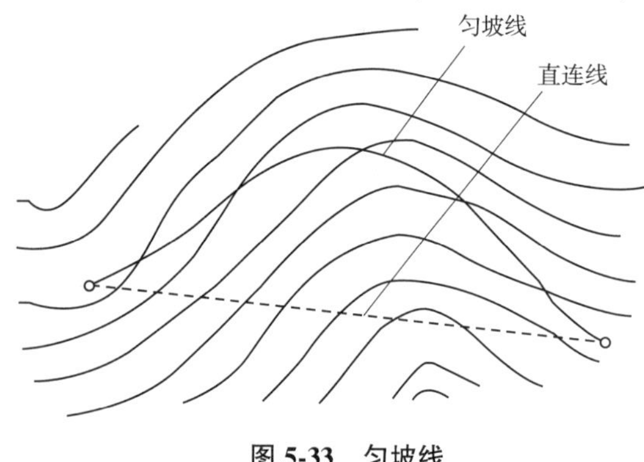

图5-33 匀坡线

(2)斜坡地带——走匀坡线

“匀坡线”是两点之间，顺自然地形，以均匀坡度定的地面点的连线，如图5-33所示。

在具有较陡横坡的地带，两个已知控制点间，如无地物、地形、地质上的障碍，路线应按匀坡线布线；如有障碍，则在障碍处加设中间控制点，相连控制点间仍按匀坡线布线。

(3)起伏地带——走直线和匀坡线之间

路线两控制点间要通过起伏地带，意味着路线要穿过交替的丘梁(或谷底)，其中间可能有一组或多组起伏，这时要在梁顶或谷底架设中间控制点。如图5-34所示，若路线走匀坡线，则线路增长很多，平面线形差；如果走直连线，路线虽然最短，但纵面起伏过大，其结果不是路线起伏不平，就是高填深挖，增大工程量。将路线布设在匀坡线和直线之间，其纵面上比沿直线布线起伏小，平面上比沿匀坡线布线路线短，线形好，兼顾了平纵两方面的要求，可显著提高路线的质量并降低工程造价。所以在起伏不平的地带将路线布设在直线和匀坡线之间是合理的。

至于在直连线和匀坡线之间的具体位置，要根据公路的等级，结合地形具体分析确定。一般等级高的公路为了线形的要求，可以接近直线布线，等级低的公路为了减

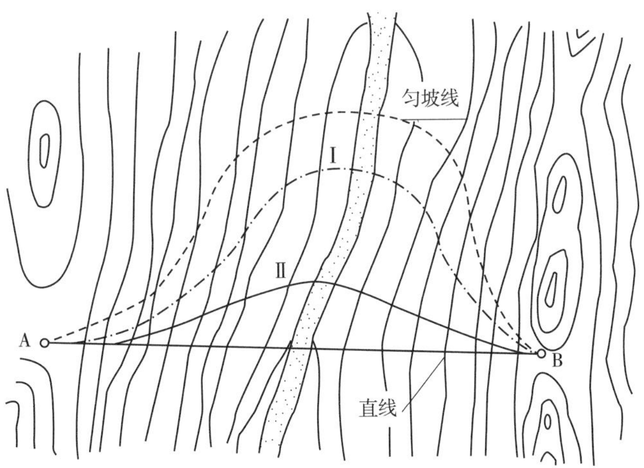

图 5-34 起伏地带布线

少工程量，可按接近匀坡线布线。总之丘陵区选线时，可通过方案较多，地面因素也多，方案之间的差异有时不很明显，这就要求选线人员加强踏勘调查，用分段布线，逐步渐进的办法，详细分析比较，最后选定一条最优的路线。

本章小结

本章主要讲述了选线的原则及步骤；路线方案选择方法；平原区选线的特点和要点；山岭区根据线路布设的位置划分为：沿河线、山脊线和越岭线，分别讲述了三种布线的特点和要点；丘陵区选线的特点和要点。

思考题

1. 什么是选线？
2. 选线步骤是什么？
3. 选择路线方案一般应综合考虑哪些主要因素？
4. 平原区地形、地质及路线有哪些特征？平原区选线的要点是什么？
5. 山岭区地形及路线有哪些特点？
6. 沿河线、越岭线及山脊线布线各应该解决哪些问题？
7. 丘陵区路线有哪几种布线方式？

第6章 定 线

[本章提要]

定线是在路线位置大体选定的情况下，根据平面设计规律将中线的精确位置定出的过程。本章主要内容包括：纸上定线的方法和步骤，实地定线的方法和步骤，实地放线，航测选线及定线。要求掌握纸上定线的方法和步骤，熟悉实地定线和放线，了解航测选线和定线。

在选定路线带的基础上，结合细部地形及地质条件，综合考虑平、纵、横三面的合理安排，实地定出道路中线的确切位置的过程，称为定线。定线是公路设计中较关键的一步。它不仅要解决工程技术和经济等方面的问题，而且对如何使公路与周围环境相配合，以及公路本身线形的美观等问题，都要在定线过程中给予充分的考虑。

公路定线除受地形、地物、水文、地质等因素制约外，还受技术标准、国家政策、社会影响、道路美学等因素的制约。这就要求设计人员必须有广博的专业知识和熟练的定线技巧，并且多方面多角度考虑，反复调整和修改，最后定出最佳线路中线。

公路的定线方法主要有直接定线、纸上定线及航测定线三种。对地形地物较简单、标准较低的路线可采用直接定线。对标准高，地形、地物复杂的路线必须使用“纸上定线”。在公路测设的初期，设计人员必须充分掌握路线所经地区的地形和其他自然条件，为了获得设计所需的数据，可以直接到现场进行踏勘、量测，也可以在室内对现有的图纸资料加以研究。一般是先室内后室外。在地形崎岖、路线过长的地方，传统的纸上定线经常得不到满意的结果。相比之下，高科技条件下的航测定线能有效地解决这个问题，在某些大型项目上航测定线技术已经得以应用。但是航空设备复杂、技术含量比较高，对目前我国现状来说航测定线的应用还不是很普遍。

6.1 纸上定线

纸上定线就是在地形图上确定线路中线的具体位置，一般在大比例尺地形图上进行，以1∶1000~1∶2000为宜。对定线来讲，不同的地形应抓住的主要矛盾是不同的。

6.1.1 平原、微丘区定线步骤

平原、微丘地区，地形平坦，路线一般不受高程限制，定线时主要是正确绕避平面上的障碍，力争控制点间路线顺直短捷，线形美观。平原微丘区定线的步骤如下：

(1)定导向点

在选线布局确定的控制点之间，根据平原、微丘区路线布设要点，通过分析比较确定可穿越、应靠近和该绕避的点和活动范围，建立一些中间导向点。

(2)试定路线导线

参照导向点，试穿出一系列直线，交汇出交点，将其作为初定的路线导线。

(3)初定平面线

读取交点坐标并计算或直接量测转角和交点间距，初定圆曲线半径和缓和曲线长度，计算平曲线要素。

(4)定线

检查各技术指标是否满足标准要求，以及平曲线线位是否合适，如果不满足，则对应调整交点位置或圆曲线半径或缓和曲线长度，直到满足要求为止。

6.1.2 山岭区、重丘区定线步骤

对于山岭、重丘区，地形复杂，横坡陡峻，定线时在充分利用有利地形、避让艰巨工程、不良地质地段和地物的条件下，安排好纵坡就成为了主要问题。定线一般按以下步骤完成：

(1)定导向线

山岭、重丘区地形复杂，导向线确定的过程相对复杂些，过程一般如下：

①确定路线方案：在大比例尺地形图上，仔细研究在路线布局阶段已选定的主要控制点间的地形、地质情况，选择有利地形(如平缓、顺直的山坡，开阔的侧沟，利于回头的地点等)，拟定路线各种可能的走法。如图6-1所示，*AD*为已定控制点，*BC*点地形相对开阔平坦，*B*点周围为山脊平台，有利于回头，*C*点为应避让的陡崖，因此*ABCD*可以作为一种导向线制订方案。

②定坡度线：根据地形图上等高线间距h及选用的平均坡度$i_{均}$(一般为5%~5.5%)，按$a=h/i_{均}$计算出等高线间平距a。从某一固定控制点(如图6-2所示的A点)开始，沿各拟定走法在等高线上依次截取a，b，c…各点，如图6-2所示。如最后一点的位置和标高均接近另一固定控制点D时，说明这个方案能够成立。否则，应修改走法或调整$i_{均}$，并重新试验直至方案成立为止。

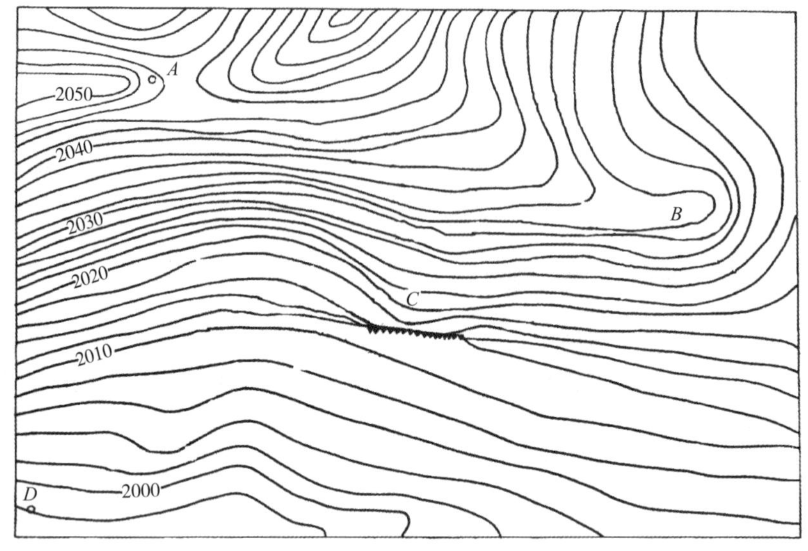

图 6-1　纸上确定路线方案

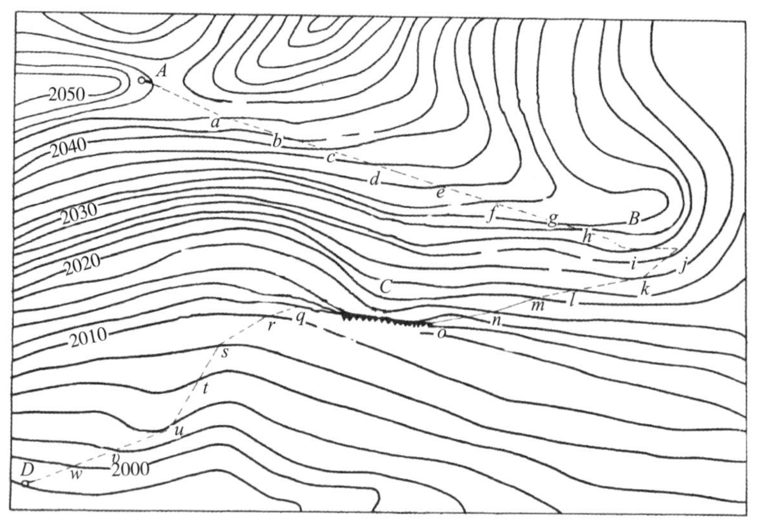

图 6-2　试定坡度线

③确定中间控制点：连接 A，a，b，c，…，D 各点，分析研究这条折线在利用地形和避让地物、不良地质条件以及艰巨工程等的情况，从而选择应穿或应避的点作为中间控制点。如图 6-3 中 $Aabc \cdots D$ 折线从 C 处陡崖中间通过，B 处有利于回头的地点也未利用上，如调整一下 B、C 前后路段的坡度，就能避开陡崖和利用上有利回头的地点。因此，可把 B、C 两点定为中间控制点。然后在分段仿照上述方法截取 a'，b'…诸点，连接 $Aa'b' \cdots D$ 的折线，将显示出路线行经的部位，称为“导向线”，如图 6-3 所示。

(2)修正导向线

①试定平面和纵断面，一次修正导向线：参照导向线定“平面试线”，导向线仍

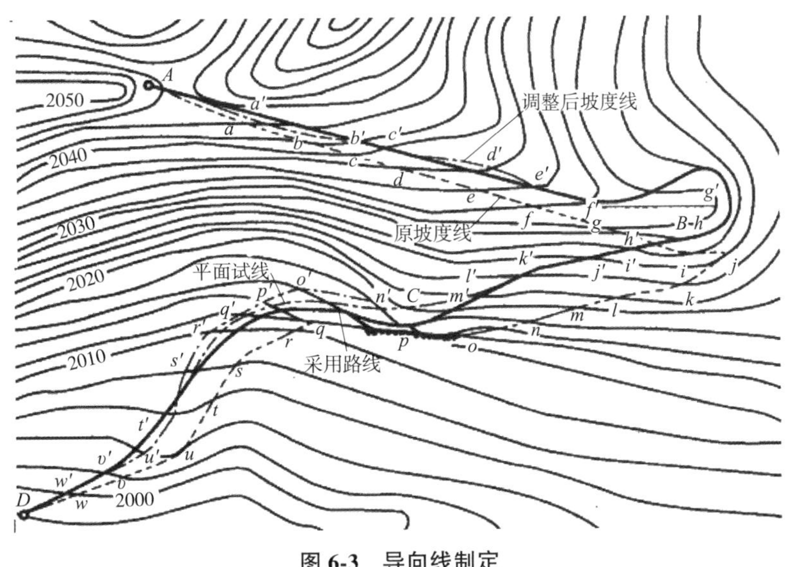

图 6-3 导向线制定

然是条折线，于是根据平面线形标准的要求，结合横坡变化情况，确定必须通过的点、适当照顾的点和可以不考虑的点，从而画出“平面试线”。平面试线时要注明平曲线半径，量出变化特征点的桩号及地面标高，绘出纵断面图；然后参考地面线设计理想纵坡，量出各桩的“概略设计标高”。在“平面试线”各桩的横断面上，点出与“概略设计标高”相应的点，这些点的连线是具有理想纵坡、不填不挖的折线，称为一次修正导向线。

②试定横断面，二次修正导向线：在一次修正导向线各点的横断面图上，找出路基最佳中线位置及其可以活动的范围。将“最佳位置点”绘在平面图上，这些点的连线是一条在纵断面上有理想纵坡、在横断面上位置最佳的平面折线，称为“二次修正导向线”。

(3)具体定线

二次修正导向线是一条相对合理的折线，还需适当取直，并用平曲线连接，定出一条平顺并由直线、圆曲线和缓和曲线三要素组成的中线。这也是一个反复试线修改的过程，操作中是修改纵坡还是改移中线位置或两者都改，要对平、纵横断面充分研究后确定。具体定线的操作一般有直线型定线方法和曲线型定线方法两种，下面分别介绍。

6.1.3 直线型定线法

直线型定线法是利用“导向线”上各点的可活动性，按照照顾多数、侧重重点的原则，先用直线尺试穿出与较大范围地形相适应的一系列直线，然后用适当曲线把相邻直线连接起来的定线方法。当地形复杂转折较多或转弯处控制较严时，也可先定曲线，后用直线把曲线顺滑地连接起来。直线型定线法是用直线控制路线的走向和方位，容易掌握和使用，计算方法简单可行，多适用于地形简单的平原、微丘区，对于约束条件较多的复杂地形和复杂多变的几何线形，直线型定线法使用起来有很多局限性，不过现在都是计算机软件定线，计算机定线都有适时更改功能，因此对复杂地形直线型定线法也比较适用。

利用"导向线"穿线交点后，再用合适的平曲线将相邻直线连接起来，这就需要选择合适的圆曲线半径和缓和曲线参数。为了实地标定路线，还要计算平曲线要素、曲线主点桩及加桩的里程、逐桩坐标等。计算这些数据之前，需要采集交点坐标，采集的精度如何将直接影响到设计的合理性和准确性。

6.1.3.1　交点坐标采集

(1)直接采集法

直接采集法是直接在地形图上读取各交点坐标。

(2)定前后直线间接推算交点坐标

当交点前后直线方向和位置受限制较严时，可先固定前后直线，即在每条直线上读取两个点的坐标，再用解析法计算交点坐标。

如已知交点前直线上两点的坐标为(x_1, y_1)和(x_2, y_2)，后直线上两点坐标为(x_3, y_3)和(x_4, y_4)，则交点坐标(x, y)可由下式计算。

$$\begin{cases} x=\dfrac{k_1x_1-k_2x_3-y_1+y_3}{k_1-k_2} \\ y=k_1(x-x_1)+y_1 \\ k_1=\dfrac{y_2-y_1}{x_2-x_1},\ k_2=\dfrac{y_4-y_3}{x_4-x_3} \end{cases} \tag{6-1}$$

纸上定线现在大多都是计算机辅助设计，一般都是交点坐标直接采集，定前后直线间接推算交点坐标的方法一般在现场定线时采用。

6.1.3.2　平曲线参数确定

对直线型定线法中的曲线设置，主要工作是确定圆曲线半径 R 和缓和曲线参数 L_s。这两个参数确定有试算和反算两种方法。

试算法是根据经验先初定 R 和 L_s，计算平曲线要素检查线形是否满足技术标准和线位是否适应地形条件。如果不满足继续调整，直到满足为止。

反算法是根据控制较严的切线长 T、外距 E 或曲线长等参数，先试定的 L_s 并反算半径 R，然后取整并判断 R 是否满足要求，否则进行调整。对单交点曲线，如已知切线长 T、转角 α 和试定的 L_s，半径反算公式如下：

$$R^2\tan\frac{\alpha}{2}+\left(\frac{L_s}{2}-T\right)R+\frac{L_s^2}{24}\tan\frac{\alpha}{2}=0 \tag{6-2}$$

反算出半径 R 后再取整，当 T 为最大控制时 R 向小取整，T 为最小控制时 R 向大取整。

如已知外距 E、转角 α 和试定的 L_s，半径反算公式如下：

$$R^2\left(\sec\frac{\alpha}{2}-1\right)-ER+\frac{L_s^2}{24}\sec\frac{\alpha}{2}=0 \tag{6-3}$$

同理，反算出半径后取整。公式中当平曲线不设缓和曲线时，$L_s=0$ 即可。

6.1.3.3　坐标计算

先建立一个贯穿全线统一的坐标系，一般采用国家坐标系统，然后计算出道路中线各桩点的统一坐标，编制逐桩坐标表。坐标计算过程如下：

(1)转角计算

设起点坐标 $JD_0(XJ_0,\ YJ_0)$，第 i 个交点坐标为 $JD_i(XJ_i,\ YJ_i)$，$i=1,\ 2,\ \cdots,\ n$，则

坐标增量
$$DX=XJ_i-XJ_{i-1}$$
$$DY=YJ_i-YJ_{i-1}$$

交点间距
$$S=\sqrt{(DX)^2+(DY)^2}$$

象限角
$$\theta=\arctan\left|\frac{DY}{DX}\right|$$

计算方位角 A

$$DX>0,\ DY>0,\quad A=\theta$$
$$DX<0,\ DY>0,\quad A=180-\theta$$
$$DX<0,\ DY<0,\quad A=180+\theta$$
$$DX>0,\ DY<0,\quad A=360-\theta$$

转角

$$\alpha_i=A_i-A_{i-1}$$

一般情况下，α_i 为“+”，曲线为右偏；α_i 为“-”，曲线为左偏。习惯上一般转角在 0°～180°之间，因此当 $\alpha_i>180°$ 时，其偏角值取$(\alpha_i-360°)$，曲线为左偏；$\alpha_i<-180°$时,其偏角值取$(\alpha_i+360°)$，曲线为右偏。

(2)直线上中桩坐标计算

如图 6-4 所示，设交点坐标为 $JD(XJ,\ YJ)$，交点相邻直线的方位角分别为 A_1 和 A_2。则 ZH(或 ZY)点坐标：

$$\begin{cases}X_{ZH}=XJ+T\cos(A_1+180)\\Y_{ZH}=YJ+T\sin(A_1+180)\end{cases}\tag{6-4}$$

HZ(或 YZ)点坐标：

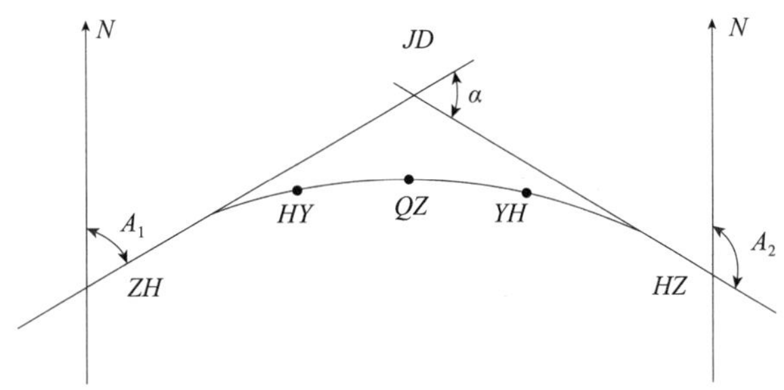

图 6-4　中桩坐标计算示意图

$$\begin{cases} X_{HZ}=XJ+T\cos A_2 \\ Y_{HZ}=YJ+T\sin A_2 \end{cases} \tag{6-5}$$

设直线上加桩里程为 B，ZH、HZ 表示曲线起、终点里程，则前直线上任意点坐标($B \leqslant ZH$)。

$$\begin{cases} X=XJ+(T+ZH-B)\cos(A_1+180) \\ Y=YJ+(T+ZH-B)\sin(A_1+180) \end{cases} \tag{6-6}$$

后直线上任意点坐标($L>HZ$)

$$\begin{cases} X=XJ+(T+B-HZ)\cos A_2 \\ Y=YJ+(T+B-HZ)\sin A_2 \end{cases} \tag{6-7}$$

(3)单曲线内中桩坐标计算

①不设缓和曲线的单曲线：设曲线起、终点坐标分别为 $ZY(X_{zy}, Y_{zy})$，$YZ(X_{yz}, Y_{yz})$(这两点坐标通过式(6-6)和式(6-7)求得)，则圆曲线上坐标为：

$$\begin{cases} X=X_{zy}+2R\sin\left(\dfrac{90l}{\pi R}\right)\cos\left(A_1+\xi\dfrac{90l}{\pi R}\right) \\ Y=Y_{zy}+2R\sin\left(\dfrac{90l}{\pi R}\right)\sin\left(A_1+\xi\dfrac{90l}{\pi R}\right) \end{cases} \tag{6-8}$$

式中　l——圆曲线内任意点至 ZY 点的曲线长；

R——圆曲线半径；

ξ——转角符号，右转为"+"，左转为"-"，下同。

②设缓和曲线的单曲线：缓和曲线上任意点的切线横距

$$x=l-\frac{l^5}{40R^2L_s^2}+\frac{l^9}{3456R^4L_s^4}-\frac{l^{13}}{599040R^6L_s^6}+\cdots$$

式中　l——缓和曲线上任意点至 ZH(或 HZ)点的曲线长；

L_s——缓和曲线长度。

a. 第一缓和曲线($ZH \sim HY$)任意点坐标

$$\begin{cases} X=X_{ZH}+x/\cos\left(\dfrac{30l^2}{\pi RL_s}\right)\cos\left(A_1+\xi\dfrac{30l^2}{\pi RL_s}\right) \\ Y=Y_{ZH}+x/\cos\left(\dfrac{30l^2}{\pi RL_s}\right)\sin\left(A_1+\xi\dfrac{30l^2}{\pi RL_s}\right) \end{cases} \tag{6-9}$$

式中　l——第一缓和曲线内任意点至 ZH 点的曲线长。

b. 圆曲线内任意点坐标

由 $HY \sim YH$ 时

$$\begin{cases} X=X_{HY}+2R\sin\left(\dfrac{90l}{\pi R}\right)\cos\left[A_1+\xi\dfrac{90(l+L_s)}{\pi R}\right] \\ Y=Y_{HY}+2R\sin\left(\dfrac{90l}{\pi R}\right)\sin\left[A_1+\xi\dfrac{90(l+L_s)}{\pi R}\right] \end{cases} \tag{6-10}$$

式中　l——圆曲线内任意点至 HY 点的曲线长；

X_{HY}、Y_{HY}——HY 点的坐标，由式(6-9)计算而来。

由 $YH\sim HY$ 时

$$\begin{cases} X=X_{YH}+2R\sin\left(\dfrac{90l}{\pi R}\right)\cos\left[A_2+180-\xi\dfrac{90(l+L_s)}{\pi R}\right] \\ Y=Y_{YH}+2R\sin\left(\dfrac{90l}{\pi R}\right)\sin\left[A_2+180-\xi\dfrac{90(l+L_s)}{\pi R}\right] \end{cases} \tag{6-11}$$

式中 l——圆曲线内任意点至 YH 点的曲线长。

c. 第二缓和曲线($HZ\sim YH$)内任意点坐标

$$\begin{cases} X=X_{HZ}+x/\cos\left(\dfrac{30l^2}{\pi RL_s}\right)\cos\left(A_2+180-\xi\dfrac{30l^2}{\pi RL_s}\right) \\ Y=Y_{HZ}+x/\cos\left(\dfrac{30l^2}{\pi RL_s}\right)\sin\left(A_2+180-\xi\dfrac{30l^2}{\pi RL_s}\right) \end{cases} \tag{6-12}$$

式中 l——第二缓和曲线内任意点至 HZ 点的曲线长。

6.1.4 曲线型定线法

与直线型定线法相反，设计人员撇开先定导向线和交点后拟定曲线这一传统做法，根据线形布设的标准要求、线形组合的协调性和均衡性、地形地物及环境的约束要求，采用曲线单元(曲线形式)并选用合理的线型参数来控制路线走向，确定其具体位置，并进行几何计算和绘制，从而构成流畅多变的以曲线为主体的平面线形。这种设计方法称为曲线型设计法。

曲线型定线法一般应用于山区地物约束比较严格，线形布设范围较小，线位及线形要素的选择相当严格，线路等级较高的情况。

曲线型定线的方法有很多，如曲直法、拟合法、积木法、综合法、弦切线法、闭合导线法、神经网络法、CBR 法、圆弧移动法等。随着现代计算机计算技术的发展，不论哪种方法在参数选定及坐标计算方面实现起来都不是很困难的事情。曲直法一方面发挥了曲线型设计方法灵活多变的优点；另一方面又兼容了导线法的特点，因而易于为传统方法的使用者接受。下面就曲直法的设计步骤和过程做一介绍。

6.1.4.1 定线步骤

①根据路线走向、地形和地物约束条件及技术要求，在地形图上绘制若干直线段和圆弧段，控制路线的总体线位，并形成线形骨架。

②根据直线与圆弧、圆弧与圆弧之间的相对位置关系，利用图解法或解析法配置缓和曲线，并确定其参数值，同时考察各种线形元素之间的协调性和均衡性。

③判断曲线组合类型，并按曲线类型输入数据，进行曲线计算、敷设和调整。

6.1.4.2 回旋线参数的确定

缓和曲线的确定，主要是确定回旋线参数 A，常用的方法有：图解法、近似计算法和解析法。

(1)图解法

图解法即借助回旋曲线板选定 A 值的方法，如图 6-5 所示，回旋曲线尺是根据回旋线相似性特点制作的。其比例尺为 1∶1000，外形为刻有主切线的 S 型曲线，在各个位置上刻出整数半径的法线方向及相关数值，代表某位置的曲率半径。一个参数 A 对应一把曲线尺，A 值刻在曲线板上。

回旋曲线尺的使用方法是：选用不同参数 A 值的曲线尺去逼近相邻线形单元，从而定出 A 值，如图 6-5(b)所示。

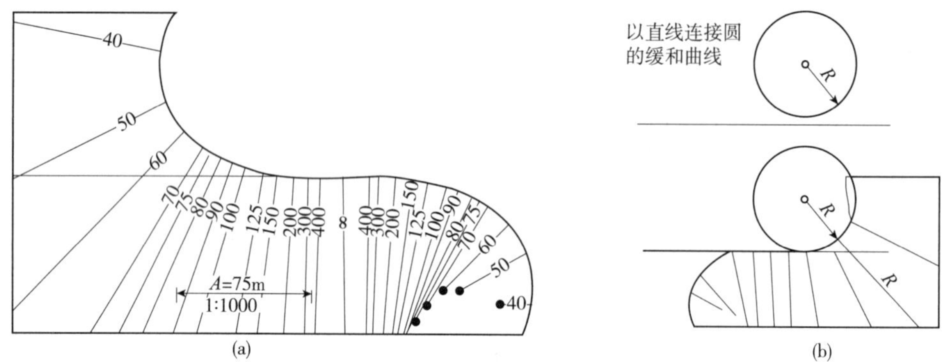

图 6-5　曲线尺法

(a)曲线尺　(b)曲线尺定缓和曲线参数

这种方法主要是针对纸质地形图纸上定线，在计算机技术不是很发达时常用，现在计算机软件定线这种方法基本用不到了。

(2)近似计算法

如图 6-6 所示的 S 型、卵型曲线，回旋线参数 A 可用下式近似计算：

$$A = \sqrt[4]{24DR^3} \tag{6-13}$$

式中　D——圆弧之间距离；

R——换算半径。

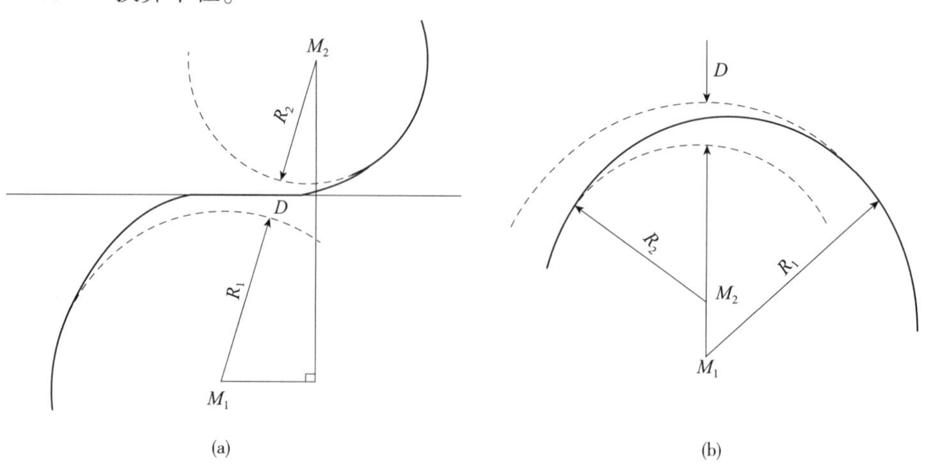

图 6-6　S 型和卵型曲线计算图

$$\text{S 型曲线} \qquad R=\frac{R_1R_2}{R_1+R_2}$$

$$\text{卵型曲线} \qquad R=\frac{R_1R_2}{R_1-R_2}$$

式中 R_1——大圆半径；

R_2——小圆半径。

A 值算出后，先要检查是否满足 $A \geqslant A_{\min}$ 或 $R/3 \leqslant A \leqslant R$ 的要求，不满足时，可调整圆弧位置，使 D 变化后重新计算 A 值，直到满足为止。

(3)解析计算法

解析法是根据几何关系，建立含有参数 A 的方程式，通过计算精确求解 A 值。下面分三种情况：

①直圆模式：如图 6-7 所示，已知直线上两点 $D_1(x_{D1},\ y_{D1})$，$D_2(x_{D2},\ y_{D2})$ 和圆上两点 $C_1(x_{C1},\ y_{C1})$，$C_2(x_{C2},\ y_{C2})$，以及圆曲线半径 R。求解过程如下：

a. 求圆心坐标

由图 6-7 得

$$\theta=\cos^{-1}\frac{S}{2R}$$

C_1M 方位角

$$\alpha_M=\alpha_{C12}+SGN(R)\theta$$

式中 α_{C12}——C_1C_2 的方位角；

$SGN(R)$——R 的符合，曲线右转取"+"，左转取"-"。

则圆心坐标为

$$x_M=x_{C1}+R\cos\alpha_M$$
$$y_M=y_{C1}+R\sin\alpha_M \qquad (6\text{-}14)$$

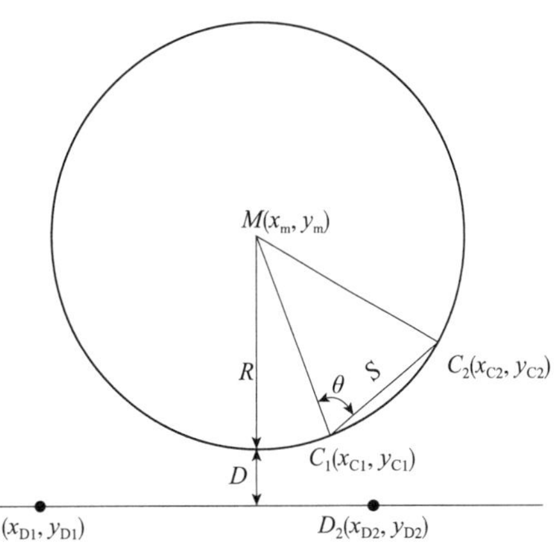

图 6-7 直圆模式连接计算图

b. 计算直线与圆曲线间距 D

令 $k=(y_{D2}-y_{D1})/(x_{D2}-x_{D1})$ 则

$$D=\frac{|k(x_M-x_{D1})-(y_M-y_{D1})|}{\sqrt{1+k^2}}-R \qquad (6\text{-}15)$$

c. 确定回旋线参数 A 及长度 L_s

由回旋线的几何关系，其内移值为

$$p=\frac{L_s^2}{24R} \qquad (6\text{-}16)$$

因 $p=D$，则

$$L_s=\sqrt{24RD} \qquad (6\text{-}17)$$

$$A=\sqrt[4]{24R^3D} \qquad (6\text{-}18)$$

②两反向曲线连接：已知相邻两圆的半径 R_1、R_2 及其上各两点的坐标，用上述

计算方法可求出两圆心坐标 $M_1(x_{M1},\ y_{M1})$ 和 $M_2(x_{M2},\ y_{M2})$ 后，可按下述步骤计算参数 A 值：

a. 计算间距 D

如图 6-6(a)所示，有

$$D=|M_1M_2-R_1-R_2|=\sqrt{(x_{M2}-x_{M1})^2+(y_{M2}-y_{M1})^2}-R_1-R_2 \tag{6-19}$$

b. 计算回旋曲线参数

《规范》规定，S 型两个回旋线参数 A_1 与 A_2 宜相等。当采用不同参数时，A_1 与 A_2 之比宜小于 2.0，有条件时应小于 1.5。令 k 表示回旋线参数的比值，即 $k=\dfrac{A_1}{A_2}$。

由几何关系知

$$M_1M_2=\sqrt{(R_1+R_2+p_1+p_2)^2+(q_1+q_2)^2} \tag{6-20}$$

式中

$$p_1=\frac{L_{S_1}^4}{24R_1}-\frac{L_{S_1}^4}{2384R_1^3} \tag{6-21a}$$

$$p_2=\frac{L_{S_2}^2}{24R_2}-\frac{L_{S_2}^4}{2384R_2^3} \tag{6-21b}$$

$$q_1=\frac{L_{S_1}}{2}-\frac{L_{S_1}^3}{240R_1^2} \tag{6-21c}$$

$$q_2=\frac{L_{S_2}}{2}-\frac{L_{S_2}^3}{240R_2^2} \tag{6-21d}$$

又因 $M_{12}=R_1+R_2+D$，则

$$(R_1+R_2+p_1+p_2)^2+(q_1+q_2)^2-(R_1+R_2+D)^2=0 \tag{6-22}$$

由式(6-20)～式(6-22)采用数值解法(如牛顿求根法)可求得缓和曲线参数 L_{S_1} 和 L_{S_2}，进而可求得 A_1 与 A_2。

用同样的方法也可确定卵型曲线的缓和曲线参数。

通过上述几种方法确定曲线参数以后即可进行坐标计算，有关坐标计算方法可查阅有关公路平曲线线形设计方面的资料。随着计算机技术的不断发展，对于平曲线坐标计算一般都用程序进行，这方面的软件和程序已比较完善和成熟。

6.2　直接定线

直接定线又称现场定线或实地定线，就是设计人员在现场定道路中线。在地形简单、路线等级低、时间紧迫的情况下，可以采用直接定线。直接定线与纸上定线的指导原则是一样的，根据地形难易程度不同，路线大体可分为自由坡度地段与紧坡地段两种情况。

自由坡度地段地形平坦，无集中高程障碍，地面最大的自然纵坡缓于最大设计纵

坡。在这类地形条件下以平面和横断面为主安排路线，其要点是以点定线，以线交点。以点定线就是在全面布局和逐段安排确定的控制点间，结合各方面的因素进一步确定公路中线位置的小控制点，然后根据这些小控制点，大致穿出路线直线的方法。以线交点，就是在大致穿出的直线的基础上结合路线标准和前后路线条件，穿出直线，并延长交出交点。

紧坡地段地形陡峻、起伏大、地质条件复杂，在这类地形条件下定线受地形制约较严，必须综合考虑平、纵、横三者的协调关系来合理选定路线。对于一条具体路线，平、纵、横哪一方面为主要矛盾要根据公路等级，结合地形条件来判断，明确主次关系，抓住主要矛盾。一般来说山区公路定线以高差和纵坡为主要矛盾，但也不绝对，现以山区越岭线为例，介绍直接定线的工作步骤。

(1)分段安排路线

直接定线直接面对现场条件，由于视力及其他因素的限制，一般把路线按布局阶段选定的大控制点分段考虑，逐段解决路线位置。在主要控制点之间，沿拟定方向用试坡方法粗略定出沿线应穿应避的一系列中间控制点，拟定路线轮廓方案。

(2)放坡和定导向线

放坡就是解决控制点间的纵坡合理安排问题，实质上就是现场设计纵坡。在山岭重丘区路段，天然地面坡角均在20°以上，而设计最大纵坡(或平均纵坡)有要求，如果想克服高差，就需要寻找一条既能满足规范要求，又不偏离线路方向太远的线路，这就需要放坡。

放坡一般由受限制较严的控制点或固定控制点开始，一人用带角度的手水准仪，对好与选用坡度相当的角度，立于控制标高处指挥，另一持花杆的人在山咀、山坳等地形变化处、计划变坡处及顺直山坡上每隔一定距离定点，定点后插上坡度旗，在旗上注明选用的坡度值。如果一边放坡一边插线，必须先放完一定长度(一般不少于4条导线边长)的坡度点后，定线人员再利用返程进行下一步工作。选用坡度值时应考虑以下几点：

①纵坡线形要符合《标准》的要求(如坡长限制、设置缓坡、合成坡度等)，并力求两控制点间坡度均匀(即缓变、少变)，避免设反向坡。

②要结合地形选用坡度，尽可能不用极限坡。但也不应太缓，一般以接近控制点间平距坡度为宜，路线顺直段可稍大，曲折多处宜稍缓。

如图6-8所示，其中的A_0、A_1、A_2…即为用上述方法定出的坡度点，这些点的连线将起指引路线方向的作用，称为导向线。

(3)修正导向线

坡度点就是概略的路基设计标高，由于各点的地面横坡度陡缓不一，线位放上放下对路基的稳定和填挖工程量影响很大，因此应在各坡度点的横断面上选定最合适的中线位置，并插上标志，如图6-9中线在Ⅱ-Ⅱ位置填方和挖方大致相等，是最经济的位置。图6-8中的B_0、B_1、B_2…的连线即为修正的导向线。

有定线经验的人，常把上述两步骤并为一个步骤来做，即一次完成修正导向线。当在树丛地段定线时，这样做能节省大量清除障碍的工作。

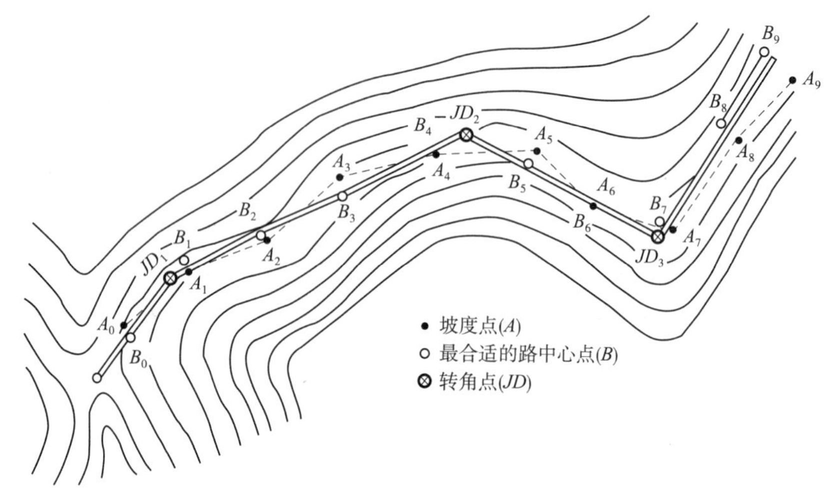

图 6-8 放坡定线示意图

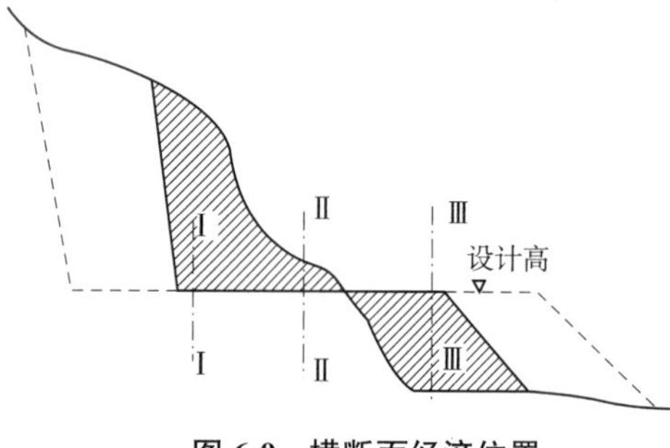

图 6-9 横断面经济位置

(4)穿线交点

修正导向线是具有合理纵坡，横断面上位置最佳的一条折线，穿线要从坡面线形要求着眼，尽可能多地靠近或穿过导向线上的特征点，同时应特别注意控制性较严的特征点，裁弯取直，使平、纵、横三面恰当结合，穿出与地形相适应的若干直线。延伸这些直线定出交点，即为路线导线，如图 6-8 中 JD_1-JD_2-JD_3…。这步工作很重要，定线人员必须反复试插、修改，才能定出合理的路线。

(5)曲线插设

地形曲折复杂的山区路线，曲线在路线总长中占很大比重，且常常是地形困难处，正是需要设置曲线的地方，因此必须研究曲线的插设方法。

①单交点法：是直接定线最常用的曲线插设方法之一。它是用一个交点来确定一段单平曲线的方法，方法简单，适用于转角不大，实地能直接定交点的情况。在确定出路线导线及前后直线的交点后，按下述步骤插设曲线：

a. 按理想线位所需要的外距 E、切线长 T、曲线长及其他控制条件来反算曲线半径。

b. 根据路线标准选用一个合适的半径值(一般为 5m 或 10m 的倍数)，算出曲线要素。

c. 敷设曲线，并检查线位是否合适。一般情况下，只需将曲线三个主点(起点、终点、中点)设出，就可以看出曲线的全貌了。如地形复杂，单凭曲线三个主点无法判定出全曲线线位时，应在曲线上加设几个任意点。

d. 经检查，如曲线位置不合适，应视具体情况调整半径或修改前后切线位置。

半径的大小直接影响导曲线线位及工程量大小，根据不同的控制条件，在不设置缓和曲线的情况下，确定半径的方法通常有下列几种：

a. 外距控制：对于转角不大，控制点位取曲线中点时，根据可测量外距 E，并测出转角，然后用下列公式反算半径。

$$R=\frac{E_{控}}{\sec\dfrac{\alpha}{2}-1} \tag{6-23}$$

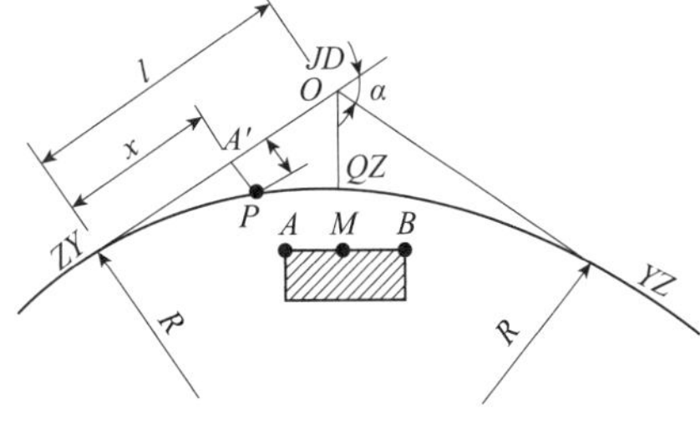

图 6-10 外距控制

如图 6-10 为某山岭区三级公路，路线交点受一建筑物限制，已知交点偏角为 $\alpha=46°38'$，试确定在不拆除建筑物的条件下能够设多大的平曲线半径。

根据要求，首先测出交点到建筑物间的距离为 14.62m，已知该弯道路基宽为 7.5m，若加宽值暂定为 1m，边沟顶宽 1.2m，安全值为 2.0m，则控制平曲线的最大外距不应大于下列数值：

$$E_{控}=14.62-\frac{7.5}{2}-1-1.2-2=6.92$$

$$R_{控}=\frac{E_{控}}{\sec\dfrac{\alpha}{2}-1}=\frac{6.92}{1.089-1}=77.8 \quad (\mathrm{m})$$

取整则 $R=80\mathrm{m}$。

有时单凭曲线中点难以判断整个曲线是否与地形、地物全部吻合时，应补点进行复核。如图 6-10 应验核建筑物左上角是否阻碍路线，此时可自 A 点做切线的垂线交于 A'点，量得 A'至曲线起点(ZY)的距离 x，然后按已定的平曲线半径 R 值，按切线支距近似公式 $y=\dfrac{x^2}{2R}$，求得相应 y 值，从而定出曲线上对应点位 P 点，再根据 PA 间实有距离，即可判断路线能否通过，如有妨碍，则应重新调整半径，使之满足要求。

b. 切线长控制：曲线半径的选定，除受地形、地物制约外有时还应考虑前后线形的要求。如当同向或反向曲线间直线长度较短时，通常采用限制切线长度的方法来推求圆曲线半径。当桥梁或隧道两端的曲线起终点到桥头或隧道口应留有一定长度的直线段，此时圆曲线半径也应根据切线半径来选定。根据切线长推算曲线半径的公式如下：

$$R=\frac{T}{\tan\dfrac{\alpha}{2}} \tag{6-24}$$

c. 曲线长控制：当路线转角较小，为使曲线长度满足最短曲线长度，则曲线半径最小值可按下式反算确定

$$R=\frac{180L}{\pi\alpha} \tag{6-25}$$

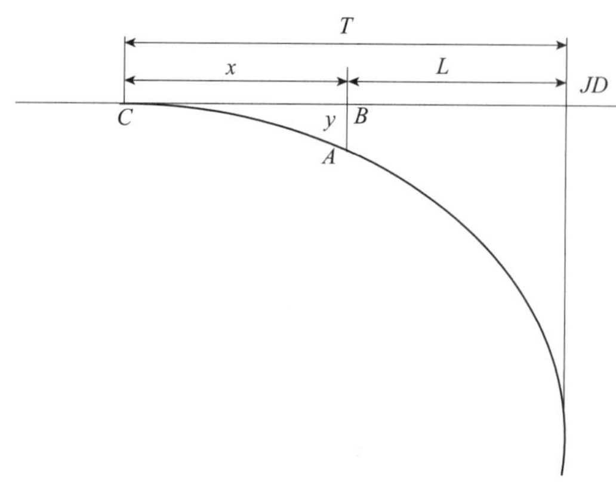

图 6-11 曲线上任意点控制

d. 曲线上任意点控制：如图 6-11 所示，有时人工构造物位置或原路改建的要求，控制曲线必须从任意点 A 通过时，可用试算法选择半径。方法是：先实地量出 JD 至 B 点的距离要求的支距 BA，根据 $y=\frac{x^2}{2R}$，初选半径 R。

e. 按纵坡控制：当路线纵坡紧迫时，为使弯道上的合成坡度不因曲线半径太小而超过规定值，这时应根据已定的纵坡和合成纵坡标准值来反算出超高横披，再按控制的超高横披求得最小控制半径。

②虚交点法：如图 6-12 所示，当交角较大、交点过远或交点处难以安设仪器(如河中、建筑物及陡坡上等)时，可采用虚交点法。如图 6-12 所示，可在前后直线上选择两个辅助交点 JD_A 和 JD_B 来代替交点 JD，敷设曲线选择半径。JD_A—JD_B 直线称为基线，具体作法可有两种：

a. 切基线法：当选择基线可以控制曲线位置，能使所定曲线与基线相切时称为切基线法。如图 6-12(a)所示，GQ 为公切点，量出转角 θ_A、θ_B 和基线长度 AB 后可按下式反算半径。

$$R=\frac{AB}{\tan\frac{\theta_A}{2}+\tan\frac{\theta_B}{2}} \tag{6-26}$$

选择半径后还要检查是否合乎标准的要求。切基线法方法简便，容易控制线位，计算容易，是生产中较常用的方法。

b. 非切基线法：当选择基线不能控制曲线线位或切基线计算的半径不能满足标准要求时，则所设曲线不能与基线相切，只能按非切基线办法来选择半径。如图 6-12(b)所示，其方法是：先根据标准要求初选半径 R，测量 θ_A、θ_B 和基线 AB，计算出 T_A、T_B，然后由交点 JD_A 和 JD_B 量距定出曲线起讫点 ZH、HZ，并用切线支距交点 x 和 y，检查曲线上任一点的线位，如与实际情况相符，则所选半径合适，反之则应再调整、计算。

③回头曲线：回头曲线的插设比较麻烦，主曲线和前后辅助曲线的纵断面和平面相互约束很严，稍有不慎，不是线形受影响，就是造成大量的填挖方，插线必须反复试插试算，才能得到理想的线位。

不同的地形条件，主曲线平面位置可活动的范围有所不同。如利用山包或山脊平台回头时，可活动的范围比较小，插线应先根据坡度点把主曲线位置定下来，然后定前后切线线位和及辅助曲线。回头曲线主曲线定线方法很多，通常采用切基线的双交点法。

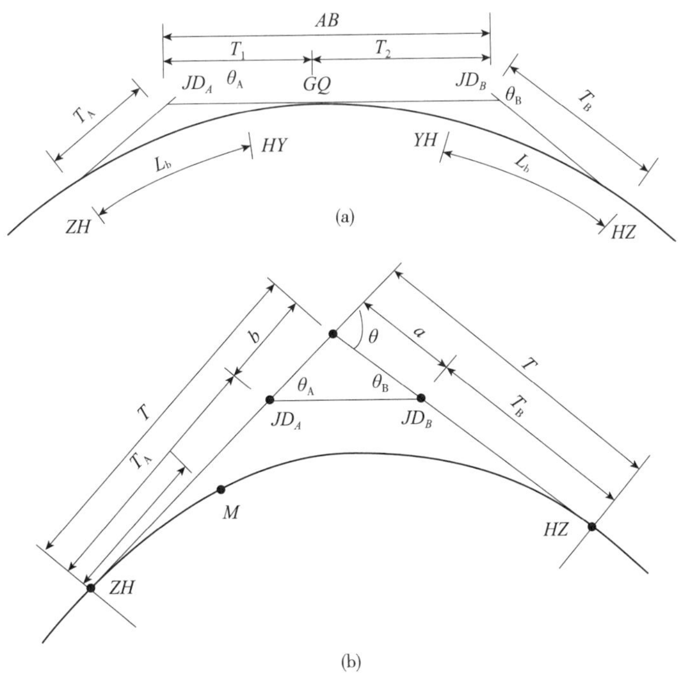

图 6-12 虚交点法

(a)切基线法 (b)非切基线法

当利用山坳或山坡回头时，主曲线位置有较大的活动余地，其大体位置可参照导向线选定，确切位置应根据纵坡估算填挖工程量来确定，具体做法如下：

a. 根据导向线插出前后切线的方向线，选定主曲线的大概位置。

b. 根据地形判定是否需要设辅助曲线及其大概位置和可能采用的半径。有了主曲线和辅助曲线的大概位置和半径，在现场就能看出整个回头曲线的大致形状，可以估定出纵坡折减的起止点位置(如图 6-13 中的甲、乙两点)。然后从甲、乙两点用折减后的坡度放坡交会出丙点。

c. 确定主曲线圆心位置。甲-丙-乙这条折线(图 6-13 中未示出)，显然比由甲沿曲线至乙的距离要短，因此主曲线线位向前不应超过丙点，向后不应退到比甲-丙-乙折线还短的位置，从而确定了圆心前后的位置。地面标高低于坡度线的是填，高于坡度线的是挖，据此可以估算全曲线的填挖数量，如挖多于填，线位应下移，反之应上移。经过这样多次试插试算，最后把圆心用木桩固定下来。

d. 以 O 为圆心，用选定的半径画圆弧，在圆弧上选若干个 a 点，置简单测角仪器于这些点，后视圆心，放 90°角与前后曲线交得若干个 V 点，最后选择一组既满足路线平面要求又符合实际地形的 a 及 V，用木桩固定。

e. 检查上、下线间的最小横距。如图 6-14 所示，回头弯上、下线间必需的最小横距分别为

$$Z_1+B+C+m_1h_2+m_2h_1$$

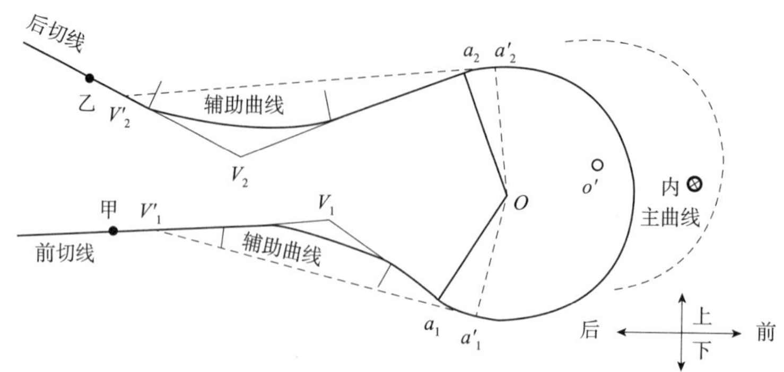

图 6-13　回头曲线的插设

及

$$Z_2=B+C+mh+b$$

检查时在回头曲线颈口处量测实际距离 Z。若 $Z>Z_1$，横距够用；若 $Z_1>Z>Z_2$，需考虑按图 6-14(b)的形式，上下路基采用挡土墙分隔；若 $Z<Z_2$，表示路基将部分重叠，需要修改。

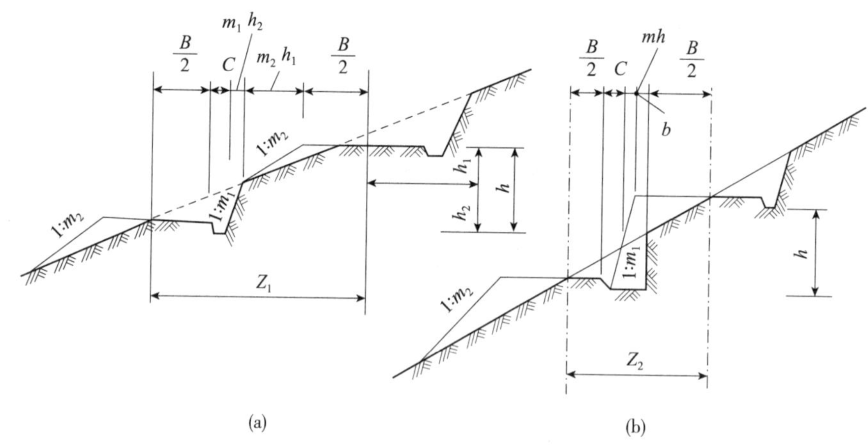

图 6-14　回头曲线横断面检查示意图

路线完全插定后，定线人员需沿线查对一遍，记录特征地点的填挖高度和对人工构造物的处理意见，供内业设计时参考。

(6)纵断面设计

直接定线的纵坡设计，是在平面线形基本确定之后进行的。这就要求纵坡设计不仅要满足工程经济及技术标准的有关规定，而且还担负着实现平、纵面线形配合的主要责任。这相当于给纵坡设计又增添了一些限制因素，因此必须反复试验修改，才能得到满意的结果。

6.3　航测选线与定线

航测选线与定线是一种通过航空测量获得地形数据和地面、地物、地质等信息，形成航测资料，然后通过内业工作，包括：航摄影图像制作、电算加密、立体光学模型选线、立体测图、纸上定线设计等，完成道路中线设计的过程。

6.3.1　航空测量技术

利用航空摄影采集地形数据和地面、地物、地质等信息，是一种现代化的高新技术。航空摄影和摄影图像为大规模地采集地形数据提供了快捷的手段，它经历了常规摄影测量、解析摄影测量。现正在向数字摄影测量阶段发展。

为使取得的航空图像能用于在专门的仪器上建立立体模型的量测，摄影时飞机应按设计的航线往返飞行进行拍摄，以取得具有一定重叠度的航空图像。按摄影机物镜主光轴对于地表的垂直度，可分为近似垂直航空摄影和倾斜航空摄影。近似垂直航空摄影主要用于摄影测量；科学考察和军事侦察有时采用倾斜空摄影。

早期的航空摄影主要用于摄影测量和军事侦察。20 世纪 20 年代以后，许多摄影测量仪器相继研制成功(如多倍仪、精密立体测图仪等)。由于军事上的成功应用，航测技术相继推广到石油、地质、农林系统等领域。到 20 世纪 40 年代，非常规摄影和非摄影成像的航空遥感技术问世，同时图像判释技术也迅速发展。

美国从 20 世纪 40 年代开始就已在许多州、公路局设立航测技术勘测一般公路和高速公路。国际摄影测量学会于 1960 年成立有关公路、铁路航测研究专门机构。如今，航测选线在大多数国家获得了广泛的应用。我国铁路部门从 20 世纪 50 年代就开始采用航测定线，而公路部门则在 70 年代中后期在四川、广西、湖南等交通勘测设计院和交通部第二公路勘测设计院进行研究与应用。目前，国内许多高等级公路和复杂山区公路(如京九铁路、深圳地铁)已采用航测成图和选线，并结合计算机辅助设计，在提高选线质量、加快勘测速度、降低工程造价等方面效果显著。

6.3.2　航测资料

公路航测选线所需的各种航测图像资料及控制测量资料等都属于航测资料，包括：航摄图像以及图像镶嵌图、图像平面图、图像略图，航外控制测量及调绘资料，如控制片、调绘片、大地成果表等。

(1)航摄图像

航摄图像是航测选线和航测成图最基本的原始资料，它是通过装在飞机上的航摄仪对地面摄取的图像。

航摄图像摄取的过程是，首先由航测选线单位根据路线走向情况以及经过地区的地形情况确定摄影范围，进行航带设计，并用小比例尺(1∶20000~1∶500000)地形图绘出测段布置示意图，然后编制一份航摄测段表，内容包括测段号、航带数、航摄仪焦距、航摄比例尺、最高平均面、最低平均面、平均面、至高点高程、测段面积等，最后将航带设计资料交给专业的航测部门。航测部门经过航摄技术计算后进行航空摄影。一般选择在天气晴朗、能见度好、气流平稳的时间(以上午 9 时至下午 4 时为宜)，按测段和航带的编号顺序，逐条航带进行摄影。每天航摄完成后，应及时进行摄影处理和航摄质量评定工作。航摄底片做成后，在每卷底片药膜上注明测区号、摄影日期、航摄仪等类型及其主距等，并逐片编号。

(2)镶嵌图与镶嵌复照图

将航摄图像按航带和编号顺序，在航向及旁向上，使每相邻两张图像的相同影像彼此重叠(注意留出每张图像的右上角编号)，然后用图钉将它们固定在三合板上，形成一整幅摄像图。把镶嵌图缩小，按一定比例尺晒出，成为镶嵌复照图。后者常用来确定公路选线大方案、检查与评定航摄图像的拍摄质量和作为索引图，以方便查询。

(3)图像缩略

图像缩略图是用保持原摄影比例尺的未纠正处理的图像，按相邻图像的相同影像拼接起来，切去重叠的多余部分，依切割线进行镶嵌并粘贴在硬纸板上，形成的一幅图像地图。

(4)图像平面图

图像平面图是将经过纠正处理的图像，按照制作图像略图的方法切割拼接而成。它实际上是一幅没有等高线的图像地图。可以直接在上面测量距离、进行路线布局和计算工程量等。由于航摄图像是地面的中心投影，而地形图则是垂直投影，故航摄图像需要经过纠正处理，其内容包括误差处理和归化处理等。

(5)立体图像略图

立体图像略图是将未纠正的航摄图像分为两组而形成的一对图像略图，在立体镜下可以观察到摄影地区的立体模型，它兼有立体图像和图像略图的优点，在公路选线的方案研究中非常方便和有效。

(6)缩小片

缩小片是将航摄底片通过透过缩小制成的透明正片，供多倍仪建立立体光学模型使用。缩小片的玻璃尺寸有58mm×58mm及49mm×49mm两种，其像幅分别为54mm×54mm及40mm×40mm。对应18cm×18cm的航摄图像分别缩小了3.5倍和4.5倍。

(7)外控资料

外控资料是航测内业成图的基本依据，其资料齐全与否和质量好坏都直接影响到选线设计与成图。公路航测选线所需的外控资料如下。

①外控成果表：大地成果表包括摄影区内的国家等级三角点、水准点或地区性三角点等。它们是航测外控测量和内业加密所需要的高级控制点，可向测绘部门及有关单位索取。

②控制片：是指刺有控制点的图像。

③调绘片：是指已作过调绘的图像。

(8)电算加密成果

电算加密成果内容包括：各加密点的平面坐标与高程，测图所需要的一些中间计算成果和各种必要的数据。

6.3.3　航测选线与定线

航测选线是利用航空摄影获得的图像资料，或编制成图像图或测绘成各种比例的地形图，或在室内仪器上建立光学立体模型，然后再实现选线过程，由于图像能真实、客观而详尽的记录地面信息，选线人员能在室内充分分析线路选择过程中的各个环节，故这种选线方法可节省大量的人力、物力，及繁重的外业勘测为室内设计工作，既能保证成图精度，又大大地提高了功效，并容易实现多方案优选。航测技术的发展与计算机技术的应用，以及新的计算方法的出现，使公路选线设计的程序和作业方法进入到自动化阶段，现已取得初步成效的就是利用航测方法建立数字地面模型，结合计算机辅助设计系统，可以在较短的时间内设计出多种方案并实行比较，实现多方案选优。

航测选线有航空目测选线、航摄图像选线和利用国家现有航测资料选线。

6.3.3.1 航空目测选线

航空目测选线是勘测人员乘坐适合于目测沿选线地带上空俯瞰地面，了解地面的地形地质情况，寻找可能的路线方案。它适用于没有可供选择路线方案的地形图资料和小比例尺的航测资料，或虽有小比例尺地形图，但难于进行实地踏勘的特别困难地形。要求目测飞机具有高度稳定性和安全性，具有较长的续航时间和适于目测地区的升高能力，并便于观察地面；同时要求目测人员具有较好的视力，能够适应高空飞行，对地形、地质能迅速做出正确的识别和判断，并具有一定的选线经验。航空目测选线主要分以下步骤完成：

(1)准备工作

准备工作包括资料收集、方案预选和编制飞行计划三项内容。首先向有关部门收集已有各种比例尺的地形图、大地测量控制点、其他现有工程勘测图纸及航摄资料，以及选线地区的气候、水文、经济、运输资料，然后将收集的地形图进行拼接、整理(用彩笔绘出分水线、河流、道路、居民点、高程控制点等)，并将任选方案绘在地形图上。根据初选方案，进行航带设计，并将设计成果提交飞行组人员编制飞行计划，同时应组织人员和准备仪器。人员分为目测组和机组：目测组应有组长 1 人(由线路技术人员担任)，线路地质及桥梁技术人员 1 人；机组包括机长、副驾驶、机械员、电报员、领航员、航摄仪及无线电测高仪操作员各 1 人。仪器装备包括：航摄仪、高差仪、无线电测高仪、目测人员与飞机机舱联系的信号设备、录音机、时表、手持照相机、地形图、地质图等。

(2)目测工作

根据我国铁路选线经验，航空目测选线常用的方法有地形记录法、地形录绘法等。

地形记录法是在目测时，用文字和符号对路线长度、地形等级、桥涵和隧道的数量以及地质不良地段的长度加以记录。在已知路线走向而无准确地形图，施工期限紧迫时通常采用该法。

地形录绘法是在目测时，不用文字和符号记录，而是直接绘出草图，将路线通过地区的地形、地貌表示出来。在缺少精确地形图和调查无新方案时采用。

另外，在航空目测时，还可以同时用航摄仪摄取小比例尺图像，然后进行选线。

目测时，观测人员自飞机窗口俯视地面，只能看到偏离窗口铅垂线一定角度以外的地方，故飞行航线应偏离拟定路线中线位置一段距离。目测组长在驾驶舱内，以规定的信号与组员联系。机长应执行组长对航高和航向方面的指示。领航员应注意地形起伏与飞行安全，航高要高出地面最高点600m以上。目测组长一方面指挥其他组员进行工作，一方面注意寻找可能存在的新方案；观察沿线地物、地貌特征，记录分级经过的时间。线路人员分别记录路线纵断面和横断面情况，负责地质、桥隧的人员分别记录自己业务范围内的资料。

(3)目测内业工作

目测归航后应及时进行内业资料整理工作。首先应按飞行记录的时间相互校核，以免出现遗漏或错误。按照沿路线飞行的时间及航速，算出各路线方案的长度，统计各等级地形的长度；估计桥梁、隧道及土石方量。如果采用地形录绘法，应把左右两侧资料拼接起来，研究资料是否一致，取得统一。将录绘的资料转绘到航线图上，对图上的山脉、河流、居民点位置进行修正补充，以供研究路线方案和下一次飞行计划。

6.3.3.2　沿路线拍摄航摄图像选线与定线

拍摄航摄图像选线大体分为以下几个步骤：

(1)准备工作

根据计划任务书的要求，收集沿线地区的小比例尺航摄图像以及有关地理、地质、水文、气象和经济发展规划等资料，结合1∶50000或1∶100000的地形图，选出路线起止点及主要控制点间一切可能的大方案。分析研究这些方案，确定必须经过的经济据点、地形控制点，分析影响路线的各种因素，进行详选最后定出一个或两个较为合理的可行方案。

根据初选方案确定摄影范围，进行航带设计。由于摄影沿路线方向进行，而路线走向常常是宛转曲折的，为了保证航线的直线性，必须把路线分成若干测段，每测段再分成若干条航带，称为航带设计，还要根据测图的比例尺、测图仪器类型和测图方法以及测段的情况，提出对航摄仪类型和摄影比例尺的要求，交由航测部门进行摄影。

(2)摄影工作

摄影工作由航测部门根据签订的合同，按照公路设计部门提出的航带设计、摄影宽度、航高及对航摄图像的要求进行。航摄后，经过摄影处理等一系列工作即获得航摄底片，然后将底片通过晒印，制成航摄图像。编制镶嵌复照图或图像缩略图等航测资料。为确保质量，航摄底片要案验收标准进行验收。

(3)外控测量

外控测量的任务是根据已知的高级控制点测定航测控制点的位置。因为航摄图像在航测仪器上恢复立体光学模型或测图时都需要进行定向，而定向则要以已知控制点为依据。控制点的坐标和高程可以全部在野外实测，也可以只在野外测量少量控制点，然后在室内加密得到加密控制点。

外控测量包括点位选刺、图像测绘、导线测量、水准测量及内业成果整理等工作。外控点点位要按测图定位的要求选定，并准确地刺在图像上。图像测绘就是把在地形图上需要表示地形和地貌要素(如居民点、独立地物、道路、水位、植被、境界、地名等)描绘和标注在图像上，以供室内测图使用。调绘时还要根据公路选线设计用图的特点，对调绘范围，要在调绘中进行可靠的调查，以供室内在航片上判译地质和水文情况时提供准确无误的原始资料。

(4)内业工作

内业工作包括航摄图像制作、电算加密、立体光学模型选线、立体测图、纸上定线设计等工作。

①电算加密：根据航摄图像上详点坐标与地面相应点坐标之间的数学关系，在量测像点坐标的基础上，利用少量已知或已测的控制点，通过电子计算机，解算出加密点的地面坐标及其他要素。

②立体测图：以航摄图像和外控点数据原始资料，在航测成图仪器上对图像上的影像进行量测、分析和判读，可测绘出精密的地形图。航测成图方法一般分为综合法、分工法和全能法三类。

③综合法：适用于丘陵地形。由于立体模型不太显著，此时内业立体测图达不到高程精度要求，点的平面位置用航测方法解决，而高程用地形测量方法实地测定，故称为综合法。

④分工法：适用于丘陵地形。点的平面位置和高程分别用两种摄影测量方法单独测定。

⑤全能法：适应于各种地形和各种比例尺的测图工作，它是按照空间前方交会的理论，量测立体模型以代替实地地形测量来绘制地形图。图像选线时通常将航摄图像拼贴成立体图像略图，这种图在立体镜下展示出选线地带的立体景象，选线人员可在其上进行路线方案的初选。

光学立体模型选线可在多倍仪上进行，先将航摄图像制成透明缩小片安装在多倍仪上，通过定向建立一座缩小了的实地光学立体模型，选线人员戴上补色眼镜可观察模型进行选线；还可通过仪器的测标台测绘各点的高程和路线平面图及纵横断面图，获得选线所需的资料。

在路线方案基本确定后，可利用航摄图像和外控资料在航测成图仪器上测绘出1：5000或1：2000地形图，供纸上定线设计。

6.3.3.3 利用国家现有航测资料选线与定线

我国自20世纪50年代开始，在全国进行了大面积的航空摄影工作，现有航摄面积几乎覆盖全国各地，因此利用国家现有航测资料进行公路选线是切实可形的。

(1)准备工作

根据计划任务书的要求，首先在1：50000或1：100000地图上初定路线走向，提出几个可能的方案，然后收集现有航测资料，并编制路线带状图像镶嵌图、图像平面图或图像略图。为提高精度，应尽可能收集和利用年代最近，比例尺大的航摄图像，应注意分析资料，保证资料的可靠性和真实性，也可用复印放大地形图的方法配合航摄图像来研究路线方案。

(2)初选路线方案

初选路线方案是在图像镶嵌图或复印放大地形图上进行的。首先根据计划任务书的规定，在图上标出路线起、止点和必须经过的主要经济据点(一般是城市、工业基地、交通枢纽等)，然后通过立体镜对立体图像缩略图进行立体观察和判读，了解沿线地形、地质、水文、居民点和现有道路情况。在图上概略位置标出路线的走向。为了取得路线长度、高程、地名、地类等定量资料，可按相关位置在复印放大地形图上量测和读取。概略编算出桩号并绘出纵断面图，估算工程量。通过方案比选，获得路线初选方案。路线方案确定后，应到现场进行踏勘核实。

(3)路线布局和测图

通常利用多倍仪建立光学立体模型进行路线布局研究，并可测绘出路线平面图及纵、横断面，进行初步设计。当需要更大比例尺的地形图时，可用精密立体测图仪测制。

(4)纸上定线设计

纸上定线与沿线路线拍摄航摄图像中的选线程序相同。

6.4 实地放线

实地放线是将纸上定好的路线敷设到地面上，供详细测量和施工之用。实地放线的原理是根据平面图上路线与实测地形时敷设的“控制导线”(以下简称导线)的关系，将纸上路线敷设到实地上。

实地放线常用的方法主要有：穿线交点法、拨角法、直接定交点法、坐标法等，下面主要介绍这些方法。

6.4.1 支距法

支距法是通过量距、穿线交点把纸上路线的每条边逐一放到实地上去，延长这些直线交出交点，构成“路线导线”。支距法适用于地形不太复杂、路线离开控制导线不远的地段。

其工作步骤如下：

(1)量支距

如图6-15所示，通过设计线上的点做导线的垂线，在平面图上量得纸上路线与导线的支距，如导1-A、导2-B等。注意纸上每条路线边至少应取三个点，并尽可能使这三个点在实地上能互相通视。

(2)放支距

在现场找出各相应的导线点，根据量得的支距用皮尺和反向架，实地定出各点，如图6-15中的A、B、C等点，插上旗子。

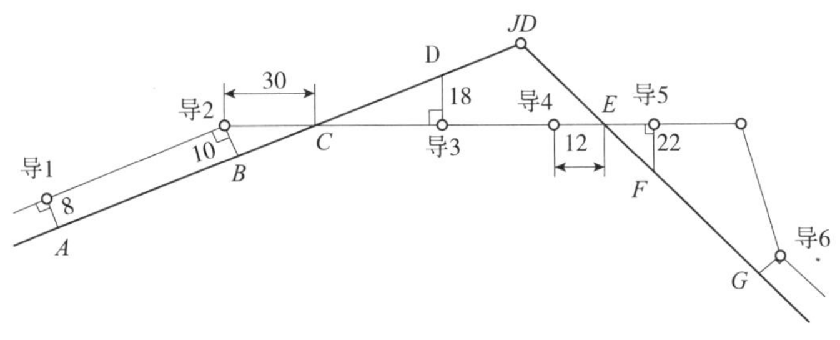

图 6-15 支距放线示意图

(3)穿线交点

放出的各点，由于量支距和放线工作的误差，不可能恰好在一条直线上，必须穿直。穿出直线后要根据实际地形审查路线是否合理，否则应在现场修改，改善路线位置。两相邻直线的交点即为转角点，所有交点和转点都应钉桩以标定路线。

6.4.2 解析法

解析法是通过坐标计算纸上路线与导线的关系，根据计算导线和设计线路之间的距离、方位角、转向角及各控制桩的里程关系敷设线路，此法较为准确。在地形复杂和直线较长，路线位置需要准确控制时，可采用此法。其工作步骤如下：

(1)计算夹角

如图 6-16 所示，从平面图上量得纸上路线的交点 JD_A、JD_B 的坐标(Y_A，X_A)和(Y_B，X_B)，则 $JD_A \sim JD_B$ 的象限角为：

$$\tan\alpha=\frac{Y_B-Y_A}{X_B-X_A}=\frac{\Delta Y}{\Delta X}$$

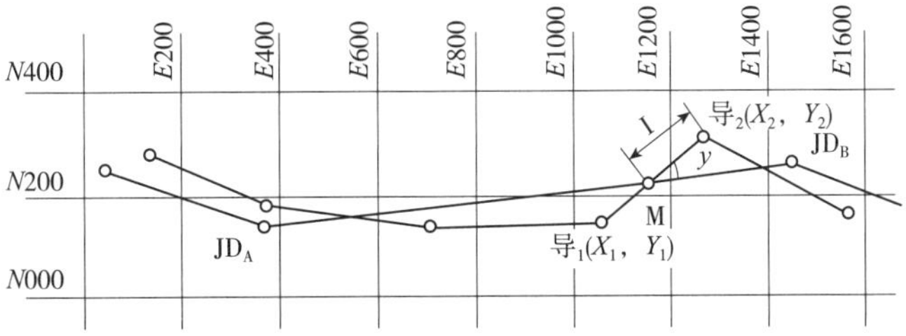

图 6-16 解析计算示意图

导 1~导 2 的象限角为已知，则 $JD_A \sim JD_B$ 与导 1~导 2 的夹角为：

$$\gamma=\alpha-\beta$$

(2)计算距离

$JD_A \sim JD_B$ 与导 1~导 2 的交点 M 的坐标(Y_M，X_M)可解下列联立方程式求得：

$$\begin{cases}\dfrac{Y_2-Y_M}{X_2-X_M}=\dfrac{Y_2-Y_1}{X_2-X_1}\\[2ex]\dfrac{Y_B-Y_M}{X_B-X_M}=\dfrac{Y_B-Y_A}{X_B-X_A}\end{cases}$$

式中　Y_1，X_1，Y_2，X_2——导 1、导 2 的坐标，为已知；

Y_A，X_A，Y_B，X_B——JD_A、JD_B 的坐标，可从平面图上量得。

则，导 2 至 M 的距离

$$l=\frac{X_2-X_M}{\cos\beta}=\frac{Y_2-Y_M}{\sin\beta}=\sqrt{(x_2-x_M)^2+(Y_2-Y_M)^2}$$

(3)放线

①置经纬仪于导 1，后视导 2，丈量距离 l 得 M 点。

②经纬仪于 M，后视导 2，转 γ 角定 $JD_A \sim JD_B$ 的方向。

③延长直线，用骑马桩交点法定出交点 JD_A。

④钉桩。

此法虽计算比较麻烦，但精度较高。在实际工作中如果要求不是很严格，也可用比例尺从平面图上直接量取距离 l。

6.4.3　坐标法

坐标法敷设路线采用的是全站仪等可以直接通过坐标放线的仪器。这种方法精确简便，可适用于各级道路。根据放线的方法不同，坐标法又分为极坐标法和坐标法两种。

6.4.3.1　极坐标法

极坐标放线的基本原理是以控制导线为根据，以角度和距离定点。如图 6-17 所示，在控制导线点 T_i 置仪，后视 T_{i-1}，待放点为 P。图 6-17(a)为采用夹角 J 的放点，图 6-17(b)为采用方位角 A 的放点。只要算出 J 或 A 和置仪点 T_i 到待放点 P 的距离，就可在实地放出 P 点。

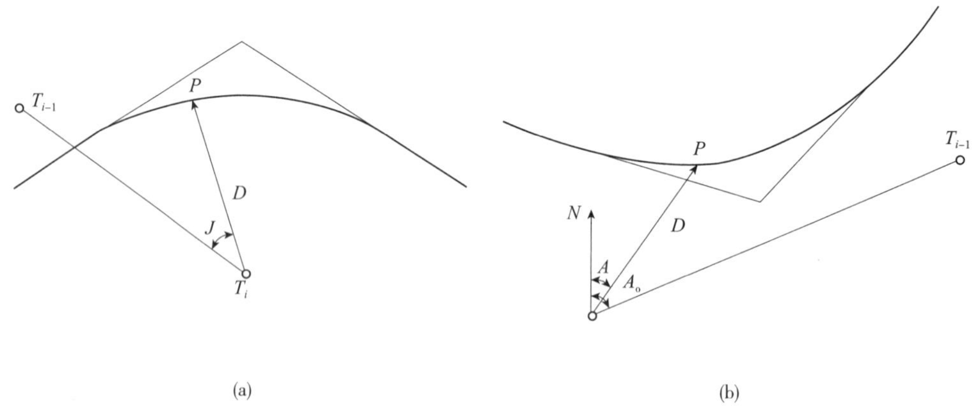

图 6-17　极坐标放线示意图

(a)根据夹角 J 放点　(b)根据方位角 A 放点

设置仪点的坐标为 $T_i(x_0,\ y_0)$，后视点的坐标为 $T_{i-1}(x_h,\ y_h)$，待放点的坐标为 $P(x,\ y)$及放线数据 D、A、J 可按直线型定线法计算，据此拨角测距即可放出待定点 P。

6.4.3.2 坐标法

此法的基本原理与极坐标法相同，它是利用现代自动测量仪的坐标计算功能，只需输入有关点的坐标值即可，现场不需做任何手工计算，而是由仪器内电脑自动完成有关数据计算。放线的具体操作步骤如下：

①在置仪点 T_i 安置仪器，后视 T_{i-1}点。

②键入置仪点和后视点坐标 $T_i(x_0, y_0)$、$T_{i-1}(x_h, y_h)$。

③键入待放点坐标 P(x, y)。

④转动照相头使水平角为 0°00′00″，完成待放点 P 定向。

⑤置反射镜于 P 点方向上，并使面板上显示 0.000 米时，即为 P 点的精确点位。

重复③~⑤步，可放出其他中桩位。当改变置仪点的位置后，要重复①~⑤步。坐标法放线数据全部来自于精确计算，放线精度高，可用于直线或曲线的标定。因此，坐标法适用于直线型定线法和曲线型定线法。

6.4.4 直接定交点法

根据图纸上设计线和图纸上明显特征点的位置之间的关系，直接在现场定出路线交点，并测角量距，敷设中线，其数值以实测值为准。例如，在图纸上量得某交点在某特征点东 50m、南 100m 处，则直接在实地上根据这两个数值定出交点。直接定交点法通常用于地形平坦，路线较少受限，地面目标明显，路线要求不高的情况。

本章小结

本章主要讲述了定线的常用方法：纸上定线、实地定线及航测定线；纸上定线的方法、步骤及整体坐标计算；实地定线的方法和步骤；航测选线和定线简介。

思考题

1. 定线的基本任务是什么？
2. 定线方法有哪几种？
3. 纸上定线是指在大比例尺(一般为 1∶500~1∶2000)地形图上确定公路中线吗？
4. 纸上定线的工作步骤是什么？
5. 实地定线的工作步骤是什么？

第7章 道路平面交叉设计

[本章提要]

平面交叉口是道路的重要组成部分，正确设计交叉口对提高道路通行能力，减少交通事故非常重要。本章主要内容包括：交叉口设计原则和交通分析；交叉口类型及适用范围；交叉口的设计技术依据；交叉口的交通组织和交通管理；十字形交叉口设计；环形交叉口设计；交叉口的立面设计等。要求掌握十字形交叉口和环形交叉口几何尺寸设计，交叉口的立面设计和计算；熟悉交叉口的交通分析、交叉口类型及适用范围、设计技术依据及交叉口的交通组织和管理；了解交叉口的设计原则。

7.1 概述

道路与道路(或铁路)在同一平面上相交的地方称为平面交叉，又称为交叉口。交叉口是道路系统的重要组成部分，是道路交通的咽喉。各种车辆和行人都要在交叉口汇集、通过和转换方向，由于它们之间的相互干扰，会使行车速度降低，阻滞交通，耽误通过时间，也容易发生交通事故。因此，正确设计交叉口，合理组织交通，对于提高交叉口的通行能力，避免交通阻塞，减少交通事故，显得尤为重要。

7.1.1 交叉口设计原则

为提高交叉口的行车安全和通行能力，合理设计交叉口，设计公路平面交叉口时应遵循下列原则：

①平面交叉位置的选择应综合考虑公路网现状和规划、地形、地物和地质条件、经济与环境因素等。

②平面交叉形式应根据相交公路的功能、等级、交通量、交通管理方式、用地条件和工程造价等因素而确定。

③平面交叉选型应选用主要公路或主要交通流畅通、冲突点少、冲突区小，且冲突区分散的形式。

④平面交叉几何设计应结合交通管理方式并考虑相关设施的布置。

⑤平面交叉范围内相交公路线形的技术指标应能满足视距、平面交叉连接部衔接等的要求，不满足时采取设置路权分配的法规标志、警告标志和限速等措施。

⑥相交公路在平面交叉范围内路段宜采用直线；当采用曲线时，其半径宜大于不设超高的圆曲线半径。纵面应力求平缓，并符合视觉所需的最小竖曲线半径值。

⑦平面交叉设计应以预测的交通量为基本依据。设计所采用的交通量应为设计小时交通量。

⑧交叉口设计应根据相交道路的功能、性质、等级、计算行车速度、设计小时交通量、流向及自然条件等进行。

⑨交叉口应尽量设置左右转车道，并尽量保持直行车道直线状和进出口车道数平衡，以保证进入交叉口的车辆能快速顺畅地通过交叉口。

⑩设置交叉口四角处的导流岛缩小交叉口通过距离。

⑪平面交叉处行人穿越岔路口的设施应根据行人流量、公路等级和交通管理方式等设置人行横道或人行天桥或人行通道。

⑫平面交叉的几何设计应与标志、标线和信号设施一并考虑，统筹布设。视距不良的小型平面交叉，可根据具体情况设置反光镜。

⑬平面交叉改建时，除应收集交通量以外，还应调查交通延误以及交通事故的数量、程度、原因等现有交叉的使用状况。

⑭平面交叉口规划和设计，须使进口道通行能力与其上游路段通行能力相匹配，并注意与相邻交叉口之间的协调。

⑮交叉口的竖向设计应符合行车舒适、排水迅速和美观的要求。

7.1.2 交叉口的交通分析

进出交叉口的车辆，由于行驶方向的不同，车辆与车辆之间会产生交错。如图 7-1，根据交错方式不同，交错点的种类可分为以下几种：

①分流点（又称分叉点）：同向行驶的车辆向不同方向分离行驶的地点。

②合流点（又称汇合点）：不同行驶方向的车辆以较小的角度，向同一方向汇合行驶的地点。

③冲突点（又称交叉点）：不同行驶方向的车辆以较大的角度相互交叉的地点。

上述三类交错点中以冲突点对交通的干扰和行车的安全影响最大，其次是合流点，再次是分流点。因此，在交叉口设计时，应采取措施尽可能消灭冲突点，减少合流点。

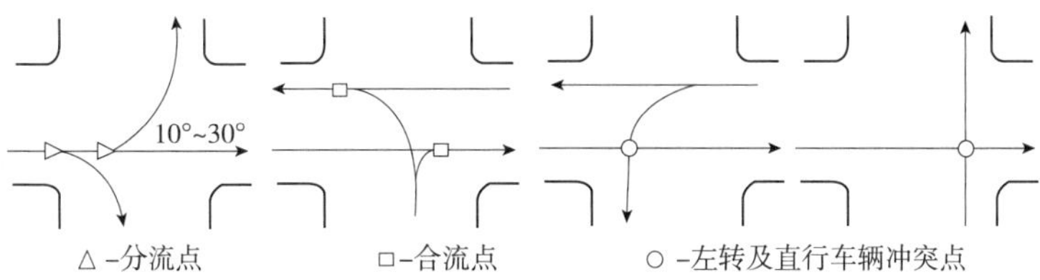

图 7-1 交叉口交错点类型

三路、四路和五路平面交叉口在无交通管制时交错点的分布情况，如图7-2所示。交错点数量见表7-1。

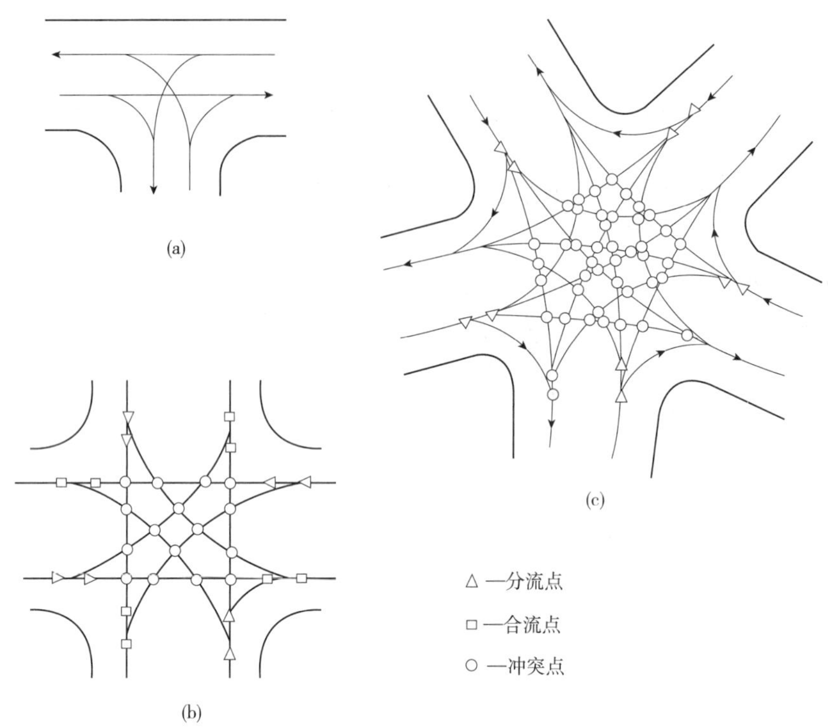

图7-2 平面交叉口交错点

(a)三路交叉口 (b)四路交叉口 (c)五路交叉口

表7-1 平面交叉口交错点数量表

交错点类型	无信号控制			有信号控制		
	相交道路的条数			相交道路的条数		
	3条	4条	5条	3条	4条	5条
△分流点	3	8	10	2或1	4	4
□合流点	3	8	10	2或1	4	6
○左转车流冲突点	3	12	45	1或0	2	4
○直行车流冲突点	0	4	5	0或0	0	0
交错点总数	9	32	70	5或2	10	14

分析上述图表可得出以下几点结论：

①无交通管制的交叉口，各种交错点都存在。其数量随相交道路条数的增加而显著增加，其中增加最快的是冲突点。由左转和直行车辆造成的冲突点，其数量可按下式计算：

$$冲突点个数=\frac{n^2(n-1)(n-2)}{6}$$

式中，n 为交叉口相交道路的条数。由此可看出，冲突点个数与 n 成级数增长关系，因此应力求减少相交道路的条数，尽量避免五条或五条以上道路相交，以减少碰撞点。

②产生冲突点最多的是左转弯车辆。如图 7-2 所示，四路交叉口若没有左转车流，则冲突点可由 16 个减少至 4 个，而五路交叉口从 50 个减少至 5 个。因此，在交叉口设计中如何处理和组织左转弯车辆，是保证交叉口交通通畅和安全的关键所在。

③为了控制和减少交叉口上的冲突点，可设置信号灯，按顺序开放各条道路的交通。但因此增加了交叉口的延误时间，影响了交叉口的通行能力。在设有信号灯控制的交叉口，其通行能力比路段上的通行能力减少；三条道路交叉约为 30%，四条道路交叉约为 50%，五条道路约为 70%。

在交叉口的设计中，为保证交通安全，必须力求减少或消灭冲突点，但同时又要努力提高交叉口的通行能力。通常，减少或消灭冲突点的方法有三种：

①使交通流线在时间上分离：在交叉口设置交通信号灯或由交通警察实行交通管制，统一指挥，使在同一时间内只允许某一方向的车流通过。

②使交通流线在平面上分离：采用渠化交通，在交叉口内合理布置交通岛、交通标志和标线，或增设车道等，引导各方向车流沿固定路径行驶，并将冲突点转变为交织点(如环形交叉口)，以减少车辆之间的相互干扰。

③使交通流线在空间上分离：修建立体交叉，将相互冲突的车流从空间上分开，这是解决交叉口交通问题最彻底的办法。

7.2 交叉口的类型及其适用范围

平面交叉口的形式应根据相交道路的交通量、设计速度、交通组成及其在道路网中的作用，并结合道路网的规划、交叉口用地、周围建筑以及投资等因素确定。

按相交道路条数平面交叉口可分为：三路交叉、四路交叉、多路交叉等。按相交道路的几何形状又可分为：十字形、T 字形及其演变而来的 X 形、Y 形、错位、多路交叉等。交叉口在平面上的几何图形，由规划道路网和街坊建筑的形状所决定，一般不易改变。但在具体设计中，常因交通量、交通性质以及不同的交通组织方式，把交叉口设计成各具交通特点的形式，可归纳为加铺转角式、分道转弯式、扩宽路口式和环形交叉四类。

(1)加铺转角式

用适当半径的圆曲线平顺连接相交道路的路基和路面，如图 7-3 所示。

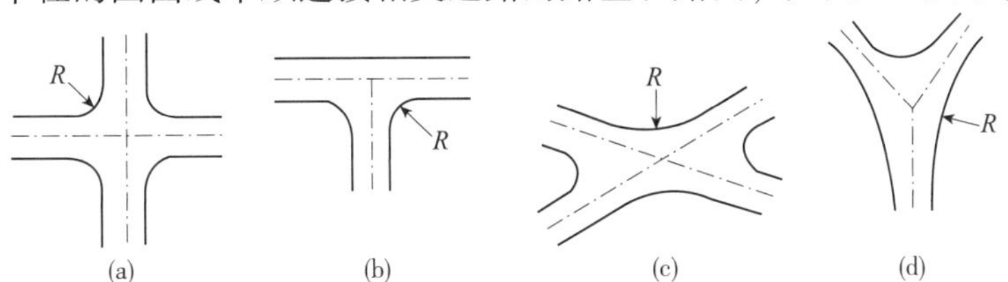

图 7-3 加铺转角式交叉口

(a)十字形 (b)T 形 (c)X 形 (d)Y 形

此类交叉口形式简单，占地少，造价低，设计方便，但行车速度低，通行能力小。适用于交通量小，车速低，转弯车辆少的三、四级公路或地方道路，若斜交不大时，也可用于转弯交通量较小的主要道路与次要道路交叉。设计时主要解决合适的转角曲线半径和足够视距问题。

(2)分道转弯式

通过设置导流岛、划分车道等措施，使单向右转或双向左、右转车流以较大半径分道行驶的平面交叉，如图7-4所示。此类交叉口转弯车辆，尤其是右转弯车辆行驶速度和通行能力都较高。适用于车速较高，转弯车辆较多的一般道路。设计时主要解决分道转弯半径，保证足够的视距和满足导流岛端部半径的要求。

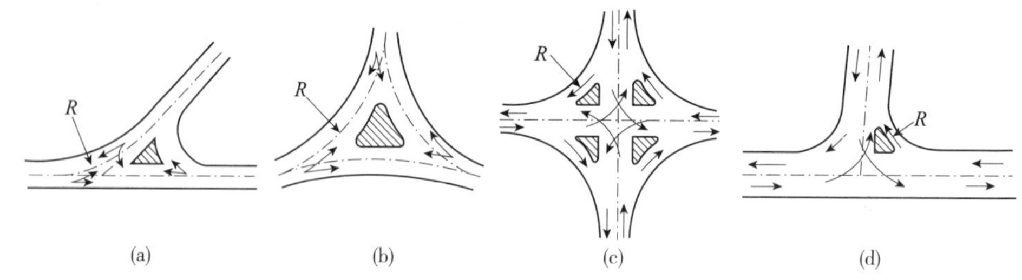

图7-4　分道转弯式交叉口

(3)扩宽路口式

为使转弯车辆不影响其他车辆的正常行驶，在交叉口连接部增设变速车道和转弯车道的平面交叉。这种交叉可以单增右转或左转车道，也可以同时增设左、右转弯车道，如图7-5所示。此类交叉口可减少转弯交通对直行交通的干扰，车速较高，事故率低，通行能力大，但占地多，投资较大。适用于交通量较大、转弯车辆较多的二级公路和城市主干路。设计时主要解决扩宽的车道数，同时也要满足视距和转角曲线半径的要求。

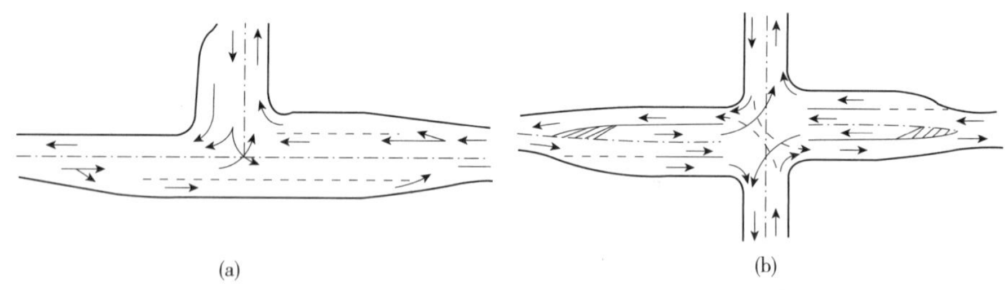

图7-5　拓宽路口式

(4)环形交叉

在交叉口中央设置中心岛，用环道组织渠化交通，使进入环道的所有车辆一律按逆时针方向绕岛单向行驶，直至所要去的路口离岛驶出的平面交叉，俗称转盘，如图7-6所示。

环形交叉口具有车辆可连续单向运行、只有分流与合流，消灭了冲突点、交通组织简便，不需信号管制、可多路交叉和畸形交叉、中心岛绿化可美化环境等优点，但占地面积大、城区改建困难、增加了车辆绕行距离，特别是左转弯车辆。因此，一般造价高于其他平面交叉。当多条道路相交，通过交叉口的交通量总数为500~3000辆/h，左右转弯车辆较多，且地形较平坦时可考虑采用。在快速道路和交通量大的干线道路上、有大量非机动车和行人交通、位于斜坡较大地形以及桥头引道上均不宜采用。按规划需修建立体交叉处，近期可采用环形平面交叉作为过渡形式，并预留远期改建为立交的可能性。设计时主要解决中心岛的形状和半径，环道的布置和宽度，交织段长度，交织角，进出口曲线半径和视距要求等问题。

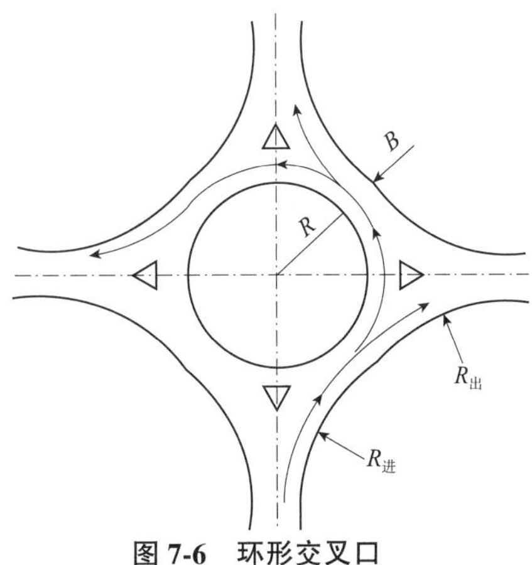

图7-6　环形交叉口

7.3　交叉口设计的技术依据

7.3.1　设计速度

交叉口的交通岛、附加车道和转角曲线等各部分几何尺寸均取决于设计速度。交叉口的设计速度与路段设计速度密切相关，二者速差大时会因减速过大而影响行车安全；速差小而路段车速又高时，也会有行车危险，用地过大和左转绕行过长等弊端。《规范》规定：

①平面交叉范围内主要公路的设计速度，宜与路段设计速度相同。

②两相交公路的功能、等级相同或交通量相近时，平面交叉范围内的直行车道的设计速度可适当降低，但不应低于路段的70%。

③次要公路因交角等原因改线，或因条件受限采用较低的线形指标时，可适当降低设计速度。

④转弯车道的设计速度应根据路段设计速度、交通量、交叉类型、交通管理方式和用地情况等因素综合确定。

⑤一般考虑右转弯车速小于等于40km/h，左转弯车速小于等于20km/h。

7.3.2　设计车辆

《规范》规定：

①平面交叉口的设计也采用小客车、载重汽车、鞍式列车(或铰接车)作为设计车辆。

②平面交叉转弯曲线的线形和路幅宽度应以设计车辆转弯时的行迹作为设计控制，其转弯时的行迹与行驶速度有关。

③各级公路的平面交叉口应以16m总长的鞍式列车进行控制设计。

④左转弯曲线采用5~15km/h行驶速度的鞍式列车控制设计。

⑤大型车比例很小的公路，可采用5km/h行驶速度的鞍式列车控制设计，条件

受限制时，可采用载重汽车(总长12m)以较低速行驶的行迹设计。

⑥公路等级低、交通量不大的情况下，右转弯不设专门的行车道，鞍式列车控制设计的速度可与左转弯的相同或略高一些。

7.3.3 规划交通量与设计年限

平面交叉设计应以预测的交通量为基本依据。设计所采用的交通量应为设计小时交通量，并根据实测的转弯车辆比率决定各路口的左转、右转和直行交通量。

平面交叉口设计年限不一定等于道路设计年限，其值应根据相交道路交通量的发展趋势和交通组织方式决定，因为有时道路未达到设计年限，其交通量已较大，一般形式的平面交叉已无法适应，这时需做特殊处理或修立体交叉。

7.3.4 平面交叉交角与岔数

平面交叉的交角宜为直角。斜交时，其锐角应不小于70°；受地形条件或其他特殊情况限制时，应不小于60°。平面交叉岔数不应多于4条；岔数多于4条时应采用环形交叉。环形交叉的岔数不宜多于5条，有条件实行“入口让路”规则管理时，应采用“入口让路”环形交叉。新建公路不应直接与已建的四岔或四岔以上的平面交叉相连接。

7.3.5 平面交叉间距

为保证公路通行能力，减少交通延误和增进安全，平面交叉的间距应尽可能的大，为使平面交叉有足够的间距，规划和设计时应根据公路的等级和使用功能，限制平面交叉和出入口的数量。

①平面交叉的间距应根据公路功能、等级及其对行车安全、通行能力和交通延误的影响确定。

②一级公路、二级公路作为干线公路时，应优先保证干线公路的畅通，采取排除纵、横向干扰措施，平面交叉应保持足够大的间距，必要时可设置立体交叉。

③一级公路、二级公路作为集散公路时，应合理设置平面交叉，宜将街道式的地方公路或乡村道路布置在与干线公路相交的次要公路上，或与干线公路平行而只提供有限出、入口的次要公路上。

④一级公路、二级公路的平面交叉最小间距应符合表7-2的规定。

确定平面交叉最小间距应注意以下几点：

表7-2 平面交叉的最小间距

公路等级	一级公路			二级公路	
公路功能	干线公路		集散公路	干线公路	集散公路
	一般值	最小值			
间距(m)	2000	1000	500	500	300

①新建的一级公路应按汽车专用公路设计。凡交通量较大的交叉应采取立体交叉，仅在对通行能力影响不大的局部路段，可修建少量平面交叉，但应设置完善的交通安全和交通管理设施。

②位于城市出入口的一级公路，其横断面可采用城市道路的横断面形式。

③汽车专用二级公路应尽量减少平面交叉。

④交叉间距较小且密度较大的路段，应采取修建辅道适当合并交叉或设分离式立体交叉等措施以减少平面交叉的数量。

7.3.6　交叉口平面线形

平面交叉范围内两相交公路应正交或接近正交，且平面线形宜为直线或大半径圆曲线，不宜采用需设超高的圆曲线。

新建公路与等级较低的现有公路斜交时，交角不应小于70°。受地形或其他条件限制时，交角应不小于60°。若交角过小，则次要公路在交叉前后一定范围内应做局部改线。

平面交叉范围内驾驶操作复杂，易发生交通事故，因此尽管行驶速度可以比一般路段低一些，但希望比一般路段有更好的平面线形，使驾驶者能尽早看到交叉范围内的车流动向，以便于变速或停车。

7.3.7　交叉口纵面线形

平面交叉范围内，两相交公路的纵面宜平缓。纵面线形应满足停车视距的要求。主要公路在交叉范围内的纵坡应在0.15%~3%的范围内；次要公路紧接交叉的引道部分应以0.5%~2.0%的上坡通往交叉。主要公路在交叉范围内的圆曲线设置超高时，次要公路的纵坡应服从主要公路的横坡。

设计中应避免纵坡的突变，最好将其控制在3%左右。车辆在纵坡小于等于3%的道路上的加速或刹车距离与平坦路面上的相差无几。但当纵坡大于3%时，会有显著的差异，当不得不采用大于3%的纵坡时，应设计相应调整加速或刹车距离。交叉口范围内不宜设置大于6%的纵坡。

需要改变进口道的坡度线时，最好保留主线原状，改变次要道路的坡度线。坡度线改变处应与交叉口保持合适的距离，以保证道路的平滑连接和排水设施的布设。应遵循的原则是线形和坡度的组合须保证驾驶者都能观察清楚每条道路的情况，并能轻松地了解自己应选择的路线，而不应有潜在的危险突然出现。

7.4　交叉口的交通管理与交通组织

7.4.1　公路交叉口交通管理方式

公路平面交叉根据相交公路的功能、等级、交通量等可分别采用主路优先交叉、无优先交叉或信号交叉三种不同的交通管理方式。《规范》规定：

①公路功能、等级、交通量有明显差别的两条公路相交，或交通量较大的T形交叉，应采用主路优先交叉交通管理方式。在这种情况下应采取“路权分配”措施区别主线道路和支线道路，并给予主线道路交通“优先通行权力”，对支线道路交通设置交通控制的“停、让”限制措施。

②相交两条公路的等级均较低且交通量较小时，应采用无优先交叉交通管理方式。

③下述交叉应采用信号交通管理方式：

a. 两条交通量均大，且功能、等级相同的公路相交，难以用“主路优先”的规则管理时。

b. 两相交公路虽有主次之别，但交通量均较大(主要公路双向交通量大于或等于600辆/h，次要公路单向交通量大于或等于200辆/h)，采用“主路优先”交通管理方式会出现较频繁的交通事故和过分的交通延误时。

c. 主要公路交通量相当大(主要公路双向交通量大于或等于900辆/h)，而次要公路尽管交通量不大，但采用“主路优先”交通管理方式，次要公路上的车辆由于难以遇到可供驶入的主流间隙而引起不可接受的交通延误，或出现冒险驶入长度不足的主流间隙而危及安全时。

d. 两相交公路的交通量虽未达到上述程度，但由于有相当数量的行人和非机动车穿越交叉而引起交通延误，甚至造成阻塞或交通事故时。

e. 环形交叉的人口因交通量大而出现过多的交通延误时，则入口应采用信号管理。

f. 在信号灯控制下，处于交叉口绿灯相位下的车辆优先通行。

7.4.2　车辆渠化交通组织

在车道上划线，或用绿带和交通岛来分隔车流，使各种不同类型和不同速度的车辆能像渠道内的水流那样，沿规定的方向互不干扰地行驶，这种交通称为渠化交通。平面交叉的渠化是提高安全和通行能力的有效手段之一，对渠化的设置要求主要根据相交公路的交通量而定。

7.4.2.1　设置条件

《规范》规定下列情况下须设置渠化交通：

①四车道以上的多车道公路的平面交叉必须做渠化设计。

②二级公路的平面交叉应做渠化设计。

③三级公路的平面交叉当转弯交通量较大时应做渠化设计。

7.4.2.2　设置方法

渠化交通的具体做法有如下几种：

(1)利用分车线或分隔带

如图7-7所示，把不同方向和速度的车辆划分车道行驶，使司机或行人很容易看

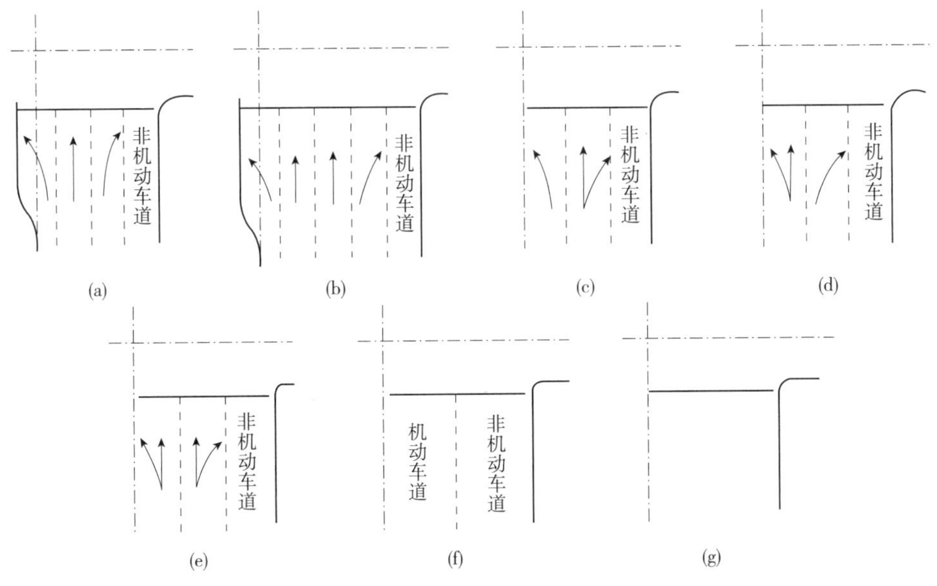

图 7-7 利用分车线分隔车流

清互相行驶的方向，避免车辆相互侵占车道，因而可减少车辆相互碰撞的机会，增加行车安全。

(2)利用交通岛

如图 7-8 所示，利用交通岛的布置，限制车辆行驶方向，分隔车流，限制车道宽度，控制车速，防止超车。

按其作用不同，交通岛可分为方向岛、分隔岛、中心岛和安全岛等。

①方向岛(导向岛)：用以指引行车方向，它在渠化交通中起着很大的作用，许多复杂的交叉口，往往只需用几个简单的方向岛，就能组织好交通，减少或消灭冲突点。方向岛还可用于约束车道，使车辆减速转弯，保证行车安全，如图 7-8(d)~(f)中的三角部分。

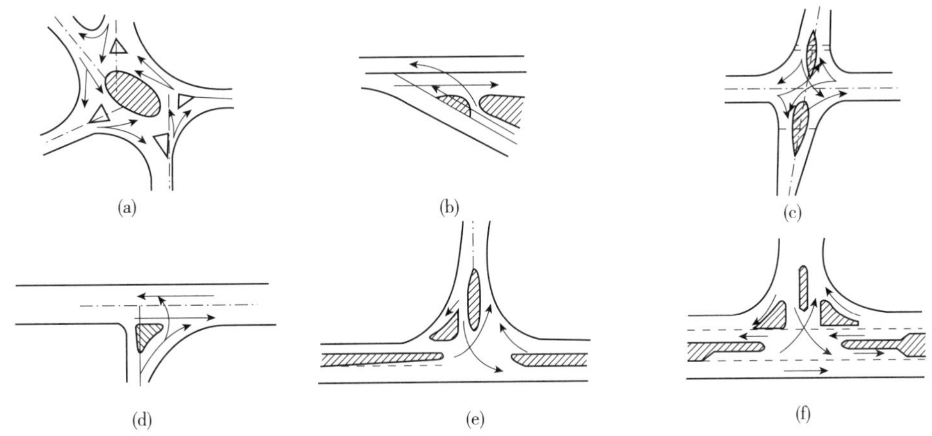

图 7-8 利用交通岛分隔车流

②分隔岛：是用来分隔机动车和非机动车、快速车和慢速车，以及对向行驶的车流，保证行车速度和交通安全的长条形交通岛，有时也可在路面上划线来代替分隔岛，如图 7-8(b)(e)(f)中的长条部分。

③中心岛：用来组织左转弯车辆和分隔对向车流的交通岛，如图 7-8(a)所示。

④安全岛：供行人过街时避让车辆之用。在宽阔、交通繁忙的街道上，宜在人行横道线中央设置安全岛，以保证行人过街的安全，如图 7-8(c)所示。

《规范》规定渠化平面交叉中应按下列情况设置交通岛：

①需专辟右转弯车道时应设置导流岛。

②信号交叉中，左转弯为两条车道时，左转车道与同向直行车道间宜设置导流岛。

③左转车道与对向直行车道间应设置分隔岛。

④T 形交叉中，次要公路引道上的两左转弯行迹间应设置分隔岛。

⑤对向行车道间需提供行人越路的避险场所，或需设置标志、信号立柱时，应设置分隔岛。

7.4.3 行人及非机动车交通组织

在我国绝大部分的道路交叉口中，都是机动车和非机动车混合通行。但通常机动车和非机动车的交通特性有很大的区别，非机动车更接近于行人交通流特性，所以对非机动车与行人的交通组织应放在一起考虑。非机动车通过交叉口时，应和行人一样，在导流岛上停靠等待，安全通过交叉口。在十字路口行人和非机动车直行和左转的轨迹如图 7-9 所示。

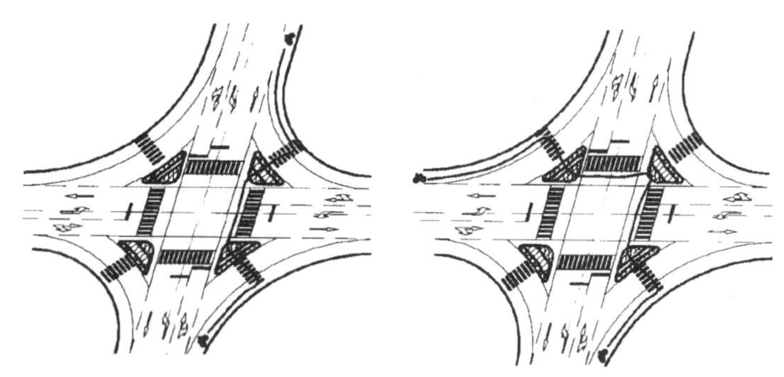

图 7-9 行人和非机动车交通组织

在高等级公路中，非机动车与行人不允许进入公路，行人交通只能采取人行天桥或地下通道的形式。

7.5 十字形交叉口设计

7.5.1 交叉口的车道数

交叉口各相交道路的车道数应根据交通控制方法、交通量、车道的通行能力及交叉处用地条件等决定。在城市道路上还应考虑大量非机动车交通存在的需要，尽可能组织机动车和非机动车分流行驶，以保证交通安全。

从渠化交通考虑，交叉口最好按车种和方向分别设置专用车道，使左转、直行、右转的机动车和非机动车能在各自的专用车道上排列等候或行驶，避免相互干扰，提高通行能力。但在交通量较小的交叉口设置过多的车道是不经济的，可考虑车道混合行驶。

交叉口的车道数可按下述方法确定：

①选定交叉口的形式。

②根据设计年限的高峰小时交通量和不同的交通组成，进行交通组织设计，并初定车道数。

③对初定的车道数进行通行能力验算。如车道通行能力总和小于高峰小时交通量，则必须增加车道数，并重新验算直到满足交通量的要求为止。所确定的车道数，应使主要道路方向进入交叉的车道数尽量与驶出交叉的车道数相同。此外，不允许驶出方向的车道数少于进入交叉的直行车道数。

为了充分发挥整条道路的通行能力，交叉口的设计通行能力应与路段的通行能力相适应。由于受信号控制的影响，每条车道在交叉口处的通行能力总要比路段上的小，因此交叉口的车道数不应小于路段上的车道数。为了便于交通组织和提高通行能力，交叉口的车道数宜比路段上多设一条。

7.5.2 交叉口的通行能力

7.5.2.1 有信号控制交叉口的通行能力

有信号控制交叉口的通行能力常用“停车线断面法”确定，即以进道口停车线为基准断面，凡通过该断面的车辆即认为已通过交叉口，据此计算各车道的通行能力，各进口车道通行能力之和即为交叉口的可能通行能力。交叉口停车线断面上不同车道的通行能力按以下公式计算。

(1)一条直行车道的通行能力 $N_{直}$

$$N_{直}=\frac{3600}{T}\cdot\frac{T_g-v_S/2a}{t_S}\quad (辆/h) \tag{7-1}$$

式中 T——信号周期，s，一般 $T=60\sim90$s；

T_g——一个周期内的绿灯时间，s；

v_S——直行车辆通过交叉口的车速，m/s；

a——平均加速度，据观测，小型车为 0.6~0.7m/s^2，中型车为 0.5~0.6m/s^2，大型车为 0.4~0.5m/s^2；

t_S——直行车平均车头时距，s。据观测，车多时为 2.2~2.3s，车少时为 2.7~2.8s，平均 2.5s，大型车为 3.5s。

(2)一条右转车道的通行能力 $N_{右}$

$$N_{右}=\frac{3600}{t_r} \quad (辆/h) \tag{7-2}$$

式中 t_r——右转车平均车头时距，s。据观测，平均 $t_r=3.0\sim3.5$s。

(3)一条左转车道的通行能力

①有左转专用信号显示时

$$N_{左}=\frac{3600}{T}\cdot\frac{T_1-v_1/2a}{t_1} \quad (辆/h) \tag{7-3}$$

式中 T——信号周期，s，一般 $T=60\sim90$s；

T_1——一个周期内的左转显示时间，s；

v_1——左转车辆通过交叉口的车速，m/s；

t_1——左转车平均车头时距，s，取 $t_1=2.5$s。

②无左转专用信号显示时

a. 利用绿灯时间。当有左转专用车道而无左转信号显示时，驶入左转车道的车辆，可在绿灯时间内，利用对向直行车流中可能出现的空挡来实现左转。假设平均两个直行车位的空挡可供一辆左转车穿越，则每个周期内可穿越的左转车辆按下式计算

$$n_1=\frac{N'_{直}-N''_{直}}{2} \quad (辆/周期) \tag{7-4}$$

式中 n_1——每个周期绿灯时间内可穿越的左转车辆，辆/周期；

$N'_{直}$——对向直行车道一个周期的通行能力，辆/周期；

$$N'_{直}=\frac{T_g-v_S/2a}{t_S}$$

$N''_{直}$——对向直行车道一个周期的实际通行能力，辆/周期。

b. 利用黄灯时间。每个周期黄灯亮时可穿越的左转车辆为：

$$n_2=\frac{T_Y-v_1/2a}{t_1} \quad (辆/周期) \tag{7-5}$$

式中 T_Y——每周期黄灯时间，s。

因此，一条左转车道的通行能力 $N_{左}$ 为

$$N_{左}=\frac{3600}{T}(n_1+n_2) \quad (辆/h) \tag{7-6}$$

(4)一条直左混行车道的通行能力 $N_{直左}$

一条车道上有直行、左转混合行驶时，因去向不同而相互干扰，应乘以折减系数 K，则

$$N_{直左}=N_{直}\left(1-\frac{1}{2}\beta_1\right)K \quad (辆/h) \tag{7-7}$$

式中 β_1——直左车道中左转车所占比例；

K——折减系数，取 $K=0.7\sim0.9$。

(5)一条直右混行车道的通行能力

一条直右混行车道的通行能力等于一条直行车道的通行能力。

(6)一条直左右混行车道的通行能力

一条直左右混行车道的通行能力。

7.5.2.2 无信号控制交叉口的通行能力

当主要道路与次要道路相交时，若次要道路交通量不大，可不设交通信号控制。根据主要道路优先通行的交通规则，次要道路上的车辆必须等待主要道路上的车辆之间出现足够长的间隔时间而通过交叉口。

主要道路上的车流可视为无交叉的连续交通流，车辆间出现的间隔一般服从负指数分布。但并非所有间隔都可供次要道路上车辆汇入或穿过，只有当出现的间隔时间足够大(一般应大于临界间隔 α)时，次要道路上的车辆才可能汇入或穿过。则次要道路最大交通量可按下式计算

$$Q_{次}=\frac{Q_{主}(e^{-q\alpha})}{1-e^{-q\beta}} \quad (辆/h) \tag{7-8}$$

式中 $Q_{主}$——主要道路双向交通量，辆/h；

q——主要道路交通流率，$q=Q_{主}/3600$，辆/s；

α——主要道路临界间隔时间，s，对停车标志控制的交叉口为6~8s，对让路标志为5~7s；

β——次要道路最小车头时距，s，对停车标志控制的交叉口为5s，对让路标志为3s。

无信号控制交叉口的通行能力为主要道路的双向交通量 $Q_{主}$与次要道路最大交通量 $Q_{次}$之和。

7.5.3 交叉口的视距与转弯设计

7.5.3.1 交叉口视距

交叉口的视距取决于交叉口的控制方式。在“路权分配”明确的交叉口，可根据主次路等级设置“停”“让”或其他路权分配措施，确保主路交通畅行，对全停车的情况，视距一般不作要求。让行控制的交叉口视距应采用最小停车视距；停车控制的交叉口应保证车辆从停车位置到通过交叉口，均有良好视距。信号灯控制的交叉口最小视距应保证驾驶者能及时看到信号灯的指示信息并做出反应。尤其应保证右转进入主线的车辆视距良好。在没有“路权分配”的交叉口，车辆到达交叉口前，应使司机能看清路口的情况，识别交叉口的存在、信号和标志等，以便停车或通过，保证车辆的安全行驶。

(1)引道视距

引道视距是使驾驶者在看到路面上的停车标线标记后能将车辆停下来所需的视距。因此，引道视距的长度与看到路面上的障碍后能将车辆停下来的“停车视距”的值相同。《规范》规定，每条岔路上都应提供与行驶速度相适应的引道视距，如图7-10所示。引道视距在数值上等于停车视距，但量取标准为：眼高1.2m；物高0。

表 7-3　引道视距及相应的凸形竖曲线最小半径

设计速度(km/h)	100	80	60	40	30	20
引道视距(m)	160	110	75	40	30	20
引道凸形竖曲线最小半径(m)	10700	5100	2400	700	400	200

由于引道视距的物高为 0，故保证引道视距所需的凸形竖曲线半径比停车视距的应大一些。各种设计速度所对应的引道视距及凸形竖曲线的最小半径规定见表 7-3。

(2)通视三角区

两相交公路间，由各自停车视距所组成的三角区内不得存在任何有碍通视的物体，如图 7-11 所示。

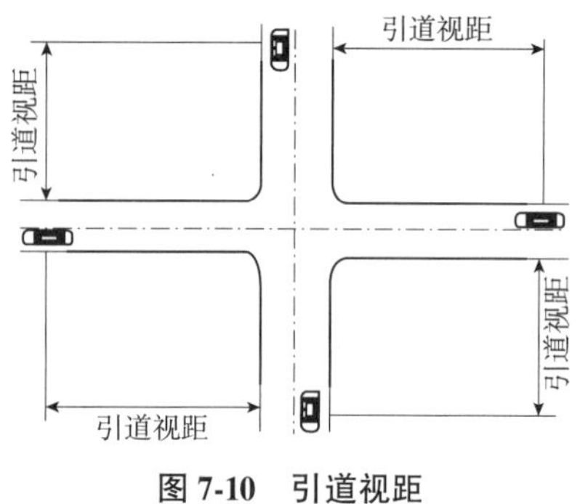

图 7-10　引道视距

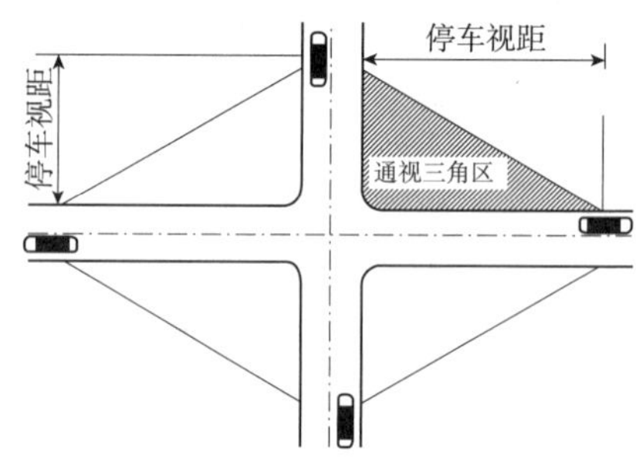

图 7-11　通视三角区

条件受限制不能保证由停车视距所构成的通视三角区时，则应保证主要公路的安全交叉停车视距和次要公路至主要公路边车道中心线 5~7m 所组成的通视三角区，如图 7-12 所示。安全交叉停车视距值规定见表 7-4。

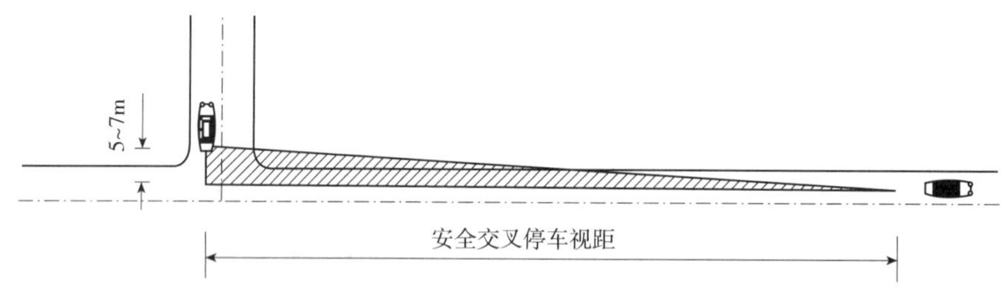

图 7-12　安全交叉停车视距通视三角区

表 7-4　安全交叉停车视距

设计速度(km/h)	100	80	60	40	30	20
停车视距(m)	160	110	75	40	30	20
安全交叉停车视距(m)	250	175	115	70	55	35

7.5.3.2　交叉口转弯设计

为使直行车辆在交叉口范围能以一定速度顺利行驶，保证交叉口立面设计平顺美

观，应对交叉范围相交道路平曲线的最小半径或最大超高横坡度加以限制。确定圆曲线最小半径仍然采用前面章节推导的计算公式，即

$$R=\frac{V_2}{127(\mu \pm i_h)}$$

《规范》规定：各级公路，应以鞍式列车(总长 16m)行迹设计。左转弯曲线的行驶速度采用 5~15km/h；大型车比例很少的公路可采用 5km/h。条件受限制时，可采用载重汽车(总长 12m)以较低速行驶的行迹设计。

公路等级低、交通量不大时，可不设右转弯车道，其行驶速度可与左转弯车道相同或略高一些。设置分隔的右转弯车道，行驶速度不宜大于 40km/h；当主要公路设计速度小于或等于 60km/h 时，右转弯行驶速度不宜低于其 50%。

转弯路面内缘的最小圆曲线半径和线形如下：

①鞍式列车在各种转弯速度情况下，路面内缘的最小圆曲线半径规定见表 7-5。

表 7-5　路面内缘的最小半径

转弯速度(km/h)	≤15	20	25	30	40	50	60	70
最小半径(m)	15	20(15)	25(20)	30	45	60	75	90

注：条件受限制时可采用括号内的值。

②转弯路面边缘线形应符合车辆转弯时的行迹。

a. 非渠化平面交叉以载重汽车为主，转弯路面边缘可采用半径 15m 的圆曲线。

b. 当按鞍式列车设计时，路面边缘可采用符合转弯行迹的复曲线。

c. 渠化平面交叉的右转弯车道，其内侧路面边缘应采用三心圆复曲线；左转弯内侧路面边缘以一单圆曲线来控制分隔岛端的边缘线。

交叉口转弯示意如图 7-13 所示。

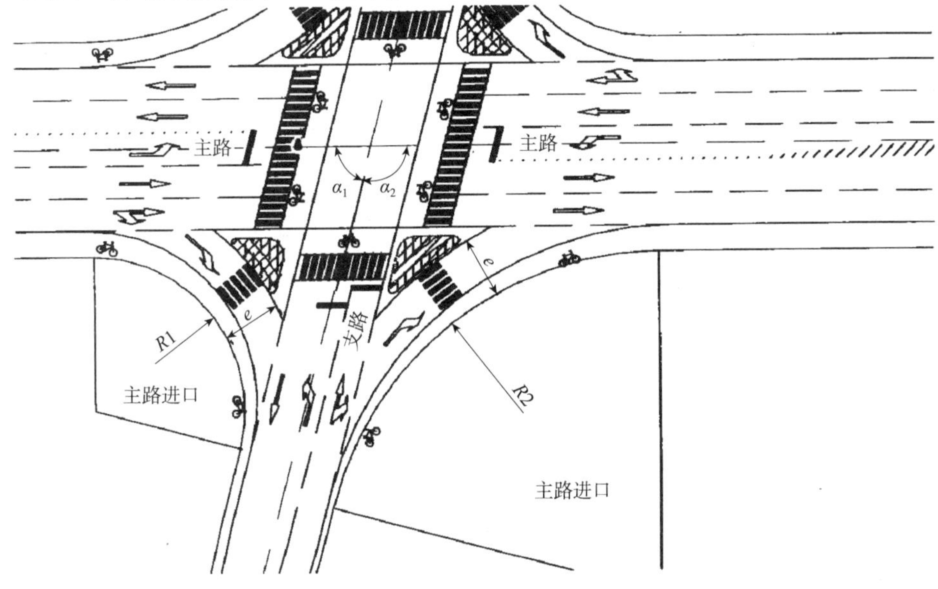

图 7-13　交叉口转弯示意图

7.5.3.3 附加车道和三角导流岛

(1)附加车道

附加车道包括：右转弯附加车道、左转弯附加车道和变速车道等。《规范》规定，在下列情况下应设置附加车道。

①右转弯附加车道：主要公路设计速度大于或等于60km/h时，应在主要公路上增设减速分流车道和加速汇流车道。两条一级公路相交或一级公路与交通量大的二级公路相交时，其右转弯运行应设置经渠化分隔的右转弯车道。

一级公路、二级公路的平面交叉中，符合下列情况之一者应设置右转弯车道：斜交角接近于70°的锐角象限时；交通量较大，右转弯交通会引起不合理的交通延误时；右转弯车流中重车比例较大时；右转弯行驶速度大于30km/h时；互通式立体交叉连接线中的平面交叉右转弯交通量较大时。

②左转弯车道：四车道公路除左转交通量很小者外，均应在平面交叉范围内设置左转弯车道。二级公路符合下列情况之一者，应设置左转弯车道：

a. 与高速公路或一级公路互通式立体交叉连接线相交的平面交叉；

b. 非机动车较多且未设置慢车道的平面交叉；

c. 左转弯交通会引起交通拥阻或交通事故时。

③变速车道：平面交叉在需要加速合流和减速分流处，应设置加速或减速的变速车道。

如图7-14所示，变速车道的线形应满足车辆在合流、分流和变速行驶过程中各处对速度的要求。变速车道的宽度一般为3.0~3.5m。变速车道的长度根据相交公路的主次、类别和变速条件等确定，一般情况下可采用表7-6中的数值。

表7-6 变速车道长度

公路类别	设计速度(km/h)	减速车道长度(m)			加速车道长度(m)		
		$a=-2.5m/s^2$			$a=1.0m/s^2$		
		末速(km/h)			始速(km/h)		
		0	20	40	0	20	40
主要公路	100	100	95	70	250	230	190
	80	60	50	32	140	120	80
	60	40	30	20	100	80	40
	40	20	10		40	20	
次要公路	80	45	40	25	90	80	50
	60	30	20	10	65	55	25
	40	15	10		25	15	
	30	10			10		

注：表列变速车道长度不包括渐变段的长度。

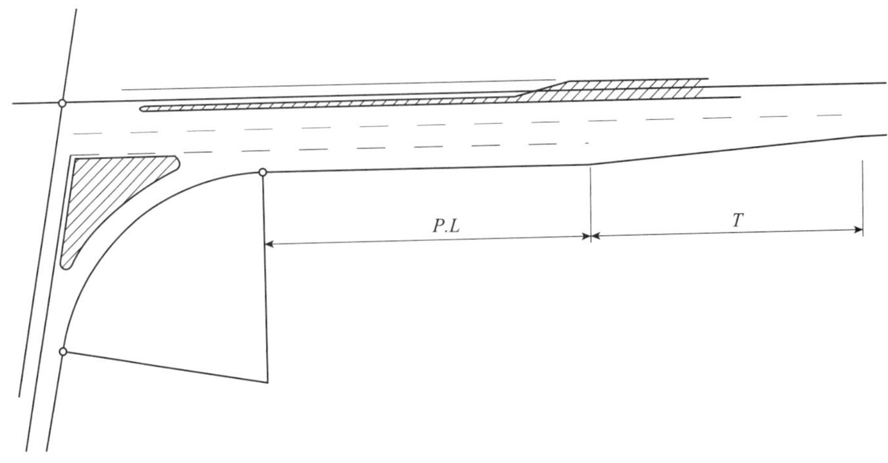

图 7-14　变速车道示意图

表 7-7　等宽变速车道渐变段长度

设计速度(km/h)	100	80	60	40
渐变段长度(m)	60	50	40	30

变速车道为等宽车道时，其长度应另增加表 7-7 所列的渐变段长度。

变速车道为非等宽渐变式时，其长度应不小于按减速时 1.0m/s 或加速时 0.6m/s 的侧移率变换车道的计算值。

公路的设计速度大于或等于 80km/h，且直行交通量较大时，右转弯变速车道应采用附渐变段的等宽车道；否则，宜采用渐变式变速车道。

当直行车道的通行能力有富裕，或条件受限制而难以设置应有长度的加速车道时，可采用较短的渐变式加速车道。

交叉口在条件允许的情况下，应该尽量拓宽进口车道数，增设从直行车分离出来的左转车道，并尽量设置规范化的鱼肚皮左转车道，如图 7-15 所示。

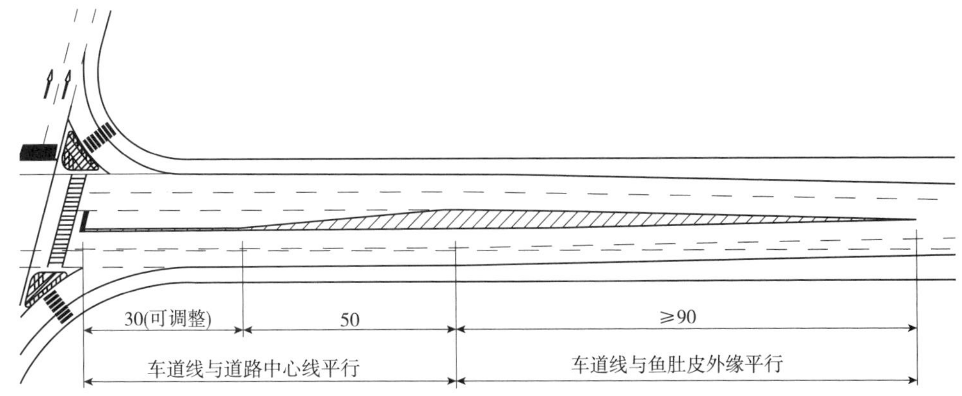

图 7-15　左转弯车道设置图例

车道标线应该明晰可见、分配均衡、严格保持车道线平滑无折线和连续不间断，防止车道线设置成为形成角度状的折线，具有空挡的非连续的间断区以及车道宽度不均衡的路段，另外进出口的直行车道要平滑、对齐、对称，不要偏移。

左转弯车道，应由渐变段、减速段和蓄车段组成，各段的长度根据不同鱼肚皮的设置方式有所不同，如图7-16所示。在有中央分隔带的情况下应首先考虑选用凸台鱼肚皮；在无中央分隔带的情况下可以设置标准鱼肚皮；在道路较窄、经济条件受限的条件下可以设置简易鱼肚皮；鱼肚皮中蓄车段(30m)的设计，可根据左转车流量大小做适当调整；鱼肚皮的中渐变段的设计，在条件允许的情况下尽量增长，以减小渐变率。

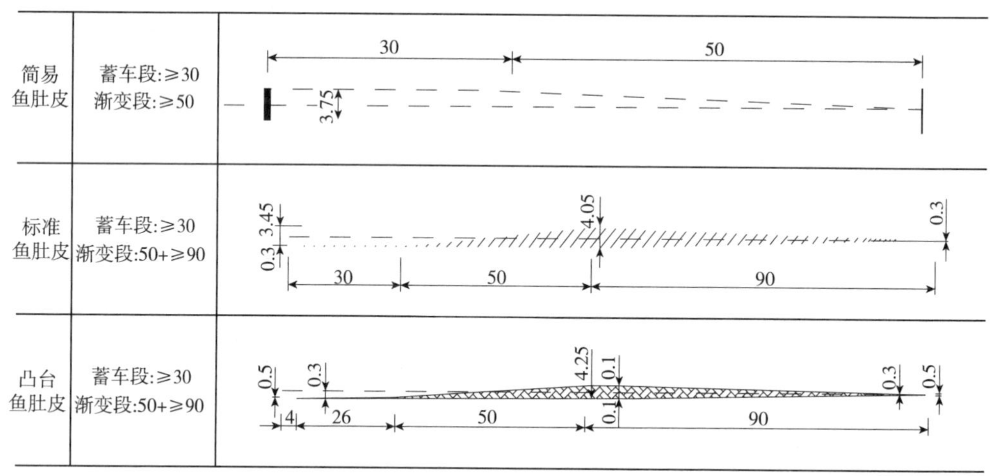

图7-16　鱼肚皮的设置图例

一般情况下右转弯时，自行车道宽度统一取为3m，机动车道宽度取为5m；当公路等级较低时，宽度也不大，仅能设置双向两车道而没有设置自行车道时，右转弯机动车道宽度为不小于6m，以保证所有的载重汽车能顺利转弯。同时，凸台导流岛设置了在右转弯侧边与地面平行的1m宽的斜坡，在确保一般车辆安全顺利进行转弯的同时，对某些超大型车转弯时，可以占用导流岛安全行驶。

(2)三角导流岛设计

在完成车道设置后，交叉口四角处自然形成了四个三角空余区域，如图7-17所示，由两条机非分隔线和一条右转车道线围成一个三角导流岛区域。导流岛的各设置参数及设置标准见表7-8。

表7-8　导流导设置参数及标准

参数名称	设置标准
形式	通常采用路缘石围起的C15水泥凸台；当经济条件受到限制时或岛面比较窄小(小于5m^2)时可只采用标线；如果面积超过50m^{2}可考虑改为绿岛
高度	15~25cm

（续）

参数名称	设置标准
斜坡	长 1m，供自行车上下坡
距离车行道距离	直行入口为 1m，直行出口为 1.5m，右转为 0.1m
导角半径	$R=2$m，两侧小锐角 $R=0.5$m
斑马线	线宽 45cm，间距 100~300cm，斜角 45°
立面标记	在导流岛侧面设置，黄黑相间，均宽 15cm，斜角 45°

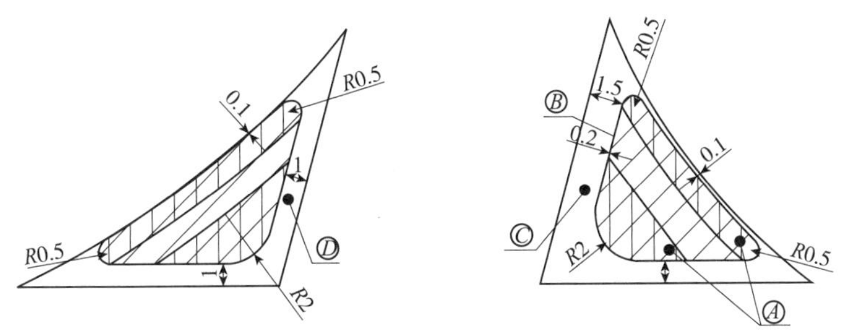

图中左侧导流岛C尺寸一般情况与右侧D尺寸同为1m宽，
当C侧向出口车道数为1个情况下，C尺寸增大为1.5~3m

(a)

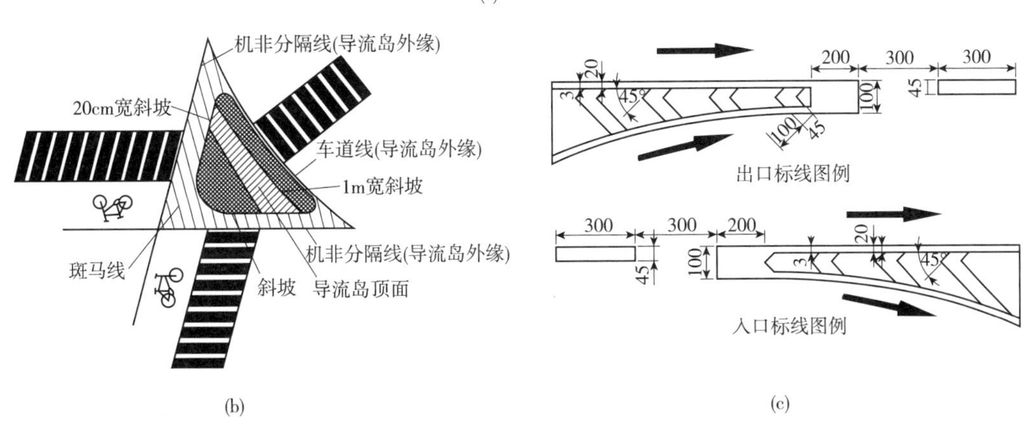

(b)　　　　(c)

图 7-17　导流岛图例

(a)导流岛尺寸图　(b)导流岛内各部分称号图　(c)导流岛标线尺寸图

7.6　环形交叉口

当交叉口的车流量较小且车速较慢时可设置环岛交叉口，如图 7-18 所示。它适合设置在车流量小，车道数不大于 2 的乡村、郊区或车流量少的居民区的交叉口。

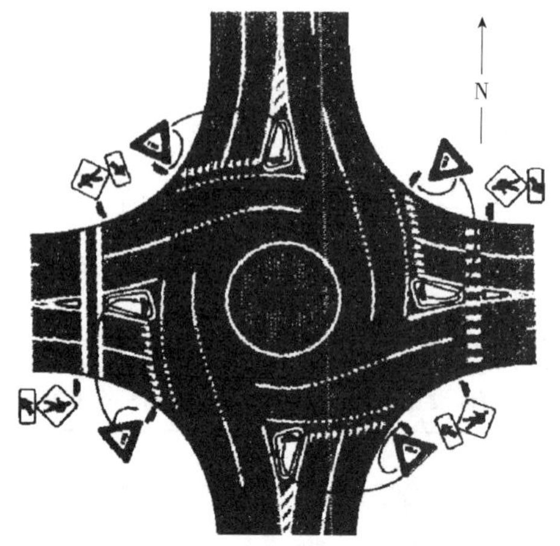

图 7-18　环形交叉口设计图例

7.6.1　设计原则

环岛交通控制有一个明确的规定，即所有从支路进入环岛的车辆在遇到环内的车辆时必须“让”环内车辆先行。

环岛交叉口的设计应考虑“路权分配”设置的正确性、合理性，所遵循的一般原则是：

①环岛一般情况只适应于“小流量、低速”的道路交叉地点。

②尽量不设置交叉口信号控制。

③环岛一般不设置信号灯，因而环岛是在正确分配主次道路通行优先权条件下设置相应标志线来实现“路权分配”措施的。

④环岛交通流的冲突必须在“路权分配”原则下进行必要的交通控制。

⑤环岛的地面标线和标志设置必须完备，避免环岛交通在流量大时出现混乱状况。

7.6.2　设计标准

环形交叉口进出口车道标准宽度为 3.75m，若道路宽度受限可减少到 3.5m。中央分隔带以及机非分隔带、路缘带的设置方法、尺寸以及标线形式同十字交叉口；环岛外侧设有非机动车道时，车道宽度为 3.75~5m；当不设非机动车道时，车道宽度为 4.5~6m。当车流量大，内侧车道宽度一般为 7.5m。双黄线宽度为 0.3~0.5m；交叉口道路边线圆弧半径≥15m，环岛半径应视车流和车速而定，车流量大或车速高的情况下不适合使用环岛，一般环岛半径≤30m；车道边线与导流岛的间隔为 0.25m，距环岛路缘带宽度为 0.25m；用白实线与车流分隔开来，导流岛倒角半径为 0.5m；环岛行驶标志安装在导流岛进口车流处，在正对进口车流的环岛上安装组合式线形诱导标志，两标志应错开一定距离以防止线形诱导标被环岛行驶标志遮挡。进入环岛处设立四个三角形导流岛，行人和自行车可以从上面通行，当导流岛较大时可以用凸台式或绿岛，导流岛较小时可用地面标线代替。减速让行标志安装在进口车流汇入点与道路边线的垂直线上。在距停车线约 100m 处安装悬臂式路名方向指路标志，不安装分道行驶标志。指示标志牌级别选择视路宽而定，标准同十字交叉。在导流岛位置处设置人行横道，人行横道标准宽度 3m，具体位置如图 7-19 所示。

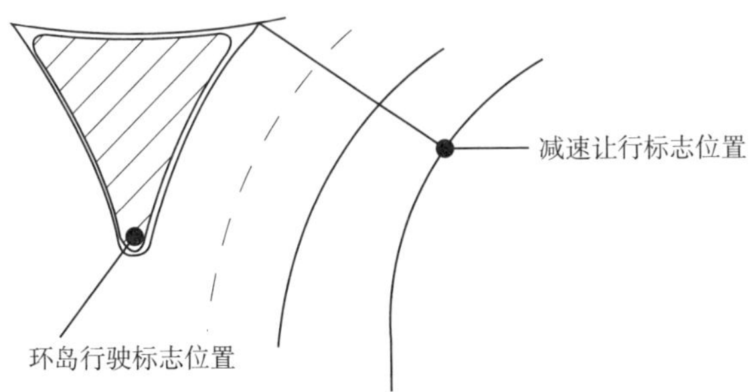

图 7-19 环岛让行标志设置

7.7 交叉口的立面设计

交叉口立面设计(也称竖向设计)的目的是要统一解决相交道路之间及交叉口和周围建筑物之间在立面位置上的行车、排水和建筑物艺术三方面的要求，使相交道路在交叉口内能有一个平顺的共同面，以利行车和地面排水，同时使车行道标高能与周围地形相协调而具有良好的空间感。

7.7.1 交叉口立面设计一般规定

①交叉的两相交公路共有部分的立面形式及其引道横坡，应根据两相交公路的功能、等级、平纵线形、交通管理方式等因素而定。采用“主路优先”交通管理方式的交叉，应使主要公路的横断面贯穿交叉，而调整次要公路的纵断面以适应主要公路的横断面；当调整纵断面有困难时，应同时调整两公路的横断面。

②右转弯车道或右转弯附加路面上，各处的标高和横坡应满足相交公路共有部分及其相邻的局部段落的岔路的立面、转弯曲线所需的超高、整个交叉范围内的路面排水和路容的需要。

③交叉范围内的路面排水应流畅，并以此作为立面设计的主要考虑因素，包括隐形岛在内的任何部分路面上不得有积水。

7.7.2 交叉口立面设计的基本类型

交叉口立面设计的形式，主要取决于交叉范围相交道路的纵坡、横坡及地形。以十字形交叉口为例，按其所处地形及相交道路纵坡方向，可划分为六种基本类型。

①处于凸形地形上，相交道路的纵坡方向均背离交叉口(图 7-20)。设计时使交叉口的纵坡与相交道路的纵坡一致，适当调整一下接近交叉口的路段横坡，让雨水流向交叉口四个转角的街沟或路基外排除，交叉口内无须设置雨水口。

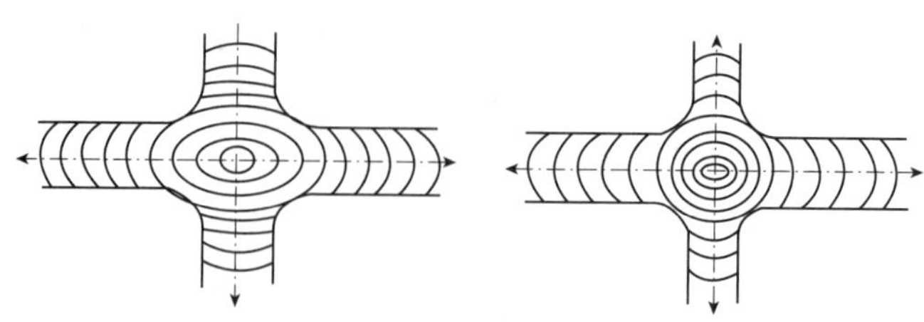

图 7-20 凸形地形上交叉口立面设计

②处于凹形地形上，相交道路的纵坡方向都指向交叉口(图 7-21)。这种形式地面水都向交叉口集中，排水比较困难，应尽量避免。

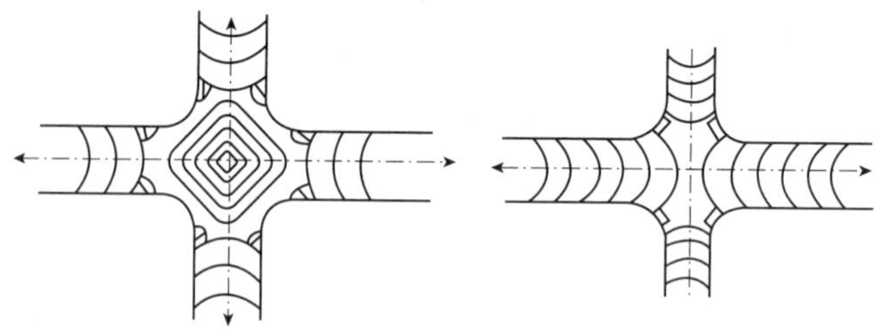

图 7-21 凹形地形上交叉口立面设计

③处于分水线地形上，有三条道路纵坡方向背离而一条指向交叉口(图 7-22)。设计时应将纵坡指向交叉口的道路路脊线在交叉口处分为三个方向，相交道路的横断面不变，并在纵坡指向交叉口道路的人行横道线外设雨水口，防止雨水流入交叉口内。

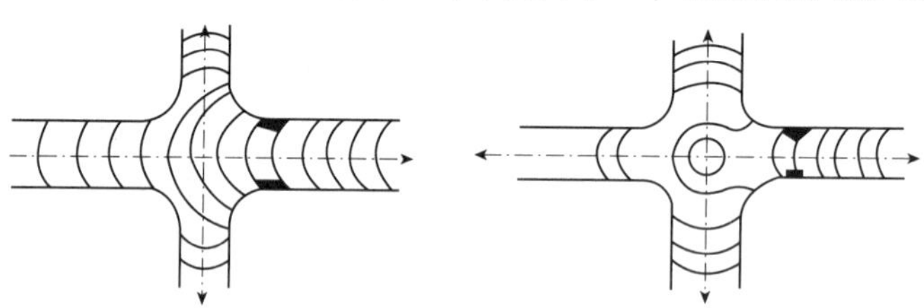

图 7-22 分水线地形上交叉口立面设计

④处于谷线地形上，有三条道路纵坡方向指向交叉口而一条背离(图 7-23)。设计时，与谷线相交的道路进入交叉口之前，在纵断面上产生转折而形成过街横沟，不利于行车，应尽量使纵坡转折点离交叉口远一些，并在该处插入竖曲线。纵坡指向交叉口的人行横道线外应设置雨水口。

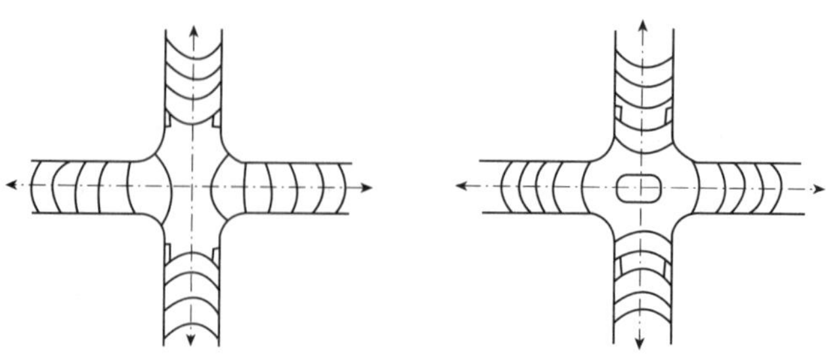

图 7-23 谷线地形上交叉口立面设计

⑤处于斜坡地形上，相邻两条道路纵坡指向交叉口而另两条背离(图 7-24)。设计时，相交道路的纵坡均不变，而将两条道路的横坡在进入交叉口前逐渐向相交道路的纵坡方向变化，使交叉口上形成一个单向倾斜面。并在纵坡指向交叉口道路的人行横道线外设雨水口。

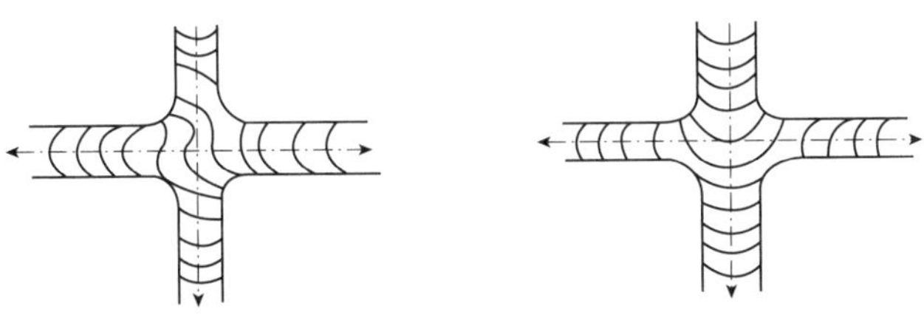

图 7-24 斜坡分水线地形上交叉口立面设计

⑥处于马鞍形地形上，相对两条道路纵坡指向交叉口而另两条背离(图 7-25)。设计时，相交道路纵、横坡都可按自然地形在交叉口内适当调整，并在纵坡指向交叉口的道路两侧设置雨水口。

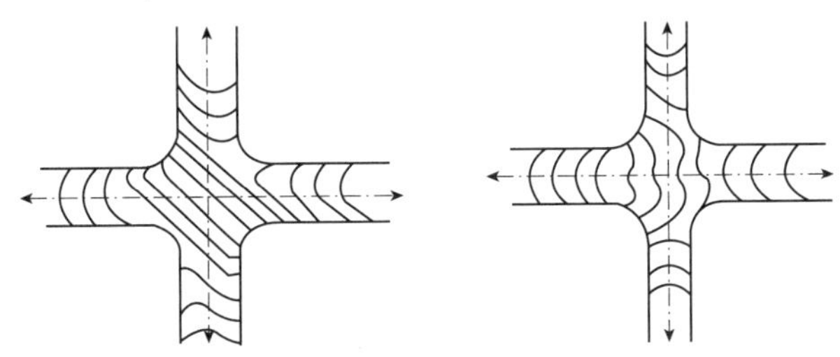

图 7-25 马鞍形地形上交叉口立面设计

7.7.3 交叉口立面设计的方法与步骤

交叉口立面设计的方法有方格网法、设计等高线法以及方格网设计等高线法三种。

方格网法是在交叉口范围内以相交道路中心线为坐标基线打方格网，测出方格点上的地面标高，求出其设计标高，并标出相应的施工高度。设计等高线法是在交叉口范围内选定路脊线和标高计算线网，并计算其上各点的设计标高，勾绘交叉口设计等高线，最后标出各点施工高度。设计等高线法比方格网法更能清晰地反映出交叉口的立面设计形状，但等高线上的标高点在施工放样时不如方格网法方便。为此，通常把以上两种方法结合使用，称之为方格网设计等高线法，它可以取长补短，既能直观地看出交叉口的立面形状，又能满足施工放样方便的要求。

对于普通交叉口，多采用方格网法或设计等高线法，其中混凝土路面宜采用方格网法，而沥青路面宜采用设计等高线法；对于大型、复杂的交叉口和广场的立面设计，通常采用方格网设计等高线法。下面以方格网设计等高线法为例来介绍交叉口立面设计的方法和步骤。

7.7.3.1 收集资料

①测量资料：交叉口的控制标高和控制坐标；收集或实测 1∶500 或 1∶200 地形图，详细标注附近地坪及建筑物标高。

②道路资料：相交道路的等级、宽度、半径、纵坡、横坡等平纵横设计或规划资料。

③交通资料：交通量及交通组成及各向流量比例。

④排水资料：区域排水方式，已建或拟建地下、地上排水管渠的位置和尺寸。

7.7.3.2 绘制交叉口平面图

按比例绘出道路中心线、车行道、人行道及分隔带的宽度，转角曲线和交通岛等。以相交道路中心线为坐标基线打方格网，斜交道路的方格网线应选在便于施工放线测量的方向，方格的大小一般采用 5m×5m~10m×10m，并量测方格点的地面标高。

7.7.3.3 确定交叉口的设计范围

交叉口的设计范围一般为转角圆曲线的切点以外 5~10m(相当于一个方格的距离)，主要用于过渡处理，如横坡的过渡、标高的过渡等。

7.7.3.4 确定立面设计图式和等高距

根据相交道路的等级、纵坡方向、地形情况以及排水要求等，确定所采用的立面设计图式(即图 7-20~图 7-25 所示的各种图式)。选定纵坡度和横坡度的大小及精度要求，选定等高线间距，一般 h=0.02~0.10m，为便于计算取偶数为宜。

7.7.3.5 勾绘设计等高线

(1)路段设计等高线的计算和画法

首先计算路段上设计等高线的水平间距。如图 7-26 所示，图中 i_1 和 i_3 分别为车行道中心线和边线的设计纵坡。通常情况下，$i_1=i_3$(%)；i_2 为车行道的路拱横坡度(%)；B 为车行道的宽度(m)；h_1 为车行道的路拱高度(m)。

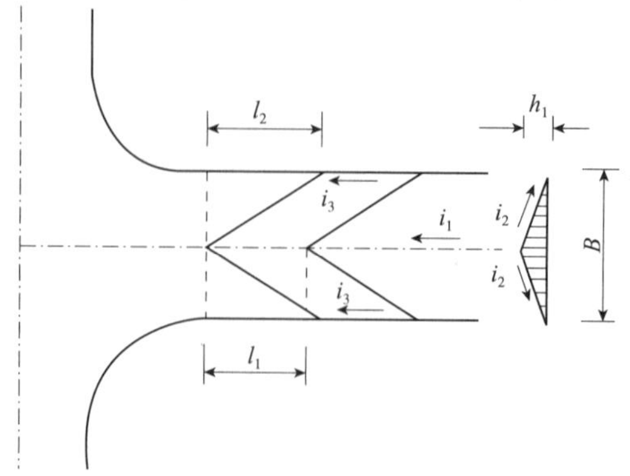

图 7-26 路段上设计等高线

中心线上相邻等高线的水平距离 l_1 为

$$l_1=\frac{h_1}{i_1} \quad (\mathrm{m}) \tag{7-9}$$

设置路拱以后，等高线在车行道边线上的位置沿纵向上坡方向偏移的水平距离 l_2 为

$$l_2=h_1\frac{1}{i_3}=\frac{B}{2}\frac{i_2}{i_3} \quad (\mathrm{m}) \tag{7-10}$$

计算出 l_1 和 l_2 位置后，由 l_1 定出中心线上其余等高线的位置，再由 l_2 定出沿边线上相应等高线的位置，最后连接相应等高点，即得用设计等高线表示的路段立面设计图。实际上，如路拱形式为抛物线时，等高线应以曲线勾绘，只有直线型路拱可用折线连成等高线，为简化起见图 7-26 用折线表示。

(2)交叉口设计等高线的计算和画法

①首先选定路脊线和控制标高：路脊线，即是路拱顶点(分水点)的连线。路脊线位置的选定合理与否，将直接影响交叉口的排水、行车和立面美观。

在交叉口上，相交道路的路中心线交汇于一点时，一般来说，路中心线即为路脊线，路脊线的交点即为其控制标高。

对于斜交过大的 T 形交叉口，其路中心线不宜作为路脊线，应加以调整。如图 7-27中 AB′，调整路脊线的起点 A 一般为转角曲线切点断面处，而 B′的位置原则上应选在双向车流的中间位置。

当主要道路与次要道路相交时，在一般情况下，宜尽可能都照顾到主、次道路的行车方便。在特殊情况下，如果主干道的交通量和车速占绝对优势，要求主干道的横坡不变，次要道路的路脊线只能交至主干道边线上，如图 7-28 所示。

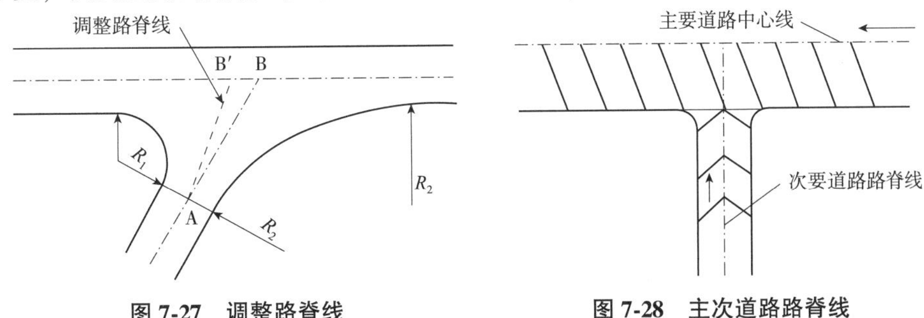

图 7-27 调整路脊线 **图 7-28 主次道路路脊线**

交叉口的控制标高应以整个道路系统的立面规划标高为依据，并综合考虑相交道路的纵坡、交叉口周围的地形、路面厚度和建筑物的布置等来确定。在定控制标高时，不宜使相交道路的纵坡相差太大，一般要求差值不大于 0.5%，可能时尽量使纵坡大致相等，以利于立面设计处理。

②确定标高计算线网：只有路脊线上的设计标高还不足以反映交叉口的立面形状，依靠它来勾绘交叉口的等高线比较困难，必须增加一些辅助线，即标高计算线网。标高计算线网的绘制主要有方格网法、圆心法、等分法和平行线法四种。下面以方格网法为主，为配合本例立面设计方法，其他三种标高计算线网仅做简要介绍。

a. 方格网法。在交叉口平面图上绘制 5m×5m 或 10m×10m 的方格网，如图 7-29 所示，方格网的间距根据设计精度具体情况酌情增减。方格网法适用于各种正交的道路交叉口。

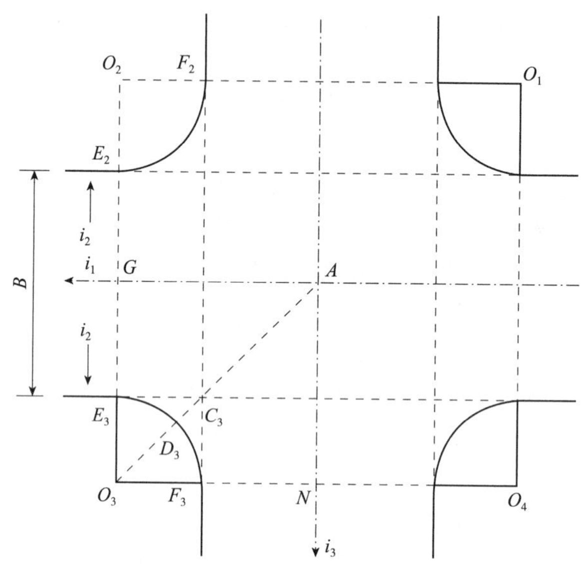

图 7-29 方格网法设计标高计算图示

根据路脊线交叉点 A 的控制标高 h_A，可逐一推算出某些特征点的设计标高。例如：转角曲线切点横断面上的三点标高为

$$h_G = h_A - AGi_1 \tag{7-11}$$

$$h_{E_3}(\text{或 } h_{E_2}) = h_G - \frac{B}{2}i_2 \tag{7-12}$$

同理，可求得其余三个切点横断面上的三点标高。

由 E_3 或 F_3 的标高可推算出车行道边线延长线交叉点 C_3 的标高，如不相等取平均值，即

$$H_{C_3} = \frac{(h_{E3} + Ri_1) + (h_{F_3} + Ri_3)}{2} \tag{7-13}$$

过 C_3 的 AO_3 连线与转角曲线相交于 D_3，则 D_3 点的标高为

$$h_{D_3} = h_A - \frac{h_A - h_{C_3}}{AC_3} \cdot AD_3 \tag{7-14}$$

转角曲线 E_3F_3 和路脊线 AG、AN 上所需其他各点标高，可根据已算出的特征点标高用补插法求得。

同理，可推算出其余转角所需各点的设计标高。

b. 圆心法。如图 7-30 所示，在路脊线上，按施工要求每隔一定等分距离定出若干点，并与转角曲线的圆心连成直线（只连到转角曲线上），即得圆心法标高计算线网。

c. 等分法。如图 7-31 所示，将路脊线等分为若干份，相应地把转角曲线也等分

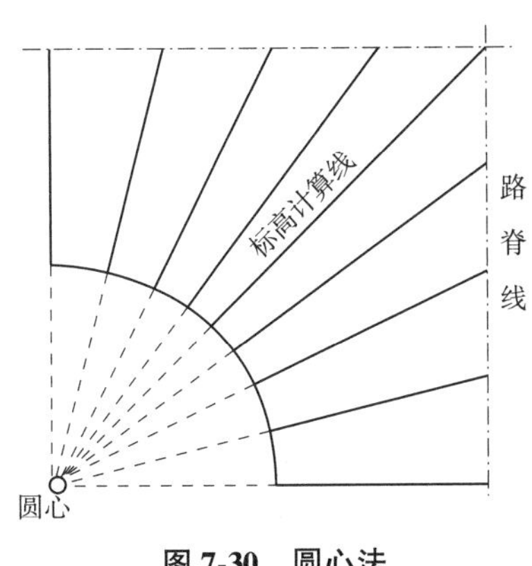

图 7-30 圆心法

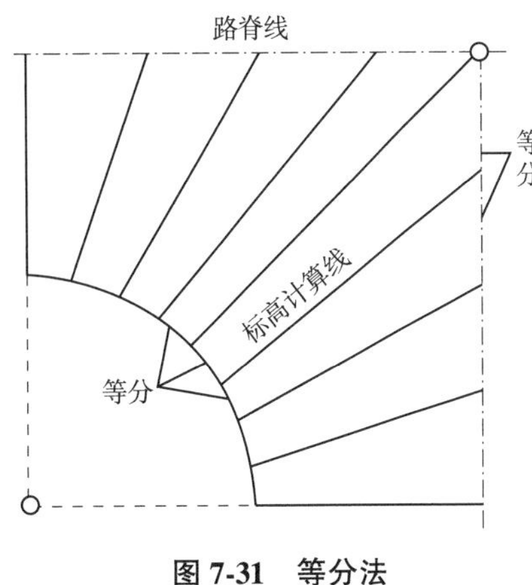

图 7-31 等分法

为相同份数，连接对应点，即得等分法标高计算线网。

d. 平行线法。如图 7-32 所示，先把路脊线的交叉点与各转角曲线的圆心连成直线，然后按施工要求在路脊线上等分若干点，过这些点作该直线的平行线交于行车道边线，即得平行线法标高计算线网。

以上四种标高计算线网方法中，对于正交的十字形或 T 形交叉口，各种方法都可采用；而对斜交的交叉口宜采用圆心法和等分法。应该指出，标高计算线所在的位置就是用于计算该断面路拱设计标高的依据，而标准的路拱横断面是与车辆行驶方向垂直的。如果所定标高计算线位置不与行车方向垂直，那么按路拱方程计算出的标高将不能准确地反映路拱形状。所以，应尽量使标高计算线与路拱横断面的方向一致，同时也要便于计算。为此，推荐采用等分法或圆心法标高计算线网。

(3)计算标高计算线上的设计标高

每条标高计算线上标高点的数目，可根据路面宽度、施工需要以及等高距来确定。对路宽、坡陡、施工精度要求高的，标高点可多些；反之，则少些(图 7-33)。

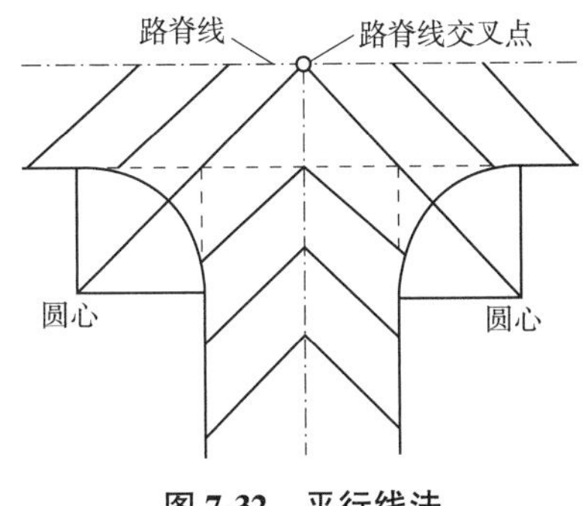

图 7-32 平行线法

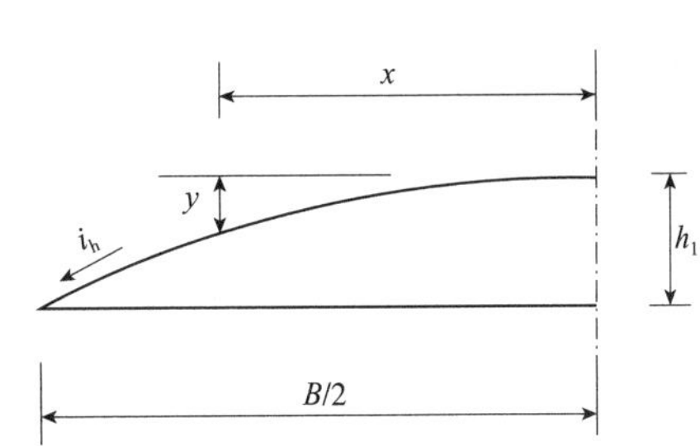

图 7-33 路拱标高计算图式

标高计算线上标高点的方程与所选用的路拱形式有关，一般采用抛物线形路拱，抛物线的形式一般有以下两种：

$$y=\frac{h_1}{B}x+\frac{2h_1}{B}x^2 \quad (\mathrm{m}) \tag{7-15}$$

$$y=\frac{h_1}{B}x+\frac{4h_1}{B}x^2 \quad (\mathrm{m}) \tag{7-16}$$

式中　h_1——标高计算线两端(其中一端在路脊线上)的高差或路拱高度，m，$h_1=\frac{B}{2}\cdot i_h$；

B——车行道宽度，m；

i_h——路拱横坡,%。

以上两式可根据路面类型来选用，一般宽14m以下的次高级路面和中级路面可用式(7-15)计算；宽14m以上的高级路面采用式(7-16)计算。

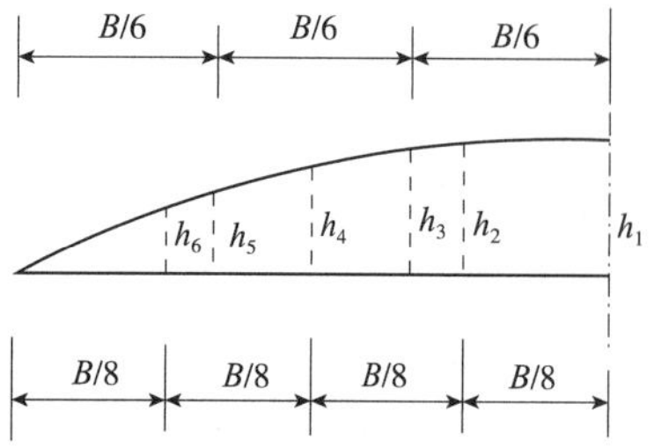

图7-34　标高点数划分

路拱线上标高的计算可按图7-34划分等分点，各个等分点的标高可按表7-9和表7-10所列数值进行推算。

表7-9　路面宽小于14m路拱标高点的计算表　cm

$$y=\frac{h_1}{B}x+\frac{2h_1}{8^2}x^2$$

h_1	h_2	h_3	h_4	h_5	h_6
	$0.844h_1$	$0.778h_1$	$0.625h_1$	$0.445h_1$	$0.344h_1$
3	2.5	2.3	1.9	1.3	1
4	3.4	3.1	2.5	1.8	1.4
5	4.2	3.9	3.1	2.2	1.7
6	5.1	4.7	3.8	2.7	2.1
7	5.9	5.4	4.4	3.1	2.4
8	6.8	6.2	5	3.6	2.8
9	7.6	7	5.6	4	3.1
10	8.4	7.8	6.3	4.5	3.4

表7-10　路面宽大于14m路拱标高点的计算表　cm

$$y=\frac{h_1}{B}x+\frac{4h_1}{8^3}x^3$$

h_1	h_2	h_3	h_4	h_5	h_6
	$0.867h_1$	$0.815h_1$	$0.688h_1$	$0.518h_1$	$0.414h_1$
3	2.6	2.4	2.1	1.6	1.2
4	3.5	3.3	2.8	2.1	1.7
5	4.3	4.1	3.4	2.6	2.1
6	5.2	4.9	4.1	3.1	2.5

（续）

$y=\frac{h_1}{B}x+\frac{4h_1}{8^3}x^3$					
h_1	h_2	h_3	h_4	h_5	h_6
	$0.867h_1$	$0.815h_1$	$0.688h_1$	$0.518h_1$	$0.414h_1$
7	6.1	5.7	4.8	3.6	2.9
8	6.9	6.5	5.5	4.1	3.3
9	7.8	7.3	6.2	4.7	3.7
10	8.7	8.2	6.9	5.2	4.1

(4)勾绘等高线

根据所选立面设计图式和等高距，把各等高点连接起来，就得初步的设计等高线图。该设计等高线图应满足行车平顺和路面排水通畅的要求。通过调整等高线的疏密(一般中间部分疏一些，而边沟处密一些)，使纵、横坡度变化均匀。沿行车方向、横断面方向和任意方向，检查设计等高线的分布是否合理，以判别纵坡、横坡及合成坡度是否满足行车和排水要求。最后检查侧沟纵坡能否顺利排水，以及雨水口布置是否合理。

(5)计算施工高度

根据设计等高线图，用内插法求出方格点上的设计标高，则施工高度等于设计标高减去地面标高。

【例 7-1】 已知某正交的十字形交叉口位于斜坡地形上。相交道路车行道的中心线及边线的纵坡 i_1、i_3 均为 3%，路拱横坡 i_2 为 2%，两相交道路车行道宽度 B 均为 15m，转角曲线半径 R 为 10m。交叉口控制标高为 2.05m，若等高距 h 采用 0.10m，试绘制交叉口的立面设计图。

【解】 采用图 7-24 所示立面设计图，采用方格网设计等高线法，方格网点的建立如图 7-29。主要计算步骤如下：

①路段上设计等高线的计算

$$l_1=\frac{h}{i_1}=\frac{0.1}{0.03}=3.33 \quad (\mathrm{m})$$

$$l_2=\frac{B}{2}\cdot\frac{i_2}{i_3}=\frac{15}{2}\times\frac{0.02}{0.03}=5.00 \quad (\mathrm{m})$$

由 l_1 和 l_2 即可绘制路段上的设计等高线。

②交叉口上设计等高线的计算

a. 根据交叉口控制标高推算 F_3、N、F_4 三点标高：

$$h_N=h_A-AN\cdot i_1=2.05-17.5\times0.03=1.53 \quad (\mathrm{m})$$

$$h_{F_3}=h_{F_4}=h_N-\frac{B}{2}\cdot i_2=1.53-\frac{15}{2}\times0.02=1.38 \quad (\mathrm{m})$$

同理，可求得其余道口切点横断面的三点标高分别为：

$$h_M=2.58\text{m}\qquad h_{E_4}=h_{E_1}=2.43\text{m}$$
$$h_K=2.58\text{m}\qquad h_{F_1}=h_{F_2}=2.43\text{m}$$
$$h_G=1.53\text{m}\qquad h_{E_2}=h_{E_3}=1.38\text{m}$$

b. 根据 A、F_4、E_4 点标高，求 C_4、D_4 等点的设计标高：

$$h_{C_4}=\frac{(h_{F_4}+R\cdot i_1)+(h_{E_4}-R\cdot i_1)}{2}$$
$$=\frac{(1.38+10\times0.03)+(2.43-10\times0.03)}{2}$$
$$=1.91(\text{m})$$

$$h_{D_4}=h_A-\frac{h_A-h_{C_4}}{AC_4}\cdot AD_4$$
$$=2.05-\frac{2.05-1.91}{\sqrt{7.5^2+7.5^2}}\times(\sqrt{(7.5+10)^2+(7.5+10)^2}-10)=1.86$$

同理，可得

$$h_{C_1}=2.13\text{m}\qquad h_{C_2}=1.91\text{m}\qquad h_{C_3}=1.68\text{m}$$
$$h_{D_1}=2.61\text{m}\qquad h_{D_2}=1.86\text{m}\qquad h_{D_3}=1.52\text{m}$$

c. 根据 F_4、D_4、E_4 点标高，求转角曲线上各等高点的标高：

本例采用平均分配法确定。

F_4D_4 及 D_4E_4 的弧长为

$$L=\frac{1}{8}\times2\pi R=\frac{1}{8}\times2\times\pi\times10=7.85\quad(\text{m})$$

F_4D_4 间应有设计等高线为$\frac{1.84-1.38}{0.10}\approx5$(根)；

等高线的平均间距为$\frac{7.85}{5}=1.57(\text{m})$；

F_3D_3 应有设计等高线为$\frac{1.52-1.37}{0.10}\approx2$(根)；

等高线的平均间距为$\frac{7.85}{2}=3.93(\text{m})$；

同理，可计算其他转角曲线上等高线根数。

d. 根据各转角曲线等高线根数，分别求出路脊线 AM、AK、AG、AN 上的相对应的等高点位置。例如：南端标高为 1.70m 的等高点距 A 点在路脊线上的距离为 $(2.05-1.70)/0.03=11.67(\text{m})$。

e. 按所选定的立面设计图式，将对应等高点连接起来，即为初步立面设计图。

f. 根据交叉口等高线中间应疏一些，边缘应密一些，且疏与密过渡应均匀的原则，对初步立面设计图进行调整，即得图 7-35 所示的交叉口立面设计图。

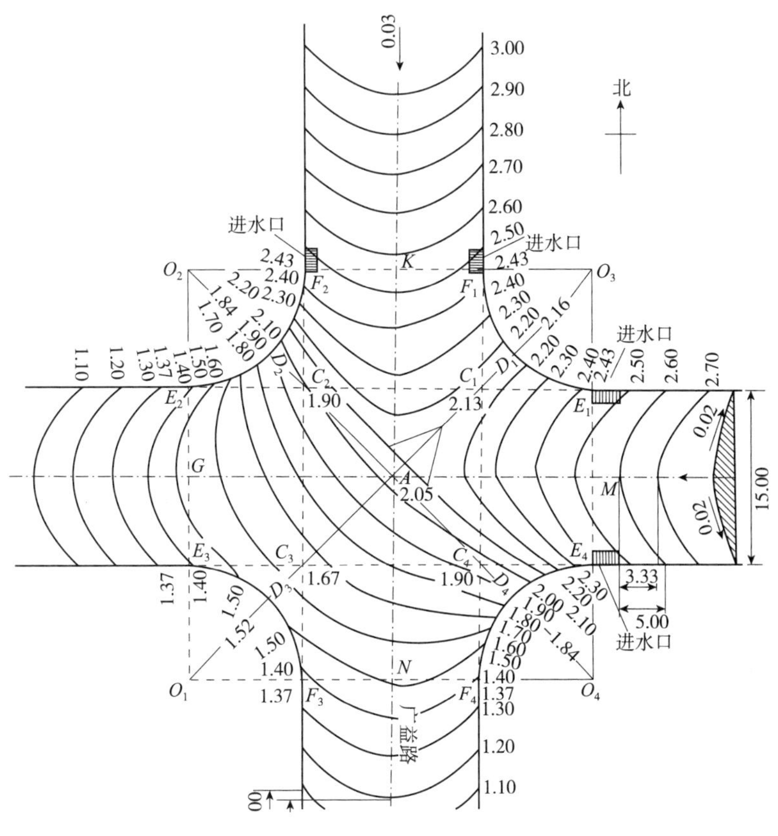

图 7-35　交叉口立面设计图

本章小结

本章主要讲述：平面交叉口的设计原则、交通分析，有效解决冲突点的方法；交叉口的类型及各自的适用范围；交叉口的设计技术依据——设计车辆、设计车速、平面交叉角、平面交叉口线形；交叉口的交通管理与交通组织；十字形交叉口设计主要包括十字形交叉口的车道数，转弯半径设计，附加车道和三角导流岛设计，视距保证等；环形交叉口设计主要包括中心岛半径，环形车道数，环道进出、口半径，交织角等内容；交叉口的立面设计包括立面设计的形式、步骤，重点讲解交叉口标高计算线及标高计算。

思考题

1. 简述交叉口设计的基本要求和内容。
2. 简述交叉口分流点、合流点、冲突点的定义及减少或消灭冲突点的方法。
3. 简述各种交叉口类型的定义、特点、适用条件及设计重点。
4. 简述交叉口的设计依据。
5. 简述左转弯车道交通组织方法。
6. 简述渠化交通的定义及作用。
7. 简述交通岛的几种形式及作用。
8. 简述十字形交叉口视距三角形绘制的方法和步骤。

9. 简述 T 形(或 Y 形)交叉口视距三角形绘制的方法和步骤。

10. 简述右转、左转车道的设置条件、设置方法。

11. 如题 11 图为某四路相交的交叉口，在 A、B、C 路段均设有中间带(其中 A、B 方向宽为 4.5m，C 方向宽为 2.0m)，A 方向为双向六车道，B、C 方向为双向四车道，D 为双向两车道，每条车道宽 3.5m，人行道宽 4.0m。拟渠化解决的问题是：改善 C 往 B 的右转行驶条件；压缩交叉面积；明确各向通过交叉口的路径；解决行人过街问题。试拟定渠化方案。

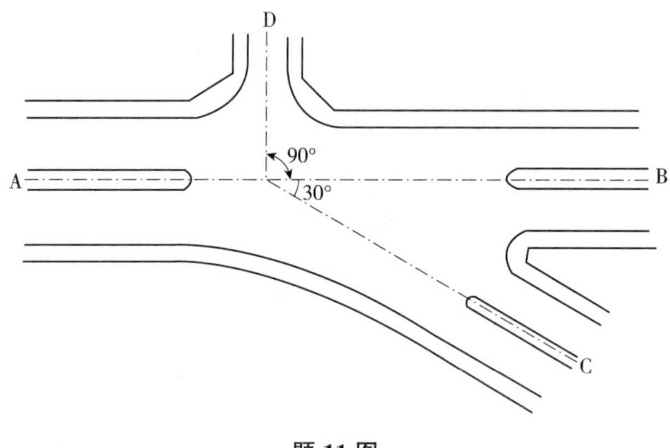

题 11 图

12. 如题 12 图为正交的十字形交叉口，相交道路计算行车速度为 60km/h，双向六车道，每条车道宽 4.0m，人行道宽 4.0m，进口道右侧车道供直右方向行驶，转角曲线半径为 15.0m。从视距的要求考虑，试问位于人行道外边缘的建筑物 A 是否应拆除?

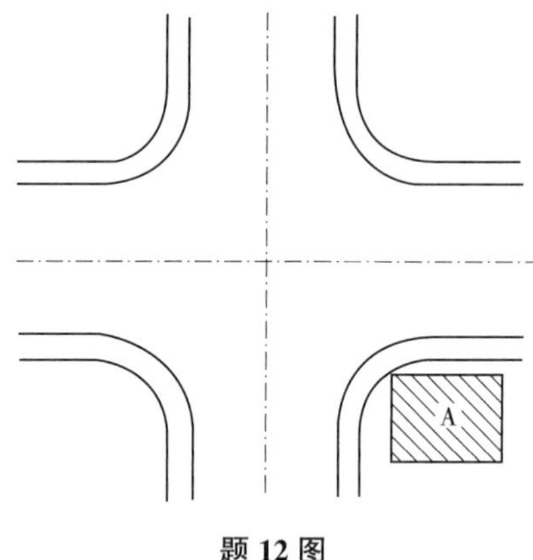

题 12 图

13. 参照图 7-29，当主要道路与次要道路相交时，主要道路在交叉口的横坡保持不变。若主要道路与次要道路正交，主要道路宽 21m，次要道路车行道宽为 14m，转角曲线半径为 10m，试绘制位移后的四种标高计算线网。

第 8 章 道路立体交叉设计

[本章提要]

道路立体交叉是指两相交道路不在同一水平面上的交叉，结构比较复杂。本章主要介绍道路立体交叉的组成、类型及适用条件；立体交叉的布置规划与形式选择；匝道及其端部设计；收费立体交叉的形式、收费站布设方法及收费广场设计。简要地介绍了立交的景观、照明、交通标志和标线设计。重点掌握立体交叉的形式选择、匝道及端部设计。理解立体交叉的辅助设计。

立体交叉是高速公路和城市道路必不可少的组成部分。立体交叉系指道路与道路、道路与铁路相互交叉时，用跨线桥或地道使两条路线在不同的水平面上通过的交叉形式。立体交叉简称立交。采用立交可使各方向车流在不同标高的平面上行驶，消除或减少冲突点；车流可连续运行，提高道路的通行能力；可节约运行时间和燃料消耗；有效地控制相交道路车辆的出入，减少对高速道路的干扰。由于立体交叉占地面积大、施工复杂、造价高、不易改建，因此应根据远景规划的要求，经技术、经济及环境效益的比较和分析确定。

8.1 概述

8.1.1 立体交叉的设置条件

8.1.1.1 根据相交道路的等级

①高速公路与各类道路相交时，必须采用立体交叉。

②一级公路与其他公路交叉时，应尽量采用立体交叉。

③城市快速路与快速路、主干路、铁路交叉时，必须采用立体交叉。

④大城市机场与一般道路相交时，可采用立体交叉。

8.1.1.2　根据交通量的需要

《规范》规定：主干路与主干路相交的路口，当进入路口的现况交通量超过 4000~6000 辆/h(当量小客车)，相交道路为四车道以上，且对平面交叉口采取改善措施、调整交通组织均难收效时，可设置立体交叉。

①考虑地形条件：结合跨河桥的两端，扩建桥梁的边孔，修建主干路与滨河路的立体交叉。

②道路与铁路的交叉符合下列条件时采用立体交叉：当地形条件困难，采用平面交叉危及行车安全时；城市主干路、次干路与铁路交叉，在道路交通高峰时间内，经常发生一次封闭时间超过 15min。

8.1.2　立体交叉的组成

立交的主要组成部分如图 8-1 所示。

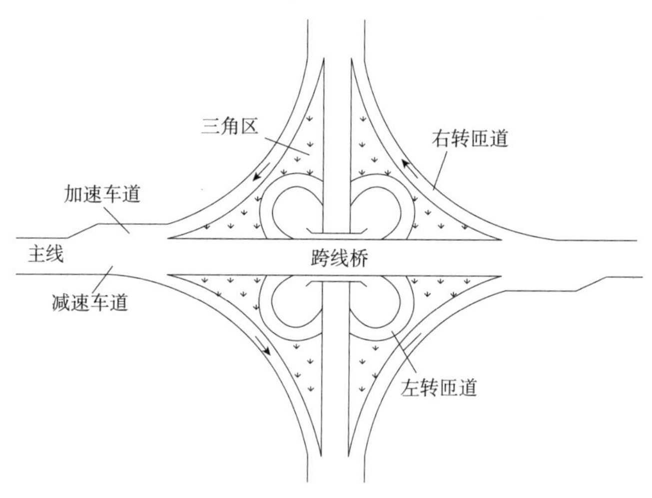

图 8-1　立体交叉的组成

(1)主体部分

立体交叉的主体是直接为车辆提供直行、转向的组成部分，主体部分包括跨越设施、主线、匝道三个部分。

跨线设施是指立交实现车流空间分离的主体构造物，包括设于地面以上的跨线桥(上跨式)和设于地面以下的地道(下穿式)。跨越设施是立交的主要组成部分，其工程量可占全立交的 50%~70%。

主线又称为正线，是指相交道路的直行车行道。两条相交主线有上线与下线之分。上跨的正线从立交桥到两端主线起点的路段称为引道，下穿的正线从立交桥下到两端主线的降坡点的路段称为坡道。

匝道是立交的重要组成部分，是指供上、下相交道路转弯车辆行驶的连接道。匝道使空间上分离的主线连接起来，形成互通式结构。根据匝道的功能，分为左转匝道、右转匝道和左右转共行匝道。匝道的转弯半径是决定互通式立交形式、占地、造价及规模的主导因素，并直接影响立交的使用功能。

(2)附属设施

附属设施包括出口、入口、辅助车道、三角地带、收费口等部分。

出口与入口是主线与匝道的结合部位。由正线驶出进入匝道的道口为出口；由匝道驶入正线的道口为入口。

辅助车道是指在交叉口分合流处，作为停车、减速、转弯、转弯储备、交织、车道数平衡、载重汽车爬坡及其他辅助直行交通运行的所有车道的总称。

三角地带是指在立交范围内，匝道与主线间或匝道与匝道间的空旷地带统称为立交三角区。三角区是立交绿化、美化、照明及布置交通设施等的用地。

8.1.3 公路立交与城市立交的主要区别

公路立交一般附设收费站，两立交间的间距较大，地物障碍少，多采用地上明沟排水系统。立交形式简单，以二层式为主，但因匝道计算行车速度相对较高，立交占地较大。

城市立交一般不收费，相邻立交间距较小，需要合理解决庞大的自行车流和行人交通，且用地较紧张，受地上和地下各种管线及建筑物的影响大，多采用地下暗管排水并与城市排水系统连接；同时，要考虑施工时便于维持原交通和快速施工等问题，比公路立交更多地重视美观的要求，常作为一种城市景观来设计。城市立交形式复杂、多样，往往做成多层式。

8.2 立体交叉的类型及其适用条件

8.2.1 按相交道路的跨越方式分类

立体交叉按相交道路的跨越方式划分为上跨式和下穿式两类，如图8-2所示。

(1)上跨式

上跨式是指用跨线桥从相交道路上方跨过的交叉方式。这种立交施工方便，造价

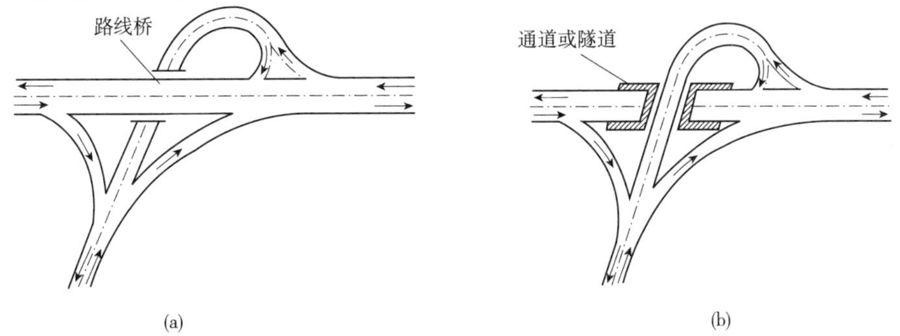

图8-2 上跨式和下穿式立体交叉

(a)上跨式 (b)下穿式

较低，排水易处理，但占地大，引道较长，高架桥影响视线和市容。宜用于市区以外或周围有高大建筑物处。

(2)下穿式

下穿式是指用地道或隧道从相交道路下方穿过的交叉方式。这种立交占地较少，立面易处理，对视线和市容影响小，但施工期较长，造价较高，排水困难。用于市区较为理想。

8.2.2　按交通功能分类

立体交叉按交通功能可划分为分离式立交和互通式立交两类。

8.2.2.1　分离式立交

如图 8-3 所示，仅设跨线构造物一座，使相交道路在空间上分离，上、下道路无匝道连接的交叉方式。这种类型立交结构简单、占地少、造价低，但相交道路的车辆不能转弯行驶。只适用于高速公路与铁路或次要道路之间的交叉。

8.2.2.2　互通式立交

如图 8-1 所示，不仅设跨线构造物使相交道路在空间上分离，而且上、下道路有匝道连接，以供转弯车辆行驶的交叉方式。这种立交车辆可转弯行驶，全部或部分消灭了冲突点，各方向行车干扰较小，但立交结构复杂，占地多，造价高。

互通式立交主要有三种类型，分别是：部分互通式、完全互通式和环形立交。

(1)部分互通式立交

相交道路的车流轨迹线之间至少有一个平面冲突点的交叉。部分互通式立交的代表形式主要有：菱形立交和部分苜蓿叶式立交等。

①菱形立交：如图 8-4 所示，这种形式立交能保证主线直行车辆快速畅通；转弯车辆绕行距离较短；主线上具有高标准的单一进出口，交通标志简单；主线下穿时匝道坡度便于驶出车辆的减速和驶入车辆的加速；菱形立交形式简单，仅需一座桥，用地和工程费用小。但次线与匝道连接处为平面交叉，影响了通行能力和行车安全，只适用于高速公路与次要道路相交的场合。

②部分苜蓿叶式立交：是只在其中两个或三个象限设环形匝道，呈不完全苜蓿叶形的立体交叉，如图 8-5 所示。可根据转弯交通量的大小或场地的限制，采用其中任

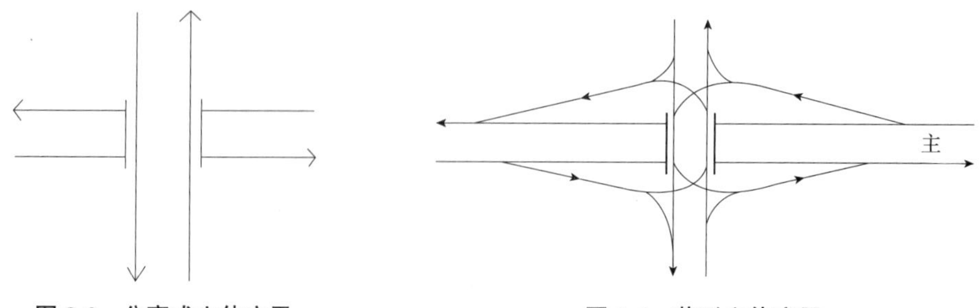

图 8-3　分离式立体交叉　　图 8-4　菱形立体交叉

何一种形式或其他变形形式。这种立交桥的主线直行车快速通畅；仅需一座桥，用地和工程费用较小；远期可扩建为全苜蓿叶式立交。但次线上存在平面交叉，有停车等待和错路运行的可能。

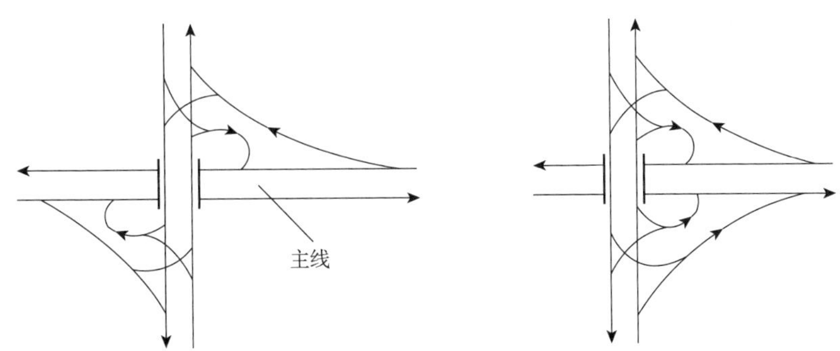

图 8-5 部分苜蓿叶式立体交叉

部分苜蓿叶式立交可根据转弯交通量的大小或场地的限制，采用其中任何一种形式或其他变形形式。

(2)完全互通式立交

完全互通式立交是相交道路的车流轨迹线全部在空间分离的交叉。它是一种比较完善的高级形式，各转向都有专用匝道，适用于高速公路与高速公路之间以及高速公路与其他高等级道路相交的交叉。其代表形式有：喇叭形、苜蓿叶形、Y 形、X 形等。

①喇叭形立交：图 8-6 是三路立交的代表形式，可分为 A 式和 B 式。经环圈式左转匝道驶入主线的为 A 式，驶出时为 B 式。

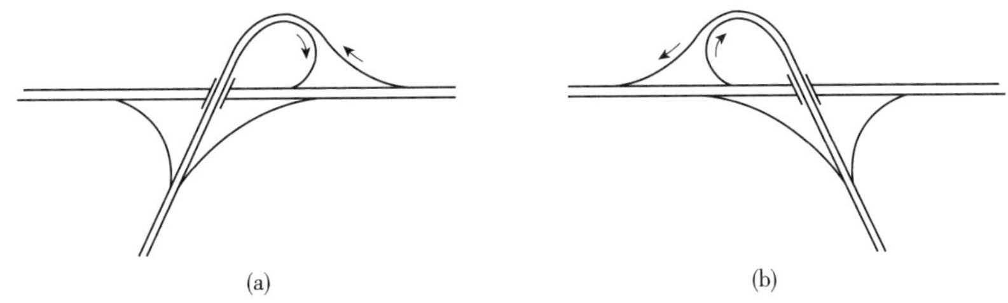

图 8-6 喇叭形立体交叉

(a)A 式 (b)B 式

这种立交只需一座构造物，投资较省；无冲突点，通行能力大，行车安全；造型美观，行车方向容易辨认。由于这种立交的环圈式匝道车速较低，布设时应将环圈式匝道设在交通量小的方向上，主线交通量大时宜采用 A 式。次线可上跨或下穿，上跨对转弯交通视野有利，下穿时宜斜交或弯穿。

②苜蓿叶式立交：如图 8-7 所示。苜蓿叶式立交平面形状酷似苜蓿叶，交通运行连续而自然，无冲突点，仅需一座构造物。但这种立交占地面积大，左转绕行距离长，环圈式匝道适应车速较低，且桥上、下存在交织；多用于高速公路之间的立交，而在市区内由于地形的限制很难采用。但因其形式美观，如果在城市外围的环路上采用，加之适当地绿化，也是较为合适的。布设时为消除主线上的交织、提高立交的通行能力和行车安全，可加设集散车道。

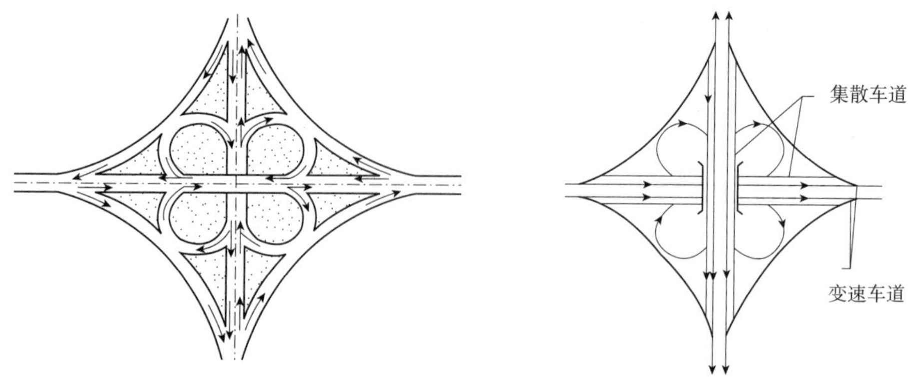

图 8-7　苜蓿叶式立体交叉

(a)标准形　(b)带集散车道形

③子叶式立交：如图 8-8 所示，只需一座构造物，造型美观，造价较低。但交通运行条件不如喇叭式好，正线存在交织，多用于苜蓿叶式的前期工程。布设时以使正线下穿为宜。

④Y 形立交：如图 8-9 所示，这种立交转弯车辆的运行速度较高，无交织，无冲突点，行车安全；行车方向明确，路径短捷，通行能力大；正线外侧占地宽度较小，但需要构造物较多，造价较高。

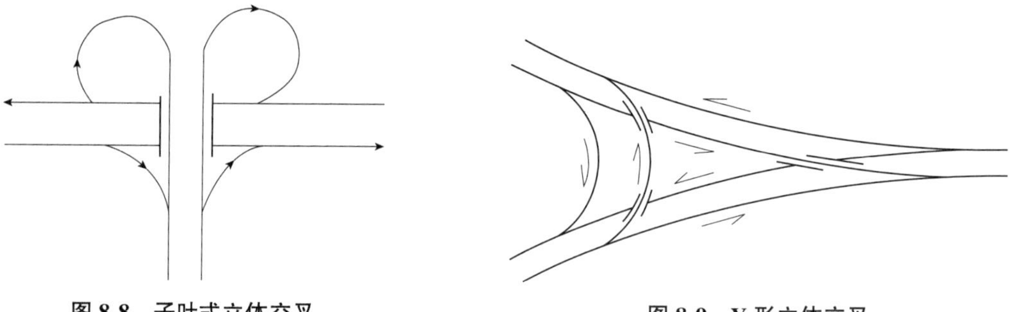

图 8-8　子叶式立体交叉　　**图 8-9　Y 形立体交叉**

⑤X 形交叉(又称半定向式立交)：如图 8-10 所示，各方向运行都有专用匝道，自由流畅，转向明确；无冲突点，无交织，通行能力大；适应车速高的立体交叉。但占地面积大，层多桥长，造价高，在城区受地形限制很难实现。

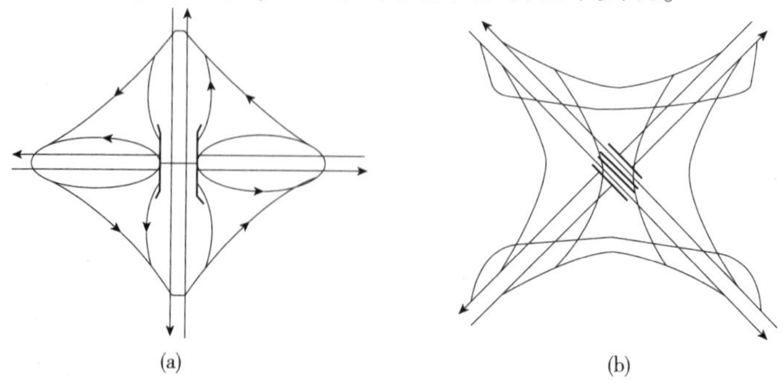

图 8-10　X 形立体交叉

(a)对向左转匝道对角靠拢布置　(b)对向左转匝道对角拉开布置

(3)环形立交

相交道路的车流轨迹线因匝道数不足而共同使用，且有交织路段的交叉，如图 8-11所示。

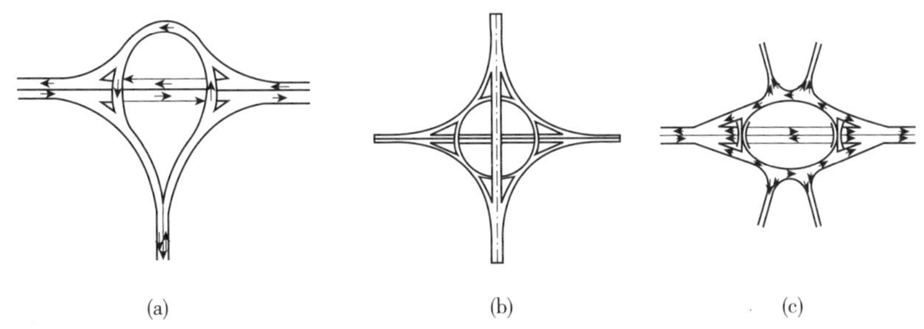

(a) (b) (c)

图 8-11 环形立交

(a)三路环形立交 (b)四路环形立交 (c)多路环形立交

环形立交适用于主要道路与一般道路交叉，以用于 5 条以上道路相交为宜。这种立交能保证主线直通，交通组织方便，无冲突点，占地较少。但次要道路的通行能力受到环道交织能力的限制，车速受到中心岛直径的影响，构造物较多，左转车辆绕行距离长。

当采用环形立交时，必须根据相交道路的性质进行比较研究，看环道的最大通行能力和所采用的中心岛尺寸能否满足远景交通量和车速的要求。布设时应让主线直通，中心岛可采用圆形、椭圆形或其他形状。

8.3 立体交叉的布置规划与形式选择

8.3.1 立体交叉的布置规划

8.3.1.1 立交位置的选定

立体交叉位置的选定，应以现有道路网或已批准的规划为依据。在保证主线畅通的条件下，综合考虑立交对地区交通的分散和吸引作用、立交的设置条件、技术上的合理性、经济上的可行性以及拟选立交的形式等，选择较为理想的地带。一般应选择在地势平坦开阔、地质良好、拆迁较少及相交道路具有较高的平纵线形指标处。

通常情况下，应根据下列条件选定立交的位置：

①相交道路的性质：如高速公路与高速公路相交、高速公路与其他各级道路相交、一级公路与交通繁忙的一般公路相交时，均应设置互通式立交。

②相交道路的任务：高速公路与通往大城市，重要政治、经济、文化中心，重要港口、机场、车站和游览胜地的道路相交处，应设置互通式立交。

③相交道路的交通量：公路上未作具体规定；城市道路规定：当进入进出口的交通量达 4000~6000 辆/h(小汽车)，相交道路为四车道以上，且对平面进出口采取改

善措施和调整交通组织均难以奏效时可采用立交。

④地形条件：当交叉所在地的地形条件适宜修建立交时可采用，如高填方路段与其他道路交叉处、较高的桥头引道与滨河路交叉处等。

⑤经济条件：修建立交的年平均投资费用应小于平面交叉口的年经济损失总额，否则是不经济的。

8.3.1.2　立交的间距

确定互通式立交间距时，主要应考虑以下影响因素：

①能均匀地分散交通：相邻立交之间的间距，应保持其所担负的交通量均衡。间距过大会使交通联系不便；间距过小则又影响高速道路功能的发挥，且使建设投资增加。

②能满足交织路段长度的要求：交织路段是指前一个立交匝道的合流点到后一个立交匝道的分流点之间的距离。相邻立交之间要有足够的交织路段，以便在相邻立交出入口之间设置足够的加减速车道。

③满足标志和信号布置的需要：在相邻立交之间的路段，要设置一系列标志和信号，以便连续不断地告诉驾驶员下一立交出口的到来及去向。

④驾驶员操作顺适的要求：相邻立交之间的距离如果过近，特别是在城市道路上，因互通式立交的平面连续变化，纵断面起伏频繁，会对车辆运行、驾驶操作以及景观均不利。

对互通式立交的标准间距，公路与城市道路不尽相同。公路上，在大城市、重要工业区周围为5~10km，一般地区为15~25km，最大间距以不超过30km为宜，最小间距不应小于4km。城市道路上互通式立交的间距一般比公路小，且与正线计算行车速度有关，一般正线设计速度为80、60、40km/h时，最小间距分别为1.0、0.9、0.8km。

8.3.2　立体交叉形式的选择

立交形式选择是否合理，不仅影响立交本身的功能，如通行能力、行车安全和工程经济等，而且对地区规划、地方交通的发挥及市容环境等都有密切关系。影响立交形式选择的因素主要有道路、交通、环境及自然条件等内容。

8.3.2.1　立交形式选择的基本原则

互通式立交形式选择，应遵循下列基本原则：

①立交的形式首先取决于相交道路的性质、任务和远景交通量等，确保行车安全畅通和车流的连续。相交道路等级高时应采用完全互通式立交，且交通量大、计算行车速度高的行车方向要求线形标准高、路线短捷、纵坡平缓；在城市道路上，若使机动车和非机动车流分离行驶，可采用三层或四层式立交。

②选定的立交形式应与所在地的自然环境条件相适应，要充分考虑区域规划、地形地质条件、可能提供的用地范围、周围建筑物及设施分布现状等。在满足交通要求

前提下综合分析研究，力求合理利用地形，与周围环境相协调；力求造型美观，结构新颖合理。

③选型应全面考虑近远期结合，既要考虑近期交通要求，减少投资费用，又要考虑远期交通发展需要。

④选型应从实际出发，有利施工、养护和排水，尽量采用新技术、新工艺、新结构，以提高质量、缩短工期和降低成本。

⑤选型和总体布置要全面安排，分清主次，充分考虑平面线形指标和竖向标高的要求。铁路与道路相交，常以铁路上跨为宜，可减少净空高度；高速道路与其他道路相交，原则上高速道路不变或少变，其他道路抬高或降低；城市立交以非机动车道不变或少变，有利于行人及自行车通行。

⑥选型应与定位相结合。立交的形式随所在位置的地形、地物及环境条件而异，通常先定位后选型，二者统筹考虑。

8.3.2.2 立交形式选择的步骤和要点

(1)初定立交的基本形式

首先选择立交的总体布局，如上跨式或下穿式，完全互通式或部分互通式，二层式、三层式或四层式，机动车与非机动车分行或混行，是否考虑行人交通，是否收费等，在此基础上进一步选择立交的基本形式。

表 8-1 为常用立交形式的选择条件，可供参考。

表 8-1 互通式立体交叉形式的选择

立体交叉形式	设计速度(km/h)			交叉口总通行能力(辆/h)	占地面积(hm^2)
	直行	左转	右转		
定向形立体交叉	80~100	70~80	70~80	13000~15000	8.5~12.5
苜蓿叶形立体交叉	60~80	30~40	30~40	9000~13000	7.0~9.0
部分苜蓿叶形立体交叉	30~80	25~35	30~40	6000~8000	3.5~5.0
菱形立体交叉	30~80	25~35	25~35	5000~7000	2.5~3.5
三、四层式环形立体交叉	60~80	25~35	25~35	7000~10000	4.0~4.5
喇叭形立体交叉	60~80	30~40	30~40	6000~8000	3.5~4.5
三路环形立体交叉	60~80	25~35	25~35	5000~7000	2.5~3.0
三路子叶形立体交叉	60~80	25~35	25~35	5000~7000	3.0~4.0
三路定向形立体交叉	80~100	70~80	70~80	8000~11000	6.0~7.0

对公路立交在确定基本形式时，应根据各方面的交通量，结合地形、地物、当地交通条件综合考虑而定。

(2)立交几何形状及结构的选择

立交的几何形状及结构对行车速度、运行时间、行车视距、视野范围、服务水平及通行能力等影响较大。在基本形式的基础上，通过仔细研究，对立交的总体结构进行安排，并合理布置匝道。

(3)立交方案的比较

有时要有几个立交方案可供选择，要经过多方案的技术、经济比较，以选择出满足交通功能要求、适合现场条件、工程量小、投资省的最佳立交方案。

8.3.2.3　立体交叉的设计资料和设计步骤

(1)设计资料

在立体交叉设计之前，应收集下列所需设计资料：

①自然资料：测绘立交范围内的1∶500~1∶2000地形图，详细标注建筑物的建筑线、种类、层高、地上及地下各种杆柱和管线；调查并收集用地发展规划，水文、地质、土壤、气候条件资料；收集附近的国家控制点和水准点等。

②交通资料：收集各转弯及直行交通量，交通组成；推算远景交通量；绘制交通量流量及流向图；调查非机动车和行人流量等。

③道路资料：调查相交道路的等级、平纵面线形、横断面形式及尺寸；相交角度、控制坐标和标高；路面类型及厚度等。

④排水资料：收集立交所在区域的排水规划及现状；各管渠位置、埋深和尺寸。

⑤文书资料：收集设计任务书及有关文件等。

⑥其他资料：调查取土、弃土和材料的来源；施工单位、季节、工期和交通组织与安全。

(2)设计步骤

①初拟设计方案：根据交通量和地形条件，在地形图上或其上覆盖的透明纸上勾绘出各种可能的立交方案。

②确定比较方案：对初拟方案进行分析，应考虑线形是否顺适，技术指标能否满足，各层间能否跨越，拆迁是否合理等，从中选出2~4个方案进行进一步的比较。

③确定推荐方案：在地形图上按比例绘出各比较方案，完成初步平纵设计和概略工程量计算，做出各方案的比较表，全面比较后确定推荐方案，一般1~2个。

④确定采用方案：对推荐方案视需要做出模型或透视图，征询有关方面的意见，最后定出采用方案。

⑤详细测量：对采用方案实地放线并详细测量，进一步收集技术设计所需的全部资料。

⑥技术设计：完成全部施工图和工程预算。

以上①~④步为初步设计阶段，⑤~⑥步为施工图设计阶段。

8.4　匝道设计

匝道是互通式立交必不可少的组成部分。匝道设计的合理与否，直接关系到立交枢纽的功能、营运及安全等。因此，匝道的合理布置与使用合适的线形是至关重要的。

8.4.1 匝道的基本形式

匝道的形式多种多样，按匝道与相交道路的关系，分为右转匝道和左转匝道两大类。

8.4.1.1 右转匝道

如图 8-12 所示，从右侧驶出后直接右转约 90°，到相交道路的右侧驶入，一般不设跨线构造物。其特点是形式简单，车辆运行方便，直接顺当，行车安全。

8.4.1.2 左转匝道

车辆需转约 270°越过对向车道，至少需要一座跨线构造物。按匝道与相交道路的关系，左转匝道又可分为以下几种基本形式。

(1)直接式(又称定向式或左出左进式)

如图 8-13 所示，左转车辆直接从左侧驶出，左转弯，到相交道路从左侧驶入。优点是匝道长度最短，可降低营运费用；没有反向迂回运行，自然顺畅，可适应较高车速。缺点是跨线构造物较多，单行跨线桥二层式两座或三层式一座；相交道路的车辆之间要有足够的间距，一般车辆驶入；对重型车和慢速车左侧高速驶出困难，左侧高速驶入也困难且不安全。

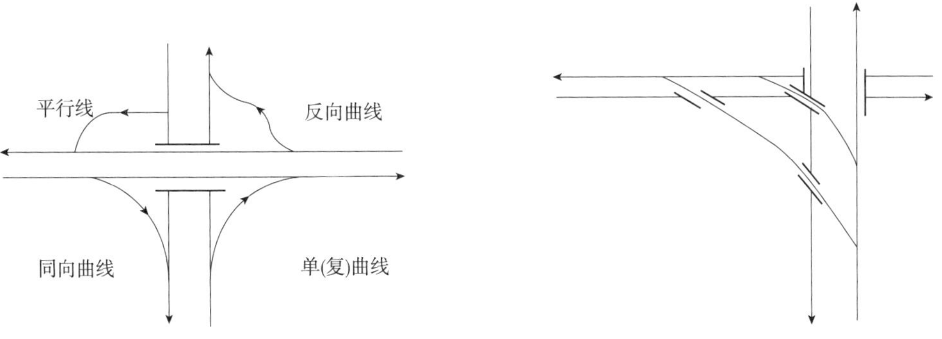

图 8-12 右转匝道　　图 8-13 直接式左转匝道(定向式或左出左进式)

因直接式左转匝道存在左出和左进的不利问题，且与我国右侧行驶规则不相适应，所以除左转交通量很大外，一般不采用。图中两种形式可视经济性、线形指标及用地等比较选用。

(2)半直接式(又称半定向式匝道)

按车辆由相交道路的进出方式可分为三种基本形式。

①左出右进式：如图 8-14 所示，左转车辆从左侧直接驶出后左转弯，到相交道路时由右侧驶入。与定向式匝道相比，右进改变了左进的缺点，但仍然存在左出的问题，匝道略绕行。对应图式三种情况，需设二层式单行跨线桥和双向跨线桥各一座，或三层式双向跨线桥一座，或二层式单行跨线桥一座。

②右出左进式：如图8-15所示，左转车辆从右侧右转驶出，在匝道上左转，到相交道路后直接由左侧驶入。改善了左出的缺点，但左进仍然存在。

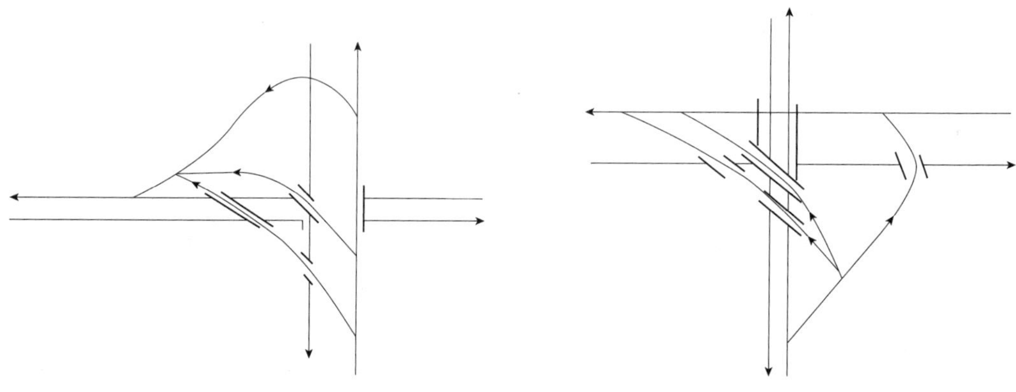

图8-14　左出右进式左转匝道　　图8-15　右出左进式左转匝道

③右出右进式：如图8-16所示，左转车辆都是右转弯驶出和驶入，在匝道上左转改变方向。完全消除了左出、左进的缺点，行车安全。但匝道绕行最长，构造物最多。图中五种形式应视地形、地物及线形等条件确定。

(3)间接式(又称环圈式)

如图8-17所示，左转车辆先驶过正线跨线构造物，然后向右回转约270°达到左转的目的。其特点是右出右进，行车安全；不需设构造物；造价最低。但最低线形指标差，占地较大，车速和通行能力低，左转绕行较长。

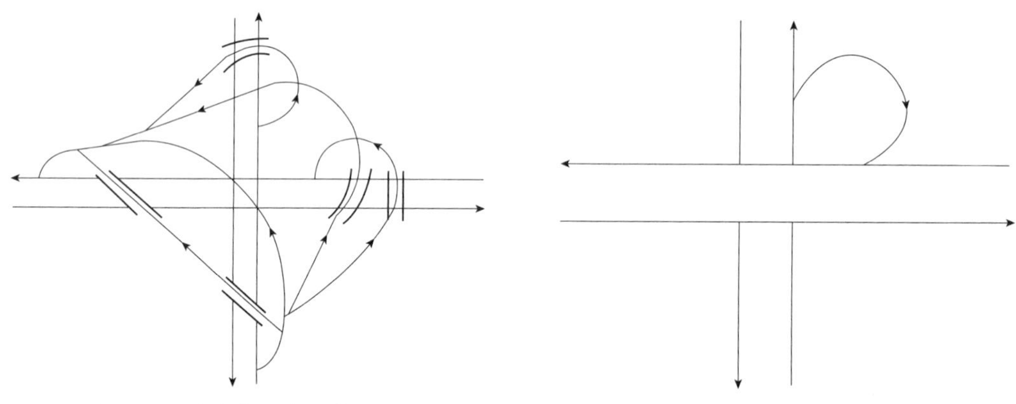

图8-16　右出右进式左转匝道　　图8-17　间接式(环圈式)左转匝道

8.4.2　匝道设计依据

匝道设计依据主要有互通式立体交叉的类型及主线的线形指标、匝道设计速度、设计交通量及通行能力。互通式立体交叉的类型是确定匝道设计速度的主要依据，主线的线形指标决定匝道的端部设计，匝道的设计速度和设计交通量是确定匝道平纵线形指标和横断面几何尺寸的主要依据，而匝道的通行能力则是检验匝道适应交通的能力。

8.4.2.1 互通式立体交叉的类型及主线的线形指标

互通式立体交叉分为枢纽互通式立体交叉和一般互通式立体交叉。互通式立体交叉范围内主线线形的主要技术指标规定见表 8-2。

表 8-2 互通式立体交叉范围内主线的线形指标

<table>
<tr><td colspan="3">设计速度(km/h)</td><td>120</td><td>100</td><td>80</td><td>60</td></tr>
<tr><td colspan="2" rowspan="2">最小圆曲线半径(m)</td><td>一般值</td><td>2000</td><td>1500</td><td>1100</td><td>500</td></tr>
<tr><td>最小值</td><td>1500</td><td>1000</td><td>700</td><td>350</td></tr>
<tr><td rowspan="4">最小竖曲线半径(m)</td><td rowspan="2">凸形</td><td>一般值</td><td>45000</td><td>25000</td><td>12000</td><td>6000</td></tr>
<tr><td>最小值</td><td>23000</td><td>15000</td><td>6000</td><td>3000</td></tr>
<tr><td rowspan="2">凹形</td><td>一般值</td><td>16000</td><td>12000</td><td>8000</td><td>4000</td></tr>
<tr><td>最小值</td><td>12000</td><td>8000</td><td>4000</td><td>2000</td></tr>
<tr><td colspan="2" rowspan="2">最大纵坡(%)</td><td>一般值</td><td>2</td><td>2</td><td>3</td><td>4.5(4)</td></tr>
<tr><td>最小值</td><td>2</td><td>2</td><td>4(3.5)</td><td>5.5(4.5)</td></tr>
</table>

注：当主要公路以较大的下坡进入互通式立体交叉，且所接的减速车道为下坡，同时，后随的匝道线形指标较低时，主要公路的纵坡不得大于括号内的值。

8.4.2.2 设计速度

匝道的设计速度主要是根据互通式立体交叉的类型及主线的线形指标、转弯交通量的大小以及用地和建设费用等条件选定。由于地形、用地和建设费用等限制，匝道的计算行车速度通常都较正线低，但降低不得过大，以免车辆在离开或进入正线时产生急剧的减速或加速，导致行车危险和不顺畅。最佳值以接近主线平均行驶速度为宜。当受用地或其他条件限制时，匝道设计速度可适当降低。

公路立交匝道设计速度的规定见表 8-3。城市道路立交匝道设计速度的规定见表 8-4。

表 8-3 公路互通式立交匝道设计速度

<table>
<tr><td colspan="2">匝道形式</td><td>直接式</td><td>半直接式</td><td>环形</td></tr>
<tr><td rowspan="2">匝道设计速度(km/h)</td><td>枢纽互通式立交</td><td>80、70、60、50</td><td>80、70、60、50、40</td><td>40</td></tr>
<tr><td>一般互通式立交</td><td>60、50、40</td><td>60、50、40</td><td>40、35、30</td></tr>
</table>

表 8-4 城市道路互通式立体交叉匝道设计速度

<table>
<tr><td rowspan="2">被交道路设计速度(km/h)</td><td colspan="5">主线设计速度(km/h)</td></tr>
<tr><td>120</td><td>80</td><td>60</td><td>50</td><td>40</td></tr>
<tr><td>80</td><td>60~40</td><td>50~40</td><td>—</td><td>—</td><td>—</td></tr>
<tr><td>60</td><td>50~40</td><td>45~35</td><td>40~30</td><td>—</td><td>—</td></tr>
</table>

（续）

被交道路设计速度（km/h）	主线设计速度(km/h)				
	120	80	60	50	40
50	—	40~30	35~25	30~20	—
40	—	—	30~20	30~20	25~20

选用匝道设计速度时应注意以下几点：

(1)满足最佳车速要求

为确保行车安全及通行能力的要求，并考虑占地及行驶条件，匝道设计速度宜接近最佳车速(即匝道达到最大通行能力时的车速)，其简化计算公式为：

$$V_K = 3.6\sqrt{\frac{L+L_0}{C}} \quad (km/s) \tag{8-1}$$

式中　L——车长，m；

L_0——安全距离，m，一般取5~10m；

C——制动系数，s^2/m，一般取0.15~0.30。

最佳车速通常为$V_K=40\sim50km/h$。

(2)按匝道的不同形式选用

同一座立交各条匝道的设计速度应有所不同，原则上应根据匝道的形式选用。右转匝道宜采用上限和中间值；定向式左转匝道宜采用上限或接近上限值；半定向式宜采用中间或接近中间值；环圈式宜采用下限值。

(3)适应出、入口行驶状态的需要

匝道与主线的分、合流处应有较高的设计速度。驶出匝道分流端的设计速度不能小于主线设计速度的50%~60%；驶入匝道与加速车道连接处的设计速度应保证车辆驶至加速车道末端的速度能达到主线的70%；接近收费站或次要道路的匝道末端，设计速度可酌情降低。

(4)考虑匝道的交通组织

双向无分隔带的匝道应取同一设计速度；双向独立的匝道依交通量的不同而分别选用。

8.4.2.3　设计交通量

匝道设计交通量是指远景设计年限的交通量。互通式立体交叉的设计年限一般与高速公路相同，为20年。匝道设计交通量是确定匝道类型、设计速度、车道数、几何形状、部分互通式或完全互通式以及是否分期修建等的基本依据。设计交通量主要根据相交道路的交通量，结合交通调查资料，通过分析、预测，推算设计年限的年平均日交通量作为设计依据，设计时一般采用设计小时交通量。将匝道单向日交通量换算为设计小时交通量时，应采用日交通量乘以设计小时交通量系数计算。

设计小时交通量的推算方法与相交道路相同。其交通组成主要根据相交道路的交通量，结合交通调查资料，来进行直行、左行和右行方向交通量的分配。

8.4.2.4　通行能力

匝道的通行能力取决于匝道本身的通行能力、入口处的通行能力和出口处的通行能力，以三者之中较小者作为采用值。通常出口和入口处的通行能力与匝道本身通行能力相比甚小，故匝道的通行能力主要受出、入口处通行能力的控制。单车道匝道的最大设计通行能力为1200pcu/h，单车道环形匝道设计通行能力为800~1000pcu/h。

8.4.3　匝道线形设计标准

8.4.3.1　匝道的平面线形

(1)匝道圆曲线半径

匝道的圆曲线半径直接影响着匝道的形式、用地、规模、造价以及行车的安全性与舒适性。匝道圆曲线最小半径计算公式与第2章公式相同。表8-5为公路立交匝道圆曲线最小半径，通常应选用大于一般值的半径，当受地形条件或其他特殊情况限制时，方可采用极限值，城市立交可参考采用。

表8-5　公路立体交叉匝道圆曲线最小半径

匝道设计速度(km/h)		80	70	60	50	40	35	30
圆曲线最小半径(m)	一般值	280	210	150	100	60	40	30
	极限值	230	175	120	80	50	35	25

对环圈式匝道的圆曲线半径，除满足上述规定外，还应有足够的长度以保证曲率的缓和过渡以及上下线的展线长度要求。可按下式计算：

$$R_{\min} \geq \frac{57.3H}{\alpha i} \quad (\mathrm{m}) \tag{8-2}$$

式中　H——上下线要求的最小高差，m；

α——匝道的转角；

i——匝道的设计纵坡度，%。

(2)匝道回旋线参数

匝道及其端部曲率变化较大处均应设置缓和曲线。缓和曲线应采用回旋线，其参数以$A \leq 1.5R$为宜，并不小于表8-6所列数值。反向曲线的两个回旋线参数宜相等，不相等时其比值应小于1.5。

表8-6　匝道回旋线参数及长度

匝道设计速度(km/h)	80	70	60	50	40	35	30
回旋线参数A(m)	140	100	70	50	35	30	20
回旋线长度(m)	70	60	50	40	35	30	25

8.4.3.2 匝道纵断面线形

(1)匝道最大纵坡

考虑到匝道上行车速度较低，故匝道纵坡一般比正线纵坡大，见表 8-7。若机动车与非机动车混行时，考虑非机动车的行车要求，其纵坡不宜大于 3%。

表 8-7 公路立体交叉匝道最大纵坡

匝道设计速度(km/h)			80、70	60、50	40、35、30
匝道最大纵坡(%)	出口匝道	上坡	3	4	5
		下坡	3	3	4
	入口匝道	上坡	3	3	4
		下坡	3	4	5

(2)匝道竖曲线半径

匝道各设计速度对应的竖曲线最小半径及最小长度见表 8-8。

表 8-8 匝道竖曲线最小半径及最小长度

匝道设计速度(km/h)			80	70	60	50	40	35	30
竖曲线最小半径(m)	凸形	一般值	4500	3500	2000	1600	900	700	500
		极限值	3000	2000	1400	800	450	350	250
	凹形	一般值	3000	2000	1500	1400	900	700	400
		极限值	2000	1500	1000	700	450	350	300
竖曲线最小长度(m)		一般值	100	90	70	60	40	35	30
		极限值	75	60	50	40	35	30	25

8.4.3.3 匝道横断面及加宽

(1)匝道横断面

匝道横断面由车道、路缘带、硬路肩和土路肩(城市道路不设)组成，对向分离双车道匝道还包括中央分隔带。匝道横断面布置形式，如图 8-18 所示。

匝道各组成部分的宽度：车道宽度一般为 3.5~4.0m，公路立交一般多用 3.5m。中央分隔带的宽度为 1.0m(设刚性护栏时可为 0.6m)，路缘带宽度为 0.5m。土路肩宽度为 0.75m 或 0.5m。单车道匝道应设硬路肩，其宽度包括路缘带为 2.5m，特殊情况下可取 1.5m，左侧硬路肩宽度为 1.0m。匝道的车道、硬路肩宽度与正线不同时，应在匝道范围内设置渐变率为 1/30~1/20 的过渡段。

(2)匝道圆曲线的加宽值

匝道圆曲线的加宽值，应根据圆曲线半径按表 8-9 所列数值采用。

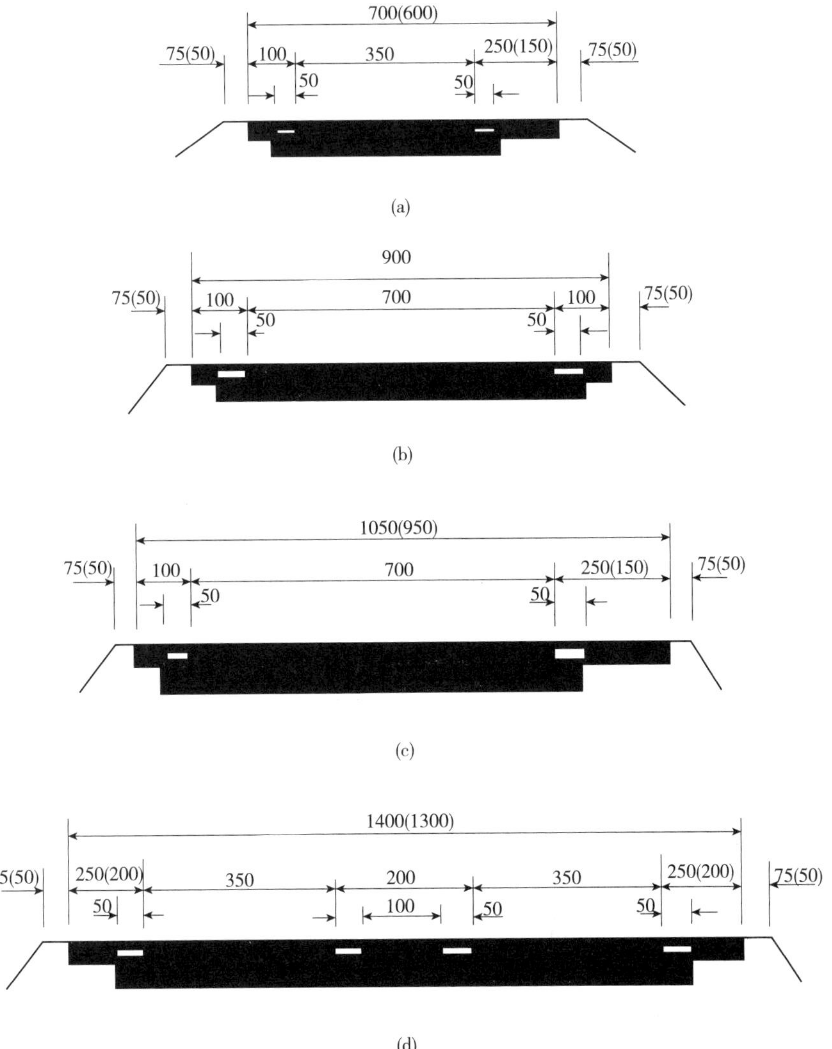

图 8-18 匝道横断面类型(单位：cm)

(a)Ⅰ型-单车道 (b)Ⅱ型-双车道 (c)Ⅲ型-设供紧急停车用硬路肩的双车道
(d)Ⅳ型-对向分隔式双车道

表 8-9 匝道圆曲线的加宽值

单车道匝道(Ⅰ型)		单向双车道或对向双车道匝道(Ⅱ型)	
圆曲线半径(m)	加宽值(m)	圆曲线半径(m)	加宽值(m)
25~27	2.00	25~26	2.25
27~29	1.75	26~27	2.00
29~32	1.50	27~29	1.75
32~36	1.25	29~31	1.50
36~42	1.00	31~33	1.25

（续）

单车道匝道（Ⅰ型）		单向双车道或对向双车道匝道（Ⅱ型）	
圆曲线半径（m）	加宽值（m）	圆曲线半径（m）	加宽值（m）
42~48	0.75	33~36	1.00
48~58	0.50	36~39	0.75
58~72	0.25	39~43	0.50
≥72	0	43~47	0.25
		≥47	0

8.4.3.4 匝道的超高及其过渡

（1）超高值

匝道上的圆曲线应根据规定设置必要的超高，超高值应根据匝道设计速度、圆曲线半径、公路条件、自然条件等经计算确定。积雪冰冻区超高应不大于6%，合成坡度应不大于8%。当圆曲线半径大于表8-10所列值时，可不设超高。

表8-10 匝道上保持正常路拱的圆曲线半径

匝道设计速度（km/h）	80	70	60	50	40	35	30
保持正常路拱（2%）的圆曲线半径（m）	3500	2600	2000	1300	800	650	500

（2）超高过渡段

匝道上直线与圆曲线间或两超高不同的圆曲线间应设置超高过渡段，其长度应根据设计速度、横断面类型、旋转轴的位置以及超高渐变率等因素确定。超高过渡段计算公式与正线相同。

（3）超高设置方式

超高设置方式与正线相同，即采用以行车道中心旋转或以中央分隔带边缘旋转两种。

超高过渡段设置方法视匝道平面线形而定，有缓和曲线时，超高过渡在回旋线的全长内进行；对低等级道路的匝道，当无缓和曲线时，可将所需过渡段长度的1/3~1/2设在圆曲线上，其余设在直线上；两圆曲线径相连接时，可将过渡段的各半分别置于两圆弧内。

8.4.3.5 匝道的视距

（1）停车视距

单向单车道匝道主要满足停车视距；单向双车道可快、慢车分道行驶，无需考虑超车视距；双向双车道一般应设中间隔离设施，也不存在会车和超车问题，所以，匝道全长只需满足停车视距的要求。

匝道停车视距见表8-11，积雪冰冻地区应大于括号内数值。

表 8-11 匝道停车视距

匝道设计速度(km/h)	80	70	60	50	40	35	30
停车视距(m)	110(135)	95(120)	75(100)	65(70)	40(45)	35	30

(2)识别视距

为使驾驶员及时发现互通式立体交叉的出口，按规定行迹驶离主线，防止误行，避免撞击分流鼻，保证行驶安全，互通式立体交叉的引道上应保证对出口位置的判断视距，这一视距称为匝道识别视距。分流点之前正线上的识别视距应大于 1.25 倍的正线停车视距，有条件时宜按表 8-12 所列数值选用。

表 8-12 识别视距

主线设计速度(km/h)	120	100	80	60
识别视距(m)	350~460	290~380	230~300	170~240

8.4.4 匝道的线形设计要点

(1)匝道平面线形设计

汽车在匝道上的行驶速度是由高到低再到高逐渐变化的过程，那么相应匝道的平面线形也要与此变速行驶状态相适应。匝道平面线形还应与其交通量相适应，对于交通量大的匝道，应采用较高的技术指标。出口匝道的平面线形技术指标应高于入口匝道，分流与合流处应具有良好的平面线形和通视条件。

匝道平面线形要素仍然是直线、圆曲线及缓和曲线，但由于匝道通常较短，难以争取到较长直线，故多以曲线为主。

对右转匝道及直接式左转匝道，可采用单圆曲线或多心复曲线。若用多心复曲线时，相邻半径之比应满足规范要求，并使两端连接出、入口的圆曲线采用较大的半径，且出口半径应大于入口半径，而中间圆曲线半径可小一些。

对半直接式左转匝道，其平面线形可由反向曲线与单圆曲线或复曲线组成。反向曲线之间最好不插设直线段而以缓和曲线直接相连成 S 形曲线。

对环圈式左转匝道，最好采用曲率半径由大到小再到大的水滴形或卵型曲线，可满足车速变化的要求，但设计计算比较复杂。为简化设计，也可采用单曲线，但与匝道上车速的变化不相适应。另外，考虑减少占地和造价，环圈式匝道常采用最小半径。

(2)匝道纵断面设计

匝道及其同正线连接处，纵面线形应尽量连续，避免线形的突变。匝道上应尽量采用较缓的纵坡，以保证行车的舒适与安全，避免采用最大纵坡值。匝道及端部纵坡变化处应采用较大半径的竖曲线，以保证足够的停车视距。匝道分、合流点及其附近的竖曲线还应满足识别视距的要求。

右转匝道纵面线形常由一个以上竖曲线组合而成，但纵坡较小，起伏不大，可采用较大半径的竖曲线。

左转匝道一般由反向曲线或同向竖曲线组成，反向曲线的上端多为凸形，下端多为凹形，中间宜插入直坡段，也可直接连接；同向竖曲线宜加大半径，连成一个竖曲线或复合竖曲线。

匝道纵坡设计应尽量平缓，最好一次起伏，避免多次变坡。

(3)匝道平、纵线形组合设计

匝道平、纵线形组合设计的基本要求是使匝道立体线形平顺、无扭曲、视野开阔、行车安全舒适、视觉美观，并与周围环境相协调。设计的原则和要点与正线基本相同，但应注意进、出口处，平、纵组合的处理。

在出口处，若是越过凸形竖曲线以下坡驶入匝道时，坡顶之后的平曲线不应突然出现在驾驶员眼前，应将凸形竖曲线加长以增大视距，使驾驶员能及早发现平曲线的起点和方向，并有足够的安全运行时间。在入口处，若由匝道上坡驶入道口时，应将连接道口的匝道的纵断面与邻近正线基本一致，以使驾驶员能对正线前后一目了然。

8.5 匝道端部设计

匝道端部是指匝道两端分别与正线相连接的道口，它包括出入口、变速车道及辅助车道等。两端的道口与中间部分匝道共同组成一条完整的匝道。从主线出入的道口都应是自由流畅式的，而次线上的道口有时则是信号控制式的。

8.5.1 出口与入口设计

(1)主线出、入口

一般情况下，主线出、入口应设在主线行车道的右侧，出口位置应易于识别，一般设在跨线构造物之前。若在其后时，应与构造物保持150m以上的距离为宜。为便于车辆减速，出口最好位于上坡路段；入口应设在主线的下坡路段，以利于车辆加速，并在匝道汇入主线之前保持主线100m和匝道60m的三角形区域内通视无阻，如图8-19所示。

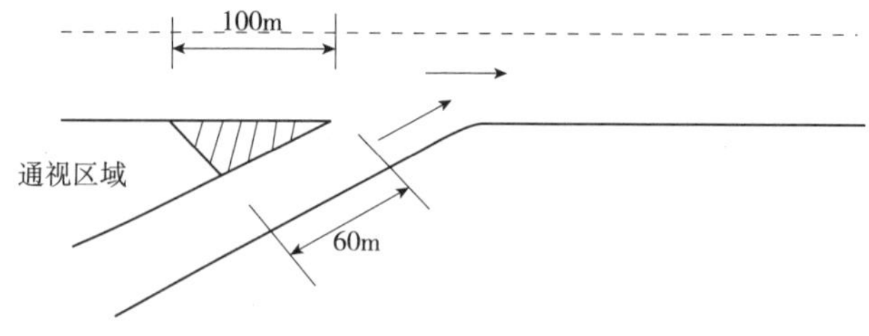

图8-19 入口处通视三角区

主线与匝道分流处，为给误行车辆提供返回的余地，行车道边缘应加宽一定偏置值，如图8-20所示。加宽后主线和匝道的路面边缘用圆弧连接，并用路面标线引导行驶方向。偏置加宽值和分流鼻端圆弧半径见表8-13，分流鼻处的加宽路面收敛到正常路面的过渡长度 Z_1 和 Z_2 可按表8-14的渐变率计算。

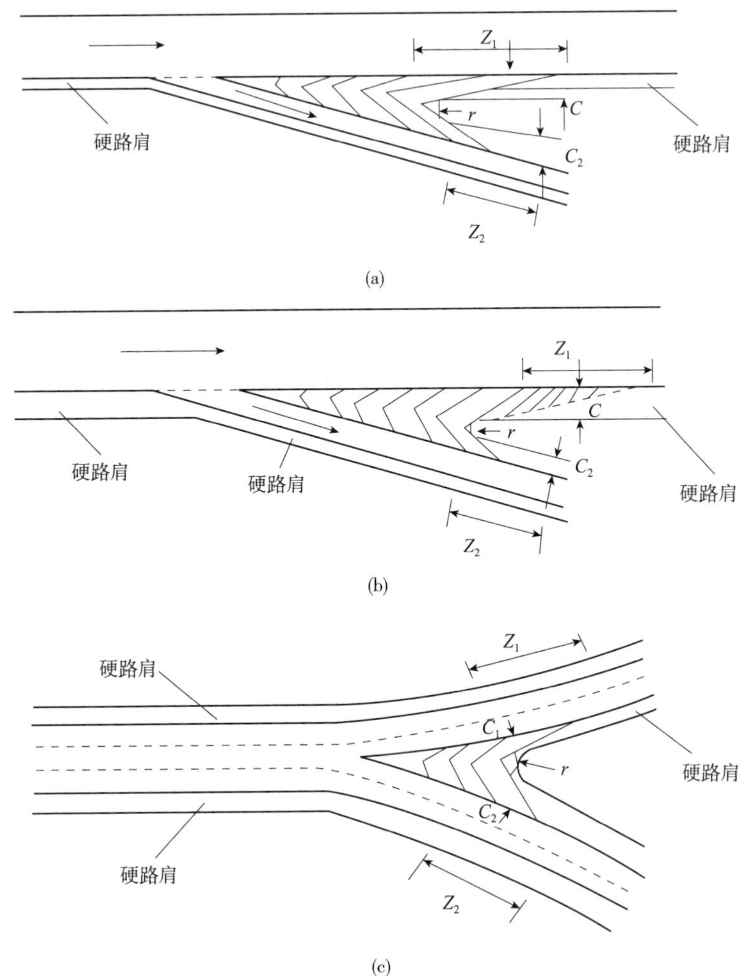

图 8-20 分流鼻处的铺面偏置加宽

(a)硬路肩较窄时 (b)硬路肩较宽时 (c)主线分岔时

表 8-13 分流鼻处偏置值与鼻端圆弧半径

分流方式	主线偏置值 C_1(m)	匝道偏置值 C_2(m)	端部半径 r(m)
驶离主线	2.5~3.5	0.6~1.0	0.6~1.0
主线分岔	≥1.8		0.6~1.0

表 8-14 分流鼻端偏置加宽渐变率

设计速度(km/h)	120	100	80	60	≤40
渐变率(1/m)	1/12	1/11	1/10	1/8	1/7

(2)互通式立交的平面交叉口

互通式立交在次线或匝道上可设置平面交叉口。这种平面交叉口往往决定整个立交的通行能力、服务水平和交通安全，设计时应给予充分重视。

在选择互通式立交的形式时，应考虑所含平面交叉的必要性与合理性。设计中应将匝道布置在合适的象限内，使冲突点减至尽可能少的程度。对平面交叉应根据交通量、交通组成和行车速度等作出合理布置，并设置必要的标志、标线、分隔带、交通岛、变速车道、转弯车道等。行人及非机动车对平面交叉的通行能力影响最大，必要时应采取专辟车道、渠化交通或立体交叉等措施，与非机动车分离行驶。

8.5.2　变速车道设计

在匝道与正线连接的路段，为适应车辆变速行驶的需要，而不致影响正线交通所设置的附加车道称为变速车道。变速车道包括减速车道和加速车道：车辆由正线驶入匝道时减速所需的附加车道称为减速车道；车辆从匝道驶入正线时加速所需的附加车道称为加速车道。

(1)变速车道的形式

变速车道一般分为直接式与平行式两种，如图8-21所示。

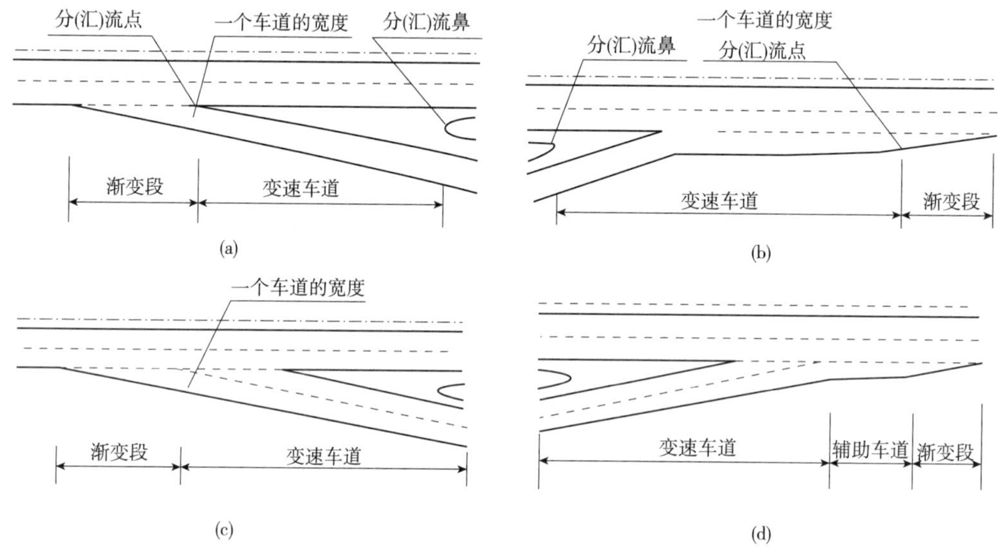

图8-21　变速车道的形式

(a)直接式单车道　(b)平行式单车道　(c)直接式双车道　(d)设辅助车道的直接式双车道

①直接式：不设平行路段，由正线斜向渐变加宽，形成一条与匝道连接的附加车道。其特点是线形平顺并与行车轨迹吻合，对行车有利，但起点不易识别。原则上减速车道采用直接式。另外，加速车道较短或双车道的变速车道宜采用直接式。

②平行式：平行式是在正线外侧平行增设的一条附加车道。其特点是车道划分明确，行车容易辨认，但车辆行驶轨迹呈反向曲线，对行车不利。原则上加速车道采用平行式，加速车道较长，平行式容易布置。平行式变速车道端部应设渐变段与正线连接。

(2)变速车道的横断面

变速车道横断面的组成与单车道匝道基本相同，是由行车道、路肩和路缘带组成的，各组成部分宽度如图 8-22 所示。城市道路可不设右路肩，但应保留路缘带。

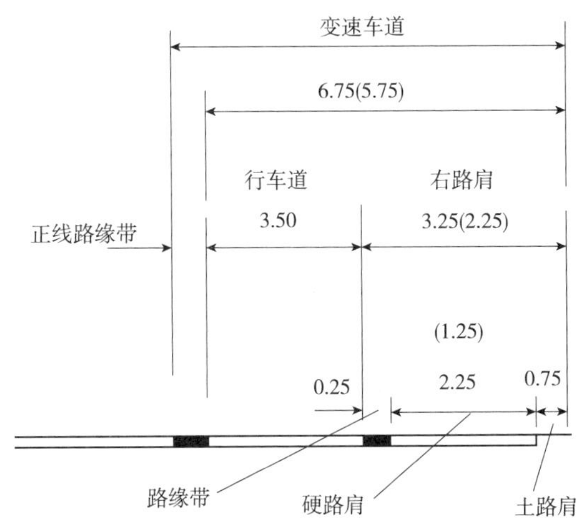

图 8-22　变速车道的宽度(单位：m)

(3)变速车道的长度

变速车道长度为加速或减速车道长度与渐变段长度之和，如图 8-23 所示。

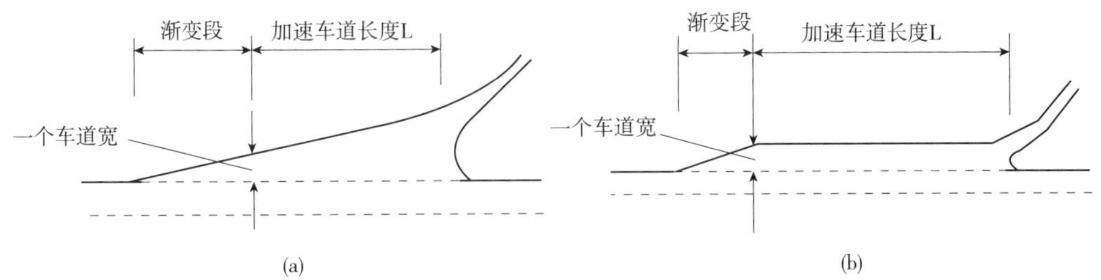

图 8-23　变速车道的平面

(a)直接式　(b)平行式

①加、减速车道长度：是指渐变段车道宽度达一个车道宽度的位置与分流或合流鼻端之间的距离。其计算公式为：

$$L=\frac{V_1^2-V_2^2}{26a}\quad(\mathrm{m})\tag{8-3}$$

式中　V_1——正线平均行驶速度，km/h；

V_2——匝道平均行驶速度，km/h；

a——汽车平均加(减)速度，$\mathrm{m/s^2}$，加速时 $a=0.8\sim1.2\mathrm{m/s^2}$；减速时 $a=2\sim3\mathrm{m/s^2}$。

加、减速车道长度可按表 8-15 查用。表中入口为单车道的双车道匝道时，其加速车道的长度应增加 10m 或 20m。

②渐变段长度：是指渐变段车道宽度达一个车道宽度的位置至正线之间的渐变长

度。渐变段长度和渐变率可按表 8-15 查用，表中单车道入口为平行式的，若为直接式采用括号中的数值。

表 8-15　变速车道长度及有关参数

变速车道类别		主线设计速度(km/h)	变速车道长度(m)	渐变率(1/m)	渐变段长度(m)	主线硬路肩或其加宽后的宽度 C_1(m)	分、汇流鼻端半径 r(m)	分流鼻处匝道左侧硬路肩加宽 C_2(m)
出口	单车道	120	145	1/25	100	3.5	0.60	0.60
		100	125	1/22.5	90	3.0	0.60	0.80
		80	110	1/20	80	3.0	0.60	0.80
		60	95	1/17.5	70	3.0	0.60	0.70
	双车道	120	225	1/22.5	90	3.5	0.70	0.70
		100	190	1/20	80	3.0	0.70	0.70
		80	170	1/17.5	70	3.0	0.70	0.90
		60	140	1/15	60	3.0	0.60	0.60
入口	单车道	120	230	-(1/45)	90(180)	3.5	0.60(0.55)	—
		100	200	-(1/40)	80(160)	3.0	0.60(0.75)	—
		80	180	-(1/40)	70(160)	2.5	0.60(0.75)	—
		60	155	-(1/35)	60(140)	2.5	0.60(0.70)	—
	双车道	120	400	-(1/45)	180	3.5	0.63	—
		100	350	-(1/40)	160	3.0	0.63	—
		80	310	-(1/37.5)	150	2.5	0.67	—
		60	270	-(1/35)	140	2.5	0.50	—

下坡路段的减速车道和上坡路段的加速车道，其长度应根据主线平均纵坡，按表 8-16中的修正系数予以修正。

表 8-16　坡道上变速车道长度的修正系数

主线平均纵坡(%)	$i \leq 2$	$2 < i \leq 3$	$3 < i \leq 4$	$i > 4$
下坡减速车道修正系数	1.00	1.10	1.20	1.30
上坡加速车道修正系数	1.00	1.20	1.30	1.40

8.5.3　辅助车道

在高速公路的全长或重要结点之间的较长路段内，必须保持一定基本车道数。同时在正线与匝道或匝道与匝道的分、合流处必须保持车道数目的平衡，二者之间是通过辅助车道来协调的。

(1)基本车道数

基本车道数是指一条车道或其某一区段内，根据交通量和通行能力的要求所必需的一定数量的车道数。基本车道数在相当长的路段内不应变动，不因通过互通式立体交叉而改变基本车道数，目的是防止因修建立体交叉而可能形成交通瓶颈，导致立体交叉的交通功能难以发挥。

(2)车道平衡原则

立体交叉处正线的车流量必然会因分、合流的存在而发生变化，分流减少，合流增大。为适应这种车流量的变化，在分、合流处的车道数应保持平衡。其平衡原则为：两条车流合流以后正线上的车道数应不小于合流前交汇道路上所有车道数总和减1；正线上车道数应不小于分流以后分叉道路的所有车道数总和减1；正线上的车道数每次减少不应多于1条。

一般按下式检验车道数是否平衡，即

$$N_C \geqslant N_F + N_E - 1 \tag{8-4}$$

式中　N_C——分流前或合流后的正线车道数；

N_F——分流后或合流前的正线车道数；

N_E——匝道车道数。

(3)辅助车道

在分、合流处，既要保持车道数平衡，又要保持基本车道数，如果二者发生矛盾时，可通过在分流点前或合流点后的正线上增设辅助车道。一般规定：辅助车道长度在分流端为1000m，最小为600m；在合流端为600m。另外，当前一个立交加速车道的末端至下一个立交减速车道起点之间的距离小于500m时，必须设置辅助车道将二者连接起来。

8.6　其他设计

8.6.1　收费站和收费广场

8.6.1.1　收费立体交叉的布置

收费道路上的立交或需要单独收费的立交，应按收费立交设计。前述均为不收费立交，若要收费则需2~4个收费站，而每个收费站都是昼夜工作，需要许多收费人员，管理费用很高。一般应尽量减少收费站的个数，力求管理方便，设备集中，不干扰主线交通。一座立交以设一个收费站为宜，这样收费立交与不收费立交的形式区别较大。

(1)收费道路设置立交的方法

收费立体交叉设置收费站的方法是在距相交道路交叉点适当距离处另设一条连接线，如图8-24所示，两端与相交道路交叉处各设一个三路立交或平面交叉口，并使所有转弯车量都集中经由连接线，这样只需在连接线上设置一个收费站即可。

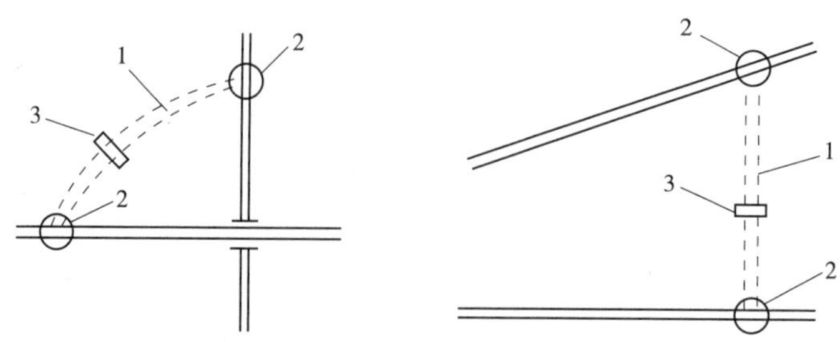

图 8-24　收费立体交叉设置收费站的方法

1-连接线；2-三路立交或平面；3-收费站

(2)连接线的设置原则

连接线可设在任一象限，主要取决于地形和地物的限制，同时考虑交通量的大小，以设在右转交通量较大的象限为宜。连接线的位置和长度应满足两端三路立交的加速长度和减速长度的需要。

(3)连接线两端的交叉形式

①平面交叉口：适用于该端与次要道路的连接。

②子叶式立交：适用于该端与交通量较小的一般道路连接。

③喇叭形立交：适用于该端与主要道路或一般道路的连接，以采用 A 式为宜。

④Y 型立交：适用于该端与交通量大的高速道路或一侧距离受到河流、铁路、建筑物等限制的其他道路连接。

8.6.1.2　收费站

(1)设置位置

收费立交必须设置收费站。收费站的设置位置一般有两种：一种是直接设在主线上，称为路障式，多用于主线收费路段的出、入口处；另一种是设在立交匝道上或连接线上，一般用于主线收费路段之间的互通式立交。

(2)收费站车道数

收费站所需车道数应根据交通量、收费方式、服务水平与通行能力等因素来确定。

①交通量：按设计小时交通量(DHV)计，一般采用第 30 位高峰小时交通量。

②收费方式：收费服务时间和收费车道的通行能力随收费方式而异，在计算收费站车道数时，应根据设计规划确定收费方式。

③服务水平与通行能力：按收费站设计要求的服务水平，确定收费方式在给定服务水平下的单车道通行能力。

收费站所需的车道数，按下式计算：

$$N=\frac{DHV}{C} \tag{8-5}$$

式中　N——收费站车道数；

DHV——设计小时交通量；

C——某级服务水平下一条车道的通行能力，pcu/h。

8.6.1.3 收费广场

(1)线形标准

收费广场设在主线上时，平曲线与竖曲线应与互通式立交的主线线形标准一致；设在匝道或连接线上时，其平曲线半径不得小于200m，竖曲线半径应大于800m。收费广场处纵坡应小于2%，当受地形或其他条件限制时不得大于3%，横坡为1.5%~2.0%。

(2)平面布置

收费广场规模的大小，应根据收费车道数、站房、服务区、立体交叉的形式和平面布置进行确定。收费广场的长度必须满足车辆有适当的交织长度，且能够存储一定数量的排队车辆。收费岛前后应铺筑水泥混凝土路面，以提供较大的摩擦阻力系数和抗剪切变形能力，适应出入口处车辆频繁的制动、停车、启动之用。其长度对匝道收费为20~25m，主线收费为40~50m。从收费广场中心线至匝道分岔点的距离不得小于75m，至被交叉道路平交点的距离不应小于150m，不能满足时，应在被交道路上增设停留车道。

(3)收费岛

由于车辆在收费车道上是减速停车然后启动慢行的，故收费岛间车道宽度采用3.0~3.2m即可。但行驶方向右侧的边车道应是无棚开敞的，其宽度为3.5~4.0m，以供大型车通过之用。收费岛宽度一般为2.0~2.2m，长度为20~25m，设计时应根据所采用的收费设备情况具体确定。

收费岛应具有一定高度并将端部收敛成楔形。收费岛上设置的收费室每侧应较收费岛缩进0.25m，以作为车辆通过的安全净宽度。对交通特别繁忙、收费车道多的收费站，应设置供收费人员上、下岗位的专用地下通道或天桥。

8.6.2 景观设计

互通式立交景观设计的目的是使立交造型美观、视认性好，起到引导驾驶员视线、保证行车安全以及可观赏性作用。景观设计主要包括坡面修饰和绿化栽植两种。公路立交多侧重于坡面修饰，而城市立交则重视绿化栽植。

(1)坡面修饰

坡面修饰是将匝道包围区域的边坡修饰成规则、圆滑和接近于自然地形的形状。坡面修饰应保持坡顶圆滑、坡面规则和坡脚顺适。边坡坡顶适当范围内应修成圆滑形状；边坡坡度在接近坡脚的一定高度内应逐渐变缓，使其整齐、美观。在挖方路段应特别注意保证视距的要求，必要时应设视距台。在匝道所围区域内的小山一般应挖除，曲线内侧若有障碍物阻挡视线时应予以清除。

(2)绿化栽植

绿化栽植除了美化环境、点缀城市外，还有诱导交通、提高交通安全的作用。绿化内容包括：

①指示栽植：采用高大独乔木，设在环道和三角地带内，用来为驾驶员指示位置

的栽植。

②缓冲栽植：采用灌木，设在桥台和分流的地方，用来缩小视野，间接引导驾驶员降低车速或在车辆因分流不及时而失控时，缓和冲击、减轻事故损失的栽植。

③诱导栽植：采用小乔木，设在曲线外侧，用来为驾驶员预告道路线形的变化，引导驾驶员视线的栽植。

④禁止栽植区：在立体交叉的各合流处，为保证驾驶员视线通畅，安全合流，不能种植树木。

8.6.3 立交辅助设施设计

(1)立交范围的排水设计

互通式立交范围内的排水，应与相交道路的排水统一设计，以构成完整的排水系统。立交设计(尤其是公路立交)应尽可能采用雨水管自流排水，雨水管出口的管底标高应高于排水沟或河道常水位。

当采用下穿式立交时，地道一般在地面以下较深处，地下水的排除常需设置泵站，为节省投资和管理费用，地道以外的地面水不应流入其内，并应尽量减少积水面积。为此，应在地道两侧设置挡水墙和截水设施。在纵坡设计时应在引道两端适当位置设凸形分水点，引道最低点应设在洞口外适当位置，并在该处设置进水口。为保证排水需要，引道最小纵坡不小于0.3%。

(2)立交范围照明设计

为保证夜间正常通车，立体交叉范围要有完善的照明设计。要求照度均匀，视野清晰，且照度标准应高于路面。各层道路上所产生的光斑应能衔接，使各个部分的照明互相协调。

当立体交叉的相交道路不设连续照明时，在立交的平交口、出入口、弯道、坡道等地段都应设置照明，且照明应延伸到立交范围以外，并逐渐降低亮度以形成过渡照明，以适应驾驶员的视觉要求。

对于环形立交、环圈式匝道及大型立体交叉等，可采用高杆灯照明，即灯具安装高度大于或等于20m的照明。这种照明不仅经济合理，而且照明效果良好。

(3)交通标志和交通标线

立体交叉设计应能为车辆行驶提供明确的线路诱导和必要的交通信息，否则，会造成驾驶员无所适从，感到茫然，极易引起迷路现象和错路运行，甚至导致交通事故。特别是大型复杂的立交，更应合理设置交通标志和交通标线，以保证车辆安全、快速通过。

①交通标志：是立交不可缺少的安全导向设施，主要包括指路标志、指示标志、禁令标志和警告标志。标志的设置地点应在驾驶员容易看到，能准确判读的醒目地点，且应不妨碍交通、不影响视线及便于维修。标志的设置距离应能起到预告、提示和指引的作用，并设置在立交之前的适当位置。如立交的出口标志，公路立交须在2km、城市立交在1km之前就要设置预告标志，然后在500m、100m处设提示标志，到达出口时应设指示标志，引导车辆始离主线。

②交通标线：是立交交通安全设施的组成部分，其作用是管制和引导交通，它包括：

路面标线：形式主要有行车道中心线、行车道边缘线、车道分界线、停止线、人行横道线、减速让行线、导流标线、出入口标线、导向箭头以及路面文字或图形标记等。

突起路标：是固定于路面上突起的标记块，应做成定向反射型。

立面标记：可设在跨线桥的墩柱或侧墙端面上，或地道洞口和安全岛等壁面上。

本章小结

本章主要讲述了道路立体交叉的组成、类型及适用条件；立体交叉的布置规划与形式选择；匝道设计，包括匝道的形式、设计依据、标准及设计要点；匝道端部设计，包括出入口、变速车道及辅助车道设计；收费立体交叉的形式、收费站布设方法及收费广场设计；简要地介绍了立体交叉的景观、照明、交通标志和标线设计。

思考题

1. 立体交叉是由哪几部分组成的？
2. 立体交叉按相交道路的跨越方式分为几类？其适用条件是什么？
3. 立体交叉在形式选择上遵从的原则是什么？
4. 左转匝道有几种形式？各有何特点？
5. 匝道设计依据有哪些？
6. 匝道的端部是由几部分组成的？
7. 收费站车道数确定的因素有哪几个？
8. 立体交叉的交通标线包括哪几类？

第9章 道路环境保护与景观设计

[本章提要]

道路的环境保护和景观设计是环境可持续发展的要求和体现。本章主要介绍道路工程环境影响分析以及评价的目的和内容；道路环境保护设计的一般规定和设计要点；道路景观设计的一般规定和设计要点。

随着环境可持续观的深入，人们对公路的要求已不仅仅局限于交通运输等基本功能，道路美学、环境保护、自然融合在道路建设中越来越受重视，在道路建设的技术体系中景观及环境因素日益重要。实践证明，将环境景观作为公路建设的重要环节，充分考虑公路本身的视觉美感及其与外部自然环境的协调融合，提高道路使用者对自身及所处的道路系统环境的认识，形成符合审美心理的人性化、生态化公路系统是现代公路建设必须追求的目标。良好的道路景观设计在改善道路景观、诱导行车视线、防止眩光干扰、防治空气污染、减少水土流失、降低噪声污染和减少驾驶员心理疲劳等方面有重要的作用。

9.1 道路工程环境影响分析与评价

环境是指影响人类生存和发展的各种天然和经过人工改造的自然因素的总体，按环境要素的属性，分为自然环境和社会环境两大类。自然环境是指大气、水、土壤、声环境，以及道路中线两侧各200m范围内的自然保护区、水源保护区、森林、草原、湿地和野生生物及其栖息地等生态环境；社会环境是指道路沿线范围内，人类在自然环境基础上，经过长期有意识的社会劳动所创造的人工环境。

9.1.1 道路工程环境影响分析

任何一项工程建设都对周围环境有一定影响。道路运输的发展在促进沿线地区政治、经济和文化迅速发展的同时，也会给环境带来一些影响，这些影响的特点是线长面广、呈带状分布。

(1)对社会环境的影响

道路建设对沿线的社会结构、经济发展、文化环境产生影响，与沿线城市、乡镇发展规划发生冲突。道路会割裂村庄间的原有联系，影响路线两侧物质交流、信息传递等社会活动。还对沿线基础设施产生影响，包括对交通设施、通信设施、水利排灌设施及电力设施产生一定影响。

道路建设会造成一定数量居民土地和房屋的拆迁，使沿线居民需求发生变化，改变了原有居民的联系及交往方式，影响区域经济布局和产业结构。道路的修建，会影响其范围内一些原有的历史、文化遗址、名胜风景及保护区，产生一定的视觉污染。

(2)对野生动、植物资源的影响

路线破坏了土体原有的自然结构和水的循环路径，会造成斜坡失稳、水土流失、植被破坏等，改变野生动、植物的生存环境。道路分割了生物的生存空间，可能造成动物的迁徙或丧失，因汽车废气、噪声、有害物质的产生，会使生物栖息的生态环境逐渐变化，影响其生长、活动的规律。

(3)对土壤环境、水环境的影响

填方和挖方对地表扰动较大，尤其是隧道的进出口及边坡的开挖，对局部山体稳定不利，可能引发塌方、滑坡、软土层滑移等不良地质病害。道路建设使地表裸露、土质松软，增加了水土流失量，造成河流或沟渠淤积、积水淹没农田，一定时期内土壤的肥沃程度难以恢复。

道路阻隔原有水分的循环，影响地表水和地下水的流通路径，又因汽车排出的污染物进入沿线水体，使水质变差。因桥梁的修建减少了河床的过水断面，造成桥前局部壅水，水流速度减慢，泥沙下沉淤泥，阻塞河道，易引发洪涝灾害。

(4)对大气环境的影响

以汽油、柴油为燃料的汽车会产生废气和固体微粒。废气中含有一氧化碳、二氧化碳、氮氧化合物、硫化物、甲烷、乙烯、醛和铅颗粒等污染物。这些污染物排放到大气中，渗透到水、土壤中，并逐渐积累，对沿线人类和动植物产生不良影响，使其生活环境进一步恶化，甚至造成气候异常。这种污染的程度随道路运营时间的增长及交通量的增加而不断加重。

(5)噪声对环境的影响

在道路运营过程中，汽车车体的振动、发动机运转、轮胎与路面摩擦、鸣喇叭以及道路沿线提供的各种服务设施、设备均会产生噪声，在道路沿线形成一条噪声带。噪声对附近人群产生心理和生理上的影响，使人感到不舒服和烦躁，降低工作效率，尤其对道路两侧人口密度大的敏感区域，如学校、住宅区、商业区、医院等干扰较大。噪声还会使鸟类羽毛脱落、繁殖率下降。

9.1.2 道路工程环境影响评价

道路工程环境影响评价是指对道路建设项目实施后可能对环境造成的影响进行预测和估计。通过对公路建设所产生的环境影响进行识别、预测和评价，以提出合适的清除或减轻不良环境影响的措施和对策。

(1)道路工程环境影响评价的目的

通过对公路建设项目活动可能带来的各种环境影响进行定性定量分析，预测并评价其未来影响范围和程度，为合理选线提供依据。通过损益分析，提出可行的环保措施并反馈于设计，以减轻和补偿公路建设项目活动所带来的不利影响。为公路建设项目的生产管理和环境管理提供依据，为路域地区经济发展规划、环保规划提供依据，为决策者提供协调环境与发展关系的科学依据。

(2)道路工程环境影响评价的内容

①生活环境的影响评价：分析道路对所在地区社会、经济、文化发展所产生的影响，包括：人民生活、文化教育、社会安全稳定、国防、促进国民经济和行业的发展和自然资源综合利用效益等。

②生态环境的影响评价：分析道路在施工期和运营期对生态环境带来的影响，包括：野生动植物、水土流失、土壤、农作物含铅量和水环境等。

③环境空气的影响评价：机动车排放物对人体有直接危害作用，对其他动物、植物及其赖以生存的水、土等环境均有不利的影响。根据交通量的增长情况对未来一氧化碳和氮氧化物浓度作出预测，对有可能产生大气污染的路段应根据气象条件提出处理措施或建议。

④环境噪声影响评价：包括施工期和运营期两部分，运营期的交通噪声影响是长时间而且是比较严重的，是评价的重点，应做详细的论述、分析和预测并做评价；应提出噪声污染治理的措施或建议。

9.2 道路环境保护设计

道路环境保护应贯彻“以防为主、以治为辅、综合治理”的原则，并结合工程设计开发利用环境，尽可能改善和提高道路环境质量。在设计中贯彻“经济效益、社会效益与环境效益统一”的方针，各种环境保护设施应因地制宜，做到技术可行、经济合理、效益显著。

9.2.1 道路环境保护总体设计

公路环境保护总体设计方案应根据环境质量标准、技术指标，结合项目沿线的自然环境、社会环境、生态环境等条件制订。公路环境保护总体设计应突出环境协调、技术先进、经济合理；环境保护设施应安全适用，便于养护。根据预测交通量和不同的保护对象而拟分期修建的环境保护设施，应按总体规划确定的各项技术指标制订分期修建方案。公路环境保护总体设计应符合下列要求：

①公路选线应结合地形条件，与自然环境融为一体。

②公路构造物应结合区域环境进行设计，与周围环境相协调。

③路线平、纵、横组合得当，线形均衡、行车安全，为用户提供良好的行车环境。

④公路主体及沿线设施用地规模适当，保护土地资源，有利于社会环境协调发展。

⑤防护措施合理、有效，防治水土流失，减少地质灾害对工程的影响。

⑥落实环境影响评价文件中提出的各项措施，对施工与运营期可能产生的声、气、水等各种污染进行综合治理。

9.2.2 社会环境保护设计

社会环境是指公路沿线范围内，人类在自然环境基础上，经过长期有意识的社会劳动所创造的人工环境。公路建设对经济发展和人民生活改善起着重要作用，在加速物资流通和促进人们交通便利的同时，公路建设也带来如占用耕地、砍伐森林、调整水利设施、拆迁建筑物、居民再安置和区划分割等社会环境问题。因此，应认真做好相关的调查工作，确定保护目标和保护方案，减少不利影响，避免重大的环境损失。

公路建设宜占用荒芜、贫瘠或难以利用的土地，对湿地、基本农田保护区等受国家法规保护的土地应注意减少占用。路基断面形式和防护设施对公路占用土地具有重要影响，设计中除应考虑自然地形和工程地质特点外，还应结合土地状况合理选择；失地人数、占地类型及数量应纳入方案比选的指标。为避免集中征地导致当地农民完全失地而产生的一系列社会问题，在高速公路交汇区域及大型互通式立交区选址时，应避免集中征用同一村组农民全部土地的情况。

公路通过农田区必然会同原有农田水利灌溉系统发生干扰，应详细调查所有农田水利规划布局及现状，选线时应尽可能地将影响减少到最小程度。公路与铁路、航道、电力、电信、输油(气)管道等基础设施发生干扰时，应编制改造方案及费用，确保其能保证最低使用要求。公路施工影响现有道路交通时，应通过修建临时便道、设置指路牌、交通管制等措旅保障现有交通不中断和人员安全。

当占用和拆迁房舍时，应慎重从事，按国家及当地政府制定的有关规定执行。调查中应特别注重安置政策与费用方面的内容。征地是一项政策性很强的工作，应严格依法办事，以人为本，保护受影响人群的利益。

选线时应全面了解沿线人流与物流的流向、流量和人员出行规律。公路通过居民密集区时，应充分考虑居民出行与交往、学生上学、职工上下班的需要，通道设置数量宜适当增加。路线通过农田耕作区时，应结合当地农业耕作特点及对横向构造物净空高度的要求，确定下穿或上跨等形式，或结合现有公路网布局，论证确定在一定范围内具有满足较高净空要求的横向构造物。

公路沿线设施选址宜充分利用风景名胜区，服务区、停车场的建筑物应与周围环境相协调，通过房屋的造型设计，配合绿化、雕塑等设施方式，给公路沿线环境设计增添新的景观。

9.2.3 生态环境保护设计

生态环境保护方案主要指植物防护或工程防护方案，尽量减少对原有地表植被的破坏，减少工程的开挖面与覆盖面，设置绿化带。

当公路通过陆生、水生野生生物栖息水域时，应对采用的工程方案与施工工艺进行必要的论证，在设计时，应根据动物的活动特性及其环境特征，设计兽道。公路动物调查主要侧重于珍稀动物栖息迁徙路线的调查，调查一般可取采样或样线调查方法，对动物足迹、粪便、个体等进行鉴定及统计。

公路投入运营后，由于车辆在运营过程中可能会滴漏油类物质，轮胎与路面摩擦会产生的橡胶微粒，车辆排放废气中的颗粒物质，运输货物中飞扬的微粒物质等，均可能在路面上形成不同程度的积聚，而这些物质会随降水而形成路面径流。由于生活饮用水和水产养殖水的水质要求高，因此，带有污染物质的路面径流不得直接排入这类水体。

废方弃置设计是指对弃方堆放的地理位置、堆放范围、堆放形状以及堆放表面的处置，如绿化覆盖、梯形码砌等设计。有条件时可将废方堆放在路基侧，使之形成不低于路基的土堤，并在其上进行绿化栽植，进而产生降低交通噪声污染等环境效益。

9.3 公路景观设计

道路交通对自然景观产生影响，而自然景观也对道路交通起作用。道路景观是指道路的立体线形、构造物形式和色调，与沿线自然景观相协调所构成的风景。道路景观设计的目的是使道路与自然景观融为一体，并将对视觉、环境和社会的不利影响降低到最小程度。

9.3.1 道路景观组成

道路景观分为内部景观和外部景观两部分。内部景观是指行驶在道路上的驾驶员看到的景观及在停车场、服务区等休息设施散步时看到的景观，它是动景观，不注重构造物的细部，而注重运动状态下道路及其与周围环境协调的程度，注重线形对视觉的诱导作用。线形设计是内部景观设计的主体，直接影响道路景观设计的效果。此外，沿线绿化、标志标线、边坡处治、景点造型与设计、道路色彩等对道路景观设计也有很大影响。外部景观是指从道路外侧任意观察点看到的道路景观，它是静景观，强调道路的整体印象，是从道路外部审视道路与环境的一致性。外部景观要求道路及沿线构造物与环境融为一体，协调一致，成为环境的一部分。

道路景观还有景点景观和变迁景观之分，如在景致优美之处建造的休息或独立景点以及造型独特、气势宏伟的互通式立体交叉等设施称为景点景观；而称道路沿途不断变换的边坡及植被等景观为变迁景观。

9.3.2 道路景观设计基本要求

景观设计需考虑沿线行车的美学感受，设计规模应与观赏景观和道路环境密切相关的车速配合协调。景观设计应结合绿化设计，也应结合桥梁、挡土墙、立交等刚性构造物设计和地物营造设计，与沿线景物相匹配。在一切景观设计中都应将交通安全作为重点因素，树木和灌木丛的种植不应影响视距和给失控车辆造成危害。道路景观设计的基本要求如下：

①公路景观总体设计应考虑公路景观的动态视觉效果。

②公路景观设计应综合考虑路线、构造物、排水防护工程、绿化、沿线设施等各项景观要素，协调路内景观与路外景观，使公路景观与沿线自然、人文景观和谐统一。

③根据工程及沿线区域环境特征或行政区划等，可将公路划分为若干景观设计路段。在各景观设计路段中，可选择典型构造物和沿线有特色的景物作为设计重点；公路景观设计应点、线、面兼顾，整体统一，使公路与沿线环境景观相协调；各景观设计路段应充分结合工程和自然景观，特殊构造物宜具有一定的风格，且与地域景观协调一致。

④公路上的各种人工构造物的造型与色彩，应考虑景观效果和使用者的视觉感受。

⑤有条件时，可利用各种人工构造物和绿化改善公路景观。

9.3.3 道路景观设计要点

公路景观设计应合理组合路线的平、纵、横面，保证线形流畅、视野开阔，线位方案比选应将环境景观作为考虑因素。在自然景观单一的路段，其线形设计宜以曲线为主，并保持连续，平、竖曲线的线形几何要素宜均衡、协调。

路基边坡宜自然流畅的缓坡为主，边沟宜选择浅碟式。有特殊要求的公路，路面色彩和护栏、路缘石的色彩与形状等宜与沿线自然环境景观相协调。对公路沿线有景观价值的孤立大树、独立山丘或建筑等自然景观和人文景观应充分利用。

分离式立交、人行天桥等应根据所处的自然环境和人文环境设计，合理确定桥梁形式、色彩和材质以及各部位比例，有特殊要求的桥梁宜进行景观照明设计。互通式立交区设计应从立交的选型、构造物及附属设施色彩、路基边坡坡面和立交区内绿化等方面综合考虑，宜利用原有自然植被，使立交与自然景观有机地结合，并与原有地形、地貌和谐统一。

声屏障应根据所处自然环境和人文环境的不同，通过色彩、材质和造型进行景观设计。隧道洞口设计应结合地形、地区的自然和人文特点，与周围环境相协调、隧道洞内的照明、通风、标志等附属设施和洞壁内饰设计，应综合考虑景观效果。公路服务区、停车区、管理区、观景台等沿线场区及建筑物，应结合当地的人文环境确定建筑风格，并使建筑物本身各部位比例协调，色彩、材质、形状等与周围自然环境相协调。

公路景观设计应注意防止视觉污染。公路用地范围内设置的景观小品，应注意色彩、造型的协调，避免引起视觉混乱；当公路两侧有影响视觉的场所时，宜采取绿化或工程措施予以遮蔽或改善。

本章小结

本章主要内容包括：道路工程环境影响分析以及评价的目的和内容；道路环境保护、社会环境保护及生态环境保护设计的一般规定和设计要点；道路景观设计的一般规定和设计要点。

思考题

1. 道路工程环境影响评价的目的和内容有哪些？
2. 简述道路环境保护设计的要点。
3. 简述道路景观设计的要点。

第 10 章 道路路线计算机辅助设计

[本章提要]

本章系统地介绍了道路路线计算机辅助设计的基本知识、基本方法和相应的软件程序，以纬地道路设计软件为例详细介绍了路线设计软件的使用方法、流程和技巧。其中包括软件系统功能化、步骤化整体的介绍；平面设计操作过程；纵断面设计操作过程；横断面设计操作过程；平、纵、横各设计结果的出图和设计成果表的输出。

随着计算机的飞速发展，手绘图纸已不能满足工程建设高质高效的要求，道路路线计算机辅助设计是在 CAD 的基础上，结合空间地理信息管理技术，采用多目标优化的方式进行道路平、纵、横的设计，并利用计算机图形技术进行出图与输出成果表格，极大地提高了设计效率，目前被道路工作者广泛使用。

10.1 概述

10.1.1 道路路线计算机辅助设计简介

道路路线计算机辅助设计(道路 CAD)是近年来工程技术领域中发展最迅速的高新技术之一。它将计算机迅速、准确处理信息的特点与道路设计者的创造性思维能力及推理判断能力巧妙地结合起来，为现代设计提供了理想的手段。道路路线计算机辅助设计系统一般由软件系统和硬件系统组成。

(1)软件系统

一个完备的道路 CAD 软件系统由科学计算、图形系统和数据库三方面组成。

科学计算包括通用的数学函数和计算程序，以及在设计中占有很大比例的常规设计、优化设计等，即道路 CAD 的应用软件包，是道路 CAD 技术应用于工程实践的保证。

图形系统包括绘制工程设计图，绘制各种函数曲线，绘制各种数据表格，在图形显示装置上进行图形变换(即对图形进行平移、旋转、对称、删除和修改)以及分析和模拟等。图形系统是 CAD 技术的基础。

数据库是一个通用性的、综合性的以及减少数据重复存储的“数据结合”。它按照信息的自然联系来构成数据，即把数据本身和实体之间的描述都存入数据库，用各种方法来对数据进行各种组合，以满足各种需要，使设计所需要的数据便于提取，新的数据易于补充。它的内容包括设计原始资料、设计标准与规范数据、中间结果、最终成果等。数据库及其管理系统是整个道路 CAD 系统的纽带。

(2)硬件系统

硬件系统由计算机、显示器、打印机三大件组成。计算机进行数据处理，其处理结果由显示器进行显示，供设计者进行判断、修改，最后由绘图机输出所需图形。打印机用于输出数据处理结果，必要时也可输出打印图形。

10.1.2　道路路线计算机辅助设计软件简介

(1)国外道路路线设计软件简介

目前，国外市场上可见销售的道路路线设计软件有 10 多种，比较著名的有英国的 MOSS 系统、美国的 INROADS、德国的 CARD/1 等。下面仅就 CARD/1 做简要介绍。

CARD/1 软件系统是一款道路(公路和铁路)勘测设计一体化软件系统。CARD/1 的原意是计算机辅助道路设计(Computer Aided Road Design)。经过了十多年的发展，原先的 CARD/1 系统是一个从运用中发展起来的专门适用于道路测量和设计的软件包，现在的 CARD/1 系统已广泛应用于测绘、道路、铁路(磁悬浮列车)和管道的规划、设计和施工。目前 CARD/1 系统已经发展到 8.0 版本。

(2)国内道路路线设计软件简介

目前，国内常见的道路辅助设计软件主要有纬地三维道路设计系统、路线大师、EICAD 和海地等。下面就以应用较广的纬地三维道路设计系统做重点介绍，并且本章以纬地三维道路设计系统为依托，详细介绍道路路线计算机辅助设计的步骤与应用。

纬地道路交通辅助设计系统(HintCAD)是路线与互通式立交设计的大型专业 CAD 软件。该系统由中交第一公路勘察设计研究院结合多个工程实践研制开发，是目前比较先进的工程设计理念和尖端的计算机软件技术的结晶。系统具有专业性强、与实际工程设计结合紧密、符合道路工作者习惯和实用灵活等特点。系统主要功能包括：

①平面动态可视化设计与绘图：纬地道路系统沿用传统的导线法(交点法)经典理论，可进行任意组合形式的公路平面线形设计计算和多种模式的反算。设计者可在计算机屏幕上交互进行定线及修改设计，在动态拖动修改交点位置、曲线半径、切线长度、缓和曲线参数的同时，可以实时监控其交点间距、转角、半径、外距以及曲线间直线段长度等技术参数。而使用纬地智能布线技术，可以将已确定的直线、圆曲线等控制单元自动衔接为完整的路线，并可以对路线中任一控制单元方便地进行平移、

旋转、缩放等操作调整，从而直观快捷并准确地确定出路线线位。在平面设计完成的同时，系统可自动完成全线桩号的连续计算和平面绘图。

②断面交互式动态拉坡与绘图：纬地道路系统在自动绘制拉坡图的基础上，支持动态交互式完成拉坡与竖曲线设计。设计者可实时修改变坡点的位置、标高、竖曲线半径、切线长、外距等参数，对设计者指定的控制点高程或临界坡度，受控处系统可自动提示控制情况。

③超高、加宽过渡处理及路基设计计算：纬地道路系统支持处理各种加宽、超高方式及其过渡变化，进而完成路基设计与计算、方便、准确地输出路基设计表，可以自动完成该表中平、竖曲线要素栏目的标注。

④参数化横断面设计与绘图：纬地道路系统支持常规模式和高等级公路沟底纵坡设计模式下的横断面设计，同时准确计算并输出断面填挖方面积以及坡口、坡脚距离等数据，并可以根据设计者选择，准确扣除断面中的路槽面积。设计者可任意定制多级填挖方边坡和不同形式的边沟排水沟。

⑤土石方计算与土石方计算表等成果的输出：纬地道路系统利用在横断面设计输出的土石方数据，直接计算并输出 Excel 或 Word 格式的土石方计算表，方便设计者打印输出和进行调配、累加计算等工作。系统可在计算中自动扣除大、中桥，隧道以及路槽的土石方数量，并考虑到松方系数、土石比例及损耗率等影响因素。

⑥公路用地图(表)与总体布置图绘制输出：基于公路几何设计成果，纬地道路系统批量自动分幅绘制公路用地边线，标注桩号与距离或直接标注用地边线上控制点的平面坐标，同时可输出公路逐桩用地表和公路用地坐标表。

⑦数字化地面模型应用(DTM)：以独特的内存优化模块和最快的点排序方法为引擎，纬地系统建立最优化三角网状数字地面模型的速度是国外其他同类软件的两倍以上，并且突破了其他软件在处理公路带状长大数模时存在的限制，没有可处理点数上限。并且系统提供多种命令工具，可快速将两维状态的数字化地形图转化为三维图形，进而建立数字地面模型。

10.2 数字地面模型

10.2.1 数字地形模型及其在道路设计中的应用

地形资料是道路设计的基础资料之一，传统设计中一般用地形图或断面图来表示图形，利用计算机进行道路设计，就要让计算机能认识和处理地形资料。为此，必须把地形图变成计算机能接受的信息——数字，即将地形数字化。数字地形模型就是在这种背景下被引入道路设计领域的。

数字地形模型(Digital Terrain Model，DTM)是按照某种数字模型表达地形特征的数值描述方式。它由许多规则或无规则排列的地形点三维坐标 X、Y、Z 组成，是数字化了的地形资料存储于计算机的产物。

道路是一种带状构造物，所用的数模是与这个带状区域相对应的带状数字地形模型。在建立数模的基础上，把带状地形信息拟合成一张空间光滑曲面，如 $Z=f(x, y)$，在道路设计时，根据设计者提供的已知点坐标，内插出所需的地面高程。

10.2.2　数字地形模型的种类

道路设计常用的数字地形模型有离散型数字地形模型、格网式数字地形模型、三角网式数字地形模型和鱼骨式数字地形模型。

(1)离散型数字地形模型

离散型数字地形模型，简称散点数模。是由随机分布的离散地形数据构成，是公路设计中常用的形式之一。可通过内插产生路线设计所需要的纵、横断面地面线资料。

散点数模中任一待定点的高程，一般采用移动曲面拟合法，其基本思想是：在地面某个小范围内，认为可用圆滑曲面表示，即用曲面去拟合地面。道路设计中常用二次多项式曲面作为拟合曲面。为了保证散点数模中内插高程的精度与运算速度，参加拟合的已知点的总数不能太少或太多。实践证明，参加拟合的点控制在 15～25 个之间，内插精度较高，同时计算速度也较快。

散点数模的优点是地形点可以任意布置，能够适用地形的变化；缺点是地形点的选择要依靠设计人员的经验判断，占用计算机内存多，计算速度相对较慢。

(2)格网式数字地形模型

格网式数字地形模型是将路中线左、右一定宽度内的地面划分成大小相等的方格或长方格，按一定次序读取网格点的高程，输入计算机而构成的数模。

为了提高网格数模的使用精度，可根据不同的地形类别及设计阶段的精度要求，在不同区段选用不同的方格大小。平坦地区边长可长些，陡峻地区边长宜短些；初步设计边长可长些，技术设计边长应短些。一般在 5～20m 之间为宜。

网格数模的优点是只需存储网格节点的高程而不需存储平面坐标值，检索和内插简单、快速，数据采集方便，选点不依赖于经验，并且输出格式良好，便于应用。缺点是不宜适应地形的突然变化，节点不一定是地形变化点。因此，地形变化大的地方精度低。

(3)三角网式数字地形模型

三角网式数字地形模型简称三角网数模，用许多平面三角形逼近地形表面，即将地表面看成是由许多三角形平面所组成的折面覆盖起来的，读取并存储三角形顶点的三维坐标，即构成三角网数字地形模型。

三角网数字地形模型的特点是：占用内存较少，数模内插的精度完全取决于采样点的分布状况。为了保证三角网数模的内插精度，数据采集时，建议沿地形特征线采集，在坡面上适当地选择控制点；构造三角网时，应尽可能地确定每个三角形都是锐角三角形，或者三角形三边的长度近似相等，避免出现过大的钝角和过小的锐角。

(4)鱼骨式数字地形模型

鱼骨式数字地形模型是在路线方案确定以后，沿路线方向和垂直于路线方向上采集地形点而构成的数字地形模型。这种数模是数字地形模型的最初方案，与传统的人工计算方法相同。

这种数字地形模型的优点是：数据采集方法简单，容易从航测相片或地形图上采点，只考虑中桩及中桩两侧一定宽度内的地形，节省了计算机的内存。缺点是要在路线方案确定以后才能建立数字地形模型，不能用作方案比选。

10.3 计算机辅助路线平纵横设计

利用计算机辅助进行路线设计，现在常用的做法是在数字地形模型的支持下，借助于数学方法，由计算机初定路线平面位置，并进行优化设计，根据计算机选择的最优方案和数模提供的地形资料，再完成整个路线的平纵横设计工作。这种方法实现的 CAD 系统自动化程度高。下面以国内道路工程设计中应用较广的纬地道路设计系统为例，详细系统的阐述路线平、纵、横断面设计及其他辅助设计。

10.3.1 计算机辅助平面设计

10.3.1.1 新建设计项目

设计项目开始，首先是新建项目，指定项目文件的名称和保存路径。点击“项目”菜单条下的“新建项目”命令，系统弹出如图 10-1 所示对话框。

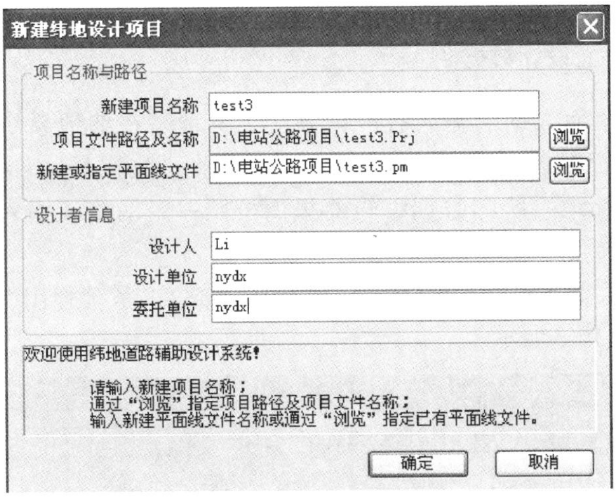

图 10-1 新建项目对话框

在该对话框中进行新建项目的操作，其步骤如下：

(1)输入项目名称

此名称可以是汉字名称或者是项目名称拼音缩写，设计者可任意输入，以能方便识别为原则，示例中指定名称为“test3”。

(2)点击“浏览”按钮，指定项目文件存放的路径

在桌面下新建了一个“公路设计”文件夹。为了便于设计者管理本项目的数据文件，系统将默认本项目设计的所有数据文件均存放在此文件夹，保存项目文件名为 example. prj。

(3)指定平面线形文件的名称和路径

系统会默认平面线形文件(test3. pm)也存放于“公路设计”文件夹中。直接点击如图 10-1 中的“确定”按钮，即完成了新建项目的设置。

(4)项目管理器

在新建项目设置完成后，系统会自动在项目管理器中增加一个平面线形文件的文件名，本例中为 test3. pm，如图 10-2 所示。

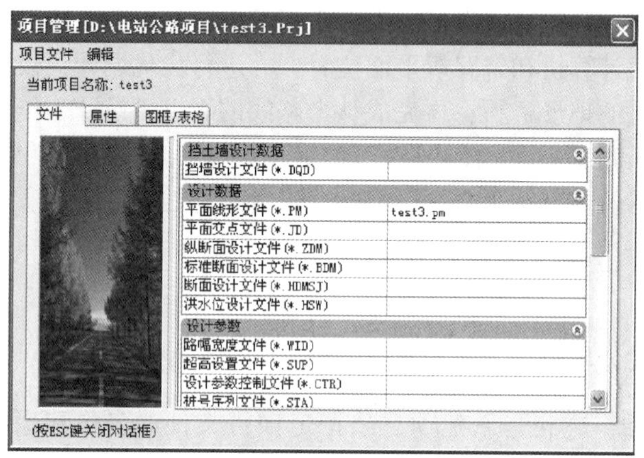

图 10-2　项目管理器对话框

10. 3. 1. 2　输入平面设计数据

纬地系统中平面数据的输入有两种方法，一种是在纬地系统专门为低等级公路外业测量的平面数据录入设置的录入工具“平面数据导入/导出”对话框中输入；另一种是在纬地系统的数据编辑器里面按照一定的格式输入平面设计数据。

(1)在“交点转角导入/导出”对话框中输入

点击“数据”菜单下的“交点转角导入/导出”命令，系统弹出“交点转角导入/导出”对话框，如图 10-3 所示。

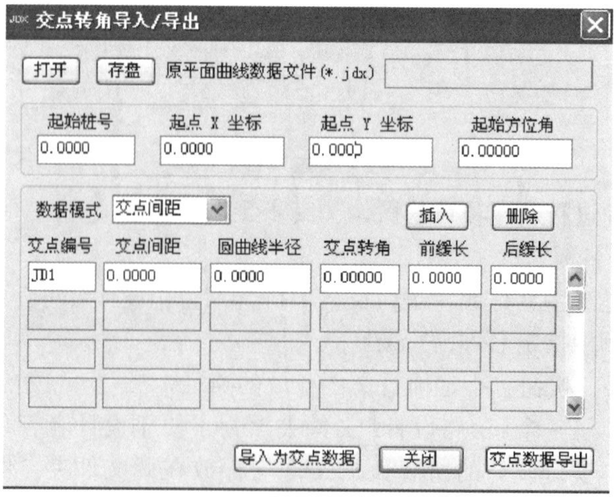

图 10-3　交点转角导入/导出对话框

根据对话框的提示，设计者逐项填入外业平面设计的各项数据。各栏目的数据输入说明如下：

①起始桩号：输入本项目的路线起点桩号，纬地中的桩号录入均为纯数据格式，不能加入其他字符。如起点桩号为 K0+000，则输入 0，如起点桩号为 K2+500，则输入 2500。

②起点 X、Y 坐标：输入起点的测量坐标，如果外业测量中没有坐标，可以输入一个任意的假设 X、Y 坐标。注意坐标值宜输入较大的数值，避免坐标可能会产生负值。

③起始方位角：输入起始边与北方向的方位夹角，输入格式为：按度分秒的格式输入，用小数点分割度和分秒，如 115°03′25.5″则输入 115.03255，又如 30°则输入 30 即可。

④数据格式：系统支持输入“交点间距”或“交点桩号”两种格式的平面数据文件，在数据模式的下拉菜单中设计者可以选择采用“交点间距”的模式还是采用“交点桩号”的模式输入平面设计数据。

⑤交点编号：输入路线起点、各交点号和终点的名称和编号。注意输入时可不带“JD”两个字符，在平面标注交点时，系统会自动加上“JD”，如“JD1”则输入 1。

⑥交点间距或交点桩号：按照选择的数据格式，输入交点间距或交点桩号。

⑦圆曲线半径：输入每个交点转角设置的曲线半径。路线终点的半径一栏则输入 0。

⑧交点转角：输入每个交点的转角，数据格式同③中起始方位角的格式，如果是左转则在角度前加负号，角度为正值则表示右转。

⑨前缓长、后缓长：输入前后缓和曲线的长度。由于平曲线前后缓和曲线可以设置不同的长度，所以需分别输入前缓长和后缓长。路线终点的前缓长和后缓长均输入 0。

(2) 在数据编辑器中输入

设计者在熟悉了平面数据文件的格式后，也可以直接用系统的数据编辑器来输入平面设计的原始数据，系统也支持用其他的文本编辑工具如记事本等进行数据录入。平面数据文件(＊.jdx 可以在安装目录的示例下找到模板)的文本格式如图 10-4 所示。

HintCAD 之数据管理编辑器 - [testx.jdx]

文件(F) 编辑(E) 查看(V) 窗口(W) 帮助(H)

```
5      8500.0000   3901970.2470       66589.4890   109.43064  0
JD1    9624.9110      900.0000   -86.52075  128.0000     0.0000
JD2   10892.5440      600.0000    70.07550    0.0000   200.0000
JD3   13020.6480     1000.0000   -58.34094  125.0000   250.0000
JD4   14384.1470     1000.0000    55.35004    0.0000     0.0000
JD5   15783.9120        0.0000     0.00000    0.0000     0.0000
```

图 10-4 平面数据文件编辑器

平面数据文件格式如下：

第一行数据分别为：平面交点总数(不含起点，同时等于此行以下数据的总行数)，路线起点桩号，起点的 X(N)坐标，起点的 Y(E)坐标，起始边的方位角、交点桩号或交点间距控制位(0 表示以下使用交点桩号；1 表示以下使用交点间距)；

第二、三.... 行数据分别为：交点编号，交点桩号(或交点间距)，平曲线半径，交点转角，第一缓和曲线长度，第二缓和曲线长度；

最后一行数据分别为：终点编号，交点桩号，0，0，0，0。

10.3.1.3　主线平面设计

启动系统的“设计”菜单下的“主线平面设计”命令，系统弹出如图 10-5 所示“主线平面设计”对话框。

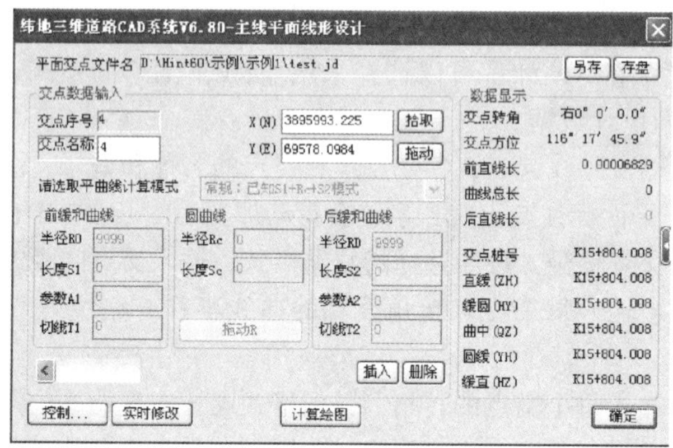

图 10-5　主线平面设计对话框

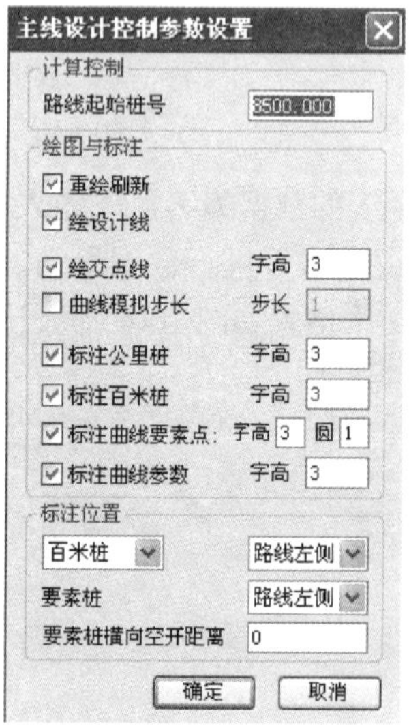

图 10-6　平面绘图参数设置对话框

(1)对话框主要功能控件的说明

从图 10-5 中可以看到，此对话框中主要描述的是平面交点文件中每一个交点曲线的曲线要素、主点桩号等所有的相关信息，用鼠标可以拖动对话框中的滑动块到任意交点位置。

①平面交点文件名：对话框最上面一行“平面交点文件名”一栏中显示的是在项目管理器中添加的平面交点文件名称，名称下面显示的所有交点曲线的相关信息都是此平面交点文件里的内容。

②交点序号和交点名称：交点序号是指系统进行交点排序和计算的交点编号，此序号不可修改；交点名称是指外业测量时每一个交点的人为编号，此编号可以修改，并能在平面图中绘出。

③平曲线计算模式的选用：在“主线平面设计”主对话框，鼠标拖动滑块到需要进行调整计算的交点，点击“请

选取平曲线计算模式”栏右侧的下拉菜单，可看到各种平面曲线计算模式，如图 10-6 所示。

④“实时修改”按钮：用于在平面计算绘图后，对交点进行沿前边、沿后边或自由拖动的修改操作，可连续对多个交点进行修改操作。如图 10-7 所示，即是在对平面交点进行实时拖动的修改。

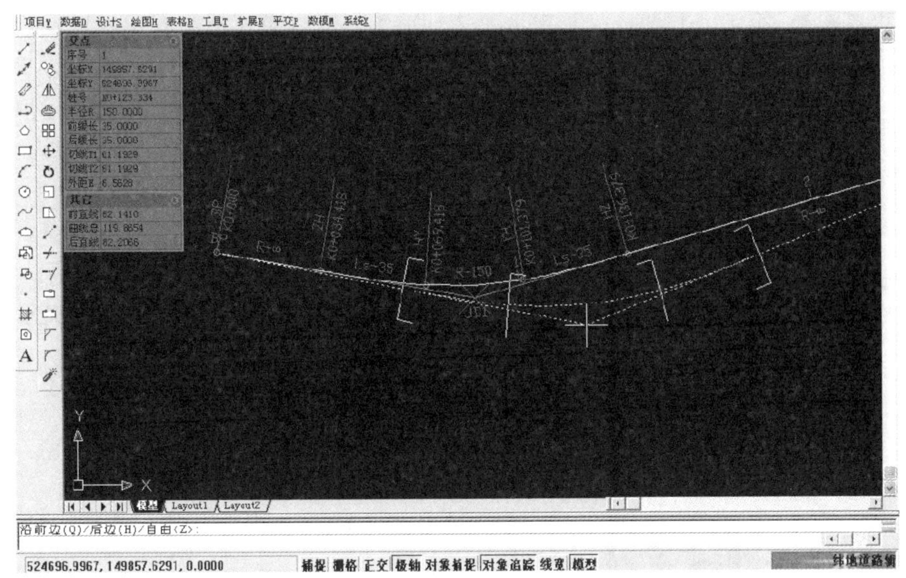

图 10-7 平面交点实时拖动修改图

⑤“试算”：在当前交点位置选择一种新的计算模式，或是输入新的圆曲线半径和缓和曲线长度等，点击“试算”按钮，系统将重新进行平面线形的计算，并刷新主线平面设计对话框中显示的当前交点的曲线要素、主点桩号及前后直线长度等信息。

(2)平面计算绘图操作步骤

①打开“主线平面设计”对话框，点击对话框左下角的“控制”按钮，系统弹出“主线设计控制参数设置”对话框，对平面绘图的各项参数进行设置。

②点击“主线平面设计”对话框中的“计算绘图”按钮，系统即自动在 AutoCAD 的图形屏幕上绘制出平面路线图形。如图 10-8 所显示即为系统“计算绘图”绘出的平面路线中的一部分。

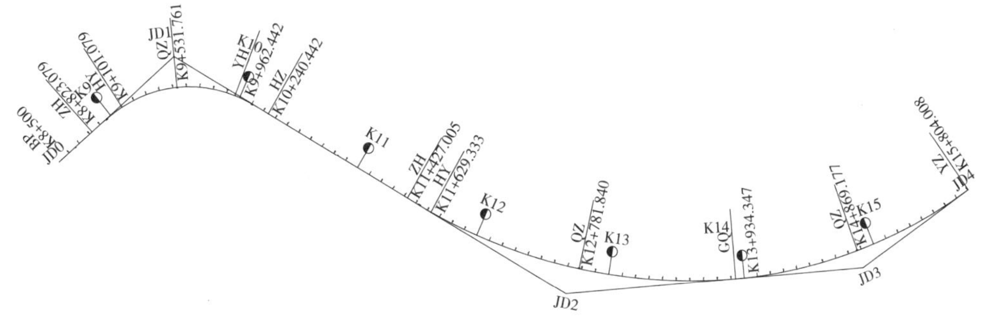

图 10-8 平面路线图

③点击主对话框右上角的“存盘”按钮，保存平面交点数据文件并通过系统自动转换得到平面线形数据文件，然后就可以进行“平面自动分图”了。

10.3.1.4　设计向导

(1)向导的作用

“设计向导”命令位于“项目”菜单下，该功能引导设计者快捷、方便地设置项目类型、公路等级、标准路基宽度、计算不同形式的超高与加宽过渡，以及快速设置填挖方边坡、边沟排水沟等等设计控制参数。设计者在按照设计向导的提示一步一步完成设置后，系统会自动生成四个文件：超高设置文件(＊.sup)、路幅宽度文件(＊.wid)、设计参数控制文件(＊.ctr)、桩号序列文件(＊.sta)，并自动添加到项目管理器中。

(2)设计向导的操作步骤

设计向导启动后，对话框如图 10-9 所示，程序自动从项目中提取“项目名称”“平面线形文件”以及“项目路径”等数据，并显示在对话框中。按照对话框中的提示，首先在项目类型的下拉列表中选择本项目的类型，本示例中为“公路主线”。

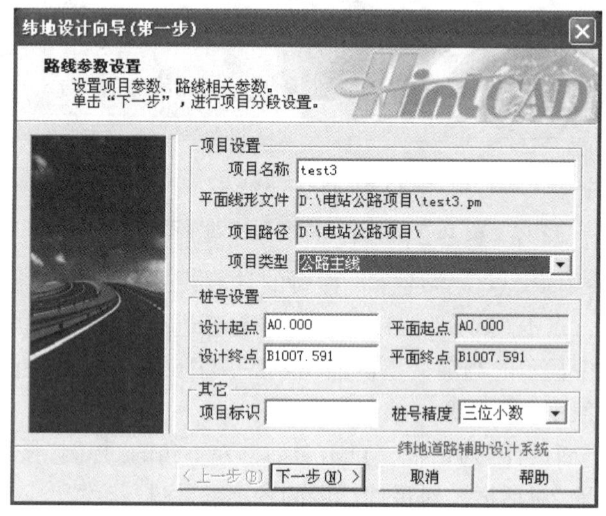

图 10-9　设计向导对话框

①项目分段 1 第一步：设置第一个分段的桩号范围和公路等级，对话框如图 10-10所示。首先在分段终点桩号一栏中输入第一个项目分段(分段 1)的终点桩号，系统默认的分段终点桩号是平面路线的终点桩号。其次在“分段公路等级”的下拉列表中选择分段 1 的公路等级，根据设计者选定的公路等级，程序自动从数据库中提出其对应的计算车速。

②项目分段 1 第二步：设计向导提示出对应的典型路基横断面形式和具体尺寸组成，如图 10-11 所示。设计者在详细数据一栏的“单元名称”下拉列表中选择查看断面各组成部分的坡度和宽度。如果本项目分段的路基横断面尺寸与此尺寸不符，设计者可直接修改“路幅宽度”及断面各组成单元的尺寸和坡度，并可在“路槽深度”一栏输入断面各组成单元的路槽深度。

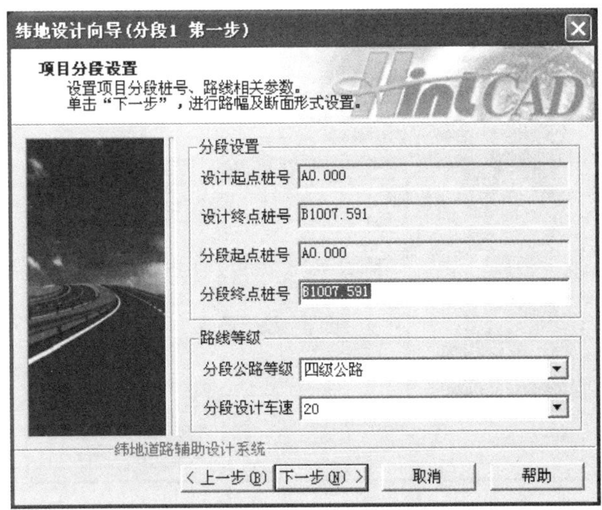

图 10-10　设计向导第一步设置路线相关参数

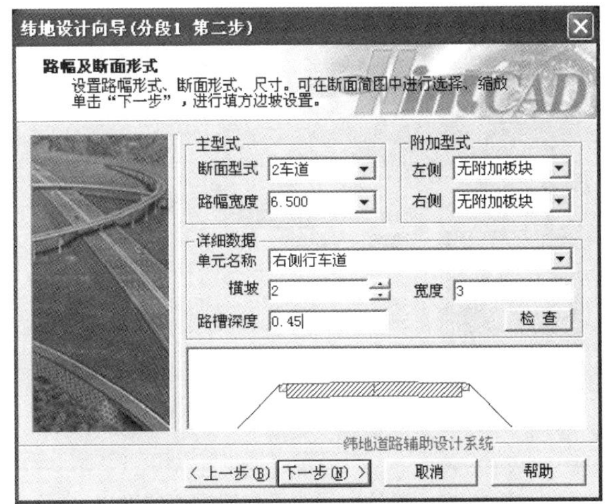

图 10-11　设计向导第二步设置路幅及断面形式

③项目分段 1 第三步：引导设计者完成项目分段 1 典型填方边坡的控制参数设置。设计者可根据需要设置处理高填断面的任意多级边坡台阶。鼠标单击左侧或右侧边坡形式的选择框，选择框中出现一个下拉列表的选项按钮，点击该按钮，可选择多级台阶的边坡形式，填方边坡设置对话框如图 10-12 所示。

④项目分段 1 第四步：设计者可根据需要设置处理深挖断面的任意多级边坡台阶，其设置和修改方法同填方边坡的形式基本相同。对话框如图 10-13 所示。

⑤项目分段 1 第五步：设计者可以根据需要在边沟形式的下拉列表中选择“矩形边沟”“梯形边沟”或“不设置边沟”，如图 10-14 所示。

⑥项目分段 1 第六步：引导设计者进行路基两侧排水沟形式及典型尺寸设置，对话框如图 10-15 所示。

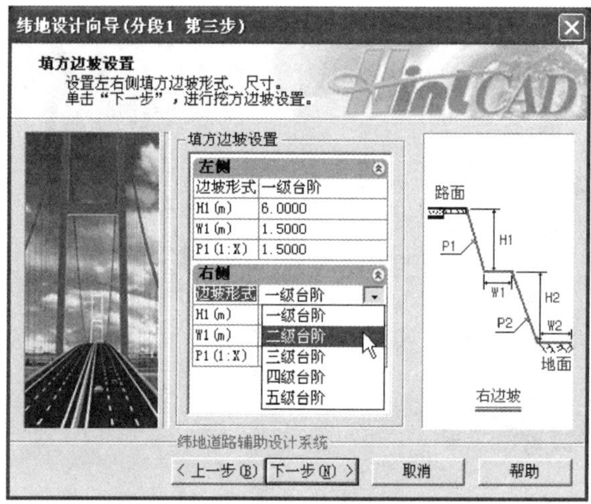

图 10-12　设计向导第三步填方边坡设置

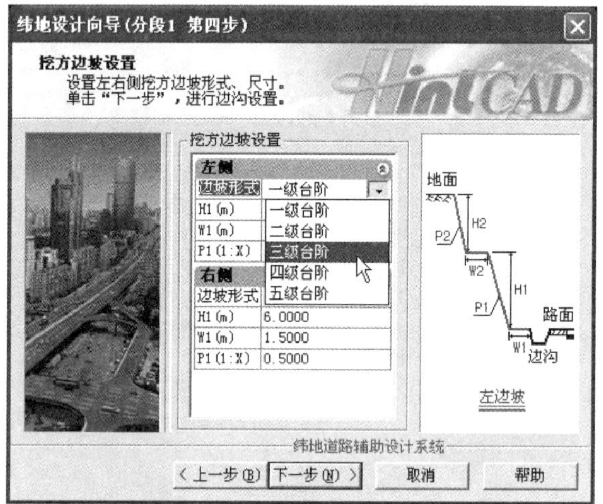

图 10-13　设计向导第四步挖方边坡设置

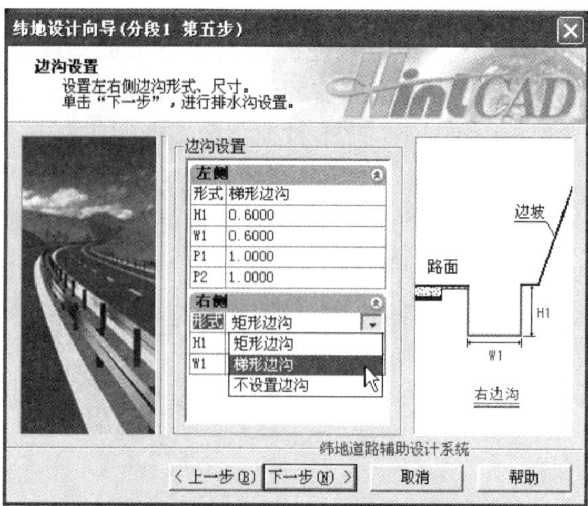

图 10-14　设计向导第五步边沟设置

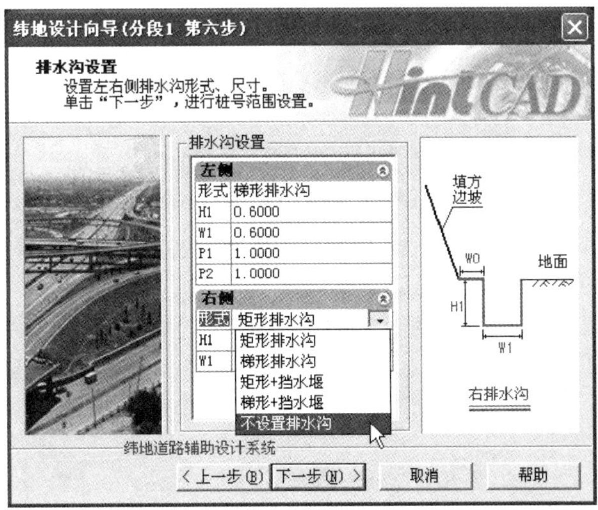

图 10-15　设计向导第六步排水沟设置

⑦项目分段 1 第七步：提示设计者选择确定项目分段 1 的路基设计所采用的超高类型、超高旋转方式及渐变方式、曲线加宽的类别、位置以及加宽渐变方式等，其对话框如图 10-16 所示。

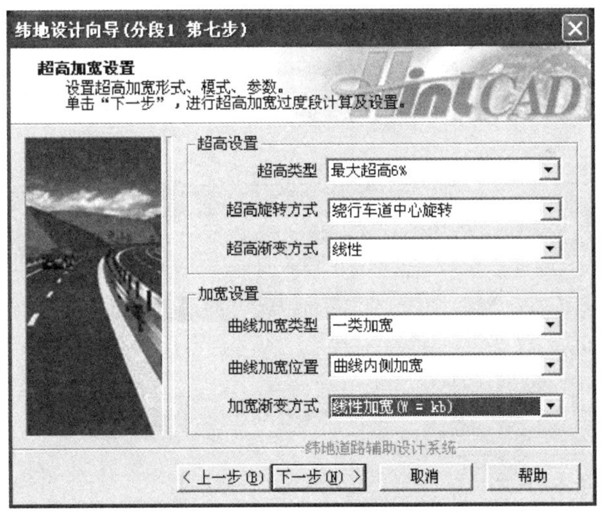

图 10-16　设计向导第七步超高加宽设置

⑧项目分段 1 第八步：当项目分段 1 的第七步设置完成后，如果整个设计项目只设置了一个项目分段，则点击“下一步”按钮时，系统转到设计向导的最后一步，开始进行超高、加宽过渡段的计算和设置。然后点击“下一步”到设计向导最后一步开始计算本项目的超高和加宽。

⑨设计向导第九步：根据前面项目分段的公路等级、计算车速、超高加宽的类型及旋转方式等相关设置以及平面曲线文件，提取路线规范中的技术指标来计算每一个平面交点曲线的超高和加宽过渡段，其对话框如图 10-17 所示。点击对话框中的“自

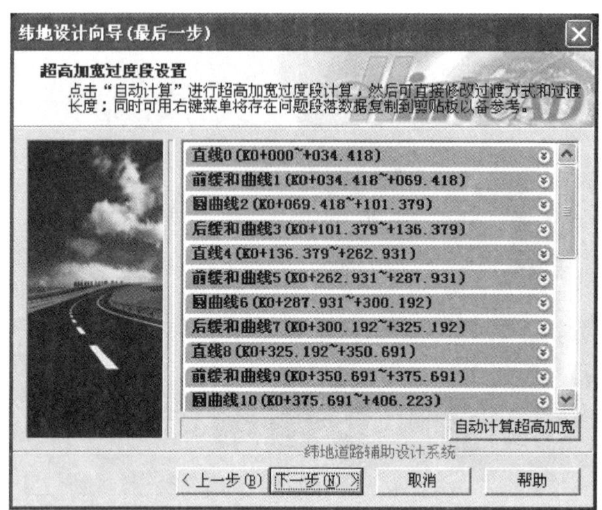

图 10-17　设计向导最后一步超高加宽过渡段设置

动计算超高加宽”按钮，系统即开始进行计算，并将计算的每一个平面曲线的超高加宽设置列于表中。

⑩设计向导最后一步：超高加宽计算设置完成后，点击“下一步”，程序把将要自动生成的四个数据文件列于对话框中。点击“完成”按钮，系统即开始计算生成路幅宽度文件(*.wid)、桩号序列文件(*.sta)、设计参数控制文件(*.ctr)和超高设置文件(*.sup)，并将这四个数据文件自动添加到“项目管理器”中，如图 10-18 所示。

设计文件	
平面线形文件(*.PM)	test3.pm
平面交点文件(*.JD)	test3.JD
纵断面设计文件(*.ZDM)	
设计参数文件	
超高设置文件(*.SUP)	test3.sup
路幅宽度文件(*.WID)	test3.wid
设计参数控制文件(*.CTR)	test3.ctr
桩号序列文件(*.STA)	test3.sta
左边沟纵坡文件(*.ZBG)	
右边沟纵坡文件(*.YBG)	
挡墙设计文件 (*.dq)	
外业基础数据文件	
纵断面地面线文件(*.DMX)	

图 10-18　设计参数文件显示

10.3.1.5　路线与地面三维模型建立

选择横断面设计对话框“绘图控制”中的“记录横断面三维数据”，系统会在横断面设计绘图的同时，将每一断面完成设计后的路基边坡、边沟等的三维数据存储到横断面三维数据文件 *.3DR 文件中。选择“数模”→“三维建模”→“输出路线三维模型”菜单项，系统在读取横断面设计记录的三维数据的同时对原数模进行沿边界挖空，之后先将地面模型以三维实体(3Dface)形式输出到当前的 AutoCAD 图形窗口中，再生成公路路基、边坡、边沟、排水沟、标线、护栏等的三维实体，如图 10-19 所示。

生成地面模型和路线三维真实模型后，设计者可以用 AutoCAD 的“ddvpiont”等命令从任意的角度来浏览观察公路建成的景观；还可以使用“绘图”→“绘制路线概略透视图”菜单项(即 TSTZ 命令)中的“视点设定”功能，从行车时驾驶员的角度观察路线——公路全景透视图。

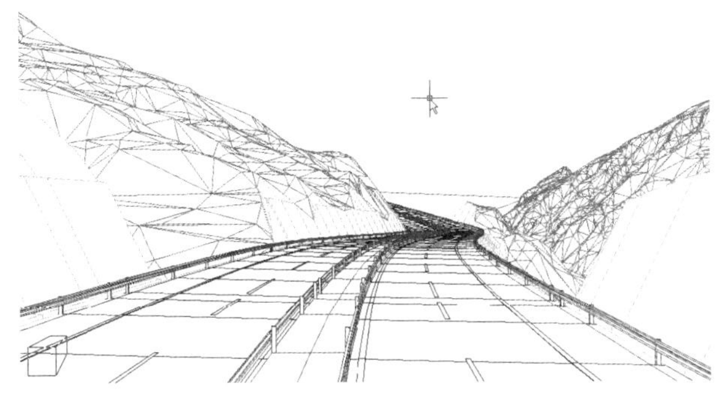

图 10-19 公路全景透视图

10.3.2 计算机辅助纵断面设计

纵断面设计可分为两种形式，一是利用实测数据进行数据的文本文件输入和软件对话框输入建立纵断面图；二是利用地形图建立的数字高程模型内插纵断面图，然后进行拉坡设计。

10.3.2.1 纵断地面线数据输入

“纵断数据输入”是专门数据输入工具，其对话框如图 10-20 所示，可以大大提高设计者输入大量外业测量数据的速度，并设置有自动提示桩号的功能。

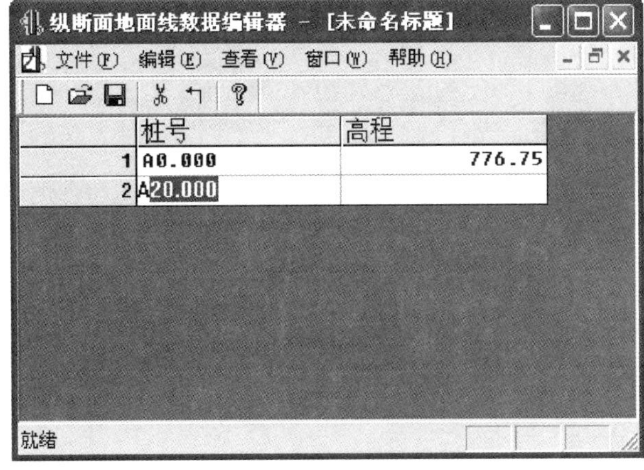

图 10-20 纵断地面线数据编辑器

使用纵断数据输入工具进行纵断地面线数据输入的具体操作步骤：

①选择“数据”菜单下的“纵断数据输入”命令，系统弹出如图 10-20 所示的编辑器，并在编辑器中的桩号列的第一行提示出当前项目的路线起点桩号。

②直接按回车键，光标移到高程列的第一行，输入此桩号的地面高程后接着键入回车。

③光标跳到桩号列的第二行，并按系统默认的桩号间距提示出桩号。此桩号如果与要输入的桩号相同，设计者可直接按回车键接着输入该桩号的地面高程。

④设计者可以按照外业测设时一般情况下常规的加桩规律设置自动提示桩号的桩号间距，执行对话框中的“文件”菜单下的“设置桩号间距”命令，系统默认的桩号间距为 20m。

⑤按照上述②③步的操作，依次输入每个桩号和地面高程，直到输入到最后一个桩号的地面高程后键入回车。

⑥点击“存盘”按钮，系统自动提示文件的保存路径和文件名，点击“保存”按钮即可。

10.3.2.2 纵断面拉坡设计

系统在自动绘制拉坡图的基础上，支持动态交互式拉坡与竖曲线设计。设计者可实时修改变坡点的位置、高程、竖曲线半径、切线长、外距等参数；在拉坡过程中可对逐桩填挖情况进行动态的显示。启动“设计”菜单下的“纵断面设计”命令，系统弹出纵断面设计对话框，如图 10-21 所示。

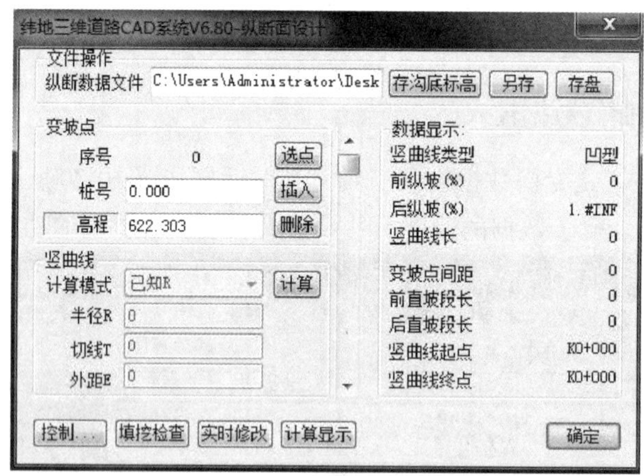

图 10-21 纵断面设计对话框

(1)重绘拉坡图

设计者如果修改了纵断地面线文件需要重新绘制拉坡图，则在此选项前面的小方框中打上小勾。

(2)纵向放大系数

此选项适用于路面比较平缓的旧路改造的拉坡，需和重绘拉坡图配合使用。系统默认纵向高程的放大系数为10倍，勾选“重绘拉坡图”后，输入新的纵向放大系数，系统则绘出新的拉坡图。

(3)水平控制线标高

此选项用于在拉坡图中绘制出一条设计者指定高程的水平控制线，长度为路线总长，便于设计者拉坡时进行参考。

(4)变坡点桩号取整

在纵断面设计中“插入”变坡点或“实时修改”移动变坡点时，系统可以按照设计者的设置自动将变坡点桩号取为整数。

(5)设计参考

设计者可以选择在重绘拉坡图时是否同时绘制出桥梁及涵洞位置及相关信息，如果在控制参数文件中(*.ctr)设置了桥涵的控制标高，则可在拉坡图上标出桥涵控制标高的位置，用于拉坡时进行参考。

(6)标注竖曲线

设计者还可选择是否在拉坡图的设计线上标注变坡点的桩号、高程以及竖曲线起终点位置和坡度、坡长等信息。

(7)绘制路基左、右边地面高程

在地面模型上直接采集路基左右侧边缘的地面高程，得到路基左边线地面高程文件(*.zmx)和路基右边线地面高程文件(*.ymx)，添加到项目管理器中，则此对话框中的“绘制路基左边地面高程”和“绘制路基右边地面高程”选项会亮显。

(8)填挖检查

点击“填挖检查”按钮，在拉坡图上已拉坡段落移动鼠标，可在CAD的命令行动态查看任意位置的桩号、地面高程、设计高程、中桩填挖及临界坡度等信息，以便确定所拉纵坡是否符合要求，并随时进行修改。

(9)实时修改

使用“实时修改”命令对已确定的变坡点位置及高程进行各种模式的动态修改，也可以对已确定的坡段进行平移修改或者选择固定前变坡点或后变坡点给定一个坡度值进行修改。

(10)指定坡度

用鼠标点击变坡点一栏中凹显的“高程”按钮，设计者可以在此栏中输入需要的坡度值，或者将原来拉坡的非整数坡度值进行任意取整修改，点击“计算”按钮，系统会自动算出新的变坡点高程并刷新相关数据。

(11)计算显示

用于重新全程计算所有变坡点，并将计算结果显示于对话框中，点击“确定”按钮，系统退出主对话框同时完成对拉坡图中纵断面设计线的自动刷新重绘。

10.3.2.3 纵断面绘图

运行“设计”菜单下的“纵断面绘图”命令，系统弹出纵断面绘图程序的主对话框，如图10-22所示。

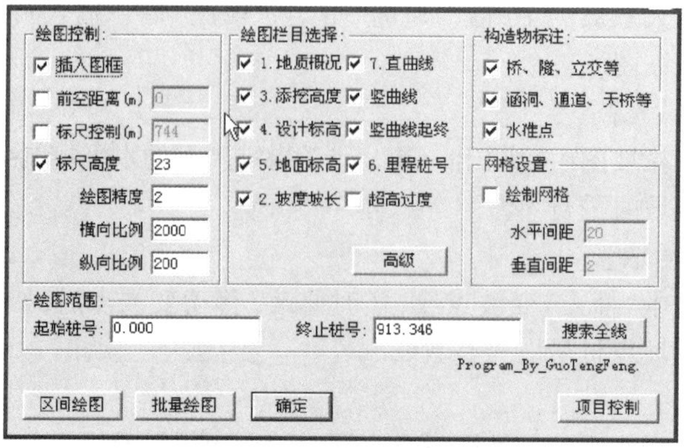

图 10-22　纵断面绘图对话框

当纵断面拉坡设计完成后，并检查纵断地面线文件（ *. dmx）和纵断面设计文件（ *. zdm）是否存在于项目管理器中，然后就可以进行纵断面绘图了。纵断面绘图的常规步骤如下：

①运行“设计”菜单下的“纵断面绘图”命令，弹出纵断面绘图对话框。

②对话框中的各个选项根据设计要求逐项进行设置。

③指定绘图区间的起点桩号和终点桩号，如果是全线绘图，点击“搜索全线”命令，系统将弹出一个对话框，将搜索到的平面设计的起终点桩号、纵断面设计的起终点桩号和纵断面地面线的起终点桩号列在对话框中，点击“确定”按钮，系统将纵断面设计的起终点桩号自动调入编辑框。

④点击“批量绘图”按钮，按照系统在 CAD 命令行的提示进行操作：

a. 系统在命令行提示出绘图的总页数，并提示设计者在命令行输入图框标注中的起始页码，输入起始页码后回车。

b. 系统接着提示设计者输入图框标注中的总页码，再输入总页码回车。

c. 然后系统在命令行中提示“请点取绘图基点”，在图形屏幕上合适位置单击鼠标左键，则系统以此为基点，按照指定的桩号范围，一次性分图框绘制出全部纵断面图。

⑤执行 CAD 的保存命令将生成的纵断面图保存或者进行打印操作。

10. 3. 3　计算机辅助横断面设计

横断面设计方法可分为两类，一是根据实测数据进行横断面数据的文本文件输入和软件对话框输入；二是利用地形图插出的数字高程模型形成横断面图。

（1）路基设计计算

在进行路基设计计算之前，应检查平面设计是否已经完成、设计向导是否已运行设置完毕、超高和加宽文件是否设置正确和纵断面设计是否已经完成。然后进行路基设计，执行“设计”菜单下的“路基设计计算”命令，系统弹出如图 10-23 所示对话框，在对话框的上部显示当前项目设置的超高和加宽渐变方式，系统将按照此方式对纵断面地面线文件（ *. dmx）中的每一个桩号进行超高和加宽的计算。

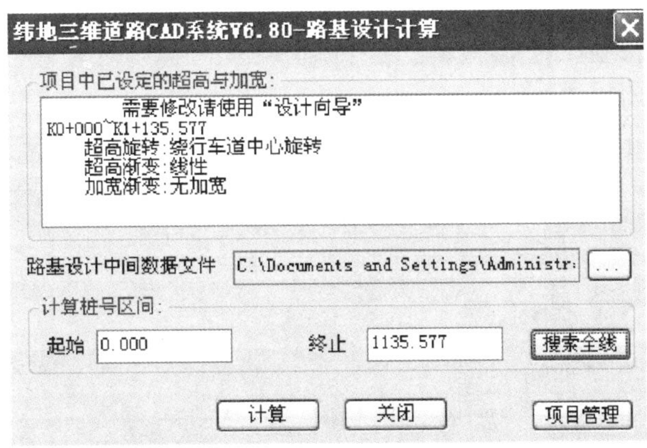

图 10-23　路基设计计算对话框

(2)路基设计表的计算输出

设计者在完成路基设计计算后，就可以进行路基设计表的输出了。执行“表格”菜单下的“输出路基设计表”命令，系统弹出路基设计表计算输出的对话框，如图 10-24所示。

纬地三维道路CAD系统V6.80-路基设计表计算输出
表格形式:
高等级公路
低等级公路
高等级公路(带附加板块)
高等级公路(带坐标)
计算输出
取消
输出方式:
文本文件
Word 97~2007
CAD图形(模型空间)
CAD图形(图纸空间)
设置
输出为高程
高程精度 2 位
桩号区间
起始桩号 0.000
终止桩号 1135.577

图 10-24　输出路基设计表对话框

(3)横断面设计绘图

设计者可以选择按照给定的桩号间距来提示桩号，也可以选择根据纵断面地面线文件中的桩号进行自动提示。由于纵断面地面线中桩高程的桩号一般都是和横断面地面线的桩号是一一对应的，所以大多数情况下选择按纵断面地面线文件的桩号自动提示桩号。弹出横断面地面线输入对话框，其对话框如图 10-25 所示。

横断面设计绘图可以分段定制各种横断面类型、多级填挖方边坡、护坡道、边沟、排水沟，以及截水沟和路基支挡防护构造物等。可以根据不同的设计要求，选择不同的出图方式和比例，断面信息的标注形式也可以进行不同的选择。运行“设

text.HDM - HDMTool

文件(F)　编辑(E)　查看(V)　帮助(H)

	平距	高差	平距	高差	平距	高差	平距	高差	平距	高差	平距	高差	平距	高差
桩号	0.000													
左侧	7.609	-0.157	1.873	0.090	6.180	0.322	12.524	0.984	1.323	-0.033	0.827	-0.038	2.926	0.529
右侧	37.826	0.779	4.716	0.320	1.440	0.032	6.017	0.497						
桩号		20.000			20.000									
左侧	11.474	-0.236	2.970	0.141	8.736	0.458	0.188	0.000	1.513	0.886	10.541	6.168	10.453	5.521
右侧	17.536	0.361	7.010	0.000	6.261	0.000	11.976	0.000	0.628	0.000	1.504	0.000	0.150	0.000
桩号		40.000			40.000									
左侧	0.355	0.097	3.542	1.108	8.325	2.598	8.113	4.552	6.963	3.343	3.815	1.815	6.348	3.019
右侧	1.989	-0.548	0.753	0.000	12.297	0.000	1.678	0.000	1.809	0.000	7.954	0.000	1.866	0.000
桩号		60.000			60.000									
左侧	5.170	2.454	1.090	0.199	5.931	1.084	2.285	0.629	2.086	0.651	4.901	1.530	28.537	16.014
右侧	4.221	-2.003	6.588	-0.554	1.263	-0.107	2.852	-0.014	3.578	0.285	6.465	-3.079	17.837	0.410
桩号		80.000			80.000									
左侧	0.373	0.002	0.774	0.065	4.020	0.339	20.625	9.789	0.329	0.080	1.788	0.327	0.890	0.190
右侧	1.373	-0.007	2.191	0.175	14.671	-6.989	31.765	0.731						
桩号		100.000			100.000									
左侧	11.354	5.408	0.803	-0.064	0.640	0.004	0.283	0.024	1.474	0.124	12.855	6.101	4.165	3.355
右侧	11.522	-5.489	38.478	0.865										
桩号		120.000			120.000									
左侧	16.815	8.010	0.323	1.552	1.425	2.448	0.579	0.767	3.288	3.233	0.852	0.772	4.821	3.228
右侧	4.811	-2.291	45.189	1.039										
桩号		140.000												
左侧	1.902	-0.044	7.382	3.517	0.505	2.429	1.031	1.571	2.828	3.986	0.027	0.034	0.093	0.075
右侧	50.000	1.150												
桩号		152.849												
左侧	4.557	0.000	0.443	0.000	0.846	1.039	2.041	2.961	2.545	3.284	0.590	0.716	0.578	0.531
右侧	3.723	0.000	46.277	0.000										

就绪　　当前数据类型：相对前点　桩号：0.000　桩号　桩号　数字

图 10-25　横断数据输入工具

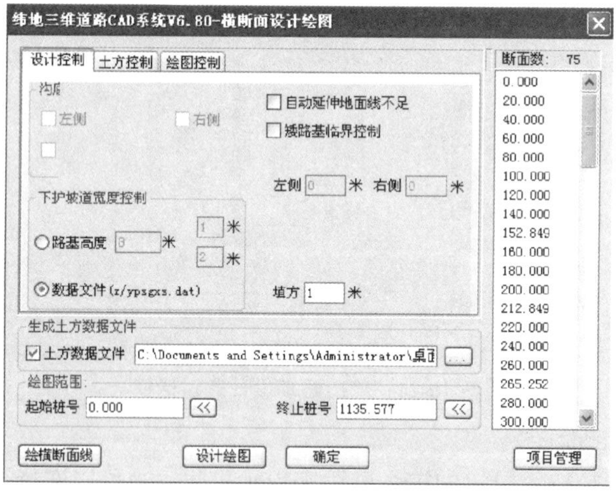

图 10-26　横断设计绘图对话框

计”菜单下的“横断设计绘图”命令，系弹出如图 10-26 所示的横断设计绘图主对话框。

该对话框的控制选项有设计控制、土方控制、绘图控制三大类选项卡，下方为生成土方数据文件的选项和设计绘图的起终点桩号设置，右侧为横断面桩号列表。

10.3.4　设计成果输出

(1)设计表格输出方式

纬地道路辅助设计系统设计表格输出主要支持两种方式：

①直接输出到当前图形屏幕下，即输出成 AutoCAD 的实体数据形式。

②实现设计表格直接输出到 Word 或 Excel 之上，极大地方便了打印输出，包括“直线、曲线与转角表”“路基设计表”“土方计算表”“纵坡竖曲线表”“逐桩坐标表”等。

(2)计算输出“直、曲线转角表”

表格——输出直曲转角表(命令：przqb)。设计者在完成“主线平面设计”后(当前项目存在 *.jd 文件)，可直接输出直、曲线转角表，对话框如图 10-27 所示。

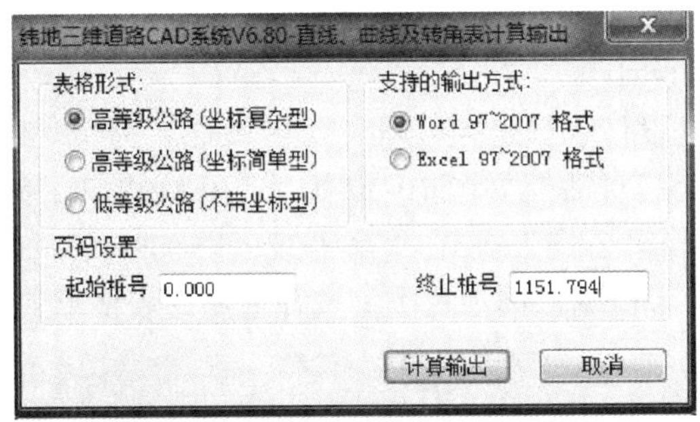

图 10-27　输出直曲转角表对话框

(3)计算输出“逐桩坐标表”

表格——输出逐桩坐标表(命令：calzzzbb)。设计者在完成路线或立交匝道平面设计后(当前项目中已指定 *.pm 文件和 *.sta 文件)，可直接输出逐桩坐标表。输出逐桩坐标表对话框如图 10-28 所示。设计者可选择输出方式：“Word 格式”“Excel 格式”或“数据文本格式”，点击“输出”按钮，系统可自动搜索 Word 或 Excel 并输出逐桩坐标表。

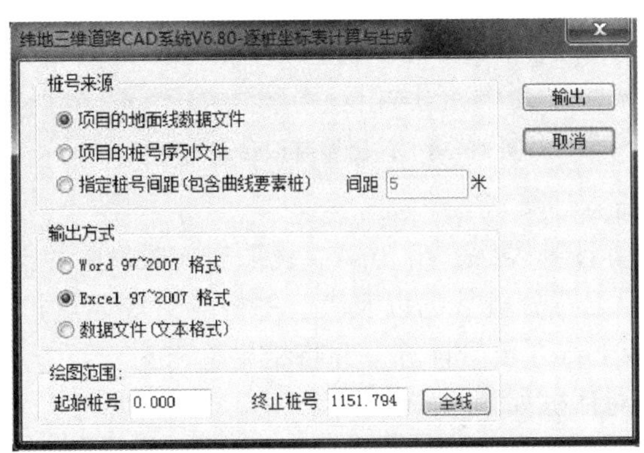

图 10-28　输出逐桩坐标表对话框

(4)计算输出纵坡与竖曲线表

表格——输出竖曲线表(命令：calzpb)。输出纵坡竖曲线表的对话框，如

图 10-29所示。设计者在完成“纵断面设计”后，选择“Excel”或“Word”输出方式，输出该表格。

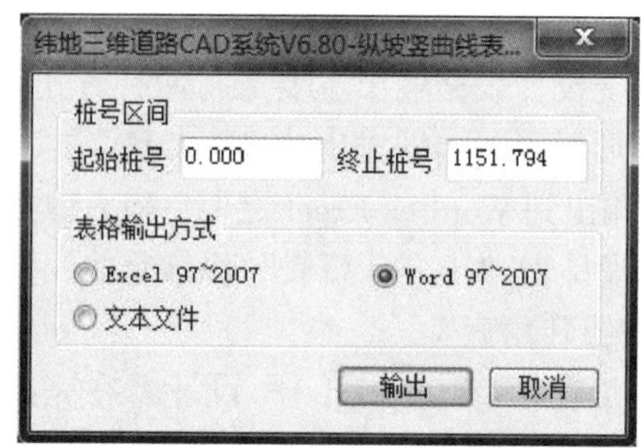

图 10-29 输出竖曲线表对话框

(5)计算输出路基设计表

表格——输出路基设计表(命令：ljsjb)。在设计者完成“路基设计计算”后，可直接输出路基设计表。其对话框如图 10-30 所示。系统提供了四种路基表形式：“高等级公路”形式、“低等级公路”形式、“高等级公路(带附加板块)”和“高等级公路(带坐标)”形式。设计者根据当前项目类型选择适用的表格形式。

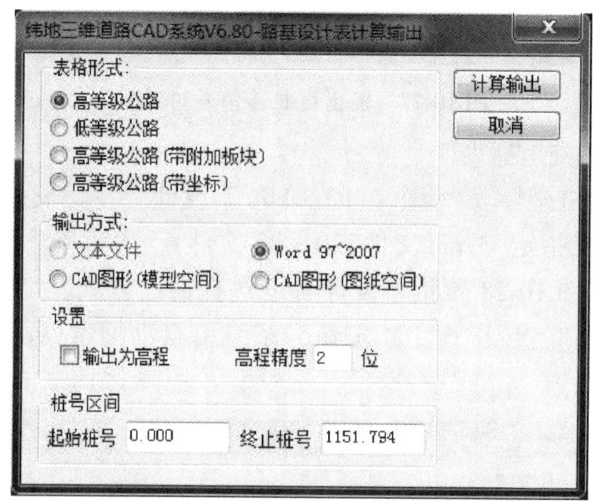

图 10-30 输出路基设计表对话框

(6)计算输出土石方计算表

表格——输出土方计算表(命令：tfjs)。读取当前项目中的土石方数据文件(＊.tf 横断面设计时生成)、土石分类数据以及大、中桥隧道等起讫桩号(从设计参数控制文件＊.ctr 中)，进行土石方数量计算，并将结果输出为土石方数量表，并可选择输出每公里土石方表。对话框如图 10-31 所示。

(7)计算输出逐桩用地与坐标表

表格——输出逐桩用地表(命令：calglydb)。利用横断面设计输出的土方数据，直接生成“公路逐桩用地与坐标表”，计算输出路线中桩、左右侧边桩的坐标、左右侧用地宽度、用地面积和累计面积，对话框如图 10-32 所示。

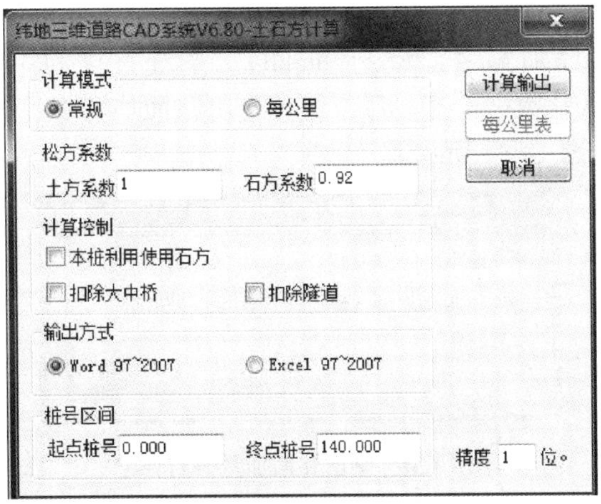

图 10-31 输出土方计算表对话框

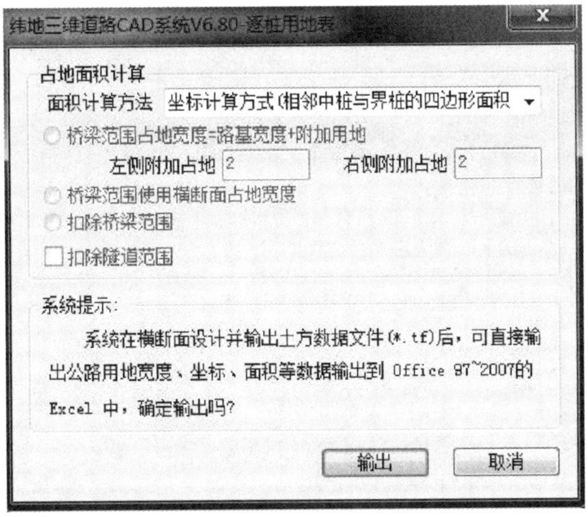

图 10-32 输出逐桩用地表对话框

(8)计算输出超高加宽表

表格——输出路基超高加宽表(命令：chgjkb)。在路基设计正常完成并输出路基设计中间数据文件后，直接输出超高与加宽表，描述每一桩号断面路基的超高和加宽变化数值，方便施工，对话框如图 10-33 所示。

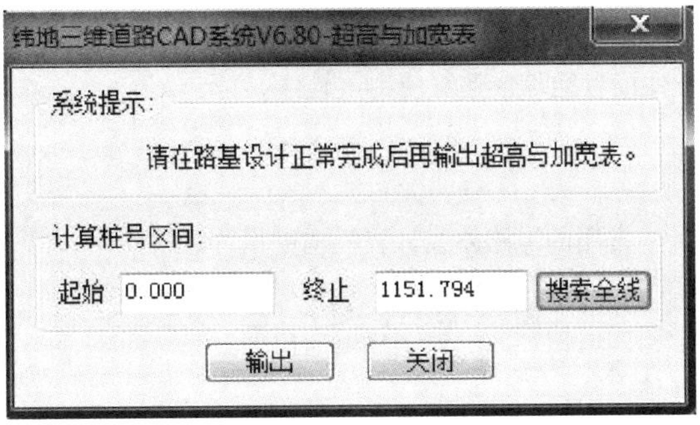

图 10-33 输出路基超高加宽表对话框

(9)计算输出路面加宽表

表格——输出路面加宽表(命令：lmjkb)。系统直接利用平面交点设计数据(＊.jd)和路幅宽度变化数据(＊.wid)，统计输出路面加宽表，同时以便于统计路面加宽数量。对话框如图 10-34 所示。

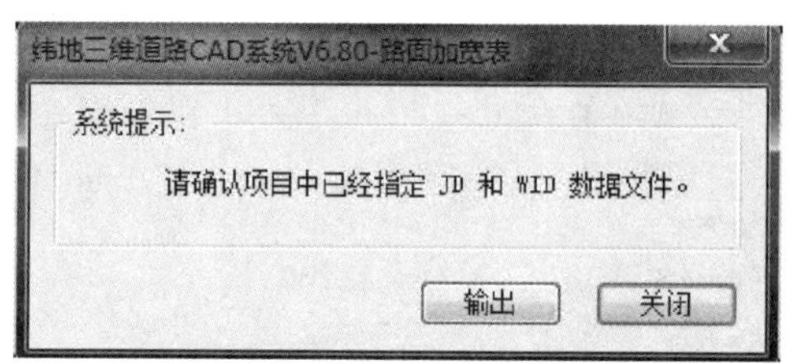

图 10-34　输出路面加宽表对话框

(10)计算输出边沟、排水沟设计表

表格——输出排水设计表(命令：out_ bgb)。系统根据横断面设计完成之后生成的土方数据文件和左右边沟拉坡文件，读出部分数据，计算生成边沟、排水沟设计表。对话框如图 10-35 所示。

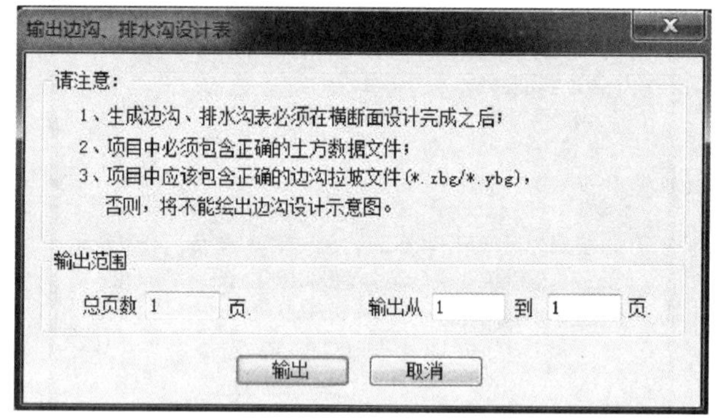

图 10-35　输出排水设计表对话框

本章小结

道路路线计算机辅助设计，将 CAD 技术的基本原理与道路设计的基本理论、方法、规范和操作程序相结合，是空间地理信息管理技术、多目标优化技术及及计算机图形技术等的集成，通过集成最终实现道路路线计算机辅助设计的目的。本章以培养应用型人才的需求为目的，在介绍道路路线计算机辅助设计理论的基础上，以纬地三维道路设计为例，详细地介绍了道路设计的每一模块整体与细部操作过程，以方便读者能尽快熟练使用该软件。

思考题

1. 列举道路路线设计中常用的道路路线计算机辅助设计软件。
2. 什么是数字地面模型？
3. 用原始的电子地形图如何构建三维数字化地面模型？
4. 怎样绘制纵横断面地面线？

参考文献

[1]中交第一公路勘察设计研究院．JTG D20—2006 公路路线设计规范[S]．北京：人民交通出版社，2006.

[2]交通部公路管理中国公路学会．JTG B01—2014 公路工程技术标准[S]．北京：人民交通出版社，2014.

[3]住房和城乡建设部．CJJ 37—2012 城市道路工程设计规范[S]．北京：中国建筑工业出版社，2012.

[4]交通部．JTG D30—2015 公路路基设计规范[S]．北京：人民交通出版社，2015.

[5]交通部．JTG B04—2010 公路环境保护设计规范[S]．北京：人民交通出版社，2010.

[6]交通部．JTG B03—2006 公路建设项目环境影响评价规范[S]．北京：人民交通出版社，2006.

[7]交通部．JTG C10—2007 公路勘测规范[S]．北京：人民交通出版社，2007.

[8]杨少伟．道路勘测设计[M]．3 版．北京：人民交通出版社，2012.

[9]廖明军，石桂梅，李丹丹．道路勘测设计[M]．武汉：武汉大学出版社，2014.

[10]尤晓暐．现代道路勘测设计[M]．北京：北京交通大学出版社，2010.

[11]曹春阳．道路勘测设计[M]．北京：中国建材工业出版社，2013.

[12]韦竟秋．汽车工程应用力学[M]．北京：机械工业出版社，2013.

[13]交通部公路司．公路设计新理念[M]．北京：人民交通出版社，2005.

[14]张维全．道路勘测设计[M]．北京：人民交通出版社，2008.

[15]符锌砂．公路计算机辅助设计[M]．北京：人民交通出版社，2012.

[16]付开隆．现代公路测量技术[M]．北京：科学出版社，2005.

[17]杨少伟．道路立体交叉规划与设计[M]．北京：人民交通出版社，2000.

[18]宇云飞．道路工程[M]．北京：中国水利水电出版社，2012.

[19]高速公路丛书编委会．高速公路规划与设计[M]．北京：人民交通出版社，1998.

[20]杨晓光．城市道路交通设计指南[M]．北京：人民交通出版社，2003.

[21]周荣沾．城市道路设计[M]．北京：人民交通出版社，1998.

[22]刘朝晖．公路线形与环境设计[M]．北京：人民交通出版社，2002.

[23]周亦唐．道路勘测设计[M]．重庆：重庆大学出版社，2013.

[24]刘文生．道路勘测设计[M]．北京：北京大学出版社，2012.

[25]王中伟．道路计算机辅助技术[M]．长沙：中南大学出版社，2015.

[26]许金良．公路 CAD 技术[M]．北京：人民交通出版社，1999.

[27]杨宏志．道路工程 CAD[M]．北京：人民交通出版社，2009.

[28]潘兵宏．公路路线辅助设计与实例[M]．北京：人民交通出版社，2007.

[29]郭腾峰．道路三维动态可视化几何设计[M]．北京：中国电力出版社，2002.